中国轻工业"十四五"规划教材

高等教育会计类创新应用型规划教材

U0648844

Accounting
Basis for Business Decisions

会计学
企业决策的基础

孙晓琳　主编

东北财经大学出版社
Dongbei University of Finance & Economics Press

大连

图书在版编目（CIP）数据

会计学：企业决策的基础 / 孙晓琳主编 . —大连 ：东北财经大学出版社，2024.3

（高等教育会计类创新应用型规划教材）

ISBN 978-7-5654-5172-0

Ⅰ.会…　Ⅱ.孙…　Ⅲ.会计学-高等学校-教材　Ⅳ.F230

中国国家版本馆CIP数据核字（2024）第053587号

东北财经大学出版社出版

（大连市黑石礁尖山街217号　邮政编码　116025）

网　　址:http://www.dufep.cn

读者信箱:dufep@dufe.edu.cn

大连天骄彩色印刷有限公司印刷　　东北财经大学出版社发行

幅面尺寸：185mm×260mm　　字数：454千字　　印张：19

2024年3月第1版　　　　　　　　　　2024年3月第1次印刷

责任编辑：王　莹　刘慧美　　　　　　　　责任校对：赵　楠

封面设计：原　皓　　　　　　　　　　　　版式设计：原　皓

定价：48.00元

前　言

　　社会经济中所有活动的开展都依赖于信息的提供、传递、分析和应用，在浩如烟海的信息中，会计信息是重要的组成部分。会计通常被称为商业语言，所有企业都会建立一套会计信息系统，利用凭证、账簿和财务报告提供和传递有关企业的财务状况、经营成果以及现金流量等方面的信息，反映企业受托责任的履行情况。通过对这些会计信息的进一步分析、解释和加工，可以获得更多有关经济活动及其变化趋势的预测信息，帮助信息使用者更好地作出决策。近年来，随着数字经济的发展，大数据、人工智能、区块链、云计算等新兴数字技术的发展与应用使会计人员能够更好地提供、分析和应用会计信息，支持企业管理与决策，也丰富了会计学科的内涵，拓展了学科发展边界，深刻地影响着会计理论研究与教学实践，推动教学内容和教材体系的创新。本教材的编写与时俱进，以会计信息提供与应用为主体，以业务流程为主线，系统地介绍会计核算与应用的专门技术与方法。

　　本书的特点主要表现在以下方面：

　　一是凸显思政育人。本书将教学内容与中华优秀传统文化、会计改革、经典实践相结合，深入挖掘章节内容中蕴含的家国情怀、法治意识、职业道德、社会责任等思政元素。在书中设置"伦理、责任与可持续发展"专题栏目，通过经典、真实的案例描述、解读与分析，帮助学生树立正确做人、做事的理念，增强职业素养。除了像传统会计一样关注财务报告信息，本书还关注当前实务界与学术界探讨的ESG（环境-社会-治理）前沿问题，以伊利股份为例，将其可持续发展报告、零碳未来报告等信息与教学内容相结合，解读企业ESG实践，引导学生树立推动企业可持续发展的理念与责任管理的意识。

　　二是强化理实一体。传统会计学主要围绕"凭证-账簿-报表"提供会计信息的逻辑展开，关注的是会计本身的核算技术。本书则将求"实"、求"新"与求"深"相结合，突出理实一体与决策支持理念。书中许多章节内容与企业实际相结合，引入上市公司财务报告数据，通过大量的实例将抽象的会计概念与问题具体化、情境化，让学生先看真实、体实际，再学知识、融理论；在会计确认、计量、记录与报告的过程中，更多地呈现实务中的凭证、账簿、报表、支付结算等信息处理工具，更贴合企业实际；构建经济业务处理与财务报表之间的钩稽关系，强化数字思维，培养学生主动获取数字信息、应用批判性思维的能力；借助"伦理、责任与可持续""知识链接"专栏呈现经典、真实的案例；设置"会计与决策"专栏，延伸会计信息的使用，鼓励学生从决策制定者的角度思考现实问题，切实提升解决问题与决策应用的能力。

三是注重流程管控。传统会计学大多是按照财务报表项目设置章节内容，本书在介绍会计循环的基础上，按照业务流程分析企业资金运动，进行经济业务的确认、计量、记录和报告，提供会计信息，并形成与报表信息的钩稽关系。任何企业都会从事筹资、投资与经营活动，对于制造业企业而言，这些经济活动按业务流程可分为筹资、投资、采购与付款、生产与存货、销售与收款、财务成果形成与分配等环节。本书按照各环节的资金运动特点设置章节内容，对企业经济业务展开核算与分析，如图1所示。第一章至第四章介绍会计核算的理论基础，涵盖会计认知、记账方法及会计循环的相关知识；第五章至第十章介绍企业筹资、投资、经营活动的业务核算、管理控制与决策应用；第十一章介绍财务报表的编制与分析，以及财务信息的来龙去脉，为决策提供支持。本书将财务管理与控制的基本思想、会计原则和职业道德要求融入企业经济业务流程的分析和核算中，使学生做到懂业务、懂资金运动、懂会计；在提供会计信息的基础上，结合会计信息说明的决策应用，指导企业的业务实践，强化业财融合基本理念。

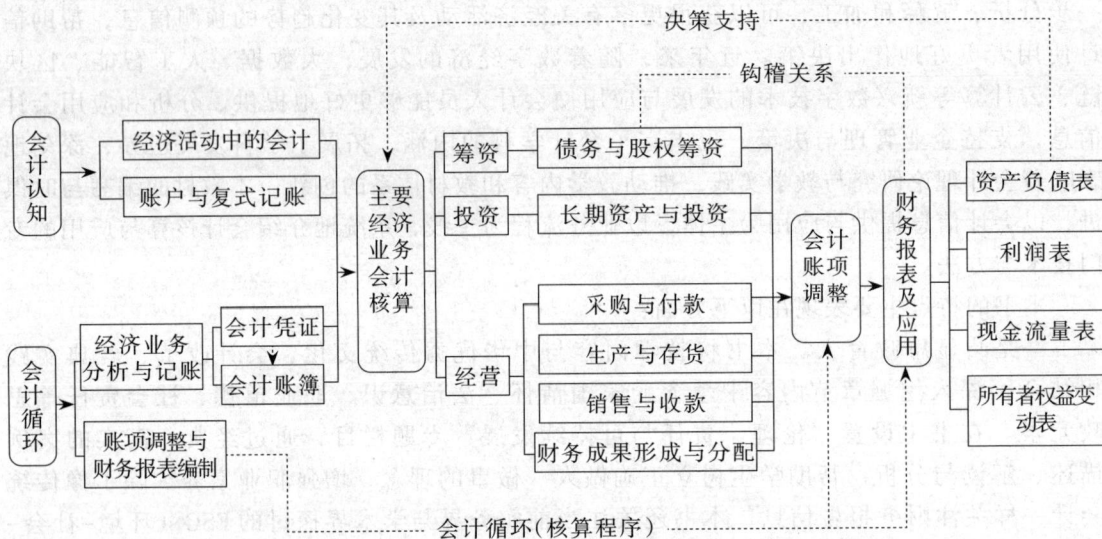

图1　会计学基本内容逻辑结构

本书由大连工业大学孙晓琳副教授主编，负责全书写作大纲的拟定和编写的组织工作，并对全书进行修改和总纂。各章具体分工如下：第一章由孙晓琳、姜海鸣编写；第二章至第九章由孙晓琳编写；第十章、第十一章由姜海鸣编写。

本书的写作源于编者的教学与实践积累以及知识创造，也参考、借鉴了国内外会计专家与学者的大量研究成果，并在书中对其观点或案例尽可能标注了相应的出处。在此，对这些专家和学者表示诚挚的感谢。此外，我的研究生芦文杰、王星月、尤艺、汪衡、翟正阳等对全书进行了仔细的校对，在此一并表示感谢。

感谢东北财经大学出版社对本书出版给予的支持，感谢中国轻工业联合会教育工作分会的立项支持，它们的支持与帮助使得本书得以顺利出版。

　　本书在写作过程中经过多次修改，但限于编者的时间和写作水平，难免存在疏漏和不当之处，敬请专家同行和广大读者批评指正，您的批评和建议将是未来本书修订的重要依据。

编　者

2023 年 10 月

目　录

第一章 经济活动中的会计

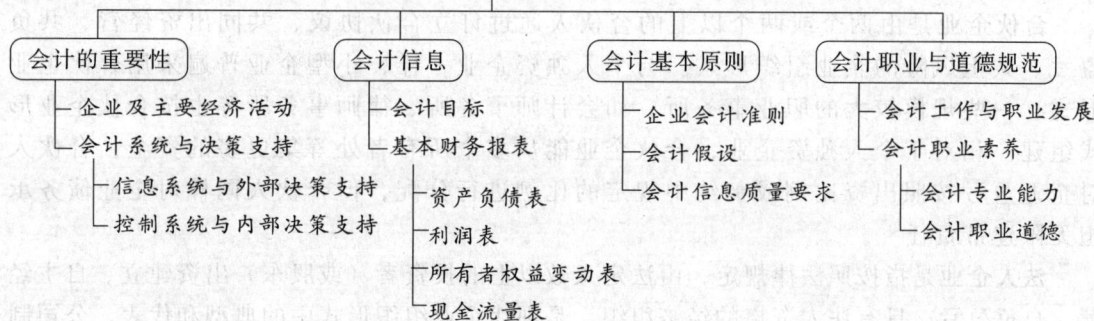

【学习目标】

◇ 了解企业的类型、组织形式和三大经济活动；

◇ 界定会计信息使用者及会计信息对其决策的支持；

◇ 解释会计目标；

◇ 理解财务报表提供的主要信息，并解释各类财务报表之间的内在联系；

◇ 解释企业会计准则，分析并应用会计假设及会计信息质量要求；

◇ 了解会计工作及其职业发展机会；

◇ 解释职业道德对会计的重要性、内部控制对预防财务欺诈的作用。

【本章预览】

信息社会中所有的活动与决策都依赖于信息的提供、传递、分析与应用，尤其在当今这个充满不确定性的时代，决策者需要依靠更多、更准确的信息才能减少决策失败的风险。会计信息不仅能满足决策者的决策需要，还能给人们带来职业发展机会，与人们的生活息息相关。本章将讲述经济活动中企业会计及其对决策的支持，会计目标与主要会计信息——基本财务报表，以及会计工作应遵循的一些基本原则和职业道德规范。

经济活动中的会计

- 会计的重要性
  - 企业及主要经济活动
  - 会计系统与决策支持
    - 信息系统与外部决策支持
    - 控制系统与内部决策支持
- 会计信息
  - 会计目标
  - 基本财务报表
    - 资产负债表
    - 利润表
    - 所有者权益变动表
    - 现金流量表
- 会计基本原则
  - 企业会计准则
  - 会计假设
  - 会计信息质量要求
- 会计职业与道德规范
  - 会计工作与职业发展
  - 会计职业素养
    - 会计专业能力
    - 会计职业道德

第一节　会计的重要性

一、企业及主要经济活动

（一）企业类型与组织形式

企业是运用各种生产要素（如土地、原材料、劳动力、资本和企业家才能等）向市场提供商品或服务的经济组织，通常以获取利润为目的[①]。利润是企业提供商品或服务所取得的收入与为提供这些商品或服务所付出的代价之间的差额，即经营成果。

营利性企业通常包括生产制造企业、商品流通企业和服务企业等不同类型。

生产制造企业（也称工业企业）是把原材料或者零配件加工制作成产成品或者半成品后销售给客户的企业，如中国石油天然气集团有限公司、华为技术有限公司、中国第一汽车集团有限公司等。

商品流通企业（也称商业企业）是从其他企业购入商品，然后将其销售给客户的企业，如北京华联集团投资控股有限公司、苏宁易购集团股份有限公司等。

服务企业是向客户提供服务而非产品的企业。其业务范围广泛，涉及代理业、餐饮业、旅游业、运输业、仓储业、广告业等，如中国东方航空集团有限公司、中国平安保险(集团)股份有限公司等。

按照企业组织形式分类，现代企业主要包括独资企业、合伙企业及法人企业，不同组织形式的企业有不同的特点。

独资企业是个人出资经营、归个人所有和控制、由个人承担经营风险并享有全部收益的企业。小型的零售商店、服务企业等普遍采取独资企业的形式。独资企业组建程序简单，经营管理灵活，但企业规模有限，财务资源局限于业主个人的资源。独资企业可以向银行或其他个人借款，但不能对外发行债券或股票。业主拥有企业全部的资产，对企业的债务承担连带责任。如果企业资产不足以清偿对外债务，债权人可以强制业主出售其个人财产以支付企业债务。

合伙企业是由两个或两个以上的合伙人通过订立合伙协议，共同出资经营、共负盈亏、共担风险的企业组织形式。与个人独资企业一样，小型企业普遍采用合伙企业形式，一些规模较大的职业事务所，如会计师事务所、律师事务所等也按合伙企业形式组建。相对于个人独资企业，合伙企业能从多个所有者处筹集更多的资金，合伙人对企业盈亏按照出资比例或契约中规定的比例进行分配，但合伙人同样对企业债务承担无限连带责任[②]。

法人企业是指按照法律规定，由法定人数以上的投资者（或股东）出资建立、自主经营、自负盈亏、具有法人资格的经济组织，是现代企业组织形式中的典型和代表。公司制企业是法人企业的主要形式。当企业采用公司制组织形式时，所有权与经营权相分离，投资者以其所认缴的出资额对公司承担有限责任，公司以其全部资产对其债务承担责任，降低了投资者的风险。"有限责任"赋予了公司更多的吸引力，公司还可以通过对外发行股

---

① 本书将着重介绍营利性企业，然而许多概念和原则同样适用于非营利组织，如政府机构、医院、红十字协会等。
② 合伙企业通常有普通合伙企业和有限合伙企业两种形式。普通合伙企业由普通合伙人组成，合伙人对合伙企业的债务承担无限连带责任；有限合伙企业由普通合伙人和有限合伙人组成，普通合伙人对合伙企业债务承担无限连带责任，有限合伙人以其认缴的出资额为限对合伙企业债务承担责任。

票和债券筹集大量资金，扩大企业规模。

不论是生产制造企业、商品流通企业，还是服务企业都可以采取不同的组织形式。在组建企业时，除了考虑每种组织形式的筹资能力、对企业债务的责任外，还会考虑法律行为与税收等因素。从法律角度看，独资企业、合伙企业均不具备法人资格，不具有独立的民事权利与民事行为能力，企业的行为仍被视为自然人行为，以个人名义签订合同、进行相应的法律有效行为，企业所拥有的财产及所负债务等同于业主、合伙人个人财产和债务。因此，独资企业、合伙企业的经营收入无须缴纳企业所得税，由业主、合伙人以其个人名义申报缴纳个人所得税。公司则具有法人资格，能以其法人名义占有资产、享有权益、签订合同、缴纳税款，独立进行法律上的有效行为。但公司的收入要缴纳企业所得税，税后利润以股利或利润形式分配给投资者（股东）时，其收入也要缴纳个人所得税，因此，双重课税是公司制企业的主要缺点。

|伦理、责任与可持续发展| 企业家

你和朋友采用一种先进的精细化工技术研制出一种新型液体壁纸，是一种墙面艺术装饰涂料。与传统涂料相比，其抗污性强，不仅具有良好的防潮、抗菌等性能，而且具有更好的颜色、质感等视觉效果。你们打算成立一家企业，生产、销售这种新型液体壁纸。你们希望能尽可能少交税，但同时又担心因使用过程中不可预测的因素造成伤害而被客户提起诉讼。那么，你们会选择什么样的企业组织形式呢？

公司通常分为有限责任公司和股份有限公司。有限责任公司是指每位股东以其所认缴的出资额对公司承担有限责任，公司以其全部资产对其债务承担责任的企业组织形式。股份有限公司的资本总额被划分为金额相等的股份，每一份为一股，公司可以向社会公开发行股票筹资，股东以其所认购股份对公司承担有限责任，公司以其全部资产对公司债务承担责任。持有等额股份的股东在公司内享有同等的权益，即同股同权。多数大型企业都采取公司制组织形式，它们往往主导着社会经济活动，本书着重以公司[①]为例介绍会计相关知识，其基本理论原则与方法也同样也适用于独资企业和合伙企业。

（二）企业经济活动

任何类型的企业都会从事筹资、投资与经营活动。筹资活动是筹措满足经营活动和投资活动所需要的资本；投资活动形成企业创建和经营所需的各项资产，如建筑物和设备等；经营活动则能够获取收入以实现利润和价值增值。这些经济活动之间相互联系，构成一个完整的经济活动循环，如图1-1所示。

1.筹资活动

无论是新设立企业，还是持续经营企业，为满足经营需要都会进行不同程度的筹资。企业的资金来源通常包括两大类：一类是所有者投入资本，形成企业的自有资金，是企业经营的主要资金来源，也由此界定了企业的产权归属；另一类是通过不同筹资渠道借入的资金，形成企业的负债。在资本市场上，企业的筹资方式多种多样，有的企业吸收直接投资筹集自有资金，有的企业则发行股票募集自有资金；有的企业从金融机构借入资金，也

---

① 本书中出现的"公司"或"企业"为同一含义。

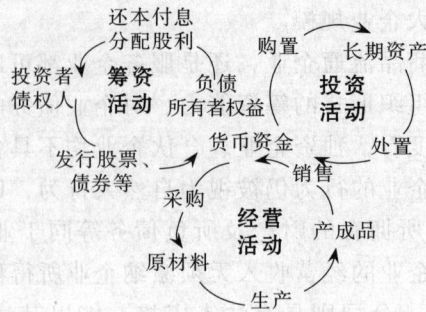

图 1-1　企业经济活动

有的企业发行债券募集债务资金。无论是通过何种形式筹集资金，企业都需要为筹资付出相应的代价，即筹资成本，如借款需要定期还本付息，自有资金需要支付股息、红利。如何以较低的成本和风险筹集经营活动所需要的各种资本是企业筹资面临的主要问题。

2.投资活动

企业筹集到的资金一般表现为货币资金形态，是资金运动的起点。资金进入企业后被用于旨在提高公司价值的各项活动，即投资活动。企业可以将资金用于厂房、设备等实物资产的购置与更新，形成企业的生产经营能力或扩大企业经营规模，也可以投资于无形资产，如技术、商标、著作权、商誉、自然资源使用权等。这些投资也是企业获取资源的过程，通常价值较高，形成企业的长期资产，对企业经营具有重要作用。有的企业还会将资金对外投资于股票、债券等有价证券，以获取资金收益或其他企业的控制权。这类投资的实质是将企业资产让渡给其他企业以获得另一项资产，通过分配来增加收益或谋求其他利益。

3.经营活动

经营活动是指企业利用经济资源获取收入和利润的过程。以制造业企业为例，经营活动主要由材料采购、产品生产及产品销售三个环节构成。其中，采购过程也称为供应过程，即企业用货币资金购买各种生产材料，并及时与供应商结算货款。企业在生产过程中对各种材料进行加工，发生材料费用、人工费用，以及生产设备的耗费、车间管理费用等，最终形成产成品。销售过程是产品价值的实现过程，企业按照销售合同出售产品，取得收入，同时结算货款、收回货款。只有产品顺利销售出去并收回资金，企业才能顺利地进行再生产，不断扩大规模，发展壮大。

企业在生产经营过程中获得的收入与发生的相关费用相比较，如果收入大于费用就获得利润；如果收入小于费用则发生亏损。

二、会计系统与企业决策

企业要想知道一定时期的经营成果如何，就必须核算各种收入和费用，核算原材料、机器设备等各项财务资源，以及企业承担的责任；同时还要分析企业的整体资金运作，控制各项不必要的费用与风险。因此，企业需要一项专门的管理活动来为其出谋划策，以赚取更多的收益、实现可持续发展；同时，企业作为一个利益相关者组成的契约组织，还要向投资者、债权人等利益相关者提供评价企业经济效益的信息，以便其作出决策，而会计系统就是主要向企业利益相关者提供决策支持的信息与控制系统。图1-2描述了会计的作用过程。企业发生的经济活动通过信息系统生成会计信息反馈给决策者，决策者再根据这些会计信息进行经济决策并采取具体行动，决策与行动又形成循环的经济活动。

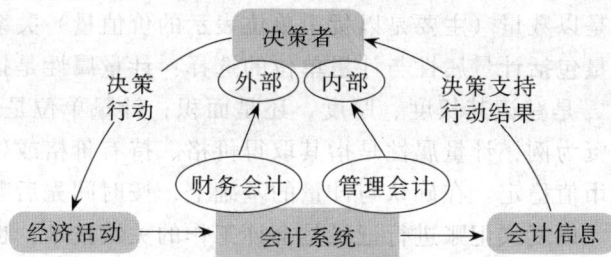

图1-2　会计的作用过程

（一）信息系统与外部决策支持

会计主要向利益相关者提供有助于决策的信息。企业的外部信息使用者，如股东（投资者）、债权人、客户、供应商、政府机构、律师、经纪人和媒体、公众等，虽然不直接参与企业的经营管理，却是企业资源的主要提供者或对企业具有监管、约束等直接影响：

（1）股东（投资者）是企业的所有者，他们使用会计信息来决定是否购买、持有或出售企业的股票。

（2）银行、信用合作社、抵押和财务公司通常作为债权人，它们会收集企业财务信息以帮助其评估企业的财务状况、还本付息能力，决定是否提供贷款或收回贷款，甚至申请企业破产重组。

（3）供应商在赊销前使用会计信息判断客户的信用状况，决定企业的信用政策。

（4）客户使用财务信息评价企业提供的产品的质量及履行保修义务的可信度。

（5）政府机构对企业的某些活动享有法定权利，如国家税务机关要求企业提交财务报告以正确核定应纳税额，证券管理机构要求上市公司提交财务报告。

（6）外部（独立）审计人员检查财务报告以确定报告是否按照公认会计准则编制。

（7）企业的普通员工和工会使用财务信息来判断薪酬分配的公正性、评价未来工作前景以及为实现加薪与企业进行谈判等。

（8）公众可能感兴趣于报告企业履行社会责任的程度，如企业生产是否会污染环境等。

会计的一个主要目标就是通过提供财务报告、披露财务信息来为外部利益相关者提供决策支持，这一分支称为财务会计（financial accounting），这也是本书讲授的主要内容。

企业日常的经济活动纷繁复杂，如材料采购、设备购置、产品研发与生产、发行股票与债券、广告宣传、销售产品、支付股利等。会计作为一种信息系统要提供满足外部信息使用者决策需要的信息，就要对这些纷繁复杂的经济活动按照专门的程序和方法，分门别类地进行加工，形成标准的形式——财务报告。财务会计信息处理程序如图1-3所示。

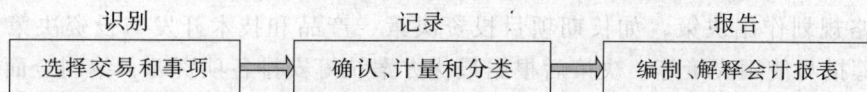

图1-3　财务会计信息处理程序

当企业发生经济活动时，首先要判断其是否需要通过会计系统进行加工处理，即识别相关的交易或事项，只有真实的、与企业相关的交易或事项才加以反映。进入会计信息系统的交易或事项首先要明确何时、以何名目予以处理，以转化为专门的会计语言，即为"确认"。确认的下一步就是计量。计量是指用货币或其他量度单位计量各项经济业务及其结果的过程，其特征是以数量（主要是以货币单位表示的价值量）关系来确定物品或事项之间的内在联系。计量包括计量属性与计量单位的选择：计量属性是指计量对象某一方面的特征，如一块钢板，是登记其长度、厚度，还是面积；计量单位是计量的尺度，如米、分米等。若以股票投资为例，计量属性是指其取得价格、持有价格或处置价格，计量单位主要是货币，且假设币值稳定。在确认与计量的基础上，按时间先后顺序分门别类地登记交易或事项即为记录。以复式记账进行记录是会计工作的关键技术，也是会计区分于其他工作（如统计等）的主要特征。有关复式记账方法将在第二章中具体介绍。企业将一定时期记录的全部交易或事项按一定的标准进行分类、汇总，按规定的格式编制财务报表，并对报表具体项目加以解释和分析，最终对外报告。上述确认、计量、记录和报告通常被认为是财务会计信息处理的基本环节。

（二）控制系统与内部决策支持

会计作为信息系统在向外部信息使用者提供决策相关信息的同时也为企业内部信息使用者提供管理决策服务。会计信息的内部使用者是指那些直接参与企业经营管理的人，即管理当局，包括董事会、首席执行官（CEO）、首席财务官（CFO）、业务部门经理（采购、生产、销售、研发）等，他们提供并使用的会计信息主要服务于企业内部规划和控制决策，以提高企业的经营效率与效果，是会计的另一个分支——管理会计（managerial accounting）。

我国的《管理会计基本指引》明确提出，管理会计的目标是通过运用管理会计工具方法，参与企业规划、决策、控制、评价活动并为之提供有用信息，推动企业实现战略规划。在企业经营管理活动的每个阶段，会计都在其职能范围内提供决策支持，如图1-4所示。

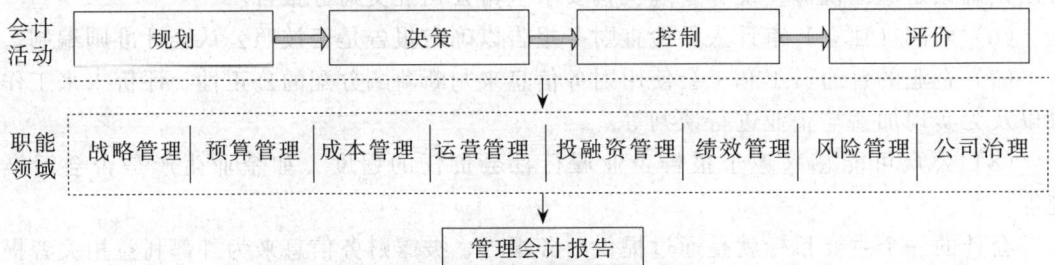

会计活动	规划	决策	控制	评价

职能领域	战略管理	预算管理	成本管理	运营管理	投融资管理	绩效管理	风险管理	公司治理

管理会计报告

图1-4　管理会计信息系统

（1）**规划**。参与企业战略规划，采用价值链管理、战略地图等管理会计工具为企业定位、战略目标设定、实施方案选择等提供信息支持，协助企业高层管理者做好战略规划和战略描述。

（2）**决策**。融合财务和业务等活动，及时、充分地提供和利用相关信息支持企业各层级根据战略规划作出决策，如长期项目投资决策、产品和技术开发与投资决策、定价决策、资金筹措与使用决策等。决策后根据最优方案统筹安排各项资源，编制全面预算，形成具体行动方案和行动标准。

（3）**控制**。根据设定的标准，采取分析、沟通、协调、反馈等控制机制，支持和引导企业持续高质、高效地实施单位战略规划。控制更多地体现为对生产与成本的控制，例如，核算作业成本、提供系统的成本数据，并根据实现的标准成本，对生产成本进行适时控制；通过存货控制加强对材料成本的控制，采用责任会计加强对人工成本的控制，开展质量成本控制，对产品质量成本形成与发生的全过程（设计、生产和售后）施以必要、积极的影响等。

（4）**评价**。设计合理的评价体系，提供并利用管理会计信息评价企业战略规划实施情况。常用的绩效评价工具有关键绩效指标 KPI、经济增加值 EVA、平衡记分卡 BSC。各部门或责任单位在进行业绩评价时通常会将战略规划实施实际情况与预算进行对比分析，揭示差异，分析原因；同时以此为依据进行考核，完善激励机制，并落实奖惩措施，为未来工作的改进提供必要的依据。

企业为不同的职能部门或责任单位设计了不同的具体目标，以共同实现企业总体战略与使命。会计在不同的职能范围内提供支持内部决策的信息，这些信息具有不同的目的和用途，最终所形成的报告类型以及所包含的具体内容，没有什么规则或统一的标准，不需要遵守外部报表的编制规则，也不需要对外披露，只要满足内部信息使用者的特定决策需要即可。

综上所述，会计是一个信息处理与控制系统：一方面，会计按照公认会计准则对企业在过去一段时间内的生产经营成果与财务状况等进行确认、计量、记录与报告，最终以财务报告的形式对外披露，为外部信息使用者提供决策支持；另一方面，会计不仅要总结过去，还要控制现在、规划未来。会计在为企业内部管理者提供决策信息的同时也利用信息加强对企业的监督与控制。

第二节　会计信息

一、会计目标

所有的企业都会建立一套会计信息系统来传递信息，以帮助利益相关者更好地作出决策。企业为什么要提供会计信息，以及提供的信息应该达到什么样的目的与要求，就是会计目标的内容。在会计学这门基础学科中探讨的会计目标主要是指财务会计目标，也是财务报告目标。我国的《企业会计准则——基本准则》指出，企业财务报告的目标是向财务报告使用者提供与企业财务状况、经营成果和现金流量等有关的会计信息，反映企业管理层受托责任的履行情况，有助于财务报告使用者作出经济决策。这里同时强调了"受托责任"与"决策有用"两种观点。

受托责任观的经济背景是公司制企业的所有权与经营权相分离，资源的所有者将资源投入企业后并不直接参与企业的经营管理，而是委托企业管理层或职业经理人进行管理，企业管理层作为受托方享有对资源的经营决策权，并承担着有效管理与应用资源，使其保值、增值的责任。因此，管理层需要如实地向委托方报告受托责任的履行过程及结果，更加关注管理层的管理业绩，强调会计信息的可靠性。

决策有用观认为资本的所有权与经营权相分离是通过资本市场进行的。资本市场上大多数中小投资者往往不直接参与企业的经营管理与决策，更多地采用"用脚投票"的方式进行表决，其决策的主要依据是企业的业绩、拥有的资源及其变动，以及企业现金流量等信息。这些决策有用的信息需要通过财务报告传递给资本市场，包括潜在的投资者。因此，财务报告的目标就是为决策者提供决策有用的信息，更加强调会计信息的相关性。

要实现会计受托责任观与决策有用观的信息要求，对外财务报告的具体目标就是提供有关企业的经济资源、对资源的要求权以及这些资源与要求权如何随时间变化的信息（管理层如何有效使用资源的信息）。企业的经济资源通常被称为资产，对这些资源的要求权主要来自债权人和所有者，通常被称为负债和所有者权益。资产、负债和所有者权益体现了企业在特定日期的财务状况，因此，财务报告的具体目标可以表述为：

（1）反映企业在某一特定日期的财务状况；

（2）反映企业在某一会计期间的财务状况变化。

如图1-5所示，财务状况通常体现的是企业在某一特定日期的静态照片，是用财务或货币语言表述的企业"快照"，也可以看作企业不断变化的财务状况静止在某一时日的"相貌"；而企业在一定期间内的经济活动实现的经营成果、现金流量变化和所有者权益变动等是引起财务状况变化的动态过程，是财务状况在一段时间内变化的动态"影片"。

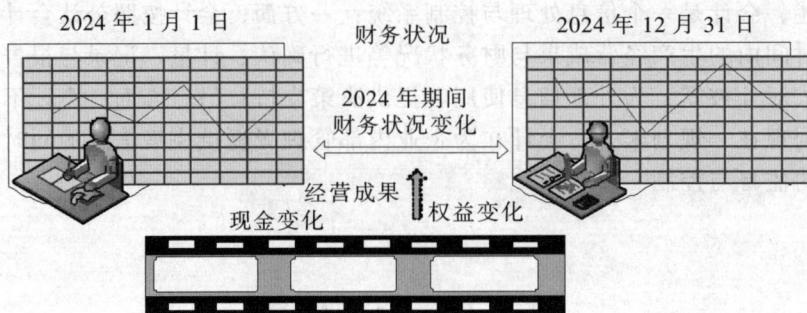

图1-5　财务会计目标

因此，我国会计准则要求企业提供的财务报告要向财务报告使用者提供与企业财务状况、经营成果和现金流量等有关的会计信息。这些信息通常以编制财务报表的方式呈现，包括资产负债表、利润表、现金流量表和所有者权益变动表。

二、基本财务报表

（一）资产负债表

资产负债表反映企业在某一特定日期的财务状况，通过企业拥有的经济资源（资产）和对这些资源的要求权（权益）来衡量，可以表示为：

资产=权益

债权人和所有者是企业资源的提供者，拥有对企业资源的要求权，所以企业的权益包括债权人权益（负债）和所有者权益两部分。因此，资产和对资产的要求权之间的关系可以进一步表示为：

资产=负债+所有者权益

该等式也称为会计等式，是会计信息系统的基础，也是编制资产负债表的依据。资产负债表的左方为资产、右方为负债和所有者权益，资产总额必然等于负债与所有者权益总额。宁德时代新能源科技股份有限公司（以下简称"宁德时代"）主要从事动力电池、储能电池和电池回收利用产品的研发、生产和销售。宁德时代2021年12月31日资产负债表（简化）见表1-1，公司资产总额为3 076.67亿元，等于负债总额2 150.45亿元加上所有者权益总额926.22亿元。

表1-1

宁德时代资产负债表（简化）①

2021年12月31日

单位：亿元

资产	上年年末余额	期末余额	负债和所有者权益	上年年末余额	期末余额
货币资金	684.24	890.72	短期借款	63.35	121.23
应收账款	112.94	237.54	长期借款	60.68	221.19
存货	132.25	402.00	其他	750.20	1 808.03
长期股权投资	48.13	109.49	**负债合计**	874.23	2 150.45
固定资产	196.22	412.75	股本	23.29	23.31
无形资产	25.18	44.80	留存收益*	197.99	352.54
其他	367.22	979.37	其他	470.67	550.37
			所有者权益合计	691.95	926.22
资产总计	1 566.18	3 076.67	**负债和所有者权益总计**	1 566.18	3 076.67

注：*留存收益包括盈余公积和未分配利润两个项目。

资产负债表体现了企业资源（资产）与资本（筹资）的配置情况。从结构上看，企业的**筹资活动**主要反映在资产负债表的右侧，债务和股权是企业筹措资本的两种主要方式，作为筹资的结果，资产负债表上的负债总额及期限结构（长短期负债）表明企业未来需要用多少资产或劳务清偿债务以及清偿时间，而所有者权益是企业偿还债务的保障，资本的保值、增值是投资者关注的主要问题。筹资决策涉及的主要问题是如何以最低的筹资成本与风险获取经营所需的资本，并注意资本结构（股权与债务）的管理。**投资活动**是将筹集的资金用于构建经营所需的各项资产，如厂房、机器设备等，或用于购买股票，以获取对其他企业的控制权等，通常形成资产负债表左下方的各类长期资产，如固定资产、无形资产、金融资产等。投资决策侧重考虑公司资本的投向、规模、构成及收益与风险。企业**经营活动**中发生的一系列经常性的资金收付业务，如采购材料、生产与销售产品等，主要反映在资产负债表的上方，如货币资金、应收账款等流动资产，应付账款、应付票据、应付职工薪酬等流动负债。在经营活动中，企业要尽可能少地占用各项资产，加速资金周转，提高使用效率。

（二）利润表

利润表反映企业在某一时期实现的经营成果。利润是企业当期实现的收入与发生的相关费用的差额，表达式为：

收入－费用＝利润

收入实现会带来资产的增加，费用发生是资产的耗费，因此，利润的实现能够引起企业财务状况发生变化。如果一定期间内的收入大于费用，则企业实现了利润，会增加

---

① 本章涉及的宁德时代财务报表数据均根据其2021年年报（合并报表）数据整理得出。为了更直观地进行呈现，表中列出了主要数据，"其他"并不是报表中的项目名称，而是除列示出项目之外的全部省略项目的合计数。

企业的所有者权益；反之，如果收入小于费用，企业则发生了亏损，会侵蚀企业的所有者权益。短期内企业的亏损可能不会影响企业的生存，但从长远看，只有盈利才能保证企业可持续发展。

表1-2是宁德时代2021年度利润表，总结了公司当年的收入与费用。以货币计量，公司2021年的日常经营活动实现收入1 303.56亿元，扣除相关成本费用后获得198.24亿元营业利润。考虑非经营活动收益，扣除企业所得税费用后，公司实现净利润178.61亿元，归属于母公司股东的净利润为159.32亿元①。

表1-2　　　　　　　　　　　　　　宁德时代利润表（简化）

2021年度　　　　　　　　　　　　　　　　　　单位：亿元

项目	本期金额
一、营业收入	1 303.56
减：营业成本	960.94
税金及附加	4.87
其他费用	147.87
加：其他	8.36
二、营业利润	198.24
加：营业外收入	1.83
减：营业外支出	1.20
三、利润总额	198.87
减：所得税费用	20.26
四、净利润	178.61
1.归属于母公司股东的净利润	159.32
2.少数股东损益	19.29

值得注意的是，利润表描述的是企业一段时期的经营成果，而不像资产负债表那样描述的是某一特定时点的财务状况。利润表从赚取收入和发生费用的角度报告企业一定时期的经营成果，能够为企业财务状况从期初到期末的变化提供一部分解释，并通过所有者权益变动表的计算，最终体现在资产负债表中。

（三）所有者权益变动表

所有者权益变动表反映企业在某一时期所有者权益各组成部分的变动情况。表1-3是宁德时代2021年度所有者权益变动表，表中主要列示了所有者权益期初余额、当期所有者权益增加及减少的事项，以及最后计算出的期末所有者权益余额，记入资产负债表中。

---

① 归属于母公司股东的净利润反映在企业合并净利润中。合并净利润是反映以母公司为核心的企业集团在某一特定时期内的经营成果，包含归属于母公司股东的净利润和其他股东的净利润。例如，一家上市公司当年实现净利润100万元，其持有一家子公司70%的股权，该子公司当期实现净利润50万元。假设该上市公司没有其他子公司，且母子公司之间没有净利润的抵销业务，则合并净利润为150万元（100＋50），该上市公司拥有子公司净利润的份额为35万元（50×70%），因此，母公司实现净利润135万元（100＋35），应归属于母公司的股东。子公司实现净利润的剩余部分15万元（50－35），归属子公司其他股东（少数股东）。

表 1-3　　　　　　　　　宁德时代所有者权益变动表（简化）

2021年度　　　　　　　　　　　　　　　　　　　　　　单位：亿元

| 项目 | 归属于母公司所有者权益 | | | | | | | 少数股东权益 | 所有者权益合计 |
	股本	资本公积	减：库存股	其他综合收益	盈余公积	未分配利润	小计		
一、本年年初余额	23.29	416.62	7.10	11.27	11.58	186.41	642.07	49.88	691.95
二、本年增减变动金额	0.02	15.02	−2.66	30.81	0.01	154.54	203.06	31.21	234.27
其中：									
所有者投入的普通股	0.02	6.78	−2.66				9.46	10.36	19.82
对所有者（股东）的分配						−5.59	−5.59		−5.59
三、本年年末余额	23.31	431.64	4.44	42.08	11.59	340.95	845.13	81.09	926.22

除了投资者投入资本外，所有者权益增加主要来源于企业的留存收益。留存收益是企业实现的净利润留存在企业的部分。企业可能将实现的净利润全部留存于企业用于扩大经营，也可能将其中的一部分用于支付股东股利。留存多少净利润属于企业的一项决策，需考虑多方面的因素。例如，高成长性企业通常不会支付股利，留存更多的净利润用于扩大经营规模，而成熟的企业通常会支付稳定的股利。2021年宁德时代所有者权益增加234.27亿元，当期实现归属于母公司股东的净利润159.32亿元，5.59亿元用于分配股利，剩余的153.73亿元形成留存收益[①]，是当期所有者权益增加的主要来源。

（四）现金流量表

现金流量表反映企业某一时期的现金变化情况。现金的变化至少与企业的某一项经济活动（筹资活动、投资活动和经营活动）相关。例如，在企业经营活动中，收入是已经实现或预期会实现的现金流入：如果客户在销售活动发生时支付现金，这笔收入会立即导致现金流入企业；如果是赊销，则会产生预期的未来现金流入量。费用则正好相反，费用的发生会导致现金流出企业或者预期的未来现金流出。因此，现金流量表按照企业筹资活动、投资活动和经营活动分别列示。

（1）**经营活动现金流量**是企业日常经营活动，如销售商品、提供劳务等交易或事项引起的现金变化，是企业利益相关者关注的重点。企业的债权人会根据经营活动产生的现金流量来评价企业经营活动是否能够产生足够的现金来偿还债务。从长期看，只有经营活动产生正的现金净流量，企业才能实现可持续发展。同时，经营活动现金流量也是企业员工、管理层、供应商、顾客等利益相关者所重点关注的内容。

（2）**投资活动现金流量**是企业购置与出售长期资产引起的现金变化，通常影响企业的生产经营能力。处于初创期的企业在迅速扩张时会产生更多的投资支出，此时企业的投资活动现金净流量通常为负。

（3）**筹资活动现金流量**是企业筹资行为引起的现金变化。企业借款或发行股票会增加筹资现金流入，而偿还债务或支付股利会导致现金流出企业。

---

① 当期归属于母公司股东的净利润形成留存收益153.73亿元，不完全等于表中的154.55亿元（盈余公积与未分配利润合计），主要是因为还涉及其他综合收益转入，这部分属于高级财务会计内容，此处不赘述。

　　表1-4是宁德时代2021年度现金流量表。宁德时代通过销售商品、提供劳务等经营活动创造了429.08亿元的现金净流量，是当期现金流量增加的主要来源。公司用这部分现金来扩大经营规模，能够满足购建固定资产、无形资产和其他长期资产等现金支出587.37亿元的部分资金需求，公司也通过银行借款筹措资金262.77亿元。当期公司偿还债务54.58亿元，支付股利及利息等15.68亿元，最终产生现金净流量120.74亿元，实现良好的经营。宁德时代本期现金增加120.74亿元，加上期初现金余额634.32亿元，得到本期期末现金余额755.06亿元。

表1-4　　　　　　　　　　　宁德时代现金流量表（简化）

2021年度　　　　　　　　　　　　　　　　　　　　单位：亿元

项目	本期金额
一、经营活动产生的现金流量：	
经营活动现金流入小计	1 453.30
其中：销售商品、提供劳务收到的现金	1 306.17
经营活动现金流出小计	1 024.22
经营活动产生的现金流量净额	429.08
二、投资活动产生的现金流量：	
投资活动现金流入小计	49.56
投资活动现金流出小计	587.37
其中：购建固定资产、无形资产和其他长期资产支付的现金	437.68
投资支付的现金	117.26
投资活动产生的现金流量净额	−537.81
三、筹资活动产生的现金流量：	
筹资活动现金流入小计	310.63
其中：吸收投资收到的现金	15.51
取得借款收到的现金	262.77
筹资活动现金流出小计	74.04
其中：偿还债务支付的现金	54.58
分配股利、利润或偿付利息支付的现金	15.68
筹资活动产生的现金流量净额	236.59
四、汇率变动对现金及现金等价物的影响	−7.12
五、现金及现金等价物净增加额	120.74
加：期初现金及现金等价物余额	634.32
六、期末现金及现金等价物余额	755.06

　　需要注意的是，现金流量表中的"现金及现金等价物"包括：

（1）现金，指企业的库存现金以及可以随时用于支付的存款；

（2）现金等价物，指企业持有的期限短、流动性强、易于转换成已知金额现金、价值变动风险较小的投资。

2021年宁德时代资产负债表货币资金期初和期末余额分别为684.32亿元和890.72亿元，它们都包含了因抵押、质押或冻结等对使用有限制的款项，不属于现金及现金等价物的范畴（见表1-5）。剔除这些所有权或使用权受限制的款项，公司期初和期末现金及现金等价物的金额分别为634.32亿元和755.06亿元，当期现金及现金等价物增加120.74亿元（755.06-634.32）。由此可见，现金流量表中的现金净流量变化能够解释资产负债表中货币资金的变化情况，即反映企业某一时期的现金变化情况。

表1-5 　　　　　　　　　宁德时代货币资金　　　　　　　　　单位：亿元

项　目	2021年1月1日	2021年12月31日
货币资金	684.24	890.72
减：所有权或使用权受到限制的款项		
（1）保证金	33.69	123.70
（2）银行借款质押存单	6.87	5.10
（3）定期存款	6.57	3.55
（4）按实际利率法计提的利息	2.79	3.30
小计	49.92	135.66
现金及现金等价物	634.32	755.06

虽然企业的财务报表提供了重要的会计信息，但这并不是全部的信息。【博学·精思】企业一般通过编制完整的财务报告进行信息披露。财务报告除了提供财务报表的相关信息外，还包括财务报表附注和其他相关信息和资料，如管理层讨论与分析、公司治理、环境和社会责任等，这些都会影响利益相关者的决策。

1-1财务报表之间的钩稽关系

|伦理、责任与可持续发展| 环境-社会-公司治理（ESG）

会计信息可以帮助投资者决定如何安排其稀缺的投资资源，也决定着哪些企业和行业可以获得增长所需的财务资源，影响社会资源的配置。传统投资决策侧重于分析企业的盈利模式和财务绩效，但企业在追求改善财务绩效的过程中往往会引发一系列环境、社会与公司治理问题，如高污染企业超标排放、安全生产事故频发、公司内部管理混乱等。2006年，联合国责任投资原则机构（Principles for Responsible Investment, PRI）在可持续发展理念的基础上提出将环境、社会和公司治理因素（environmental, social and governance, ESG）纳入投资分析和决策过程，在追求财务回报的同时，综合考虑社会的可持续发展和企业的社会责任与长期价值。ESG投资也成为全球主流的投资策略和投资方法之一。

环境-社会-公司治理（ESG）反映企业的可持续发展能力，为企业履行社会责任提供了持续的推动力。根据 ESG 投资理念，越来越多的企业通过年报或单独的 ESG 报告、企业社会责任报告、环境报告等多种形式披露 ESG 相关信息，以向投资者展现企业在环境、社会、公司治理层面的具体实践。ESG 环境方面的披露内容包括材料与能源、生物多样性、排污排废、环保合规等信息，社会方面的披露内容包括员工多样性与机会平等、劳资关系、消费者隐私、健康和安全等信息，公司治理方面的披露内容包括利益冲突管理、腐败与贿赂等信息。例如，截至 2023 年 5 月，伊利股份已连续 17 年发布《可持续发展报告》，连续 6 年发布《生物多样性保护报告》，连续 2 年发布《零碳未来报告》。

企业良好的 ESG 实践能够增强企业应对危机的能力，通过 ESG 信息披露向社会传递企业承担社会责任和可持续发展的良好信号，帮助企业获得更多的社会资源。国内外的大量投资实践也表明，符合 ESG 标准的企业业绩表现会好于市场平均水平。

第三节　会计基本原则

外部利益相关者获取企业信息的渠道主要是企业提供的财务报告等公开信息，信息的真实性和可靠性直接影响决策者的决策质量。因此，会计信息应确保可靠、相关，便于比较和决策，要遵循一定的准则、概念和假设。

一、企业会计准则

财务会计实务受公认会计准则的一系列概念和规则约束。其中，**美国通用会计准则**（Generally Accepted Accounting Principles，US GAAP）是由美国财务会计准则委员会（Financial Accounting Standards Board，FASB）、美国会计师协会（APB）和美国证券交易委员会（SEC）在《意见书》和《公报》中所规定的会计准则、方法和程序所组成的。证券交易委员会将大部分美国公认会计原则制定权力授予美国财务会计准则委员会，并监督公开发行债券和股票的上市公司正确履行 GAAP。

在经济全球化过程中，跨国资本流动对企业财务信息的可比性提出了更高的要求，企业需要按统一的概念框架和标准提供通用的会计信息，以更好地满足决策需要，**国际财务报告准则**（International Financial Reporting Standards，IFRS）应运而生。IFRS 由独立组织国际会计准则理事会（International Accounting Standards Board，IASB）发布，截至 2022 年 5 月 24 日，共 166 个国家（地区）宣布在本国范围内采用国际会计准则。

美国通用会计准则与国际财务报告准则是两个相似但不完全相同的体系，FASB 和 IASB 都致力于指导准则制定的共同概念框架的趋同，以不断缩小 GAAP 和 IFRS 之间的差别。概念框架是以会计目标为核心，用来发展会计准则和评价会计实务的一个相互联系、内在一致的概念体系，既是规范财务报告的总体原则，也是制定会计准则的基础，各国对其概念框架有不同的名称，但其基本内容通常至少包括：

（1）目标——为投资者、债权人以及其他利益相关者提供有用的信息。

（2）信息质量特征——相关性、可靠性和可比性。

（3）会计要素——定义财务报表中所包含的项目。

（4）确认与计量——将一个项目确定为某一会计要素的标准以及如何计量这些要素。

我国会计准则的制定由政府部门主导。我国财政部于2006年发布了与国际会计准则高度趋同的企业会计准则，由基本准则、具体准则、会计准则应用指南和解释公告构成，并于2007年开始实施。基本准则在整个企业会计准则体系中扮演着概念框架的角色，起着统驭作用；具体准则是在基本准则的基础上，对具体交易或者事项进行会计处理的规范；应用指南是对具体准则的一些重点、难点问题作出的操作性规定；解释公告是随着企业会计准则的贯彻实施，就实务中遇到的实施问题而对准则作出的具体解释。进入财政部会计准则委员会（https：//www.casc.org.cn/qykjzz/）可以查阅会计准则的相关内容。在我国境内设立的企业（公司）均适用该准则体系。

二、会计假设

会计假设是指为了保证会计工作的正常进行和会计信息的质量，对会计核算范围、内容、基本程序和方法所作的合理设定，是由人们在长期会计实践中逐步认识和总结形成的。会计假设包括会计主体、持续经营、会计分期和货币计量。

（一）会计主体

会计主体是指会计工作所服务的特定单位或组织。我国的《企业会计准则——基本会计准则》规定："企业应当对其本身发生的交易或者事项进行会计确认、计量和报告。"

会计主体界定了会计核算的空间范围。尽管企业本身的经济活动总是与其他企业、单位或个人的经济活动相联系，但会计应独立核算企业本身的各项经济活动，不能反映企业投资者或者其他经营主体的经济活动。对于同一项经济活动，从不同会计主体角度出发会有不同的业务处理。例如，甲企业赊销给乙企业一批材料，对甲企业来说，这是在实现销售收入的同时形成的应收未收的款项（应收账款），是企业的一项经济资源；而对于乙企业而言，这是在购进材料的同时形成的应付未付的款项（应付账款），是其承担的一项债务。

会计主体不同于法律主体（法人）。一般来说，法律主体必然是会计主体，但会计主体不一定是法律主体。法律主体的法人是指具有民事权利能力和民事行为能力，依法独立享有民事权利和承担民事义务的组织，如公司制企业。我国法律规定法人必须进行会计核算，所以法律主体都是会计主体。一个独资企业、合伙企业、分公司、事业部、车间能够独立进行会计核算，属于会计主体，但不能作为一个法律主体参与活动。再如，一个母公司拥有若干个子公司，母子公司是一个企业集团，为全面反映其财务状况、经营成果和现金流量情况，有必要将企业集团看作一个会计主体，编制合并财务报表，企业集团不是一个法律主体，但其内部的每个企业都是一个法律主体。

（二）持续经营

持续经营是指在可预见的未来，会计主体将按照当前的规模和状态持续经营下去，不会停业，也不会大规模削减业务。我国《企业会计准则——基本会计准则》规定："企业会计确认、计量和报告应当以持续经营为前提。"

一般情况下，企业的生产经营活动将按照既定的目标持续下去，这也是绝大多数企业所处的正常状态。会计信息也是在此基础上遵循相应核算原则、选择核算方法。例如，资产按历史成本（取得时的实际成本）计价，按既定用途使用、处置，按期计提折旧；负债按照既定的合约条件清偿，费用定期分配，否则正常的核算将无法进行。也是在这一假设下，决策者根据企业现有的财务状况与过去一定时期的经营成果预测未来的财务状况与经营成果，作出决策。

　　然而，在激烈的市场竞争中，每家企业都面临着经营风险，都可能因无法清偿到期债务而被迫宣告破产清算。一旦有证据证明企业将要破产清算，持续经营假设将不再成立，企业会计核算就需要采用清算基础，如资产不再按照历史成本计量，而改为按清算价格计量。我国的《企业会计准则第30号——财务报表列报》规定："企业正式决定或被迫在当期或将在下一个会计期间进行清算或停止营业的，则表明以持续经营为基础编制财务报表不再合理。在这种情况下，企业应当采用其他基础编制财务报表，并在附注中声明财务报表未以持续经营为基础编制的事实、披露未以持续经营为基础编制的原因和财务报表的编制基础。"

　　（三）会计分期

　　一个持续经营的企业，其经济活动是周而复始、没有终结的，从理论上讲是无法提供最终的会计信息的，但会计信息价值与其时效性密切相关，如果等到企业终结时再提供信息，这样的信息已无任何决策价值。为了能够及时提供决策信息，会计应划分期间收集和处理信息，即会计分期。

　　会计分期是将一个企业持续的生产经营活动人为地划分为一个个连续的、长短相同的期间，并按期提供相应的财务信息。会计期间可以设定为企业的经营周期，如从原材料采购开始，经过生产、销售，到收回货款结束；也可以是日历年度。世界上的大多数国家都是以日历年度作为会计期间，我国也执行与日历年度一致的会计期间。《企业会计准则——基本准则》规定："企业应当划分会计期间，分期结算账目和编制财务报告。会计期间分为年度和中期，中期是指短于一个完整的会计年度的报告期间。"企业通常按月进行核算，上市公司要求按季度、半年度和年度对外披露财务报告。一季度报告期间是1月1日至3月31日，半年度报告期间是1月1日至6月30日，三季度报告期间是1月1日至9月30日，年度报告期间是1月1日至12月31日。国外的财务报告期间有的是跨年的，如当年4月1日至次年3月31日。

　　会计分期假设具有重要意义。正是因为有了会计分期才有产生本期与非本期的区别，才有收付实现制与权责发生制两种不同的记账基础，权责发生制又形成应收应付款项和预收预付款项的区分；也正是因为有了会计分期，才需要进行期末账项调整，如按期计提固定资产折旧、进行无形资产摊销等。正确划分会计期间，按期提供准确的会计信息，便于进行会计信息的比较。

　　（四）货币计量

　　《企业会计准则——基本准则》规定："企业会计应当以货币计量。"货币计量是指以货币为计量单位对已确定的可以进行会计处理的经济活动确定其应记录的金额。货币作为一般等价物，是衡量一般商品价值的共同尺度，能够用以计量一切资产、负债和所有者权益、收入、费用和利润，便于进行汇总与比较。值得注意的是，货币作为主要计量单位，是从价值量方面反映会计主体的经济活动情况，但货币不是唯一的计量单位，其他计量单位，如实物量、劳动量（工时）等在会计核算中也会被使用，但不占主要地位。

　　我国会计核算要求对所有经济业务采用同一种货币作为统一尺度进行计量，若企业经济业务结算涉及两种或两种以上的货币，应选择一种货币作为记账本位币。通常，我国企业会计核算以人民币作为记账本位币，但业务收支以人民币以外的其他货币为主的企业，如业务以向美国出口商品为主的外贸企业，以美元为主要结算货币的，可以采用该外币（美元）作为记账本位币，但编制财务报表报送会计信息时必须折算为人民币。

货币计量也确立了币值稳定的假设。与其他计量尺度不同，货币是一种特殊的商品，其本身的价值是变动的，表现为货币的购买力是经常波动的：当发生通货膨胀时，货币的购买力下降；当发生通货紧缩时，货币的购买力上升。一般地，在货币购买力波动不大的情况下，可以合理假定所采用的记账本位币是一种稳定的计量单位，不会对会计信息造成较大影响。

三、会计信息质量要求

会计向企业利益相关者提供反映受托责任履行情况和决策有用的信息，必须保证会计信息的质量。《孟子·万章下》中有："孔子尝为委吏矣，曰：'会计当而已矣。'"这句话的意思是孔子在做粮仓管理员时说，出入的账目要记录清楚，即在其位，谋其政，要把自己的本职工作做好。其蕴含了会计工作的原则要求。我国的《企业会计准则——基本准则》规定，会计信息质量特征包括可靠性、相关性、可理解性、可比性、实质重于形式、重要性、谨慎性、及时性。会计人员在处理经济业务、提供会计信息时，应遵循这些质量特征要求，以便更好地为利益相关者服务。

（一）可靠性

可靠性又称客观性、真实性，是指企业应当以实际发生的交易或者事项为依据进行会计确认、计量和报告，如实反映符合确认和计量要求的各项会计要素及其他相关信息，保证会计信息真实可靠，内容完整。这是会计信息质量的基本要求。如果会计信息不能如实、客观地反映企业经济活动的实际情况，就无法满足利益相关者的决策需要，甚至会误导决策者作出错误的决策。

国际会计准则对可靠性的判别标准是，当信息没有重要错误或偏向，并且能够如实反映其拟反映或该反映的情况供使用者作依据时，信息就具备了可靠性。其中，没有重要错误是技术上的正确性；没有偏向是立场上的中立性；如实反映则是结果上的真实性。如果企业在提供会计信息时为了达到预先设定的结果或效果，虚构或者将尚未发生的交易或事项进行反映，或有选择性地提供会计信息以影响决策者的决策与判断，就违背了会计信息的中立性，不具备可靠性。

（二）相关性

相关性也称有用性，是指企业提供的会计信息应当与财务会计报告使用者的经济决策需要相关，有助于财务会计报告使用者对企业的过去、现在或者未来情况作出评价或者预测。

会计信息是否有用、具有价值，关键在于会计信息与使用者所需要做的决策是否相关，这要求企业在确认、计量、记录和报告会计信息的过程中充分考虑信息使用者的决策模式和信息需求，提供的会计信息能够对过去的有关预测进行证实或者修正，有助于会计信息使用者对企业过去的决策进行评价，具有反馈价值；还要有助于使用者对企业未来的财务状况、经营成果以及现金流量等进行预测，具有预测价值。

（三）可理解性

可理解性也称明晰性，是指企业提供的会计信息应当清晰明了，便于财务会计报告使用者理解和使用。如果会计信息不能被使用者理解，即使会计信息与决策相关且可靠，也无法实现决策有用。

可理解性要求企业在提供会计信息时尽可能传递、表达易于理解的会计信息，对于复杂的交易或事项应在财务报告中充分披露，如编写报表附注；同时，作为一种商业语言，会计信息具有较强的专业性，要遵循准则规范要求，信息使用者也应提高自身的专业知识，增强对会计信息的理解能力。

（四）可比性

可比性是指企业提供的会计信息应当相互可比。

可比性包含两层含义：一是纵向可比，即同一企业不同时期的会计信息间应当相互可比。这要求企业在不同时期发生的相同或者相似的交易或事项，应当采用一致的会计政策，不得随意变更。纵向可比便于信息使用者通过比较不同时期的信息，了解企业的财务状况、经营成果和现金流量变化趋势，全面、客观地评价过去、预测未来，从而作出相应的决策。二是横向可比，即在同一时期不同企业的会计信息之间应当相互可比。这要求不同企业发生的相同或者相似的交易或者事项，应采用规定的会计政策，确保会计信息口径一致，相互可比。横向可比便于会计信息使用者对不同企业的财务状况、经营成果及现金流量进行比较、评价与决策。

（五）实质重于形式

实质是指经济实质，形式是指法律形式，实质重于形式要求企业按照交易或者事项的经济实质进行会计确认、计量和报告，不应仅以交易或者事项的法律形式为依据。

实质重于形式是"真实与公允"的体现。在大多数情况下，企业发生的交易或事项的经济实质与法律形式是一致的，但也会出现不一致的情况。例如，企业租入一项固定资产，租赁合同中规定的租赁期限较长，接近于该资产的使用寿命；租赁期结束时承租企业有优先购买该资产的选择权；租赁期内承租企业有权支配该资产并从中受益等。从法律形式看，该项资产的所有权属于出租方，承租方不拥有其所有权，但从经济实质看，企业能够控制该项资产所创造的未来经济利益，应当将其作为企业的资产确认、计量和报告。

（六）重要性

重要性是指企业提供的会计信息应当反映与企业财务状况、经营成果和现金流量等有关的所有重要交易或者事项。这要求企业在会计核算过程中对经济业务区别重要程度，采用不同的会计处理程序与方法：重要的经济业务应当单独、详细地反映，并在财务报告中重点说明；不重要的经济业务，在不会导致决策者决策失误或误解的情况下，可以合并、简化反映，遵循成本效益原则。

实务中重要性的应用依赖会计的职业判断，一般根据企业所处的环境和实际情况，从项目的性质和金额两方面加以判断。从性质上看，如果某一交易或事项的发生可能对决策产生重大影响，或者其省略或错误会影响决策者作出决策，则该交易或事项具有重要性；从金额上看，如果某一交易或事项的金额达到一定水平就可能对决策产生重大影响，则认为其具有重要性，如交易或事项的金额达到净利润的1%、资产总额的5%就认为其是重要的。

（七）谨慎性

谨慎性又称稳健性，是指企业对交易或者事项进行会计确认、计量和报告应当保持应有的谨慎，不应高估资产或者收益、低估负债或者费用。

在市场经济中，企业的经营活动面临着诸多不确定性与风险，如销售的商品可能被退回或返修、应收款项可能收不回来、技术进步导致资产价值减损，还可能面临侵权诉讼等，会计核算对此运用职业判断和估计时，应持有谨慎的态度。当一项经济业务有多种会计处理方法和程序可供选择时，应选择不导致资产夸大、利润虚增的方法，合理预计可能发生的损失和费用。例如，对可能无法收回的款项计提坏账准备，对售出的商品可能发生的保修义务确认预计负债，对固定资产加速计提折旧等。

需要注意的是，谨慎性要求会计核算充分估计各种风险和损失，不高估资产或收益，不低估负债或费用，但并不意味着可以随意低估资产或收益、高估负债或费用，否则就属于滥用谨慎性原则，将被视为重大会计差错，需要进行相应的会计调整。

（八）及时性

及时性是指企业对于已经发生的交易或者事项，应当及时进行会计确认、计量和报告，不得提前或者延后。

及时性强调会计信息的时效性，要求交易或事项发生后及时收集、处理和传递相关的会计信息。只有及时的会计信息才能反映企业当前的财务状况、经营成果和现金流量，确保信息真实可靠，也只有及时的信息才对决策者的决策有用，所以及时性制约着相关性和可靠性。

|伦理、责任与可持续发展| 同济堂：财务欺诈

新疆同济堂健康产业股份有限公司（简称"同济堂"，600090）主要从事医药批发、零售配送、非药品销售业务。2016年5月，其作价61亿元借壳新疆啤酒花股份有限公司重组上市。上市后，公司年度财务报告显示，2016—2018年扣非净利润分别为4.76亿元、5.32亿元和5.64亿元。但实际上，同济堂通过同济堂医药、南京同济堂和新沂同济堂三家子公司虚构销售及采购业务、虚增销售及管理费用、伪造银行回单等方式，累计虚增收入207.35亿元，虚增成本178.51亿元，虚增利润总额24.3亿元，又于2019年虚增其他收入3.86亿元，虚增利润3.86亿元。

在此期间，同济堂还未及时披露且未在年报中披露控股股东及其关联方非经营性资金占用的关联交易（在未经过审议程序的情况下，直接或间接地通过团风县鑫旺药业有限公司、武汉日月新保健食品有限公司等多家公司累计向控股股东湖北同济堂投资控股有限公司及其关联方提供非经营性资金25.92亿元）；未如实披露公司募集资金的存放及实际使用情况；未及时披露且在2018年和2019年年报中未按规定披露为控股股东及其关联方提供担保及重大诉讼的有关事项。

基于此，同济堂被责令改正、给予警告，并被处以300万元罚款。张美华、李青夫妇被给予警告，被合并处以500万元罚款。其中，直接负责主管人员、实际控制人分别被罚款300万元、200万元，且被采取终身市场禁入措施。

2022年7月7日，同济堂正式退市，公司股价最终为0.27元/股，5万多股民遭受损失。

资料来源：中国证券监督管理委员会.中国证监会行政处罚决定书（同济堂、张美华、李青、魏军桥）[EB/OL].[2024-02-11].http://www.csrc.gov.cn/csrc/c101928/c2343861/content.shtml.

第四节　会计职业与道德规范

一、会计工作与职业发展

（一）企业会计工作

无论是对于创立企业、投资理财，还是个人职业发展，会计知识都具有无可替代的重要作用。从学科角度看，会计属于工商管理一级学科下的二级学科，是经济管理（商学）领域最具活力的专业之一，有很多学生毕业后从事与会计相关的工作；就企业会计而言，会计系统的具体工作内容可以分为三部分：财务会计、管理会计和财务管理。

财务会计主要是开展会计核算，将企业经济活动按照会计核算的基本程序、采用专门的方法加工成财务报告，为企业利益相关者提供信息，其中包括成本核算和税款缴纳，即成本会计和税务会计。税务会计是根据税法规定，计算企业应缴纳的各项税款，也可以在不违反税法规定的情况下进行纳税筹划，降低企业税收负担。

管理会计是通过挖掘会计数据为企业内部管理层提供决策支持，实现会计从信息提供者到企业价值创造者的角色转变。前面已经提到会计作为一个控制系统，其基本活动过程包括规划、决策、控制和评价。

财务管理是整个会计工作的延伸，主要负责企业的资金管理，保证资金畅通，提高资金使用效率。具体工作包括：资金筹集，以最低的成本筹集经营活动所需要的各种资本；资金投放，将筹得的资金用于旨在提高公司价值的各项活动，包括在资本市场投资金融资产、在商品市场投资实物资产；结合企业发展与股东利益，确定利润分配方案；对企业经营过程中的各种风险进行评估，加强内部控制与风险管理。

此外，与会计密切相关的还有审计，其主要任务是监督、鉴证和评价。企业以财务报表的方式提供的会计信息是否客观公正地反映了企业的财务状况、经营成果等情况，需要独立的第三方即注册会计师的鉴证。注册会计师通过鉴证发表审计意见、出具审计报告，这是通常所说的外部审计。内部审计工作则是为企业建立一套完善的内部控制系统，对企业的经济活动和内部控制制度进行审查和评价，保证企业资产安全，防止出现舞弊行为，评价企业资产运行效率，保证资源的有效利用。

（二）会计职业发展

在当今的信息时代，会计知识能够给人们带来各种职业发展机会。在一个组织结构比较健全的大型企业里，会计的职业发展路径为：出纳（会计助理）→会计→会计主管→财务经理→财务总监→首席财务官（CFO）[①]，如图1-6所示。对于中小企业来说，有的会计岗位可能合并一起，如会计主管和财务经理合并为一个岗位，并且大部分中小企业不设置CFO岗位。

【博学·精思】

1-2会计信息鉴证与审计报告

会计的工作岗位一般始于出纳或会计助理，主要负责货币资金和有价证券管理，进行往来资金、工资结算，填制和审核相关业务凭据，办理年检、纳税申报等基础工作。这些日常工作虽有些繁杂和琐碎，但完成它们有助于了解企业的经济业务、熟悉各个部门、掌握财务流程，形成完整的企业财务工作架构。

---

① 从审计鉴证服务的角度看，会计职业发展路径通常为：审计助理→审计员→项目经理→部门经理→事务所合伙人。

图1-6　会计职业发展机会

会计主要负责财务核算，履行会计监督职能，一般分为成本会计、总账会计和税务会计。从事会计岗位要不断提高自身的核算技能与沟通能力，加强职业判断，培养职业意识。

会计主管的工作重点转向管理，负责制定企业的财务会计制度，进行财务工作分配与沟通协调，对会计工作结果、过程进行监督检查，准备财务报告，提供财务信息。

财务经理主要对各项数据进行分析考核，提出解决问题的方案，并负责组织制定企业年度财务预算和绩效考核体系，建立健全财务核算体系和内控制度，加强成本控制与现金流管理，为公司重大投融资等活动提供财务决策支持。

财务总监全面管理和领导企业财务工作，制定必要的财务管理规章制度，负责财务管理、预算管理、会计管理及内部审计监督等方面的工作，参与企业经营问题的研究、分析与论证，对重大财务收支与经营活动实行与总经理联签制，履行监督职能。

首席财务官（chief financial officer，CFO）参与企业战略制定，并通过资源配置实现企业的战略目标和长期发展，并向股东和董事会负责。CFO在为股东创造价值时，除了进行成本控制与风险管理、关注内部经营管理外，更多的是借助资本市场保持良好的投资者关系，为公司快速发展筹集所需资金，以及通过企业并购等资本运作手段提升企业的整体价值。

二、会计职业素养

会计目标是提供决策有用的信息，信息的真实可信是决策的基础，这要求会计信息提供者具备良好的职业素养，包括会计专业能力和会计职业道德。

（一）会计专业能力

会计学是一门专业性很强的学科，会计工作也具有很强的政策性和法规性。因此，会计人员不仅要掌握会计专业知识与技能，还要熟悉相关法律法规。除了《企业会计准则》外，会计人员还要熟悉《中华人民共和国会计法》《企业财务会计报告条例》《中华人民共和国公司法》《中华人民共和国证券法》以及税收法律制度等方面的知识。

信息化的发展使会计不再只是"账房先生"，而是通过业财融合更好地发挥事前和事中监督职能，这要求会计不仅要懂财务，还要懂业务，将工作内容延伸到业务前端，通过数据分析与预测，反馈给业务部门及决策层，使企业决策更加科学；同时，深入理解业务流程，把握业务流程的关键控制点和潜在风险点，从财务视角分析并制定风险管控措施和方案，降低营运风险。因此，会计人员还要熟悉企业的经济活动、商业模式、组织结构、工艺技术、产品性能、交易方式等多方面知识，以提升企业经营决策效率，推动企业实现价值创造。

此外，随着职位的晋升，会计更多地发挥着企业管理职能，应具备良好的沟通、组织与协调、灵活应变的能力。CFO（或财务总监）作为企业CEO的战略伙伴，应具备战略思维，参与企业战略的设计与执行，整合配置资源，为企业战略提供财务支持。

会计人员要想提高专业能力，除了进行会计专业学习与增加实践经验外，还可以参加相关资格考试，如会计职称考试、注册会计师（CPA）考试、特许公认会计师（ACCA）考试、注册管理会计师（CMA）考试、注册内部审计师（CIA）考试等。

（二）会计职业道德

"会计当而已矣"，"当"为恰当、得当、适当之意，是会计职业道德的要求。

1.会计职业道德规范

会计人员在提供会计信息时常常面临职业道德的选择，判断对错的各种信念直接影响会计工作和会计信息质量。因此，有必要设立职业道德规范约束会计人员的行为。我国的《会计基础工作规范》明确指出，会计人员在会计工作中应当遵守职业道德，树立良好的职业品质、严谨的工作作风，严守工作纪律，努力提高工作效率和工作质量。这要求会计人员爱岗敬业、熟悉法规、依法办事、客观公正、做好服务、保守秘密。《中华人民共和国注册会计师法》和《中国注册会计师职业道德守则》也对提供鉴证服务的注册会计师的职业道德提出了更高的要求。

2023年财政部印发《会计人员职业道德规范》（以下简称《规范》），从聚焦行业特点、递进规范层次角度，提出对新时代会计人员职业道德的三项要求：

一、坚持诚信，守法奉公。牢固树立诚信理念，以诚立身、以信立业，严于律己、心存敬畏。学法知法守法，公私分明、克己奉公，树立良好职业形象，维护会计行业声誉。

二、坚持准则，守责敬业。严格执行准则制度，保证会计信息真实完整。勤勉尽责、爱岗敬业，忠于职守、敢于斗争，自觉抵制会计造假行为，维护国家财经纪律和经济秩序。

三、坚持学习，守正创新。始终秉持专业精神，勤于学习、锐意进取，持续提升会计专业能力。不断适应新形势新要求，与时俱进、开拓创新，努力推动会计事业高质量发展。

《规范》强调会计人员"坚"和"守"的职业特性和价值追求。"坚持诚信，守法奉公"是对会计人员的基本要求，"坚持准则、守信敬业"是对会计人员的核心要求，"坚持学习、守正创新"是对会计人员的发展要求。

|伦理、责任与可持续发展|朱镕基总理：不做假账

朱镕基总理常用"吏不畏我严，而畏我廉；民不求我能，而求我公"的古训鞭策自己，任职期间为自己"约法三章"：不题词、不剪彩、不批条子。但他却破例为北京、上海、厦门三所国家会计学院题写了校训，而三次题字竟是同样的内容——"不做假账"。他指出，"不做假账"是会计从业人员的基本职业道德和行为准则，所有会计人员必须以诚信为本，操守为重，遵循准则，不做假账，保证会计信息的真实、可靠。"诚信为本，操守为重，坚持准则，不做假账"后来被刻成碑石，立在北京国家会计学院，作为校训。

2.财务欺诈与内部控制

虽然会计职业道德规范约束了会计人员的工作，但在实践中财务欺诈（舞弊）仍时常发生，如曾轰动全球的美国安然公司虚增收益、隐匿债务、贿赂官员，世通公司低估费用以虚增收益和隐匿债务等财务舞弊案件。我国证监会也会经常通报证监稽查典型违法案例，涉及财务造假、欺诈发行、虚假陈述等各种违法违规行为。

美国会计学会会长史蒂文·阿伯雷齐特（W.Steve Albrecht）提出了"舞弊三角"理论，他认为财务舞弊的产生是由压力（Pressure）、机会（Opportunity）和借口（Rationalization）三要素组成的。压力来源于经营或财务上的困境以及对资本的急切需求；机会是进行舞弊而又能掩盖起来不被发现或能逃避惩罚的时机；借口（自我合理化）是企业舞弊者必须找到某个理由，使企业舞弊行为与其本人的道德观念、行为准则相吻合，无论这一解释本身是否真正合理。当欺诈发生时，这三个因素一定是同时存在的。

GONE理论认为企业的财务舞弊是由G——贪婪（Greed）、O——机会（Opportunity）、N——需要（Need）和E——暴露（Exposure）四个因子构成，如果舞弊者有贪婪之心且又十分需要钱财、自尊时，只要有机会，并认为事后不会被发现，就一定会进行舞弊。这些因素是相互作用、密不可分的，没有哪一个因子比其他因子更重要，它们共同决定了企业舞弊风险水平。

应对财务欺诈的关键环节是预防，即通过建立内部控制制度降低财务造假风险的同时增加财务报告的可信度，如完善会计记录，实施不相容岗位与职责分离、实物资产控制及独立检查等。安然、世通的财务丑闻曝光后，为提高财务信息的可靠性和投资者对资本市场的信心，2002年7月美国国会通过了《萨班斯-奥克斯利法案》（Sarbanes-Oxley Act），或称《SOX法案》，要求上市公司在加强会计监督的同时实施严格的内部控制制度，增加财务报告编制的透明度、责任感和可信度。如果上市公司未能达到SOX的要求，将会被处以罚款、取消上市资格，甚至高管人员会被起诉。上市公司的管理层还要发布报告，证明其内部控制制度的完整性和有效性，并由注册会计师对内部控制制度的完整性和有效性发表审计意见。2008年5月，我国财政部、证监会、审计署、银监会、保监会联合发布《企业内部控制基本规范》，要求上市公司应当对本公司内部控制的有效性进行自我评价，披露年度自我评价报告，并可聘请具有证券、期货业务资格的会计师事务所对内部控制的有效性进行审计。

内部控制是为确保企业合规有效经营、保护资产安全完整、保证会计信息可靠而建立起来的一系列的程序与措施，包括控制环境、风险评估、控制活动、信息与沟通、独立监督五个要素。控制环境是企业实施内部控制的基础，包括治理结构、机构设置及权责分配、内部审计、人力资源政策、企业文化等；风险评估是企业及时识别、系统分析经营活动中与实现内部控制目标相关的风险，合理确定风险应对策略；控制活动是企业根据风险评估结果，采用相应的控制措施，将风险控制在可承受的范围之内；信息与沟通是企业及时、准确地收集、传递与内部控制相关的信息，确保信息在企业内部、企业与外部之间有效沟通；独立监督是企业对内部控制制度的建立与实施情况进行监督检查，评价内部控制的有效性，发现内部控制缺陷时及时加以改进，一般由企业内部审计机构完成。

|伦理、责任与可持续发展| 伊利股份ESG-公司治理（G）：治理结构与反舞弊

　　良好的治理结构能够有效地抑制财务舞弊行为的发生，提高财务信息可靠性，推动企业可持续发展。伊利股份严格按照《中华人民共和国公司法》《中华人民共和国证券法》《上市公司治理准则》以及其他国家有关法律法规的要求，不断完善公司治理结构，持续提升公司治理水平。

　　（1）股东大会：职责清晰，有明确的议事规则并得到切实执行，确保所有股东能够充分地行使自己的权利。

　　（2）董事与董事会：由11名董事组成，其中，独立董事4名。董事熟悉有关法律法规，充分行使和履行董事的职权、义务和责任，维护公司的整体利益。董事会设立战略与可持续发展委员会、提名委员会、薪酬与考核委员会、审计委员会四个专门委员会。

　　（3）监事与监事会：由5名监事组成，对公司财务、董事及高级管理人员履行职责的合法性和合规性进行监督，维护公司和全体股东的合法权益。

　　伊利股份通过有效识别风险、提升管理水平、强化员工合规意识、减少舞弊发生，搭建和完善"不敢腐、不能腐、不想腐"的反舞弊协同防控体系，多渠道开展反舞弊及商业道德宣传教育。2022年，开展反贪污及商业道德相关审计核查项目101项，包括营销、生产、采购、物流等主要业务领域，涵盖所属区域的主要合作方，识别问题及改进机会219项，发现风险及非财务一般内控缺陷16项，并及时整改，有效净化了公司的内控环境并营造了诚信合作的商业氛围。

　　资料来源：伊利股份.伊利股份2022年可持续发展报告［EB/OL］.［2023-11-10］.http：//vip.stock.finance.sina.com.cn/corp/view/vCB_AllBulletinDetail.php？stockid=600887&id=9144525.

【笃行·致新】

1-3 第一章
思考与练习

第二章 账户与复式记账

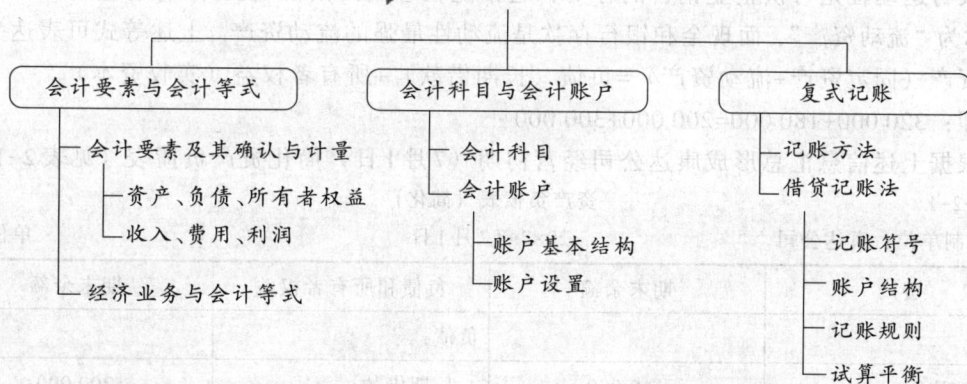

【学习目标】

◇ 界定会计要素，并将交易或事项按会计要素进行确认和计量；
◇ 定义会计等式及其构成要素；
◇ 分析企业经济业务对会计等式的影响；
◇ 了解会计科目、账户及其分类；
◇ 定义账户的借方和贷方并解释借贷记账法（复式记账法）；
◇ 设置账户，并采用借贷记账法记录经济业务；
◇ 编制试算平衡表并解释其作用和局限性。

【本章预览】

会计作为一种商业语言，采用专门的方法和程序确认、计量、记录、报告企业的各项交易和事项，账户和复式记账起着至关重要的作用。借贷记账法是以"借"和"贷"作为记账符号的一种复式记账方法，被世界各国普遍采用。本章重点讲述了记录经济业务的基本方法，包括会计要素的确认与计量、运用会计等式分析经济业务、账户结构、借贷记账法的原理，以及试算平衡表的编制。

账户与复式记账

- 会计要素与会计等式
  - 会计要素及其确认与计量
    - 资产、负债、所有者权益
    - 收入、费用、利润
  - 经济业务与会计等式

- 会计科目与会计账户
  - 会计科目
  - 会计账户
    - 账户基本结构
    - 账户设置

- 复式记账
  - 记账方法
  - 借贷记账法
    - 记账符号
    - 账户结构
    - 记账规则
    - 试算平衡

第一节 会计要素与会计等式

一、会计要素及其确认与计量

20×7年6月，张帆大学毕业后和家人商量，决定开一家体育用品零售店。企业开办需要创业资金，张帆家庭投入300 000元，并到当地工商管理局申请注册成立"康达体育用品有限公司"（简称"康达公司"），主要从事健身器材、体育用品、服装鞋帽的销售。考虑到企业的业务规模，张帆又通过银行取得3年期贷款200 000元，这些资金都存放在企业的银行账户中，其相互关系可以表示为：

银行存款＝银行贷款+家庭投入

即：500 000=200 000+300 000

其中，500 000元银行存款是企业拥有的资源，这些资源投入生产运营，未来能给企业带来一定的经济利益，即"资产"；银行贷款200 000元是公司承担的债务，3年后到期要予以偿还（会计用"长期借款"表示），即"负债"；家庭投入300 000元是张帆作为企业投资者投入的本钱（会计用"实收资本"表示），是其在公司中享有的权益，即"所有者权益"。所以，上述等式用会计语言表达为：

资产＝负债+所有者权益

随后企业开始生产经营，首先，张帆将420 000元存款从银行中划出，用于多方面开支：购买店面、货架及电脑等办公设备（320 000元），购进一批服装鞋帽（110 000元），提取现金10 000元备用。此时，上述等式为：

资产（店面、设备等+服装鞋帽+现金+银行存款）＝负债（长期借款）+所有者权益（实收资本）

即：320 000+90 000+10 000+80 000=200 000+300 000

其中，店面与办公设备价值高、使用期限长、流动性弱，称为"固定资产"；购进的运动服与运动鞋是可供企业销售的存货，通常能在短期内销售出去并收回资金，流动性较强，称为"流动资产"，而现金和银行存款是流动性最强的流动资产。上述等式可表达为：

资产（固定资产+流动资产）＝负债（长期借款）+所有者权益（实收资本）

即：320 000+180 000=200 000+300 000

根据上述信息汇总形成康达公司经营初期（7月1日）简化资产负债表（见表2-1）。

表2-1   资产负债表（简化）

编制单位：康达公司   20×7年7月1日   单位：元

资产	期末余额	负债和所有者权益	期末余额
资产：		负债：	
库存现金	10 000	长期借款	200 000
银行存款	80 000	所有者权益：	
存货	90 000	实收资本	300 000
固定资产	320 000		
资产总计	500 000	负债和所有者权益总计	500 000

到了年底，张帆计算得出企业收入 420 000 元，发生相关的进货成本、人工费、水电费等 270 000 元：

收入－费用＝利润

即：420 000－270 000＝150 000

同时，张帆发现 12 月 31 日公司的财务状况也有了新的变化：

资产＝负债＋所有者权益

即：650 000＝200 0000＋450 000

由上述分析可以看出，资产、负债、所有者权益、收入、费用和利润是会计六大要素。其中，资产、负债和所有者权益是反映企业财务状况的要素，构成资产负债表的主要内容；收入、费用和利润是反映企业经营成果的要素，构成利润表的主要内容。

会计要素的确认是将一项交易或事项作为某项会计要素加以记录和列入财务报表的过程，包括初始确认和最终确认，计量则是将符合确认条件的会计要素登记入账并列报于财务报表而确定其金额的过程。例如，企业赊购一批材料，价款 50 000 元，这批材料如果符合资产的确认条件就可以作为"原材料"登记到企业的账簿中，并按照购买时的实际成本（历史成本）记录入账价值 50 000 元，此为初始确认与计量。到了会计期末编制会计报表时，要对该批材料进行再次确认，如果该批材料在资产负债表日的可变现净值为 48 000 元，则需要对该批原材料进行减值处理，填报于资产负债表中的原材料价值应为 48 000 元；倘若在会计期末该批原材料已经毁损或腐烂变质等，不能再给企业带来经济利益，则不能再确认为企业资产，不能列报于资产负债表中。

（一）资产

1.资产及其确认条件

资产是由过去的交易或者事项形成的，由企业拥有或者控制的，预期会给企业带来经济利益的资源，包括各种财产、债权和其他权利。资产的特征主要体现在：

（1）资产是由过去的交易或事项所形成的。过去的交易或事项包括购买、生产、建造行为等。只有过去发生的交易或事项才能形成资产，预期未来发生的交易或事项不能确认为资产，典型例子的是未执行的合同，如签订采购合同，在合同履行之前，购买方不能将所购买的商品作为自己的资产（存货）确认。

（2）资产应为企业拥有或控制的资源。拥有是指排他性地享有某项资源的所有权，可以对其按照自己的意愿使用或处置。若对经济资源没有所有权，具有控制权也可以，如融资租入资产，承租方不拥有所有权，但能实质控制该项资产，因此其作为自有资产核算。

（3）资产预期会给企业带来经济利益，即资产具有未来直接或间接导致现金或现金等价物流入企业的潜力。购入的材料和设备用于产品生产或提供劳务，在产品售出或劳务提供后可收回相应的货款，使经济利益流入企业。如果某一项目预期不能给企业带来经济利益，那么就不能将其确认为企业的资产，前期已经确认为资产的项目，如果不能再为企业带来经济利益，也不能再确认为企业的资产，如财产清查过程中发现的毁损财产，就不能再作为企业的资产确认。

资产的确认除了满足上述基本特征外，还必须同时具备以下两个条件：第一，资产的价值能够可靠地计量，如果不能可靠计量，就不能在资产负债表中反映出来，如企业的人力资本；第二，经济利益很可能流入企业。

经济资源只有同时满足资产的特征与两个条件，才能确认为企业的资产；如果只符合资产的定义（前三个条件），不符合确认的条件，也不能确认为资产。

资产按照流动性①可以分为流动资产和非流动资产，并分开列示在资产负债表中。流动资产是指企业可以在一年内或者超过一年的一个营业周期内变现或耗用的资产，包括库存现金、银行存款、应收及预付款项、交易性金融资产、存货等。流动资产变现能力强，经常改变存在形态，其价值一般是一次计入成本，或在较短的时间内分几次转入成本费用，并从销售收入中得到补偿。非流动资产是指不准备在一年内变现的投资或为管理目的而拥有或控制的资产，通常包括长期股权投资、固定资产、无形资产等。

【例2-1】假设康达公司10月份通过相关交易或事项形成以下经济资源，判断其中哪些属于公司的资产，并指出资产的类别。

（1）10月8日，康达公司与欣荣公司签订了一份第二年的服装采购合同，合同金额为7万元。次年2月，康达公司还将与新荣公司再签订一份采购合同。

分析：该批服装不能确认为企业的资产，因为交易尚未发生。

（2）10月15日，康达公司与美联汽车销售公司签订一份购买合同，购入一台自用小型货车，价值18万元，分3年付款，每年支付6万元。货车已提回并投入使用。

分析：由于购买小型货车的款项尚未全部支付，康达公司对该货车没有法律意义上的所有权，但是从经济实质来看，康达公司具有控制、使用和收益的权利。根据实质重于形式的原则，这台货车可以认定为公司的资产，属于固定资产。

（3）10月18日，因意外灾害，康达公司库存的一批运动鞋被水浸泡，无法再出售，其购入成本为1万元。

分析：该批运动鞋被水浸泡，无法再出售，不能给公司带来预期经济利益，不能再确认为公司资产。

（4）10月24日，康达公司销售20辆山地自行车给凯兴公司，签订的销售合同金额为3万元。凯兴公司开具一张面值3万元、期限2个月的票据。

分析：该项销售已经发生，康达公司拥有收回这3万元货款的权利，能够带来经济利益，2个月后经济利益的流入可以确切计量为3万元，所以康达公司可以将3万元"应收票据"确认为一项资产，其属于流动资产。

2.资产的计价

资产的计价，也称为资产的计量，解决的是资产的入账价值问题。例如，企业8月份支付20万元购入一批股票，年末这批股票的市价涨到23万元，那么，账面上是记20万元还是记23万元？如果记20万元，就是按历史成本计量；如果记23万元，就是按公允价值计量。采用何种计量方法取决于资产的特定属性和会计准则的规定。

历史成本是指取得或制造某项财产物资时所实际支付的现金或者其他等价物。按照历史成本计价时，资产的入账价值一经确定不得随意调整。例如，前述康达公司购买一台18万元的小型货车，公司固定资产增加18万元。此后，这台货车的账面价值保持不变，不会因为小货车在使用过程中发生的价值损耗或价值减损等而调减其账面价值，其发生的价值损耗或减值单独核算。

①流动性也称为变现能力，流动性越强，意味着资产变现时间越短、变现金额越大，同时也意味着资产的风险越小。

公允价值是指市场参与者在计量日发生的有序交易中，出售一项资产所能收到的或者转移一项负债所需支付的价格。其中，市场参与者是在相关资产或负债的主要市场（或最有利市场）中，同时具备以下特征的买方和卖方：相互独立，不存在关联方关系；熟悉情况，根据可获得的信息对相关资产或负债以及交易具备合理认知；有能力并自愿进行相关资产或负债的交易。有序交易是在计量日前一段时期内相关资产或负债具有惯常市场活动的交易，清算等被迫交易不属于有序交易。计量日不是交易实际发生日，是估计出来的。因此，公允价值计量使用的输入值有三个层次：第一层次是有活跃市场的未经调整的报价；第二层次是可以通过相同或类似资产或负债直接或间接观测的输入值；第三层次是在无活跃市场报价和不可观测相同或类似资产或负债的情况下，采用估值技术确定①。

资产除了按照历史成本和公允价值计价外，在一些特殊情况下还可以按可重置成本、可变现净值、现值等计量属性计价。对于盘盈资产的计价，可以采用重置成本，即按照当前市场条件，重新取得同样一项资产所需支付的现金或现金等价物金额。例如，企业盘盈了一台7成新的设备，由于没有发票，不知道入账金额，这时，可以参照同类设备的市场价格计价。如果这种新设备的市场买入价是10万元，那么盘盈设备就按7万元入账。

可变现净值是在正常生产经营过程中，以预计售价减去进一步加工成本和销售所需的预计税金、费用后的净值，通常用于存货的期末计价。现值是在正常经营状态下资产所带来的未来现金净流量的折现金额。

我国的《企业会计准则——基本准则》第四十三条规定："企业在对会计要素进行计量时，一般应当采用历史成本，采用重置成本、可变现净值、现值、公允价值计量的，应当保证所确定的会计要素金额能够取得并可靠计量。"

（二）负债

1.负债及其确认条件

负债是指由过去的交易或事项所形成的、预期会导致经济利益流出企业的现时义务。负债具有以下主要特征：

（1）负债是由企业过去的交易或事项形成的。只有过去的交易或事项才能形成负债，企业将在未来发生的承诺、签订的合同等交易或事项，不形成负债（如仅有借款意向）。

（2）负债是企业承担的现时义务。现时义务是指企业在现行条件下已承担的义务，未来发生的交易或事项形成的义务，不属于现时义务，不应当确认为负债。

（3）负债预期会导致经济利益流出企业是负债的本质特征。在履行现时义务清偿负债时，导致经济利益流出企业的形式可能是多样的，如用现金或以实物资产形式偿还、以提供劳务形式偿还、将负债转为资本等，无论何种形式最终都会导致经济利益流出企业。

负债的确认也需要同时满足两个条件：第一，与该义务有关的经济利益很可能流出企业；第二，未来流出的经济利益金额能够可靠地计量。

与资产相同，只有同时满足上述五个特征和条件才能确认负债。即使符合负债的定义，不符合确认的条件，也不能确认负债。

按照流动性（偿还期限）的不同，负债可以分为流动负债和非流动负债，并根据其流动性依次列示于资产负债表中。流动负债是指企业在一年或超过一年的一个营业周期内必

---

① 财政部会计司.企业会计准则第39号——公允价值计量［M］.北京：中国财政经济出版社，2014.

须偿还的债务，包括短期借款、应付及预收账款等；非流动负债是指偿还期限在一年或超过一年的一个营业周期以上的债务，包括长期借款、应付债券和长期应付款等。

2.负债的计价

负债按照将来偿付的金额来计价，如将来需要偿还20万元，负债就按照20万元计价。如果未来偿还的金额包含货币的时间价值，就需要把未来偿还的金额按照恰当的折现率折算成现值。有关现值的理解见第五章。

【例2-2】假设康达公司10月份发生下列交易或事项，判断其中哪些属于公司的负债，并指出负债的种类。

（1）10月12日，康达公司从工商银行取得期限3个月的借款6万元，同时与工商银行达成了2个月后借入15万元的期限2年的借款意向书。

分析：6万元属于公司的负债，即短期借款，因为向银行借款，康达公司承担了现时义务，发生了负债。15万元不属于该公司承担的现时义务，不属于公司的负债。

（2）康达公司与文华中学签订服装销售合同，约定3个月后交付一批运动服，价款4万元，预付60%的定金，如果逾期交货，康达公司将赔偿文华中学3 000元。定金尚未收取。

分析：康达公司仅与客户签订一项销售合同，交易尚未发生，定金尚未收取，不需要确认负债。3 000元的逾期罚金形成康达公司的或有负债，其不是公司的现时义务，负债的确认取决于公司是否能按时交付这批运动服。

（三）所有者权益

所有者权益是所有者对企业资产享有的求偿权，是指企业资产扣除负债后由所有者享有的剩余权益，又称为股东权益或净资产①。

企业所有者除了享有对投入资本的权益外，还享有对企业利润分配的权益，尚未分配的利润留存在企业（留存收益）也归属于所有者。此外，企业还会发生一些影响所有者权益的业务，如股票溢价、资产增值等，其所产生的综合收益也归属于所有者，这些都形成了所有者权益的来源。通常，所有者权益包括实收资本（股本）、资本公积、盈余公积和未分配利润等项目，列示于资产负债表中。

（1）实收资本。实收资本是投资者按照企业章程、合同或协议的约定，实际投入企业的资本，是企业注册成立的基本条件之一，也是企业承担民事责任的保证。前述案例中张帆作为企业的投资者投入企业的本钱300 000元即为实收资本。

（2）资本公积。资本公积也称准资本，是归企业所有者共有的资本，包括投资者投入资本超过注册资本或者股本部分的金额，即资本溢价或股本溢价，也包括其他综合收益②。资本公积可用于转增资本。

（3）盈余公积。盈余公积是企业按照法律、法规的规定从净利润中提取的留存收益，包括法定盈余公积和任意盈余公积。盈余公积可以用于弥补亏损、转增资本，符合规定条件的企业也可以用盈余公积分配现金股利。

---

① 性质不同的企业的所有者权益有不同的名称，股份有限公司称其为股东权益，有限责任公司称其为所有者权益，合伙企业称其为合伙人权益，独资企业称其为业主权益。没有特指企业组织形式的情况下，本书统一采用所有者权益这一名称。

② 其他综合收益是指企业根据会计准则的规定未在当期损益中确认的各项利得和损失。利得是指由企业非日常活动形成的、与所有者投入资本无关的经济利益的流入；损失是指由企业非日常活动形成的、与向所有者分配利润无关的经济利益的流出。

（4）未分配利润。未分配利润是企业留待以后年度分配或待分配的利润。未分配利润与盈余公积属于企业的留存收益。

所有者权益不能单独计价，而是依赖于资产和负债的计价。例如，实收资本的金额取决于股东投资企业的资产的价值，股东享有的利润则取决于收入与费用的计价，而收入与费用的计价也取决于资产和负债的计价。

（四）收入

收入是指企业在日常活动中所形成的、会导致所有者权益增加的、与所有者投入资本无关的经济利益的总流入。

收入具有以下特征：

（1）收入是企业在日常活动中形成的。日常活动是指企业为了完成其经营目标所从事的经常性活动以及与之相关的活动，是经常性的、重复发生的。

（2）收入可能表现为资产的增加，如销售商品取得收入，企业收到货币资金，或者形成应收账款、取得应收票据等；也可能表现为负债的减少，如冲销预收款等。

（3）收入最终会导致所有者权益增加。不会导致所有者权益增加的经济利益的流入不属于收入，如企业向银行借入的款项，虽然导致了经济利益的流入，但不会增加所有者权益，而是企业承担的一项现时义务。

（4）收入是与所有者投入资本无关的经济利益的总流入。企业所有者投入资本也会增加所有者权益，该部分投资不属于企业的收入。同样，收入只有在经济利益很可能流入企业，而且能够可靠计量时才能确认。收入不包括为第三方或客户代收的款项，如随着收入一同收取的增值税，属于价外税，不属于收入。收入的具体确认条件与确认时间是一个专门的会计问题，将在第九章具体阐述。

收入是利润的主要来源，企业只有通过不断地销售商品、提供劳务等取得收入，才能补偿相关的费用，进而形成利润。通常，日常活动形成的营业收入分为主营业务收入和其他业务收入。主营业务收入是指企业在其经常性、主要的业务活动中所获得的收入，如工业企业生产销售产品、商业企业销售商品、保险公司签发保单、咨询公司提供咨询服务、软件企业为客户开发软件、安装公司提供安装服务、商业银行对外贷款、租赁公司出租资产等。其他业务收入是指与企业经常性活动相关，但非主要业务活动所获得的收入，如企业销售不用的原材料、出租包装物、出租固定资产、出租无形资产等业务取得的收入。那些既不属于经常性活动，也与经常性活动不相关的其他活动（非日常活动）所形成的经济利益的流入，具有非经常性和难以预测的特点，如处置固定资产净收入、罚没收入、政府补助及资产盘盈等不能确认为收入，属于利得，计入营业外收入。

（五）费用

费用是指企业在日常活动中发生的、会导致所有者权益减少的、与向所有者分配利润无关的经济利益的总流出。

费用具有以下特征：

（1）费用是企业在日常活动中形成的。日常活动产生的费用通常包括营业成本（主营业务成本与其他业务成本）、税金及附加、销售费用、管理费用、财务费用等。将费用界定为日常活动形成的经济利益的流出是为了将其与损失相区分。非日常活动所形成的经济利益的流出，如处置固定资产、无形资产等的净损失，不能确认为费用，而是计入损失

（营业外支出）。

（2）费用可能表现为资产的减少或负债的增加，最终导致所有者权益的减少。

（3）费用导致的经济利益总流出与向所有者分配利润无关。企业向所有者分配利润也会导致经济利益的流出，但该经济利益的流出属于所有者权益的抵减项，不应确认为费用。

值得注意的是，收入与费用是企业日常活动形成的，二者之间有直接的因果关系，费用的发生是因，收入的实现是果，费用的发生是形成收入的基础。因此，收入与费用的确认遵循配比原则，当期收入与当期费用相配比得出当期利润。利得和损失是在非日常活动中形成的，二者之间不存在因果关系，不需要进行配比。也就是说，利得是没有消耗任何资产而得到的，如接受政府补助、捐赠等；损失的发生也不会带来任何利得的增加，如资产盘亏损失等。

费用与支出是两个不同的概念。支出是一种付出资产的行为，其中，现金支出是最普遍的形式，如购买材料、支付工资等。支出可能会形成费用，也可能不会形成费用，如偿还银行借款就不会形成费用。形成费用的支出包括收益性支出和资本性支出两种。支出的效益仅与本会计年度（或一个营业周期）相关的，应当作为收益性支出，如生产经营的水电费支出，这样的支出是为取得当期收入发生的，属于费用，记入利润表；支出的效益与几个会计年度（或几个营业周期）相关的，应当作为资本性支出，如购买固定资产、无形资产等，其支出所带来的效益会涉及几个会计期间，因此予以资本化，形成企业资产，记入资产负债表。随着各期生产经营活动的发生，为形成当期收入而耗费的资产价值按照配比原则通过计提折旧或摊销的方式计入当期费用。

|伦理、责任与可持续发展| 世通公司：资本犯罪

违规确认收益性支出与资本性支出是企业的财务舞弊手段之一。将收益性支出列为资本性支出，推迟支出在利润中的扣除时间会增加当期利润；而将资本性支出作为收益性支出进行处理会增加当期费用，减少利润。美国世界通信公司（WorldCom，简称"世通"）曾是美国第二大通信公司。2001年度及2002年第一季度，世通以"预付容量"的名义，将支付给其他电信公司的线路和网络费用确认为资本性支出，五个季度低估期间费用、虚增利润38.52亿美元，也导致虚减经营活动现金流出、虚增投资活动现金流出，严重误导了投资者对世通盈利能力和现金流量创造能力的判断。2002年7月，世通宣布破产，成为当时美国历史上最大的破产个案，公司首席执行官被判处有期徒刑25年。

（六）利润

利润是指企业在一定会计期间的经营成果，即收入减去费用后的净额。若收入小于费用，则表明企业发生了亏损。

收入－费用＝利润

在利润表中，利润包括营业利润、利润总额和净利润。

（1）营业利润是指营业收入（包括主营业务收入和其他业务收入）减去营业成本（包括主营业务成本和其他业务成本）、税金及附加、销售费用、管理费用、财务费用、资产减值损失等，再加上公允价值变动收益和投资收益后的金额。

（2）利润总额是指营业利润加上营业外收入，再减去营业外支出后的金额。

（3）净利润是指利润总额减去所得税费用后的金额。在不存在纳税调整事项的情况下，公司的所得税费用计算为：

所得税费用=利润总额×所得税税率

【例2-3】假设康达公司10月份发生下列经济利益的流入与流出：

（1）销售运动服装、鞋帽等商品取得价款120 000元，销售健身器材取得价款45 000元，全部商品相应的成本为98 000元；

（2）出租一批包装材料，取得租金收入1 200元，其相应的成本为900元；

（3）处置一台不用的打印复印一体机，发生净损失1 200元；

（4）按合同收取客户违约金2 000元；

（5）支付产品印刷、宣传费2 400元；

（6）计算并支付店面管理人员工资、水电费用等6 300元；

（7）计提本月应负担的利息费用950元；

（8）本月税金及附加为18 150元。

根据上述资料，康达公司是一家销售运动服装鞋帽、体育健身器材等商品的商贸公司。销售运动鞋、健身器材是企业日常活动发生的交易，165 000元（120 000+45 000）属于企业的主营业务收入，同时结转相应的主营业务成本98 000元；出租包装材料取得的租金收入属于其他业务收入，相应的成本也计入其他业务成本中；本月应负担的借款利息属于财务费用；打印复印一体机属于公司的固定资产，其处置净损失是非日常活动导致的经济利益的流出，计入营业外支出；而收取的违约金属于非日常活动导致的经济利益的流入，计入营业外收入；产品印刷、宣传费属于销售费用；店面管理人员工资、水电费属于管理费用。假设公司所得税税率为25%，不存在纳税调整事项，由此，编制康达公司10月份简化利润表，见表2-2。

表2-2

利润表（简化）

编制单位：康达公司　　　　　　　　　　　　　20×7年10月　　　　　　　　　　　　　单位：元

项目	本期金额
一、营业收入	166 200
减：营业成本	98 900
税金及附加	18 150
销售费用	2 400
管理费用	6 300
财务费用	950
二、营业利润（亏损以"-"号填列）	39 500
加：营业外收入	2 000
减：营业外支出	1 500
三、利润总额（亏损总额以"-"号填列）	40 000
减：所得税费用	10 000
四、净利润（净亏损以"-"号填列）	30 000

|知识链接| 北京冬奥会：无票务收入下结余3.5亿元

2022年2月4日至2月20日，第24届冬季奥林匹克运动会（XXIV Olympic Winter Games）在中国北京隆重举行。北京冬奥会共设7个大项、15个分项、109个小项，包括短道速滑、花样滑雪、自由式滑雪、越野滑雪、女子单人雪车、短道速滑混合团体接力等项目。北京冬奥会坚持生态优先、资源节约、环境友好，创造了一个又一个令人惊叹的奥运史上的"首次"：首次100%使用绿色清洁电能；首次大规模使用当今最环保的二氧化碳制冰技术；首次在比赛区域5G全覆盖，实现数字冬奥；首次8K升级AR场馆游。

2023年5月6日，北京冬奥组委发布的财务收支报告显示，北京冬奥组委收入153.9亿元人民币，折合约22.89亿美元[①]；支出150.4亿元人民币，折合约22.37亿美元；结余3.5亿元人民币，折合约0.52亿美元。其中，收入主要来源于：国际奥委会资助37.8亿元，市场开发收入111.3亿元，其他收入4.8亿元；支出包括体育竞赛支出13.3亿元，场馆设施支出18.7亿元，技术系统支出23.2亿元，赛时服务支出23.6亿元，仪式、宣传和文化活动支出15.7亿元，办赛保障支出15.5亿元，人力资源相关支出28亿元，赛事运营支出12.4亿元。

资料来源：新京报. 北京冬奥组委财务收支报告公布 结余3.5亿元［EB/OL］.［2023-05-06］. https://baijiahao.baidu.com/s? id=1765135071150448665&wfr=spider&for=pc.

二、经济业务与会计等式
（一）会计等式的表现形式

会计等式也称会计平衡公式或会计方程式，是表明各会计要素之间基本关系的恒等式。通过前述分析得出：

资产=负债+所有者权益

这是会计基本等式，体现了企业在某一特定时点的资产、负债和所有者权益之间的平衡关系。左边的"资产"表明企业拥有什么样的经济资源和拥有多少经济资源，即资金的占用（经济资源以不同的形式存在）。右边的"负债"和"所有者权益"表明企业这些经济资源的来源渠道，即谁提供了这些经济资源——要么是所有者（股东），要么是债权人。换句话说，企业的每一分钱的资产不是来源于所有者，就是来源于债权人，而所有者与债权人所投入的每一分钱都投资于企业的各项资产。一个企业拥有的资产与权益（债权人权益与股东权益）必然相等，即"资产=权益"。资产、负债和所有者权益之间的这种内在的依存关系使会计等式恒成立，该等式是复式记账的理论基础，也是编制资产负债表的依据，它适用于所有的交易和事项，也适用于所有的公司。

收入-费用=利润

这一等式反映了企业利润的实现过程，称为经营成果等式或动态会计等式，是编制利润表的依据。企业当期实现的利润或亏损会通过影响所有者权益进入会计等式。企业债权人通过合同的安排，到期收回本金和利息，对资产的要求权是固定的，风险较小；而企业的所有者对企业资产的要求权属于"剩余收益"权，承担了较高的风险，企业的经营成果、赚取的利润最终属于所有者（留存收益），剩余收益增加；倘若企业发生亏损，最终也是由所有者承担，剩余收益减少。

---

① 资金按照中国人民银行2022年公布的美元对人民币汇率平均值6.726折算。

在前例中，康达公司成立时资产与权益均为 500 000 元，截至 12 月 31 日，收入的增加导致资产增加 420 000 元，费用的发生使资产耗费 270 000 元，最终资产变为 650 000 元，公司当期实现的 150 000 元利润是归属于公司的新增权益，等式为：

资产=负债+所有者权益（本钱+利润）

即：650 000=200 000+（300 000+150 000）

会计等式之间的关系分析如图 2-1 所示。

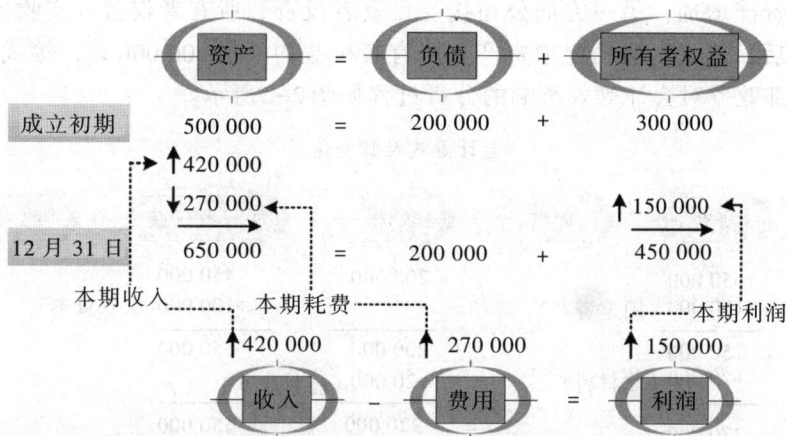

图 2-1　会计等式之间的关系分析

用会计等式表达为：

资产=负债+所有者权益+利润

　　　=负债+所有者权益+（收入-费用）

由此可以得出如下综合会计等式：

资产+费用=负债+所有者权益+收入

该等式考虑企业一定时期的经营成果，通过影响所有者权益最终影响企业的财务状况，将资产负债表和利润表的基本要素结合起来，反映经过一定时期的经营后在某一特定时点企业财务状况动态变化的结果，且变化后资产、负债和所有者权益之间又会产生新的平衡关系。

（二）经济业务对会计等式的影响

进入会计信息系统的每一项经济业务都会引起会计要素发生变化，进而影响会计等式。企业的经济业务纷繁复杂，但无论何种类型的经济业务都不会破坏会计等式的恒等关系。

【例 2-4】承前例，康达公司 20×7 年 12 月 31 日的总资产为 650 000 元，负债总额为 200 000 元，所有者权益为 450 000 元，假设 20×8 年 1 月发生如下经济业务：

（1）1 月 4 日，李刚以其拥有的库房作为资本投入康达公司，价值 100 000 元；

（2）1 月 5 日，康达公司从鑫华公司赊购运动服一批，价款 20 000 元（不考虑相关税费）；

（3）1 月 6 日，康达公司销售给力美健身俱乐部卧式健身车 8 台，取得收入 30 000 元，存入银行（不考虑相关税费）；

（4）1 月 8 日，康达公司以银行存款 20 000 元归还前欠购货款；

（5）1 月 10 日，张帆抽回资本 60 000 元，康达公司用银行存款支付；

（6）1月12日，康达公司以现金支付办公费用2 000元；

（7）1月15日，康达公司宣告分配现金股利30 000元；

（8）1月18日，康达公司接到银行通知，银行将原3年期借款70 000元转作对公司的投资；

（9）1月22日，康达公司签发商业票据，清偿到期的应付货款40 000元；

（10）1月25日，康达公司从银行提取现金5 000元。

在经济业务（1）中，投资者李刚将库房投入公司，一方面库房作为公司的固定资产，使得公司资产增加，另一方面公司接受投资者投资，所有者权益（实收资本）增加。这项业务发生后，等式两边的要素资产和所有者权益均增加100 000元，等式仍然保持平衡。同理，全部业务对会计等式影响的分析过程如图2-2所示。

经济业务	资产	费用	=	负债	+	所有者权益	+	收入
1月1日	650 000			200 000		450 000		
(1)投入资本	+100 000（固定资产）					+100 000（实收资本）		
	750 000		=	200 000	+	550 000		
(2)赊购商品	+20 000（原材料）			+20 000（应付账款）				
	770 000		=	220 000	+	550 000		
(3)实现销售	+30 000（银行存款）							+30 000（主营业务收入）
	800 000		=	220 000	+	550 000		30 000
(4)归还欠款	-20 000（银行存款）			-20 000（应付账款）				
	780 000		=	200 000		550 000		30 000
(5)抽回资本	-60 000（银行存款）					-60 000（实收资本）		
	720 000		=	200 000		490 000		30 000
(6)支付办公费	-2 000（库存现金）	+2 000（管理费用）						
	718 000	2 000	=	200 000		490 000		30 000
(7)宣告股利				+30 000（应付股利）		-30 000（未分配利润）		
	718 000	2 000	=	230 000		460 000		30 000
(8)债务转投资				-70 000（长期借款）		+70 000（实收资本）		
	718 000	2 000	=	160 000		530 000		30 000
(9)应付票据抵付应付账款				+40 000（应付票据） -40 000（应付账款）				
	718 000	2 000	=	160 000		530 000		30 000
(10)提取现金	+5 000（库存现金） -5 000（银行存款）							
	718 000	2 000	=	160 000		530 000		30 000

图2-2　经济业务发生对会计等式的影响分析

由此可见，每一项经济业务的发生必然会引起会计等式一边或两边有关项目相互联系地发生等量变化：当涉及会计等式一边的项目时，有关项目的金额发生增减相反方向的变动，但总额不变；当涉及会计等式两边的项目时，有关项目的金额发生同时等额增加或同时等额减少，且总额发生变化。但无论发生什么样的经济业务，都不会破坏会计等式的恒等关系。

第二节　会计科目与会计账户

一、会计科目

任何一项经济业务的发生都会引起会计要素的增减变动。企业的经济业务纷繁复杂，仅通过六个会计要素无法全面、系统地反映各种不同类型的经济业务的具体内容。例如，用银行存款购买原材料与收回赊销货款存入银行，这两个不同的经济业务都表现为一项资产增加，另一项资产减少，如果仅通过资产要素记录与报告，无法反映具体内容的不同，也无法满足不同信息使用者的相关要求，因此有必要对会计要素具体内容进一步分类。会计科目就是对会计要素具体内容进行分类而形成的项目。例如，资产可进一步分为银行存款、原材料、应收账款、固定资产等不同的会计科目，用银行存款购买原材料涉及资产类的银行存款和原材料科目，而收回赊销货款涉及资产类的银行存款和应收账款科目。

我国的《企业会计准则——应用指南》规定了企业的会计科目。值得一提的是，会计要素分为六大类，但会计科目的划分按其所反映的经济内容，在会计要素分类的基础上进行了归并和分解，最终形成资产类、负债类、所有者权益类、共同类、成本类和损益类六大类会计科目。企业常用会计科目见表2-3。

表2-3　　　　　　　　　　　　　　**企业常用会计科目表**

科目编码	科目名称	科目编码	科目名称
	一、资产类		
1001	库存现金	1471	存货跌价准备
1002	银行存款	1501	债权投资
1012	其他货币资金	1502	其他债权投资
1101	交易性金融资产	1511	长期股权投资
1121	应收票据	1512	长期股权投资减值准备
1122	应收账款	1521	投资性房地产
1123	预付账款	1531	长期应收款
1131	应收股利	1601	固定资产
1132	应收利息	1602	累计折旧
1164	合同资产	1603	固定资产减值准备
1221	其他应收款	1604	在建工程
1231	坏账准备	1605	工程物资
1401	材料采购	1606	固定资产清理
1402	在途物资	1701	无形资产

科目编码	科目名称	科目编码	科目名称
1403	原材料	1702	累计摊销
1404	材料成本差异	1703	无形资产减值准备
1405	库存商品	1801	长期待摊费用
1406	发出商品	1811	递延所得税资产
1408	委托加工物资	1901	待处理财产损溢
1411	周转材料		

二、负债类

科目编码	科目名称	科目编码	科目名称
2001	短期借款	2232	应付股利
2201	应付票据	2241	其他应付款
2202	应付账款	2501	长期借款
2203	预收账款	2502	应付债券
2204	合同负债	2701	长期应付款
2211	应付职工薪酬	2801	预计负债
2221	应交税费	2901	递延所得税负债
2231	应付利息		

三、共同类（略）

四、所有者权益类

科目编码	科目名称	科目编码	科目名称
4001	实收资本	4103	本年利润
4002	资本公积	4104	利润分配
4003	其他综合收益	4201	库存股
4101	盈余公积		

五、成本类

科目编码	科目名称	科目编码	科目名称
5001	生产成本	5201	劳务成本
5101	制造费用	5301	研发支出

六、损益类

科目编码	科目名称	科目编码	科目名称
6001	主营业务收入	6601	销售费用
6051	其他业务收入	6602	管理费用
6101	公允价值变动损益	6603	财务费用
6102	投资收益	6701	资产减值损失
6103	资产处置损益	6702	信用减值损失
6301	营业外收入	6711	营业外支出
6401	主营业务成本	6801	所得税费用
6402	其他业务成本	6901	以前年度损益调整
6403	税金及附加		

会计科目按照提供信息的详细程度，可以分为总分类科目和明细分类科目（见表2-4）。总分类科目，又称为总账科目或一级科目，是对会计要素具体内容进行的总括分类，是进行总分类核算的依据，提供总括指标信息；明细分类科目，又称明细科目，是对总分类科目核算内容所做的详细分类，提供更详细的会计信息。总分类科目原则上都是由企业会计制度和《企业会计准则——应用指南》统一规定的，而明细分类科目一般由会计主体根据会计核算和提供信息指标的要求自行设置。例如，企业要反映"应收账款"科目的详细情况，可在"应收账款"总分类科目下按照各债务人的名称设置相应的明细分类科目，具体反映应收哪个单位的货款。

表2-4   会计科目级次

总分类科目 （一级科目）	明细分类科目	
	二级科目（子目）	明细科目（细目、三级科目）
原材料	原料及主要材料	圆钢、生铁
	辅助材料	润滑油、防锈剂
	燃料	汽油、柴油
生产成本	第一车间	甲产品、乙产品
	第二车间	丙产品、丁产品

如果总分类科目下面反映的内容较多，可增设二级科目，也称子目。它是介于总分类科目和明细分类科目之间的科目，比总分类科目提供的指标详细，但又比明细分类科目提供的信息概括。

二、会计账户

（一）账户基本结构

会计科目只是对会计要素具体内容进行分类的项目名称，表明具体的经济内容，而会计信息处理系统是要对会计要素具体内容的增减变动和结余情况进行记录和报告。例如，企业用银行存款购买原材料80 000元，会使原材料增加80 000元，而银行存款减少80 000元，记录这一增减变动的过程及数量关系就需要专门的核算工具——会计账户。会计账户是根据会计科目设置的，具有一定的结构形式，用来分类、系统、连续地记录交易和事项，以反映会计要素的增减变动及结余情况。设置会计账户是会计核算的一种专门方法。

会计账户记录的是某项经济业务发生导致的会计要素具体内容的增减变动和结余情况。图2-3为实务中一个完整的账户结构（总账），通常包括：

（1）账户名称，即会计科目；

（2）日期，即经济业务发生的时间；

（3）会计凭证种类和号数，即账户记录的依据；

（4）摘要，简明扼要地概括经济业务的内容；

（5）金额，包括增加额、减少额及余额。

总分类账

会计科目____库存商品____

20×8年 月	日	凭证号	摘要	借方 亿	千	百	十	万	千	百	十	元	角	分	贷方 亿	千	百	十	万	千	百	十	元	角	分	核对号	借或贷	余额 亿	千	百	十	万	千	百	十	元	角	分
4	1		月初余额																								借					4	0	0	0	0	0	0
	10		发出商品																3	2	4	0	0	0	0		借						7	6	0	0	0	0
	15		购进商品					2	8	0	0	0	0	0													借					3	5	6	0	0	0	0
	24		赊购商品					4	5	0	0	0	0	0													借					6	7	6	0	0	0	0
	30		发生商品																2	8	6	0	0	0	0		借					5	2	0	0	0	0	0
4	30		本月发生额及余额					7	3	0	0	0	0	0					6	1	0	0	0	0	0		借					5	2	0	0	0	0	0

图2-3　总分类账（库存商品）

注：表中"借方"和"贷方"是实务中企业采用借贷记账法核算的记账符号，仅表示增加或减少，在下一节中具体介绍。

经济业务的发生引起会计要素在数量上的变化无外乎就是"增加"和"减少"两种情况，因此把账户划分为反映增加和减少的两方，如图2-4所示。这是一个简化的账户结构，看上去像字母T，所以被命名为T形账户，在我国也称为丁字账户，多用于教学中。T形账户的上方是账户名称，即会计科目；账户左右两方分别登记增加额和减少额，而哪一方登记增加额，哪一方登记减少额，则取决于所采用的记账方法和所记录的经济业务的具体内容。

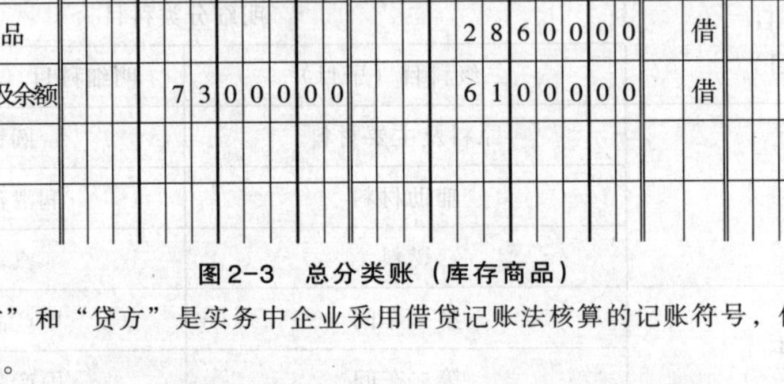

账户名称
（会计科目）

左方　　　　　　　　　　　　　　　　　　　　　　　　　　右方

图2-4　T形账户的基本结构

对经济业务进行记账就是要将增减变动金额登记到相应的增加和减少栏内，一定时期内登记到账户增加方的数额合计，称为增加发生额；登记到账户减少方的数额合计，称为减少发生额；增加发生额与减少发生额相抵后的差额称为期末余额，反映变动的结果；而本期的期末余额转入下期，即为下期的期初余额，如有期初余额，通常登记在增加额的一方。由此，账户中所记录的金额就有期初余额、期末余额、本期增加发生额和本期减少发生额四项，其基本关系为：

期末余额=期初余额+本期增加发生额-本期减少发生额

20×8年4月某企业"库存商品"在T形账户下的记录如图2-5所示。由此可知，企业库存商品期初余额为 40 000 元，本期增加 73 000 元（28 000+45 000），本期减少 61 000 元（32 400+28 600），期末库存商品为 52 000 元（40 000+73 000−61 000）。

左方	库存商品		右方
期初余额	40 000	32 400	
	28 000	28 600	
	45 000		
本期增加额	73 000	本期减少额	61 000
期末余额	52 000		

图 2-5　库存商品 T 形账户记录

（二）账户设置

在会计实务工作中，账户根据会计科目设置。按照财政部《企业会计准则——应用指南》对会计科目的划分，企业可以设置资产类、负债类、共同类、所有者权益类、成本类和损益类六大类账户，其中损益类账户包括收入类账户和费用类账户。

通常，企业规模的大小和业务类型的多样性会影响设置账户的数量。一家小型公司或许只需要设立二三十个账户，而一家大型企业则可能需要设立成百上千个账户。企业账户的设置应根据其具体经济业务的内容与特点，兼顾对外报告和企业内部经营管理的需要。例如，康达公司直接根据会计科目设置"库存商品"总分类账（简称总账），开展总分类核算，提供库存商品增减变动和结余情况的总括信息，一般以货币计量，主要满足企业对外报告的需要；而为了掌握企业各种商品的种类、数量和单价等信息，便于管理者进行分类优化管理，可以根据库存商品的具体特点或内容以总分类账户为依据开设明细分类账户，如"运动服""运动鞋""健身车"等，进行明细分类核算，提供有关各种商品或材料的实物量（件、双、个、台、吨、千克等）与价值量（货币）的更详细的信息，以满足企业内部经营管理的信息需求。图 2-6 是实务中库存商品（男士运动鞋）明细账，如有需要还可以继续细分下去，细分的账户均称为明细分类账户。由一页一页的账户所形成的（纸质与电子）文档即为账簿，有关账簿的具体内容将在第三章学习。

明　细　分　类　账　　　　编号 KC00008　页次　总　页

货名　男士运动鞋

存储地点　货仓A　最高存量　20　最低存量　2　计量单位　双　　规格　ADI　类别　库存商品

	20×8年		凭证		摘要	收入（借方）						结存		
财会主管 复核	月	日	种类	号数		数量	单价	金额	数量	单价	金额	数量	单价	金额
	4	1			月初余额							9	300	2 7 0 0 0 0
		10			销售发出				6	300	1 8 0 0 0 0	3	300	9 0 0 0
		15			购进商品	10	300	3 0 0 0 0 0				13	300	3 9 0 0 0 0
	4	30			本月发生额及余额	10	300	3 0 0 0 0 0				13	300	3 9 0 0 0 0

图 2-6　明细分类账（库存商品）

第三节　复式记账

一、记账方法

如何利用账户这一会计工具记录经济业务取决于记账方法。记账方法是指按照一定的规则，使用一定的记账符号，在账簿中登记各项经济业务的技术方法。在会计漫长的发展历程中，记账方法经历了从简单到复杂、从单式到复式、从不完善到科学完善的发展过程。按照不同的记录方式，记账方法可以分为单式记账法和复式记账法。

单式记账法是对发生的每项经济业务通常只在一个账户中进行记录的方法。单式记账法比较简单，主要记录货币资金的收付，以及往来款项的结算，其他业务一般不予登记。因此，单式记账法下通常只设置与货币资金和往来款项有关的账户。例如，康达公司20×8年4月15日用银行存款3 000元购进10双男士运动鞋以备销售，就只设置并登记银行存款减少3 000元，而库存商品的增加不予登记。如果收到其他单位归还的购货欠款，则同时登记货币资金的增加，以及应收账款的减少。可见，单式记账法虽然记账手续简单，但是不能全面、系统地反映经济业务的来龙去脉，无法提供完整、客观的会计信息，不便于检查账户记录的正确性。

复式记账法是在单式记账法的基础上演变而来，是对发生的每项经济业务都以相等的金额在两个或两个以上的有关账户中相互联系地进行登记，以反映会计要素具体内容的增减变化的一种记账方法。仍以前述"康达公司用银行存款3 000元购进运动鞋"为例，在复式记账法下，一方面记录"银行存款"减少3 000元，另一方面记录"库存商品"增加3 000元，通过这种账户的对应关系全面、清晰地反映经济业务的来龙去脉：银行存款减少3 000元，通过对应的库存商品账户可以看出，是因为购进了运动鞋，库存可供出售的商品增加3 000元；而库存商品增加3 000元，根据对应的银行存款账户可知，是用银行存款支付了购货款，而不是其他方式。由此，复式记账法清楚地反映了经济业务的全貌和具体内容。同时，复式记账法的双重等额记录的特点也便于采用试算平衡的原理来检查账簿记录的正确性，是一种科学的记账方法。

二、借贷记账法

借贷记账法是以"借"和"贷"作为记账符号的一种复式记账方法。1494年，意大利的卢卡·帕乔利在其所著的《算术、几何、比及比例概要》中第一次系统地阐述了借贷记账法，被世界各国普遍采用。20世纪初，借贷记账法传入我国，1993年我国实施基本会计准则，明确规定境内所有企业在进行会计核算时必须统一采用借贷记账法。当前，我国的行政、事业单位也都采用借贷记账法。

（一）记账符号

借贷记账法以"借"（debit，简写为Dr）和"贷"（credit，简写为Cr）作为记账符号。"借""贷"两个字最初从借贷资本角度来解释。借贷资本家把将支付给债务人的放款记为"借"，表示自身的债权；把从债权人那里收到的款项记为"贷"，表示自身的债务。随着社会经济的发展，经济活动日益复杂，"借"和"贷"两个字逐渐失去了原有的含义，转化为纯粹的记账符号，"借"表示记入账户的借方，"贷"表示记入账户的贷方。

（二）账户结构

在借贷记账法下，任何一个账户都分为借方和贷方。在 T 形账户中，账户的左方称为借方，右方称为贷方。当记录经济业务时，所有账户的借方和贷方都按照相反方向记录，即如果借方记录增加，则贷方必然记录减少；反之亦然。至于是借方表示增加，还是贷方表示增加，则取决于账户及其所记录的经济内容的性质。

通常，按照经济内容设置资产类、负债类、所有者权益类、成本类、共同类和损益类六大类账户。借贷记账法的"借""贷"记账符号对于不同账户的记录做了不同的规定。

1.资产类、成本类和负债类、所有者权益类账户结构

根据会计等式"资产=负债+所有者权益"，如果经济业务的发生引起等式两边的要素发生变化，必然是两边的要素同时增加或同时减少，即如果等式左边的资产（成本也最终归属于资产中的"存货"）增加，等式右边的负债、所有者权益也会增加。因此，资产与负债、所有者权益的登记方向相反。在借贷记账法下，资产类和成本类账户结构一致，借方登记增加额，贷方登记减少额；期末余额一般在借方，有的账户可能没有余额。期末借方余额计算公式为：

期末借方余额=期初借方余额+本期借方发生额-本期贷方发生额

负债和所有者权益列示在资产负债表的右方，这两类账户的贷方登记增加额，借方登记减少额；期末余额一般在贷方，有的账户可能没有余额。期末贷方余额计算公式为：

期末贷方余额=期初贷方余额+本期贷方发生额-本期借方发生额

资产类、成本类和负债类、所有者权益类账户的结构如图 2-7 所示。

借方	资产、成本类账户	贷方	借方	负债、所有者权益类账户	贷方
期初余额 ×××				期初余额	×××
本期增加额 ×××	本期减少额 ×××		本期减少额 ×××	本期增加额	×××
⋮	⋮		⋮	⋮	
本期借方发生额合计 ×××	本期贷方发生额合计 ×××		本期借方发生额合计 ×××	本期贷方发生额合计	×××
期末余额 ×××				期末余额	×××

图 2-7　资产、成本和负债、所有者权益类账户结构

2.收入、费用和利润类账户结构

为了记录和反映一定时期内企业所实现的收入和发生的费用，完整地反映经营成果，需要专门设置收入类账户、费用类账户和利润类账户。

收入与费用属于利润表中的项目，其相应的账户也统称为损益类账户。收入的实现最终会导致所有者权益增加，其账户结构与所有者权益类账户相同，贷方登记增加额，借方登记减少额，期末将净收入（收入账户的贷方发生额与借方发生额的差额）转入利润类账户。经结转，收入类账户一般期末没有余额。费用的发生最终会导致所有者权益的减少，其账户结构与所有者权益账户相反，借方登记增加额，贷方登记减少额，期末将费用类账户的借方发生额与贷方发生额的差额转入利润类账户。结转后，费用类账户一般也没有期末余额。

根据会计等式可知，企业实现的利润最终归属于所有者，利润最终会增加所有者权益，因此利润类账户结构与所有者权益类账户结构相同，贷方登记增加额，借方登记减少额。利润类账户的期末余额可能出现在贷方，表示企业实现的利润；也可能出现在借方，

表示企业发生的亏损。但年末时需要将其期末余额转入所有者权益账户，形成未分配利润，此时利润类账户无期末余额，本质上属于所有者权益。

收入类、费用类和利润类账户结构如图 2-8 所示。

借方	收入类账户	贷方			借方	费用类账户	贷方
本期减少额	×××	本期增加额	×××		本期增加额	×××	本期减少额	×××
本期转出额	×××		⋮				本期转出额	×××
本期借方发生额合计 ×××		本期贷方发生额合计 ×××					本期贷方发生额合计 ×××

借方	利润类账户	贷方
本期减少额 ×××	本期增加额 ×××	
（费用转入额）	（收入转入额） ⋮	
	期末余额	
	（转入未分配利润）	

图 2-8　收入、费用、利润类账户结构

3.共同类账户结构

共同类账户是指具有资产和负债双重性质的账户。此类账户只有借方余额或者只有贷方余额，不可能同时出现借方和贷方余额，通常可以根据账户期末余额的方向确定账户的性质。如果期末余额在借方即为资产类账户；如果期末余额在贷方即为负债类账户。设置共同类账户可以减少账户的数量，使账务处理简便灵活。共同类账户的结构如图 2-9所示。

借方	共同类账户	贷方
期初余额 ×××	期初余额 ×××	
本期增加额(资产) ×××	本期增加额(负债) ×××	
本期减少额(负债) ×××	本期减少额(资产) ×××	
⋮	⋮	
期末余额(资产) ×××	期末余额(负债) ×××	

图 2-9　共同类账户结构

综上所述，借贷记账法下账户结构总结见表 2-5。

表 2-5　　　　　　　　　　借贷记账法下各类账户的结构

账户类别	借方	贷方	期末余额方向
资产类、成本类	增加	减少	借方
负债类、所有者权益类	减少	增加	贷方
收入类	减少	增加	一般无余额
费用类	增加	减少	一般无余额
利润类	减少	增加	实现利润，余额在贷方 发生亏损，余额在借方 年末转入所有者权益，无余额

|知识链接| 会计的前世今生

会计是一个古老而又年轻的学科，说它"古老"，是因为人类社会从"上古无文字，结绳以记事"开始就有了"会计"；说它"年轻"是因为其内涵随时代发展而不断地更新。

公元1494年，意大利数学家卢卡·帕乔利发表了《算术、几何、比及比例概要》，标志着近代会计即复式记账法的诞生，其被歌德喻为"人类智慧的绝妙结晶"。同时，会计从特殊的、专门委托有关当事人的独立活动发展成为一种职业。

20世纪50年代以后，现代会计发展：一方面会计工艺与电子计算和信息技术相结合，形成"会计电算化"；另一方面，会计伴随着生产和管理科学的发展而分化为财务会计和管理会计两个分支，这是现代会计的主要标志。

我国历史文化悠久，早在4 000多年前（公元前2198年），大禹构建了最早的国家赋税制度，在绍兴会稽山召开中国乃至世界历史上第一次会计审计工作大会，创立了会计审计制度。会稽山是中华会计文明史的重要标志，也是世界会计文化的源头[①]。在西周时期，专门设有"司会"官职，核算王朝的财赋收支情况。战国至秦汉时期，形成了以"入－出＝余"作为结算基本公式的"三柱结算法"。唐宋时期则确立了"旧管""新收""开除""实在"的四柱结算法，"旧管＋新收＝开除＋实在"对应着现代会计账户关系中的"期初余额＋本期增加额＝本期减少额＋期末余额"。宋朝建立了中国会计史上第一个独立的政府会计组织"三司会计司"，总理天下财赋收入。明末清初出现新的记账方法"龙门账"，含草流、细流和总清，采取"进－缴＝存－该"公式核对账面，如果等式左右两边相等则称为"合龙门"。"龙门账"与借贷记账法在本质上是一致的，标志着中式复式簿记的基本形成。复式记账在我国先后经历了收付记账法、增减记账法，直到谢霖先生把借贷记账法引入中国，改变了传统的记账方法，他是我国第一位注册会计师，也被誉为"中国现代会计创始人"。

当前，以云计算、大数据、物联网、人工智能为代表的现代信息技术快速发展，引领人类社会进入数字经济时代。在"金税三期""电子发票"等政策的影响下，以"共享经济"为理念的财税改革促使越来越多的企业开始建立财务共享中心，不仅能够使企业实现财务工作一体化、流程化、标准化的目标，还能使企业成本大幅度降低，提高财务管理的效率，并且使企业有更多的精力和更强的能力进行风险管控，进一步推动企业财务从核算会计向管理会计转型。

（三）记账规则

按照复式记账原理，任何经济业务都要以相等的金额在两个或两个以上相互联系的账户中进行记录。运用借贷记账法进行账户记录，首先应明确经济业务发生涉及的账户及其类别；其次，根据经济业务分析确定相关账户的变动方向是增加还是减少，以及相应的金额；最后，根据账户的性质，确定记账方向，即借方还是贷方。

【例2-5】20×8年7月1日，康达公司各账户余额见表2-6。

---

① 司马迁的《史记·夏本纪》记载："或言禹会诸侯江南，计功而崩，因葬焉，命曰会稽。会稽者，会计也。"会稽的"会"指综合算之，"稽"指审计监督。

表2-6　　　　　　康达公司期初账户余额（20×8年7月1日）　　　　　单位：元

资产		负债和所有者权益	
库存现金	2 000	短期借款	50 000
银行存款	63 200	应付账款	22 800
应收账款	13 000	长期借款	200 000
应收票据	8 000	实收资本	560 000
预付账款	5 000	资本公积	18 000
库存商品	250 000	盈余公积	15 400
固定资产	540 000	未分配利润	15 000
合计	881 200	合计	881 200

20×8年7月，康达公司发生如下经济业务：

①7月6日，康达公司收到珠江商贸公司投入的资本200 000元，款项全部存入开户行。

该项经济业务一方面使企业资产"银行存款"增加，应记入"银行存款"账户的借方；另一方面使所有者权益"实收资本"增加，应记入"实收资本"账户的贷方。

借	银行存款	贷	借	实收资本	贷
期初余额	63 200			期初余额	560 000
①	200 000			①	200 000

②7月8日，康达公司用银行存款偿还前欠供应商艾迪公司货款12 800元。

该项经济业务一方面使企业负债"应付账款"减少，应记入"应付账款"账户的借方；另一方面使企业的资产"银行存款"减少，应记入"银行存款"账户的贷方。

借	应付账款	贷	借	银行存款	贷
② 12 800	期初余额	22 800	期初余额	63 200	② 12 800
			①	200 000	

③3月9日，康达公司开出现金支票，从银行提取现金1 000元。

该项经济业务一方面使企业的资产"库存现金"增加，应记入"库存现金"账户的借方；另一方面使企业的资产"银行存款"减少，应记入"银行存款"账户的贷方。

借	库存现金	贷	借	银行存款	贷
期初余额	2 000		期初余额	63 200	② 12 800
③	1 000		①	200 000	③ 1 000

④3月12日，康达公司偿还银行短期借款30 000元。

该项经济业务一方面使企业的负债"短期借款"减少，应记入"短期借款"账户的借方；另一方面使企业的资产"银行存款"减少，应记入"银行存款"账户的贷方。

借	短期借款		贷
④	30 000	期初余额	50 000

借	银行存款		贷
期初余额	63 200	②	12 800
①	200 000	③	1 000
		④	30 000

⑤ 7月12日，康达公司购买2台空调，单价4 500元，款项尚未支付（暂不考虑增值税）。

该项经济业务一方面使企业的资产"固定资产"增加，应记入"固定资产"账户的借方；另一方面使企业的负债"应付账款"增加，应记入"应付账款"账户的贷方。

借	固定资产		贷
期初余额	540 000		
⑤	9 000		

借	应付账款		贷
②	12 800	期初余额	22800
		⑤	9 000

⑥ 7月15日，康达公司将资本公积10 000元转增资本。

该项经济业务一方面使企业的所有者权益"资本公积"减少，应记入"资本公积"账户的借方；另一方面使企业的所有者权益"实收资本"增加，应记入"实收资本"账户的贷方。

借	资本公积		贷
⑥	10 000	期初余额	18 000

借	实收资本		贷
		期初余额	560 000
		①	200 000
		⑥	10 000

⑦ 7月18日，康达公司接到通知，大明商行上月赊购一批运动鞋所欠货款7 000元，通过银行转账偿还3 000元，同时收到对方开具的一张商业承兑汇票4 000元。

该项经济业务一方面使企业的资产"银行存款"增加，应记入"银行存款"账户的借方，同时使企业另一项资产"应收票据"增加，应记入"应收票据"账户的借方；另一方面使企业的资产"应收账款"减少，应记入"应收账款"账户的贷方。

借	银行存款		贷
期初余额	63 200	②	12 800
①	200 000	③	1 000
⑦	3 000	④	30 000

借	应收账款		贷
期初余额	13 000	⑦	7 000

借	应收票据		贷
期初余额	8 000		
⑦	4 000		

⑧ 7月20日，康达公司从创富商贸有限公司购进一批运动服，价款60 000元，其中38 000元通过银行转账支付，22 000元尚未支付，服装已验收入库（不考虑相关税费）。

该项经济业务一方面使企业的资产"库存商品"增加，应记入"库存商品"账户的借方；另一方面使企业的资产"银行存款"减少，应记入"银行存款"账户的贷方，同时使企业的负债"应付账款"增加，应记入"应付账款"账户的贷方。

借	库存商品		贷
期初余额	250 000		
⑧	60 000		

借	银行存款		贷
期初余额	63 200	②	12 800
①	200 000	③	1 000
⑦	3 000	④	30 000
		⑧	38 000

借	应付账款		贷
②	12 800	期初余额	22 800
		⑤	9 000
		⑧	22 000

从上述分析可以看出，每一项经济业务发生后，运用借贷记账法进行账务处理，都是在记入某一个账户借方的同时记入另一个账户的贷方，并且记入借方与贷方的金额总是相等的。如果涉及多个账户，则记入借方账户金额的合计数等于记入贷方账户金额的合计数。由此得出借贷记账法的记账规则：有借必有贷，借贷必相等。

（四）试算平衡

企业在一定时期内发生的全部经济业务登记入账后，为检查账户记录的正确性，需要在会计期末对账户记录进行试算平衡。借贷记账法的试算平衡是指，根据"资产=负债+所有者权益"的会计等式平衡原理，按照借贷记账法的记账规则对本期账户记录进行汇总计算和比较，以检查和验证账户记录的正确性和完整性的一种技术方法。借贷记账法试算平衡包括发生额试算平衡和余额试算平衡。

1.发生额试算平衡

在借贷记账法下，每一项经济业务都是按照"有借必有贷，借贷必相等"的记账规则记入相关账户，也就是说每一项经济业务发生后，相关账户的借方和贷方发生额都被同时等量地记录。因此，在一定时期内全部经济业务都记入相关账户后，所有账户的借方发生额合计数必然等于贷方发生额合计数，用公式表示为：

全部账户本期借方发生额合计=全部账户本期贷方发生额合计

2.余额试算平衡

根据会计等式"资产=负债+所有者权益"的平衡关系，期末所有资产类账户余额与权益（负债和所有者权益）类账户余额的合计数必然相等。在借贷记账法下，所有资产类账户的期末余额都在借方，权益类账户的期末余额都在贷方，因此，全部账户的借方余额合计数必然等于全部账户贷方余额合计数，用公式表达为：

全部账户的借方余额合计=全部账户贷方余额合计

试算平衡是在期末计算结出全部账户的本期发生额和期末余额后，通过编制总分类账户发生额试算平衡表和余额试算平衡表进行。

以康达公司的前述业务为例，7月31日计算结出各账户本期发生额及期末余额如下：

借	库存现金		贷
期初余额	2 000		
③	1 000		
本期发生额	1 000	本期发生额	0
期末余额	3 000		

借	银行存款		贷
期初余额	63 200	②	12 800
①	200 000	③	1 000
⑦	3 000	④	30 000
		⑧	38 000
本期发生额	203 000	本期发生额	81 800
期末余额	184 400		

借	应收账款		贷
期初余额	13 000	⑦	7 000
本期发生额	0	本期发生额	7 000
期末余额	6 000		

借	应收票据		贷
期初余额	8 000		
⑦	4 000		
本期发生额	4 000	本期发生额	0
期末余额	12 000		

借	预付账款		贷
期初余额	5 000		
本期发生额	0	本期发生额	0
期末余额	5 000		

借	库存商品		贷
期初余额	250 000		
⑧	60 000		
本期发生额	60 000	本期发生额	0
期末余额	310 000		

借	固定资产		贷
期初余额	540 000		
⑤	9 000		
本期发生额	9 000	本期发生额	0
期末余额	549 000		

借	短期借款		贷
④	30 000	期初余额	50 000
本期发生额	30 000	本期发生额	0
		期末余额	20 000

借	应付账款		贷
②	12 800	期初余额	22 800
		⑤	9 000
		⑧	22 000
本期发生额	12 800	本期发生额	31 000
		期末余额	41 000

借	长期借款		贷
		期初余额	200 000
本期发生额	0	本期发生额	0
		期末余额	200 000

借	实收资本		贷
		期初余额	560 000
		①	200 000
		⑥	10 000
本期发生额	0	本期发生额	210 000
		期末余额	770 000

借	资本公积		贷
⑥	10 000	期初余额	18 000
本期发生额	10 000	本期发生额	0
		期末余额	8 000

借	盈余公积		贷
		期初余额	15 400
本期发生额	0	本期发生额	0
		期末余额	15 400

借	未分配利润		贷
		期初余额	15 000
本期发生额	0	本期发生额	0
		期末余额	15 000

根据各账户的登记结果编制"总分类账户本期发生额及余额试算平衡表"进行试算平衡，见表2-7。

表2-7

总分类账户发生额及余额试算平衡表

20×8年7月31日

单位：元

账户名称	期初余额		本期发生额		期末余额	
	借方	贷方	借方	贷方	借方	贷方
库存现金	2 000		1000	0	3000	
银行存款	63 200		203 000	81 800	184 400	
应收账款	13 000		0	7 000	6 000	
应收票据	8 000		4 000	0	12 000	
预付账款	5 000		0	0	5 000	
库存商品	250 000		60 000	0	310 000	
固定资产	540 000		9 000	0	549 000	
短期借款		50 000	30 000	0		20 000
应付账款		22 800	12 800	31 000		41 000
长期借款		200 000	0	0		200 000
实收资本		560 000	0	210 000		770 000
资本公积		18 000	10 000	0		8 000
盈余公积		15 400	0	0		15 400
未分配利润		15 000	0	0		15 000
合计	881 200	881 200	329 800	329 800	1 069 400	1 069 400

值得注意的是，试算平衡只是通过借贷金额是否平衡来检查账户记录的正确性。如果试算不平衡，说明账户记录或计算存在错误，应查明原因并更正。然而，即使借贷金额相等，也并不意味着记账完全正确，因为试算平衡只能说明借贷方的金额相等，即只能查出借贷方金额不相等的错误，而有些错误并不影响借贷方账户的平衡关系，如漏记或重复记录某项经济业务、借贷记账方向彼此颠倒或者方向正确但记错账户、记账金额的差错刚好相互抵销等。这些错误通过试算平衡是无法检查出来的，这也是试算平衡的局限性所在。

【笃行·致新】

2-1 第二章
思考与练习

第三章　会计循环：经济业务分析与记账

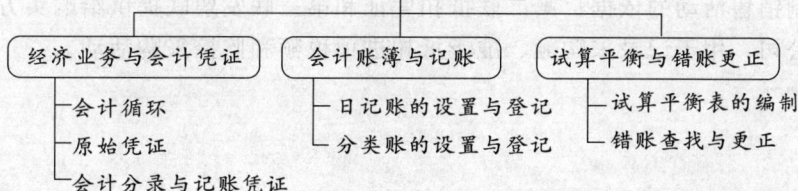

【学习目标】
◇ 了解一个完整的会计循环；
◇ 解释原始凭证的作用，填制和审核原始凭证；
◇ 了解记账凭证的种类与应用；
◇ 根据原始凭证编制会计分录，填制和审核记账凭证；
◇ 了解日记账和分类账，根据记账凭证登记各类账簿；
◇ 编制试算平衡表并解释其作用与局限性；
◇ 进行错账查找与更正。

【本章预览】
　　第三章和第四章将虚拟一家企业，运用借贷记账法展示一个完整的会计循环。为简化核算、侧重说明原理，虚拟数据与真实水平有一定差距，涉及的增值税税率为13%。
　　会计主体：世纪海洋食品有限责任公司（简称"世纪海洋"）
　　企业简介：世纪海洋是由鑫盛海洋经济产业园发展有限公司于20×4年1月1日投资注册成立的一家海洋产品生产企业，主要从事海参类、虾类、鱼类等系列海洋食品的生产销售业务。公司注册资金80万元，公司法定代表人和总经理为许琛。
　　社会信用代码（纳税人识别号）：91110105M885362868
　　开户行：中国工商银行白云路支行　　　　　　开户行账号：52062980259311
　　地址：北京市海淀区恒虹路009号　　　　　　电话：010-36289716
　　会计主体的任何一项经济业务都要办理相应的凭证手续，由执行或完成该项业务的有关人员填制或取得会计凭证，记录经济业务发生的日期，并反映经济业务的具体内容、涉及的数量和金额，还要在会计凭证上签名或盖章，以明确经济责任，经审核无误的会计凭证可以登记入账。因此，填制和审核会计凭证、登记账簿是会计信息处理的重要方法。本章将以世纪海洋公司为例，介绍日常经济业务分析与记账，依次完成原始凭证的填制或取得、会计分录的编写、记账凭证的填制，以及账簿的登记。

```
                        经济业务分析与记账
          ┌──────────────────┼──────────────────┐
    经济业务与会计凭证      会计账簿与记账        试算平衡与错账更正
      ├ 会计循环          ├ 日记账的设置与登记   ├ 试算平衡表的编制
      ├ 原始凭证          └ 分类账的设置与登记   └ 错账查找与更正
      └ 会计分录与记账凭证
```

第一节　经济业务与会计凭证

一、会计循环——分析与记录

会计信息首先要对发生的交易和事项进行确认、计量，然后分析和记录其对企业的影响，最后将信息汇总并编制财务报告。图3-1描述了企业在一个会计期间所经历的各个信息处理环节，这些程序和方法在每一个会计期间循环往复、周而复始，这就是会计循环。

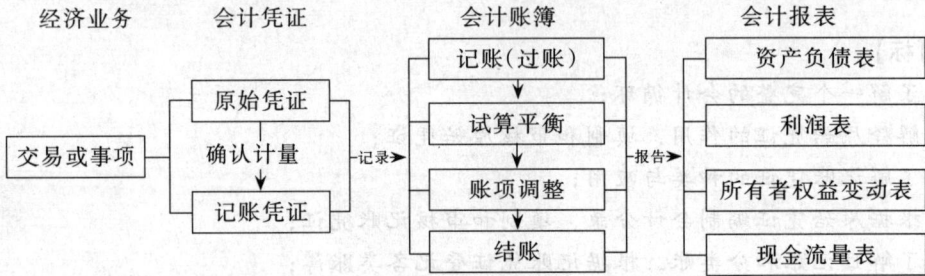

图3-1　会计循环

企业发生的交易和事项是经济业务分析和记账的起点，会计人员的工作如下：

（1）交易或事项发生后，需要取得或填制相关的原始凭证，将经过审核的原始凭证作为记账的依据，通过会计要素的确认与计量，根据复式记账的原理（借贷记账法）编制会计分录，填制记账凭证。

（2）根据记账凭证登记各分类账，即"记账"，进而对各分类账户的借方、贷方发生额及余额进行汇总计算，验证分录或者过账是否正确，进行"试算平衡"。

（3）会计期末，根据权责发生制和配比原则，通过编制、调整会计分录，对调整事项进行账项调整。在此基础上进行结账，结转资产、负债和所有者权益类账户，结清收入、费用等损益类账户，并将利润或亏损结转至所有者权益。

（4）最后，根据结账结果进行分类汇总，并按一定的格式要求分别编制资产负债表、利润表、现金流量表和所有者权益变动表，反映企业的财务状况、经营成果、现金流量，为决策提供信息。

二、原始凭证

（一）原始凭证的取得与填制

原始凭证是会计信息的来源，是证明交易或事项发生、明确经济责任的书面凭据，可以是纸质版的，也可以是电子形式的。表3-1和表3-2是商品销售/采购业务涉及的增值税专用发票，是经济交易中常见的原始凭证。它由天津海天水产养殖有限公司（简称"天津海天"）销售货物所开具，一式三联：第一联记账凭证由销售方天津海天保留，作为记录销售额和控制销售活动的依据；第二联抵扣凭证和第三联发票联提供给购买方世纪海洋食品有限责任公司，用于记录采购额、准予抵扣进项税额和监控采购活动。

表3-1

北京增值税专用发票

№65210408

发票联

开票日期：20×6年8月15日

购买方	名　　　称：世纪海洋食品有限责任公司 纳税人识别号：91110105M885362868 地址、电话：北京市海淀区恒虹路009号 010-36289716 开户行及账号：中国工商银行白云路支行 52062980259311				密码区	245/+9+0>753115<800*/<676<-128/ 44948/408-/8+5314*04*1+6-7426-2>- *><>83583/+300><454+8308/*0-49/* 3*+/4<258<9		
货物或应税劳务、服务名称	规格型号	单位	数　量	单　价	金　额	税率	税　额
南美白对虾		千克	3 000	40	120 000.00	13%	15 600.00
合　计					¥120 000.00		¥15 600.00
价税合计（大写）		⊗壹拾叁万伍仟陆佰元整				（小写）¥135 600.00		
销售方	名　　　称：天津海天水产养殖有限公司 纳税人识别号：91120425681870502C 地址、电话：天津市滨海新区通歧路 022-64083805 开户行及账号：中国建设银行天津滨海支行20016535080559				备注			

第三联：发票联购买方记账凭证

收款人：王璐　　　　复核：李佳　　　　开票人：张红　　　　销售方（章）

表3-2

北京增值税专用发票

№65210408

抵扣联

开票日期：20×6年8月15日

购买方	名　　　称：世纪海洋食品有限责任公司 纳税人识别号：91110105M885362868 地址、电话：北京市海淀区恒虹路009号 010-36289716 开户行及账号：中国工商银行白云路支行 52062980259311				密码区	245/+9+0>753115<800*/<676<-128/ 44948/408-/8+5314*04*1+6-7426-2>- *　><>83583/+300><454+8308/*0-49/* 3*+/4<258<9		
货物或应税劳务、服务名称	规格型号	单位	数　量	单　价	金　额	税率	税　额
南美白对虾		千克	2 000	40	120 000.00	13%	15 600.00
合　计					¥120 000.00		¥15 600.00
价税合计（大写）		⊗壹拾叁万伍仟陆佰元整				（小写）¥135 600.00		
销售方	名　　　称：天津海天水产养殖有限公司 纳税人识别号：91120425681870502C 地址、电话：天津市滨海新区通歧路 022-64083805 开户行及账号：中国建设银行天津滨海支行20016535080559				备注			

第二联：抵扣联购买方扣税凭证

收款人：王璐　　　　复核：李佳　　　　开票人：张红　　　　销售方（章）

　　由该增值税专用发票可知：填制原始凭证的日期是20×6年8月15日，是经济业务发生的时间；接受原始凭证的单位是世纪海洋食品有限责任公司，其作为购买方从天津海天购进南美白对虾3 000千克，单价40元，金额合计120 000元，适用增值税税率13%，增值税税额为15 600元，价税金额合计135 600元，反映了该项交易的主要经济内容；填制凭证的单位是销售方天津海天水产养殖有限公司，由公司经办业务部门或人员签名或盖章。

通常，企业从其他单位或个人处取得的原始凭证，称为外来原始凭证，如采购发票、银行支票、汇票、职工出差的飞机票、火车票和餐饮发票等。对于采购方世纪海洋而言，上述发票属于外来原始凭证，能够为交易和事项及其金额提供客观可靠的证据。假设公司通过银行电汇方式结清货款，表3-3是中国工商银行的电汇凭证，是证明货款支付的原始凭证。

表3-3

ICBC 🌐 中国工商银行　电汇凭证（回单）1

☑普通　□加急　　　　委托日期　20×6年8月15日　　　　№57306802

付款人	全　称	世纪海洋食品有限责任公司	收款人	全　称	天津海天水产养殖有限公司
	账　号	52062980259311		账　号	20016535080559
	汇出地点	省 北京 市/县		汇入地点	省 天津 市/县

	汇出行名称	中国工商银行白云路支行	汇入行名称	中国建设银行天津滨海支行

金额	人民币（大写）	壹拾叁万伍仟陆佰元整	千 百 十 万 千 百 十 元 角 分 　　　　1 3 5 6 0 0 0 0

支付密码　　956260756609

附加信息及用途：
　货款

汇出行盖章　　　　　　　　　　　复核　　　记账

（右侧竖排）此联汇出行给汇款人的回单

当这批采购的材料运达世纪海洋公司后，仓库管理人员进行盘点和验收入库，填制材料入库单，见表3-4。

表3-4

入　库　单

No. 32823450

供货单位：天津海天水产养殖有限公司　　　　20×6年8月15日

编号	品名	规格	单位	数量	单价	金额	备注
YCL002	南美白对虾		千克	3 000	40	120 000	
合计						120 000	

仓库主管：李彤　　记账：张晶　　保管：郑楠　　经手人：郑楠　　制单：郑楠

入库单是企业在经济业务发生时由企业有关部门和人员填制的，供企业内部使用，属于企业自制原始凭证。20×6年8月20日，企业生产部门因生产冷冻虾仁领用一批南美白对虾，填制领料单，见表3-5。该领料单是一次填制完成，记载一项或同时记载若干项同类经济业务。领料单也可以多次填制完成，即限额领料单，见表3-6。

表3-5　　　　　　　　　　　　领　料　单　　　　　　　　　　　　No. 228716

领料部门：<u>虾加工处理车间</u>

生产单号：<u>JG-0807</u>　　　　　　　20×6年8月20日

领料用途：生产冷冻虾仁

编号	品名	规格	单位	请领数量	实发数量	单价	金额								
							百	十	万	千	百	十	元	角	分
YCL002	南美白对虾		千克	2 000	2 000	40			8	0	0	0	0	0	0
合计金额		捌 万 元 整					¥	8	0	0	0	0	0	0	0

仓库主管：李彤　　会计主管：刘英　　记账：张晶　　发料：郑楠　　领料：姜畅　　制单：郑楠

表3-6　　　　　　　　　　　　领　料　单　　　　　　　　　　　　第10号

领料部门：<u>虾加工处理车间</u>　　　　　　　　　　发料仓库：原材仓

领料用途：<u>冷冻虾仁</u>　　　　　20×6年8月18日

材料编号	材料名称规格	计量单位	计划投产量	单位消耗定额	领用限额	实发	
						单价	金额
YCL002	南美白对虾	千克	5 000	2	10 000	40	400 000
日期	领用			退料			限额结余数量
	数量	领料人	发料人	数量	退料人	收料人	
8.05	4 000	姜畅	郑楠				6 000
8.10	3 000	姜畅	郑楠				3 000
8.18	2 000	姜畅	郑楠				1 000
合计	9 000						1 000

生产计划部门：高强　　　　　供销部门：姜丽　　　　　仓库：郑楠

转账支票也是企业交易中常用的原始凭证，见表3-7。它由企业签发，是通知银行从其账户上支取款项的凭证，适用于企业之间的商品交易、劳务供应和其他经济往来的款项结算，只能用于转账，不能提取现金。

表3-7　　　　　　　　　　　　　中国工商银行转账支票

中国工商银行 转账支票存根 10201120		付款期限自出票之日起十天	中国工商银行　转账支票	10201120 5369036
附加信息			出票日期（大写）　　年　月　日　付款行名称： 收款人： 出票人账号：	
出票日期　年　月　日			人民币 （大写）　　　　　　　　　亿千百十万千百十元角分	
收款人：			用途	
金　额：			密码 1127011272563217	
用　途：			上列款项请从 我账户内支付 出票人签章　　　　　　　复核　记账	
单位主管　　会计				

附加信息：	被背书人	被背书人	（粘贴单处）	根据《中华人民共和国票据法》等法律法规的规定，签发空头支票由中国人民银行处以票面金额5%但不低于1000元的罚款。
	背书人签章 年　月　日	背书人签章 年　月　日		

【博学·精思】

3-1支票填写

　　当款项转入企业账户时，企业会收到银行的进账单（收款通知），见表3-8。进账单也是证明收到款项的原始凭证，是记录企业"银行存款"账户增加的证明。

表3-8　　　　　　　中国工商银行进账单（回单或收账通知）

委托日期　　年　月　日　第　号

收款人	全　称		付款人	全　称		此联是收款人开户行交给收款人的回单或收账通知
	账　号			账　号		
	开户银行			开户银行		
人民币（大写）：				亿千百十万千百十元角分		
票据种类		票据张数				
票据号码						
备注：						
				复核：　　　记账：		

　　原始凭证的种类和格式多样，但作为交易或事项已经发生或完成的证明，每一原始凭证都具备以下基本内容：

（1）原始凭证名称及编号；

（2）填制原始凭证的日期；

（3）接受原始凭证的单位名称；

（4）经济业务内容（包含摘要、计量单位、数量、单价及金额等）；

（5）填制凭证的单位名称或者填制人姓名；

（6）经办业务部门或人员的签名或盖章。

（二）原始凭证的审核

所有原始凭证在填制或取得后，都要按规定程序及时送交会计部门，由会计人员进行审核，只有经过审核无误的原始凭证才能进入会计信息系统。原始凭证的审核包括形式审核和实质性审核。

（1）形式审核：审核原始凭证的各项要素是否齐全，是否有漏填项目、日期是否完整、文字是否清晰、有关人员的签章是否齐全、凭证联次是否正确、接受原始凭证的单位名称是否正确、金额的填写与计算是否正确等。

（2）实质性审核：审核原始凭证日期、业务内容、数据等信息的真实性；原始凭证所反映的交易或事项是否符合国家法律法规，是否符合规定的审核权限和审核程序。

经审核的原始凭证应根据不同情况进行处理：

（1）对于完全符合要求的原始凭证，应及时据以编制记账凭证。

（2）对于真实、合法、合理但内容不完整、填写有错误的原始凭证，应退回给有关经办人员，由其负责将有关项目补充完整、更正错误或重新填制，再办理正式的会计手续。

（3）对于不真实、不合法的原始凭证，会计机构、会计人员有权不予接受，并向单位负责人报告。

|知识链接| 以印言信

加盖印章是财务会计工作中必不可少的一项内容。印章与书法、诗歌、绘画并称为中国四大传统艺术。早在殷商时期，甲骨文的出现就赋予了印章最初的含义。上至帝王、文武百官，下至平民百姓、工商往来，无不以印章取信。在公，它是官署长官在执政时所持的信物；在商，它是货物交流的证明；在私，它是交换信件、防止私拆的信验。钤下印章，便是立下言信。将印章用于会计，是对印章文化的发扬，不盖章的合同不能成立、货款不能支付、货物不能收发，所有的原始凭证都成了无效凭证。会计最常用的公司印章、合同专用章、财务专用章、发票章以及法定代表人章都有规范的使用场景和使用规则，会计用章已然成为会计的一部分。

资料来源：秦玉熙.将思政有机融入会计专业教材的探索——以《基础会计》为例［J］.财务与会计，2022（12）：26-30.

三、会计分录与记账凭证

原始凭证证明交易或事项的发生，提供交易或事项的具体内容信息，经审核合格后进入会计信息系统。为保证账户记录的正确性，经济业务发生后并不直接记入相关的账簿，而是对经济业务进行分析，采用借贷记账法编制会计分录，填制记账凭证，作为登记账簿的直接依据。

（一）会计分录

会计分录是根据借贷记账法的原理，明确经济业务应借记、贷记的会计科目及相应金额的一种记录，将原始凭证中的业务信息转化为会计商业语言。编制会计分录时首先要判断经济业务的性质以及涉及的账户，然后确定账户的类别与记账方向，最后按照规范的要求编写会计分录，其基本格式为先写借方科目，再写贷方科目，借贷双方要分行编写，贷方科目行要缩进一格或两格，借贷金额要相等。

在前述的世纪海洋食品有限公司从天津海天水产养殖公司购买原材料业务中：根据增值税专用发票记账联（表3-1）与抵扣联（表3-2），企业采购的材料增加应记入"在途物资"账户的借方；购买材料支付的增值税税额（表明应交税费已经支付，负债减少）应记入"应交税费——应交增值税（进项税额）"[①]账户的借方；同时，根据电汇凭证（表3-3），企业通过银行存款支付该笔材料款，银行存款减少，应记入"银行存款"账户的贷方。因此，该笔经济业务编制的会计分录为：

借：在途物资——南美白对虾   120 000

    应交税费——应交增值税（进项税额）   15 600

  贷：银行存款   135 600

再如，世纪海洋购买的材料验收入库时，根据表3-4的入库单，该项经济业务一方面使企业的库存材料增加，涉及"原材料"账户，原材料增加记入该账户借方；另一方面在途物资减少，应记入该账户的贷方。据此编制的会计分录为：

借：原材料——南美白对虾   120 000

  贷：在途物资——南美白对虾   120 000

根据经济业务的复杂程度，企业编制的会计分录有简单会计分录和复合会计分录之分。简单分录是指只有一借一贷的对应关系，即借方和贷方只有一个账户；复合分录是指有一借多贷或一贷多借或多借多贷关系的会计分录。在实务中，会计分录直接填写在记账凭证上。

（二）记账凭证的种类

记账凭证是企业会计部门根据原始凭证填制的作为登记账簿依据的书面文件。按其反映的经济业务内容的不同，专用记账凭证可以分为收款凭证、付款凭证和转账凭证三种。收款凭证是用来记录库存现金与银行存款收款业务的记账凭证，根据有关库存现金和银行存款收入业务的原始凭证填制；付款凭证是记录库存现金与银行存款付款业务的记账凭证，根据有关库存现金和银行存款支付业务的原始凭证填制；转账凭证是用来记录不涉及库存现金与银行存款收付业务的记账凭证，根据有关转账业务的原始凭证填制。

（三）记账凭证的基本内容及填制

记账凭证是登记账簿的依据，尽管其反映的经济业务内容不同、格式不同，但都需要填制日期、凭证编号、摘要、应借应贷科目、金额、附原始凭证张数、填制人员等内容。收款凭证和付款凭证还应由出纳人员签字或者盖章。

【例3-1】假设世纪海洋采用专用记账凭证记录经济业务。20×6年12月企业发生如下经济业务：

---

① 增值税是对货物或劳务在生产或交易过程中发生的增值部分所征收的税。关于增值税的内容将在第七章中具体介绍。

（1）12月1日，收到明珠食品有限公司投入资本300 000元，款项已存入银行。会计人员根据收款通知书和投资协议、公证书等原始凭证，编制会计分录：

借：银行存款　　　　　　　　　　　　　　　　　　　　　　　300 000
　　贷：实收资本　　　　　　　　　　　　　　　　　　　　　　　　300 000

该项经济业务导致企业银行存款增加，所以企业应采用收款凭证进行账务处理，见表3-9。

表3-9　　　　　　　　　　　　　　　收款凭证　　　　　　凭证编号__1__　出纳编号____

证41-1			20×6年12月1日			借方科目		银行存款	

摘要	结算方式	票号	贷方科目		金额										记账符号
			总账科目	明细科目	亿	千	百	十	万	千	百	十	元	角	分	
所有者投资			实收资本	明珠食品有限公司			3	0	0	0	0	0	0	0		
附单据 3 张			合　计				3	0	0	0	0	0	0	0	

会计主管：刘英　　记账：张晶　　稽核：刘英　　制单：张晶　　出纳：赵敏　　领款人：

填制收款凭证时，凭证上的日期按照经济业务发生的日期填写；收款凭证右上角的"借方科目"按收款的性质填写"库存现金"或"银行存款"；"摘要"栏填写本凭证所记录的经济业务的简要说明；"贷方科目"填写与"库存现金"或"银行存款"对应的会计科目，如本例中的"实收资本"；"金额"是指该项经济业务的发生额；"记账符号"是指凭证已登记账簿的标记，防止经济业务重复记录或漏记；收款凭证下方的"附单据×张"是指该记账凭证所附原始凭证的张数。值得一提的是，除了结账和更正错账编制的记账凭证可以不附原始凭证外，其他记账凭证均附有原始凭证，以便于查验；收款凭证最下面分别有会计主管、记账、稽核、制单、出纳、领款人等有关人员的签章，以明确经济责任。

此外，记账凭证要按经济业务发生的先后顺序分类连续编号，如"银收字第1号""现收字第1号""银付字第1号""现付字第1号""转字第1号"等。如果一笔经济业务需要填制两张及以上的记账凭证，可以采用分数编号，如"转字第$18\frac{1}{3}$号""转字第$18\frac{2}{3}$号""转字第$18\frac{3}{3}$号"。记账凭证填制完成后，如有空行，应当自金额栏最后一笔金额数字下的空行处至合计数上的空行处划线注销。

（2）12月1日，从中国工商银行取得3个月的短期借款80 000元，利率为6%，存入银行，利息到期一次支付。根据收到的借款入账通知书，连同借款合同原始凭证，编制会计分录：

借：银行存款　　　　　　　　　　　　　　　　　　　　　　　　80 000
　　贷：短期借款　　　　　　　　　　　　　　　　　　　　　　　　80 000

填制收款凭证，见表3-10。

表3-10　　　　　　　　　　　　　**收款凭证**　　　　　凭证编号 2 出纳编号____

证41-1　　　　　　　　　　　20×6年12月1日

借方科目	银行存款

摘要	结算方式	票号	贷方科目		金额										记账符号
			总账科目	明细科目	亿	千	百	十	万	千	百	十	元	角	分	
从银行取得借款			短期借款	中国工商银行				8	0	0	0	0	0	0	0	
附单据 2 张			合　计					8	0	0	0	0	0	0	0	

会计主管：刘英　　记账：张晶　　稽核：刘英　　制单：张晶　　出纳：赵敏　　领款人：

（3）12月4日，用银行存款偿还远洋公司货款45 000元。会计人员根据转账支票存根原始凭证，编制会计分录：

借：应付账款　　　　　　　　　　　　　　　　　　　　　　　　45 000
　　贷：银行存款　　　　　　　　　　　　　　　　　　　　　　　　45 000

该项经济业务的发生使企业的银行存款减少，应填制付款凭证，见表3-11。其填制内容与方法与收款凭证基本相同，不同的是在付款凭证的右上角应填列的贷方科目是"银行存款"，借方科目是与之对应的"应付账款"。

表3-11　　　　　　　　　　　　　**付款凭证**　　　　　凭证编号 1 出纳编号____

证42-1　　　　　　　　　　　20×6年12月4日

贷方科目	银行存款

摘要	结算方式	票号	借方科目		金额										记账符号
			总账科目	明细科目	亿	千	百	十	万	千	百	十	元	角	分	
偿还货款			应付账款	远洋公司					4	5	0	0	0	0	0	
附单据 1 张			合　计						4	5	0	0	0	0	0	

会计主管：刘英　　记账：张晶　　稽核：刘英　　制单：张晶　　出纳：赵敏　　领款人：

出纳员在办理收款或付款业务后，应在原始凭证上加盖"收讫"或"付讫"的戳记，以免重复收付。

（4）12月5日，从银行提取现金6 000元。根据现金支票存根，编制会计分录：

借：库存现金 6 000

贷：银行存款 6 000

对于库存现金、银行存款和其他货币资金之间的收付业务，如从银行提取现金、把现金送存银行、开设外埠存款账户等，为避免重复记账，一般只编制付款凭证，而不再编制收款凭证。本例应编制银行存款付款凭证，见表3-12。

表3-12 付款凭证 凭证编号 2 出纳编号____

证42-1 20×6年12月5日 贷方科目 银行存款

摘要	结算方式	票号	借方科目		金额											记账符号
			总账科目	明细科目	亿	千	百	十	万	千	百	十	元	角	分	
提取现金			库存现金						6	0	0	0	0	0		
附单据 1 张			合　计						6	0	0	0	0	0		

会计主管：刘英　记账：张晶　稽核：刘英　制单：张晶　出纳：赵敏　领款人：

（5）12月8日，仓库发出活海参120 000元，用于生产海参类产品。根据出库单，编制会计分录：

借：生产成本 120 000

贷：原材料 120 000

该项经济业务不涉及款项的收付，所以填制转账凭证。转账凭证通常根据有关转账业务的原始凭证填制，借方科目和贷方科目上下分行写，"总账科目"和"明细科目"栏填写相应的应借、应贷科目，对应金额分别在同一行的"金额"栏填写。根据上述会计分录编制的转账凭证见表3-13。

表3-13 转账凭证

证43-1 20×6年12月8日 凭证编号：____1

摘要	借方科目		贷方科目		金额											记账符号
	总账科目	明细科目	总账科目	明细科目	亿	千	百	十	万	千	百	十	元	角	分	
生产领料	生产成本							1	2	0	0	0	0	0	0	
			原材料					1	2	0	0	0	0	0	0	
附单据 1 张			合　计					1	2	0	0	0	0	0	0	

会计主管：刘英　记账：张晶　稽核：刘英　制单：张晶

（6）12月12日，从宏德能源设备有限公司购入DDH08TL冷风干燥机一套，价款250 000元，增值税税率13%，款项通过银行转账支付。编制会计分录，填制付款凭证（见表3-14）。

借：固定资产　　　　　　　　　　　　　　　　　　　　　　　250 000
　　应交税费——应交增值税（进项税额）　　　　　　　　　　　32 500
　　贷：银行存款　　　　　　　　　　　　　　　　　　　　　　282 500

表3-14　　　　　　　　　　　　　　付款凭证　　　　　　凭证编号＿＿3＿＿出纳编号＿＿＿＿

证42-1　　　　　　　　　　　20×6年12月12日　　　　　　| 贷方科目 | 银行存款 |

摘要	结算方式	票号	借方科目		金额											记账符号
			总账科目	明细科目	亿	千	百	十	万	千	百	十	元	角	分	
购买设备			固定资产				2	5	0	0	0	0	0	0		
			应交税费	应交增值税（进项税额）				3	2	5	0	0	0	0		
附单据　3　张			合　　计				2	8	2	5	0	0	0	0		

会计主管：刘英　　记账：张晶　　稽核：刘英　　制单：张晶　　出纳：赵敏　　领款人：

（7）12月14日，收回宏景国际上月所欠部分购货款30 000元，存入银行。编制会计分录，填制收款凭证（见表3-15）。

借：银行存款　　　　　　　　　　　　　　　　　　　　　　　30 000
　　贷：应收账款——宏景国际　　　　　　　　　　　　　　　　30 000

表3-15　　　　　　　　　　　　　　收款凭证　　　　　　凭证编号＿＿3＿＿出纳编号＿＿＿＿

证42-1　　　　　　　　　　　20×6年12月14日　　　　　　| 借方科目 | 银行存款 |

摘要	结算方式	票号	贷方科目		金额											记账符号
			总账科目	明细科目	亿	千	百	十	万	千	百	十	元	角	分	
收回购货款			应收账款	宏景国际				3	0	0	0	0	0	0		
附单据　1　张			合　　计					3	0	0	0	0	0	0		

会计主管：刘英　　记账：张晶　　稽核：刘英　　制单：张晶　　出纳：赵敏　　领款人：

（8）12月15日，从唐山凯洋海产品养殖有限公司购入南美白对虾2 000千克，每千克单价40元，增值税税率13%，原预付货款56 500元，其余款项填制转账支票以银行存款支付，另以现金1 600元支付给北京华宇货运公司运费（暂不考虑运费增值税），材料已验收入库。编制会计分录：

借：原材料——南美白对虾 81 600
应交税费——应交增值税（进项税额） 10 400
贷：预付账款 56 500
银行存款 33 900
库存现金 1 600

在本项经济业务中：以银行存款支付剩余不足部分款项应填制银行存款付款凭证（见表3-16）；以现金支付运杂费应填制库存现金付款凭证（见表3-17）；预付款项冲销部分应填制转账凭证（见表3-18）。

表3-16　　　　　　　　　　　　　　**付款凭证**　　　　　　　凭证编号__4__ 出纳编号____

证42-1　　　　　　　　　　　　　20×6年12月14日

贷方科目	银行存款

摘要	结算方式	票号	借方科目		金额											记账符号
			总账科目	明细科目	亿	千	百	十	万	千	百	十	元	角	分	
购买材料			原材料	南美白对虾				3	0	0	0	0	0	0		
			应交税费	应交增值税（进项税额）					3	9	0	0	0	0		
附单据　1　张			合　　计					3	3	9	0	0	0	0		

会计主管：刘英　　记账：张晶　　稽核：刘英　　制单：张晶　　出纳：赵敏　　领款人：

表3-17　　　　　　　　　　　　　　**付款凭证**　　　　　　　凭证编号__1__ 出纳编号____

证42-1　　　　　　　　　　　　　20×6年12月15日

贷方科目	库存现金

摘要	结算方式	票号	借方科目		金额											记账符号
			总账科目	明细科目	亿	千	百	十	万	千	百	十	元	角	分	
支付采购运费			原材料	南美白对虾						1	6	0	0	0	0	
附单据　1　张			合　　计							1	6	0	0	0	0	

会计主管：刘英　　记账：张晶　　稽核：刘英　　制单：张晶　　出纳：赵敏　　领款人：

表3-18　　　　　　　　　　　　　　　**转账凭证**

证43-1　　　　　　　　　20×6年12月15日　　　　　　　凭证编号：　2

摘要	借方科目		贷方科目		金额											记账符号
	总账科目	明细科目	总账科目	明细科目	亿	千	百	十	万	千	百	十	元	角	分	
购买材料	原材料	南美白对虾						5	0	0	0	0	0	0	0	
	应交税费	应交增值税（进项税额）							6	5	0	0	0	0	0	
			预付账款	唐山凯洋				5	6	5	0	0	0	0	0	
附单据　1　张	合　　计							5	6	5	0	0	0	0	0	

　　会计主管：刘英　　　　记账：张晶　　　　稽核：刘英　　　　制单：张晶

（9）12月18日，销售给北京森道商贸公司干海参20千克，单价6 000元/千克，盐渍海参50千克，单价2 000元/千克，增值税税率13%。世纪海洋已按合同发货，并办理托收手续。编制会计分录，填制转账凭证（见表3-19）。

　　借：应收账款　　　　　　　　　　　　　　　　　　　248 600

　　　贷：主营业务收入——干海参　　　　　　　　　　　　　120 000

　　　　　　　　　　——盐渍海参　　　　　　　　　　　　　100 000

　　　　应交税费——应交增值税（销项税额）　　　　　　　　28 600

表3-19　　　　　　　　　　　　　　　**转账凭证**

证43-1　　　　　　　　　20×6年12月18日　　　　　　　凭证编号：　3

摘要	借方科目		贷方科目		金额											记账符号
	总账科目	明细科目	总账科目	明细科目	亿	千	百	十	万	千	百	十	元	角	分	
销售产品	应收账款	森道商贸					2	4	8	6	0	0	0	0	0	
			主营业务收入	干海参			1	2	0	0	0	0	0	0	0	
				盐渍海参			1	0	0	0	0	0	0	0	0	
			应交税费	应交增值税（销项税额）				2	8	6	0	0	0	0	0	
附单据　2　张	合　　计						2	4	8	6	0	0	0	0	0	

　　会计主管：刘英　　　　记账：张晶　　　　稽核：刘英　　　　制单：张晶

（10）12月20日，人力资源部于芳预借差旅费5 000元，以现金支付。编制会计分录，填制付款凭证（见表3-20）。

借：其他应收款——于芳　　　　　　　　　　　　　　　　　　　　　　5 000

　　贷：库存现金　　　　　　　　　　　　　　　　　　　　　　　　　　　5 000

表 3-20　　　　　　　　　　　　　**付款凭证**　　　　　　　　凭证编号　2　出纳编号____

证42-1　　　　　　　　　　　20×6年12月20日

			借方科目		金额											记账符号
摘要	结算方式	票号	总账科目	明细科目	亿	千	百	十	万	千	百	十	元	角	分	
预借差旅费			其他应收款	于芳					5	0	0	0	0	0		
附单据　1　张			合　　计						5	0	0	0	0	0		

贷方科目　库存现金

会计主管：刘英　　记账：张晶　　稽核：刘英　　制单：张晶　　出纳：赵敏　　领款人：

（11）12月21日，用现金4 000元支付给北京景宏商务服务有限公司销售展览费。编制会计分录，填制付款凭证（见表3-21）。

借：销售费用　　　　　　　　　　　　　　　　　　　　　　　　　　4 000

　　贷：库存现金　　　　　　　　　　　　　　　　　　　　　　　　　　4 000

表 3-21　　　　　　　　　　　　　**付款凭证**　　　　　　　　凭证编号　3　出纳编号____

证42-1　　　　　　　　　　　20×6年12月21日

			借方科目		金额											记账符号
摘要	结算方式	票号	总账科目	明细科目	亿	千	百	十	万	千	百	十	元	角	分	
支付展览费			销售费用	展览费						4	0	0	0	0	0	
附单据　1　张			合　　计							4	0	0	0	0	0	

贷方科目　库存现金

会计主管：刘英　　记账：张晶　　稽核：刘英　　制单：张晶　　出纳：赵敏　　领款人：

（12）12月23日，开出转账支票，以银行存款3 000元支付企管部门应负担的水电费。编制会计分录，填制付款凭证（见表3-22）。

借：管理费用　　　　　　　　　　　　　　　　　　　　　　　　　　3 000

　　贷：银行存款　　　　　　　　　　　　　　　　　　　　　　　　　　3 000

表 3-22　　　　　　　　　　　　　　　付款凭证　　　　　　凭证编号__5__ 出纳编号____

证 42-1　　　　　　　　　　　　　20×6 年 12 月 23 日

| 贷方科目 | 银行存款 |

摘要	结算方式	票号	借方科目		金额										记账符号
			总账科目	明细科目	亿	千	百	十	万	千	百	十	元	角	分	
支付水电费等			管理费用	水电费等					3	0	0	0	0	0		
附单据 1 张			合　　计						3	0	0	0	0	0		

会计主管：刘英　　记账：张晶　　稽核：刘英　　制单：张晶　　出纳：赵敏　　领款人：

（13）12 月 24 日，人力资源部于芳出差归来报销差旅费 4 600 元，余额退回现金。编制会计分录：

借：管理费用　　　　　　　　　　　　　　　　　　　　　　　　4 600
　　库存现金　　　　　　　　　　　　　　　　　　　　　　　　　400
　　　贷：其他应收款——于芳　　　　　　　　　　　　　　　　　　　5 000

根据实际发生的差旅费编制转账凭证（见表 3-23）；根据收回的余款收款收据编制库存现金收款凭证（见表 3-24）。

表 3-23　　　　　　　　　　　　　　　转账凭证

证 43-1　　　　　　　　　　　　20×6 年 12 月 24 日　　　　　　　凭证编号：__4__

摘要	借方科目		贷方科目		金额											记账符号
	总账科目	明细科目	总账科目	明细科目	亿	千	百	十	万	千	百	十	元	角	分	
报销差旅费	管理费用									4	6	0	0	0	0	
			其他应收款	于芳						4	6	0	0	0	0	
附单据 8 张			合　　计							4	6	0	0	0	0	

会计主管：刘英　　记账：张晶　　稽核：刘英　　制单：张晶

表 3-24

收款凭证

凭证编号 __1__ 出纳编号____

证 41-1

20×6 年 12 月 24 日

借方科目	库存现金

摘要	结算方式	票号	贷方科目		金额												记账符号
			总账科目	明细科目	亿	千	百	十	万	千	百	十	元	角	分	
出借差旅费退回余款			其他应收款	于芳							4	0	0	0	0	
附单据 1 张			合 计								4	0	0	0	0	

会计主管：刘英　　记账：张晶　　稽核：刘英　　制单：张晶　　出纳：赵敏　　领款人：

（14）12 月 25 日，销售给北京同仁商贸有限公司冷冻全虾 1 000 千克，单价 70 元/千克，冷冻虾仁 400 千克，单价 130 元/千克，已收到转账支票并交存银行。编制会计分录，填制收款凭证（见表 3-25）。

借：银行存款　　　　　　　　　　　　　　　　　　　137 860

　　贷：主营业务收入——冷冻全虾　　　　　　　　　　　　　70 000

　　　　　　　　　　——冷冻虾仁　　　　　　　　　　　　52 000

　　　应交税费——应交增值税（销项税额）　　　　　　　　15 860

表 3-25

收款凭证

凭证编号 __4__ 出纳编号____

证 41-1

20×6 年 12 月 25 日

借方科目	银行存款

摘要	结算方式	票号	贷方科目		金额												记账符号
			总账科目	明细科目	亿	千	百	十	万	千	百	十	元	角	分	
销售产品			主营业务收入	冷冻全虾				7	0	0	0	0	0	0		
				冷冻虾仁				5	2	0	0	0	0	0		
			应交税费	应交增值税（销项税额）				1	5	8	6	0	0	0		
附单据 1 张			合 计				1	3	7	8	6	0	0	0		

会计主管：刘英　　记账：张晶　　稽核：刘英　　制单：张晶　　出纳：赵敏　　领款人：

（15）12 月 29 日，收到北京森道商贸公司前欠购货款 188 600 元，款项已存入银行。编制会计分录，填制收款凭证（见表 3-26）。

借：银行存款　　　　　　　　　　　　　　　　　　　　188 600

　　贷：应收账款　　　　　　　　　　　　　　　　　　　　188 600

表 3-26　　　　　　　　　　　　　**收款凭证**　　　　　凭证编号　5　出纳编号____

证 41-1　　　　　　　　　20×6 年 12 月 29 日　　　　　| 借方科目 | 银行存款 |

摘要	结算方式	票号	贷方科目		金额											记账符号
			总账科目	明细科目	亿	千	百	十	万	千	百	十	元	角	分	
收回销货款			应收账款	森道商贸			1	8	8	6	0	0	0	0		
附单据　1　张			合　计				1	8	8	6	0	0	0	0		

会计主管：刘英　记账：张晶　稽核：刘英　制单：张晶　出纳：赵敏　领款人：

（16）12 月 31 日，通过银行转账归还 2 年前从中国农业银行取得的贷款本金 200 000 元。编制会计分录，并填制付款凭证（见表 3-27）。

借：长期借款　　　　　　　　　　　　　　　　　　　　200 000

　　贷：银行存款　　　　　　　　　　　　　　　　　　　　200 000

表 3-27　　　　　　　　　　　　　**付款凭证**　　　　　凭证编号　6　出纳编号____

证 42-1　　　　　　　　　20×6 年 12 月 31 日　　　　　| 贷方科目 | 银行存款 |

摘要	结算方式	票号	借方科目		金额											记账符号
			总账科目	明细科目	亿	千	百	十	万	千	百	十	元	角	分	
偿还借款			长期借款	农业银行			2	0	0	0	0	0	0	0		
附单据　1　张			合　计				2	0	0	0	0	0	0	0		

会计主管：刘英　记账：张晶　稽核：刘英　制单：张晶　出纳：赵敏　领款人：

收款凭证、付款凭证和转账凭证是对不同的经济业务进行分类管理，在实际工作中，尤其在实现会计电算化的企业中，可以不区分收款、付款、转账凭证，而采用通用格式的记账凭证（见表 3-28），其记账内容和方法与转账凭证基本相同。

表 3-28   通用记账凭证

证 44-1   年 月 日   凭证编号 _____

摘要	结算方式	票号	借方科目		贷方科目		金额											记账符号
			总账科目	明细科目	总账科目	明细科目	亿	千	百	十	万	千	百	十	元	角	分	
附单据 张			合 计															

会计主管：   记账：   稽核：   制单：   出纳：   领缴 款人：

（四）记账凭证的审核

记账凭证是登记账簿的依据，为了保证账簿记录的正确性，有关稽核人员应在记账之前对其进行严格的审核。审核的主要内容包括：

（1）是否附有相应的原始凭证，所附原始凭证的内容是否与记账凭证的内容相一致；

（2）记账凭证的各项目填写是否完整，内容是否文字工整、数字清晰，如摘要是否填写清楚，日期、凭证编号、附件张数以及有关人员签章等各个项目是否填写齐全；

（3）记账凭证所列会计科目（包括总账科目、明细科目）是否正确，应借、应贷方向和金额是否正确，借贷双方的金额是否平衡等。

|伦理、责任与可持续发展| *ST凯乐："专网通信"骗局

伪造和变造会计凭证是违反企业会计准则和职业道德的行为。湖北凯乐科技股份有限公司（*ST凯乐，600260）与隋田力合作开展"专网通信"业务，公司仅在2016年存在少量专网通信业务，其他专网通信业务均是按照"合同"规定伪造采购入库、生产入库、销售入库等单据，没有匹配的生产及物流，以此虚增收入、利润。2016—2020年，公司累计虚增营业收入高达512.25亿元，虚增营业成本443.52亿元，虚增利润总额59.36亿元。公司连续5年进行巨额造假，2017—2020年的归母净利润均为负，于2023年2月15日正式摘牌，成为2023年退市第一股。

根据上述违法行为，中国证券监督管理委员会责令*ST凯乐改正，给予警告，并处以1 000万元罚款；对相关责任人*ST凯乐董事长朱弟雄等多人处以60万~500万元罚款，对朱弟雄采取终身市场禁入措施。

资料来源：澎湃新闻.*ST凯乐将成今年A股首只退市股，曾涉"专网通信"财务造假［EB/OL］.［2023-10-11］.https://baijiahao.baidu.com/s? id=1757396579623754811&wfr=spider&for=pc.

第二节　会计账簿与记账

填制与审核会计凭证能够使每天发生的交易、事项如实、完整地进入会计信息处理系统。但是会计凭证数量繁多、缺乏系统性。如果一家企业在一定时期内多次购买、发出材料，仅通过会计凭证的记录无法反映其购买的材料和发出的材料总数，以及结存的库存情况；但如果将一定时期内购买的全部材料都记录在一本账簿中，就可以全面、系统地反映相关信息。所以需要利用账簿进一步将会计凭证所记录的会计信息进行分类整理与报告。账簿是按照会计科目设置，由一定格式的相互连接的账页组成。所谓的记账，就是将记账凭证的会计分录按科目分类登记到账簿上的过程。

会计账簿按用途可以分为日记账簿、分类账簿和备查账簿。其中，备查账簿对主要账簿起补充说明作用，没有固定格式，一般是各企业根据其会计核算和经营管理的需要来设置的。本节重点介绍日记账和分类账的设置与登记。

一、日记账的设置与登记

日记账是对各项经济业务按照其发生时间的先后顺序，逐日逐笔进行登记的账簿。普通日记账可以用来记录各种交易活动，其包含了每笔交易的主要信息：交易日期、交易活动所涉及的账户名称、借贷金额、对交易活动的说明。由于库存现金和银行存款收支频繁，属于企业的重点管控内容，因此通常设置库存现金日记账和银行存款日记账，它们也是应用比较广泛的日记账。

库存现金日记账用来顺序登记库存现金收付业务，主要根据库存现金收款凭证、库存现金付款凭证、银行存款付款凭证逐日逐笔登记，其格式都是借方、贷方和余额三栏式，并做到日清日结，每日终了，将库存现金日记账余额与库存现金实有数进行核对。

本日余额=上日余额+本日收入额-本日支出额

以世纪海洋20×6年12月的现金收付业务为例，库存现金日记账期初余额为8 000元，根据12月5日银行付款凭证2号，提取现金6 000元，库存现金增加6 000元，借方余额为14 000元。12月15日，现金账户贷记1 600元，从而借方余额减为12 400元。12月20日，现金账户又贷记5 000元，使借方余额又减少到7 400元，以此类推，至12月31日，库存现金余额为3 800元，见表3-29。

表3-29　　　　　　　　　　　**库存现金日记账**　　　　　　　　　　单位：元

20×6年		凭证号	摘要	对方科目	借方	贷方	余额	过账
月	日							
12	1		期初余额				8 000	
	5	银付2	提取现金	银行存款	6 000		14 000	
	15	现付1	支付采购运费	原材料		1 600	12 400	
	20	现付2	预借差旅费	其他应收款		5 000	7 400	

续表

20×6年		凭证号	摘要	对方科目	借方	贷方	余额	过账
月	日							
	21	现付3	支付展览费	销售费用		4 000	3 400	
	24	现收1	出借差旅费退余款	其他应收款	400		3 800	
			本月合计		6 400	10 600	3 800	

　　同理，银行存款日记账序时反映企业银行存款的增加、减少及其结余情况，通常根据银行存款收款凭证、银行存款付款凭证、库存现金付款凭证登记，定期结算出银行存款日记账余额，并与银行对账单进行核对。世纪海洋20×6年12月的银行存款日记账登记见表3-30。

表3-30　　　　　　　　　　　**银行存款日记账**　　　　　　　　　　单位：元

20×6年		凭证号	摘要	对方科目	借方	贷方	余额	过账
月	日							
12	1		期初余额				210 000	
	1	银收1	所有者投资	实收资本	300 000		510 000	
	1	银收2	偿还货款	短期借款	80 000		590 000	
	4	银付1	偿还货款	应付账款		45 000	545 000	
	5	银付2	提取现金	库存现金		6 000	539 000	
	12	银付3	购买设备	固定资产、应交税费		282 500	256 500	
	14	银收3	收回销货款	应收账款	30 000		286 500	
	15	银付4	购买材料	原材料、应交税费		33 900	252 600	
	23	银付5	支付水电费等	管理费用		3 000	249 600	
	25	银收4	销售产品	主营业务收入、应交税费	137 860		387 460	
	29	银收5	收回销货款	应收账款	188 600		576 060	
	31	银付6	偿还借款	长期借款		200 000	376 060	
			本月合计		736 460	570 400	376 060	

二、分类账的设置与登记

（一）总分类账与明细分类账

1.总分类账

　　分类账簿分为总分类账簿和明细分类账簿，简称总账和明细账。总分类账按总分类科目设置，对企业的经济业务进行概括反映，提供总括的金额指标，通常为借方、贷方和余额三栏式。总账通常根据记账凭证登记：首先找出记账凭证中会计分录的借方科目和贷方科目对应的分类账户；然后在相应的账户中填入与会计分录的编写日期一致的日期，而非实际记账日期；再填入作为登记依据的会计凭证号数，并依次将会计凭证中所载明的摘要登记于分类账户摘要栏，将借方和贷方金额分别过入相应账户的借方或贷方金额栏。世纪海洋根据记账凭证登记应收账款总账，见表3-31。

表3-31   总分类账

会计科目　应收账款   单位：元

20×6年		凭证号数	摘要	借方	贷方	核对号	借或贷	余额
月	日							
12	1		期初余额				借	120 000
	14	银收3	收回销货款		30 000		借	90 000
	18	转字3	销售产品	248 600			借	338 600
	29	银收5	收回销货款		188 600		借	150 000
	31		本期合计	248 600	218 600		借	150 000

　　总分类账可以根据记账凭证逐笔登记，但大型企业的业务繁多，逐笔登记工作量大，且容易出错。为减少工作量，也可以采用一定的方法对记账凭证定期汇总，如5天或10天汇总一次，编制汇总记账凭证或科目汇总表，并将汇总金额一次性登记到总分类账中，企业采取哪种方式登记取决于企业所采用的会计记账程序。

　　2.明细分类账

　　明细账按明细分类科目设置，提供更详细的数据信息，对企业的日常经营活动管理非常重要，是总分类账的必要补充。明细账通常有三栏式、数量金额式、多栏式等形式。

　　（1）三栏式明细账的结构与总分类账结构基本相同，只设置"借方""贷方""余额"三个金额栏，通常适用于应收账款、应付账款等往来款项的明细分类核算。表3-32是世纪海洋对森道商贸应收账款的明细分类账。

表3-32   明 细 分 类 账

总号			分页						

会计科目　　　　应收账款
明细科目　　　　森道商贸

	20×6年		凭证号数	摘要	对方科目	页数	借方	贷方	借或贷	余额
财会主管	月	日								
	12	1		期初余额					借	70 000
复核		18	转字3	销售产品	主营业务收入 应交税费		248 600		借	318 600
		29	银收5	收回销货款	银行存款			188 600	借	130 000
		31		本期合计			248 600	188 600	借	130 000

（2）数量金额式明细账在"收入（借方）""发出（贷方）""结存"三栏中分设数量和金额栏，能够同时提供价值信息与实物量信息，主要适用于各项财产物资的明细核算，具体格式见表3-38。

（3）多栏式明细账按借方或贷方分别设置若干金额栏，分栏登记各明细分类账的发生额，通常只提供价值指标，适用于收入、费用明细分类核算。在实际工作中，该类费用明细账通常只按借方发生额设置专栏，而当出现贷方发生额时，可用红字冲销方法在有关栏目内用红字登记，表示从借方发生额冲销，见表3-33的管理费用明细账。收入类明细账亦如此。

表3-33

明　细　分　类　账

总第　10页分第1页

一级科目编号及名称　6602管理费用

级科目编号及名称＿＿＿＿＿＿＿

	20×6年		凭证号数	摘要	借方					
	月	日			工资	办公费	招待费	差旅费	其他	合计
财会主管	8	1	现付2	支付办公费		1 000				1 000
		5	银付12	支付招待费			3 000			7 000
复核		8	银付20	支付工资、差旅费	5 000			2 000		3 000
		⋮	⋮	⋮	⋮	⋮	⋮	⋮	⋮	⋮
	8	31		本月发生额合计	5 000	1 500	6 000	3 000	2 500	18 000
				结转管理费用	(5 000)	(1 500)	(6 000)	(3 000)	(2 500)	(18 000)

（二）总分类账与明细分类账平行登记

通过总分类账和明细分类账之间的关系可知，明细分类账是对总分类账的明细记录，对总分类账起着补充说明的作用。为了保证总分类账和明细分类账记录的正确、完整，总分类账和明细分类账必须平行登记。也就是对交易或事项进行账簿登记时，在记入相关的总账的同时也要记入其所属的明细账，且记账内容与记账方向一致。如果记入总账的借方，在明细账中也应记在借方，反之亦然。记账金额相等，记入总账的金额与记入其所属各明细账中的金额之和必然相等。

【例3-2】假设世纪海洋食品有限责任公司20×6年8月1日的"原材料"账户余额为315 000元，其中：活海参50千克，单价3 600元，金额180 000元；南美白对虾3 000千克，单价45元，金额135 000元。

8月份世纪海洋发生下列原材料采购与生产耗用业务：

（1）8日，购入活海参100千克，单价3 600元/千克，金额360 000元，增值税税额46 800元，材料已验收入库，货款已付。编制付款凭证见表3-34。

表3-34　　　　　　　　　　　　**付款凭证**　　　　　　　凭证编号　15　出纳编号____

证42-1　　　　　　　　　　　20×6年8月8日　　　　　　｜贷方科目｜银行存款｜

摘要	结算方式	票号	借方科目		金额										记账符号
			总账科目	明细科目	亿	千	百	十	万	千	百	十	元	角	分	
购入材料			原材料	活海参				3	6	0	0	0	0	0	0	
			应交税费	应交增值税（进项税额）					4	6	8	0	0	0	0	
附单据　4　张			合　　计					4	0	6	8	0	0	0	0	

会计主管：刘英　　记账：张晶　　稽核：刘英　　制单：张晶　　出纳：赵敏　　领款人：

（2）16日，购入南美白对虾5 000千克，单价45元/千克，金额225 000元，增值税税额29 250元，材料已验收入库，货款已付。编制付款凭证见表3-35。

表3-35　　　　　　　　　　　　**付款凭证**　　　　　　　凭证编号　32　出纳编号____

证42-1　　　　　　　　　　　20×6年8月16日　　　　　　｜贷方科目｜银行存款｜

摘要	结算方式	票号	借方科目		金额										记账符号
			总账科目	明细科目	亿	千	百	十	万	千	百	十	元	角	分	
购入材料			原材料	南美白对虾				2	2	5	0	0	0	0	0	
			应交税费	应交增值税（进项税额）					2	9	2	5	0	0	0	
附单据　4　张			合　　计					2	5	4	2	5	0	0	0	

会计主管：刘英　　记账：张晶　　稽核：刘英　　制单：张晶　　出纳：赵敏　　领款人：

（3）22日，仓库发出材料用于产品生产，其中：活海参120千克，单价3 600元/千克，金额432 000元；南美白对虾6 000千克，单价45元/千克，金额270 000元。编制转账凭证，见表3-36。

表 3-36

转账凭证

证 43-1　　　　　　　　　　20×6 年 8 月 22 日　　　　　　　　　凭证编号：　28

摘要	借方科目		贷方科目		金额										记账符号
	总账科目	明细科目	总账科目	明细科目	亿	千	百	十	万	千	百	十	元	角	分	
生产领料	生产成本						7	0	2	0	0	0	0	0	
			原材料	活海参			4	3	2	0	0	0	0	0	
			原材料	南美白对虾			2	7	0	0	0	0	0	0	
附单据　6　张	合　　计						7	0	2	0	0	0	0	0	

会计主管：刘英　　　记账：张晶　　　稽核：刘英　　　制单：张晶

　　开设总分类账（原材料）及数量金额式明细分类账（活海参、南美白对虾），并进行登记，分别见表 3-37、表 3-38、表 3-39。

表 3-37

总分类账

会计科目　原材料

20×6年		凭证号数	摘要	借方	贷方	核对号	借或贷	余额
月	日							
8	1		期初余额				借	315 000
	8	银付15	购入材料	360 000			借	675 000
	16	银付32	购入材料	225 000			借	900 000
	22	转字28	生产领料		702 000		借	198 000
8	31		本月发生额及余额	585 000	702 000		借	198 000

表 3-38

明细分类账

编号 YCL001 页次　总页

货名　活海参

存储地点　冷库　最高存量　200　最低存量　10　计量单位　千克　规格　　　类别　原材料

	20×6年		凭证号数	摘要	收入（借方）			发出（贷方）			结存		
	月	日			数量	单价	金额	数量	单价	金额	数量	单价	金额
财会主管	8	1		期初余额							50	3 600	180 000
复核		8	银付15	购入材料	100	3 600	360 000				150	3 600	540 000
		22	转字28	生产领料				120	3 600	432 000	30	3 600	108 000
	8	31		本月发生额及余额	100	3 600	360 000	120	3 600	432 000	30	3 600	108 000

表3-39　　　　　　　　　　　　　　　明细分类账

编号 YCL002 页次　总页

货名　南美白对虾

存储地点　冷库　最高存量　8 000　最低存量　500　计量单位　千克　　规格　　　类别　原材料

财会主管 复核	20×6年		凭证号数	摘要	收入（借方）			发出（贷方）			结存		
	月	日			数量	单价	金额	数量	单价	金额	数量	单价	金额
	8	1		期初余额							3 000	45	135 000
		16	银付32	购入材料	5 000	45	225 000				8 000	45	360 000
		22	转字28	生产领料				6 000	45	270 000	2 000	45	90 000
	8	31		本月发生额及余额	5 000	45	225 000	6 000	45	270 000	2 000	45	90 000

　　正因为总账与明细账是平行登记的，可以根据总账和明细账有关数字之间的相等关系来核对总账及明细账的数据登记是否正确、完整，保证账账相符。

|伦理、责任与可持续发展| 账簿与权力：会计责任、金融稳定与国家兴衰

　　美第奇家族的没落、西班牙帝国的兴亡、法国大革命的爆发、全球经济危机的爆发——不断登场的历史人物以及跌宕起伏的历史事件，跟会计核算和会计师有什么关系？为什么说会计师才是真正推动历史的人？

　　会计，从简单的簿记到各种复杂的模型，从最初对经济活动的核算到监督、管理、控制、预判、决策等职能的扩展与深化，在近千年的金融历史和政治责任当中，是如何一步步统治世界的？

　　对于领导者来说，无论是身处古希腊的美索不达米亚还是立足当前，也不管是建桥修路还是挑起争端，都需要借助财务会计信息了解国家的经济情况，并制定各种政策。诸如复式记账法和审计等基本会计工具，构建了现代国家制度的基础。会计在治理国家这门艺术当中，可以是创建稳定金融系统的重要工具，更会成为被渴望权力的政客肆意滥用的武器。

　　从文艺复兴时期的意大利到西班牙帝国，从路易十四统治下的法兰西到荷兰共和国、大英帝国以及早期的美国，有效的会计核算和政治问责正是社会起伏兴衰的原因所在。历史一再重现，良好的会计核算行为能够增加信息的可信度，对政府的稳定和资本主义社会主义的运行起着十分重要的作用，而糟糕的会计核算以及承受随之而来的诚信缺失，则会导致金融乱象丛生，引发经济犯罪和形势动荡，甚至带来更坏的影响。

　　资料来源：索尔.账簿与权力 [M]. 侯伟鹏，译.北京：中信出版社，2020.

第三节　试算平衡与错账更正

一、试算平衡表的编制

将会计凭证上的记录登记到账簿后，为了检查账簿记录是否正确，往往要进行试算平衡：对所有账户的本期发生额和期末余额进行汇总，确定借贷方金额是否相等，检查记账过程中是否存在差错。在实际会计工作中，试算平衡是通过编制试算平衡表来完成的。试算平衡表一方面能够通过检查借贷方的合计数是否相等来检验账簿记录的正确性，另一方面也为编制财务报表提供账户余额，以便检索。试算平衡表的编制原理在第二章已做了详细讲解，此处不再赘述。

编制试算平衡表之前首先要检查、确定本期所有会计分录都已经正确过账、账户之间的对应关系清楚，如果发现错账或漏账要及时更正、补充。在确保本期全部经济业务没有错误的基础上，通过账簿记录计算出各账户本期发生额及期末余额。

编制试算平衡表时，通常在表中按照资产、负债、所有者权益、收入和费用的顺序列出每个账户的名称，并将总分类账户中的期初借方余额和期初贷方余额、本期借方发生额和本期贷方发生额、期末借方余额和期末贷方余额逐一过入试算平衡表。如果一个账户是零余额，则在其余额栏写零或者省略。最后分别计算出借方账户和贷方账户发生额及余额的合计数，检查借方、贷方合计数是否相等。

以世纪海洋20×6年12月的经济业务为例，将各账户期初余额、本期发生的全部经济业务记入T形账户，通过划线方式直接计算账户的本期发生额及期末余额。

借	库存现金		贷
期初余额	8 000	(8)	1 600
(4)	6000	(10)	5 000
(13)	400	(11)	4 000
本期发生额	6 400	本期发生额	10 600
期末余额	3 800		

借	银行存款		贷
期初余额	210 000	(3)	45 000
(1)	300 000	(4)	6 000
(2)	80 000	(6)	282 500
(7)	30 000	(8)	33 900
(14)	137 860	(12)	3 000
(15)	188 600	(16)	200 000
本期发生额	736 460	本期发生额	570 400
期末余额	376 060		

借	应收账款		贷
期初余额	120 000	(7)	30 000
(9)	248 600	(15)	188 600
本期发生额	248 600	本期发生额	218 600
期末余额	150 000		

借	预付账款		贷
期初余额	90 000	(8)	56 500
本期发生额	0	本期发生额	56 500
期末余额	33 500		

借	其他应收款		贷
期初余额	0	(13)	5 000
(10)	5 000		
本期发生额	5 000	本期发生额	5 000
期末余额	0		

借	原材料		贷
期初余额	172 000	(5)	120 000
(8)	81 600		
本期发生额	81 600	本期发生额	120 000
期末余额	133 600		

借	生产成本	贷		借	库存商品	贷
期初余额	150 000			期初余额	450 000	
(5)	120 000					
本期发生额	120 000	本期发生额　0		本期发生额　0		本期发生额　0
期末余额	270 000			期末余额	450 000	

借	固定资产	贷		借	累计折旧	贷
期初余额	2160 000					期初余额　360 000
(6)	250 000					
本期发生额	250 000	本期发生额　0		本期发生额　0		本期发生额　0
期末余额	2410 000					期末余额　360 000

借	短期借款	贷		借	应付账款	贷
		期初余额　70 000		(3)　45 000		期初余额　88 000
		(2)　80 000		本期发生额　45 000		本期发生额　0
本期发生额　0		本期发生额　80 000				期末余额　43 000
		期末余额　150 000				

借	预收账款	贷		借	应付利息	贷
		期初余额　40 000				期初余额　32 000
本期发生额　0		本期发生额　0		本期发生额　45 000		本期发生额　0
		期末余额　40 000				期末余额　32 000

借	应交税费	贷		借	长期借款	贷
(6)　32 500		期初余额　0		(16)　200 000		期初余额　500 000
(8)　10 400		(9)　28 600		本期发生额　200 000		本期发生额　0
		(14)　15 860				期末余额　300 000
本期发生额　42 900		本期发生额　44 460				
		期末余额　1 560				

借	实收资本	贷		借	资本公积	贷
		期初余额　1 600 000				期初余额　32 000
		(1)　300 000		本期发生额　0		本期发生额　0
本期发生额　0		本期发生额　300 000				期末余额　32 000
		期末余额　1 900 000				

借	盈余公积	贷		借	未分配利润	贷
		期初余额　150 000				期初余额　200 000
本期发生额　0		本期发生额　0		本期发生额　0		本期发生额　0
		期末余额　150 000				期末余额　200 000

借	主营业务收入	贷		借	管理费用	贷
		(9)　220 000		(12)　3 000		
		(14)　122 000		(13)　4 600		
本期发生额　0		本期发生额　342 000		本期发生额　7 600		本期发生额　0
		期末余额　342 000		期末余额　7 600		

借	销售费用		贷
（11）	4 000		
本期发生额	4 000	本期发生额	0
期末余额	4 000		

编制完成的试算平衡表见表3-40。

表3-40　　　　　　　**世纪海洋各账户试算平衡表（账项调整前）**

20×6年12月31日　　　　　　　　　　　　　　　　　　　　　　单位：元

账户名称	期初余额		本期发生额		期末余额	
	借方	贷方	借方	贷方	借方	贷方
库存现金	8 000		6 400	10 600	3 800	
银行存款	210 000		736 460	570 400	376 060	
应收账款	120 000		248 600	218 600	150 000	
预付账款	90 000		0	56 500	33 500	
其他应收款	0		5 000	5 000	0	
原材料	172 000		81 600	120 000	133 600	
生产成本	150 000		120 000	0	270 000	
库存商品	450 000		0	0	450 000	
固定资产	2 160 000		250 000	0	2 410 000	
累计折旧		360 000				360 000
短期借款		70 000	0	80 000		150 000
应付账款		88 000	45 000	0		43 000
预收账款		40 000	0	0		40 000
应付利息		32 000	0	0		32 000
应交税费		0	42 900	44 460		1 560
长期借款		500 000	200 000	0		300 000
实收资本		1 600 000	0	300 000		1 900 000
资本公积		320 000	0	0		320 000
盈余公积		150 000	0	0		150 000
未分配利润		200 000	0	0		200 000
主营业务收入			0	342 000		342 000
管理费用			7 600	0	7 600	
销售费用			4 000	0	4 000	
合计	3 360 000	3 360 000	1 747 560	1 747 560	3 838 560	3 838 560

　　试算平衡是正确计算利润和编制财务报表的基础，虽然有些烦琐，但是一项必要的工作程序。从表3-40的世纪海洋的试算结果可以看出，所有账户的期初余额、本期发生额以及期末余额的借贷方金额相等，表明记账基本正确。

|知识链接| 中国古代平衡结算法：四柱清册与龙门账

　　早在唐宋时期，我国会计工作者在实践中就创造了科学的会计平衡结算方法"四柱清册"，其基本公式为"旧管+新收-开除=实在"。其中，"旧管"是指"期初余额"，"新收"是指"本期增加额"，"开除"是指"本期减少额"，而"实在"是指"期末余额"。"旧管""新收""开除""实在"是支撑会计核算及结算的四根支柱，缺一不可，故名"四柱清册"。从宋代到清代，四柱结算法在实务中广泛运用，从账簿到各种会计报表、统计报表以及各种名籍的编制，均按"四柱"归类或以"四柱"为基本格式。在官厅会计中，凡考核财政收支是否平衡，必然采用四柱平衡公式和四柱差额平衡公式。

　　四柱结算法的创立与运用为我国会计由单式记账发展到复式记账奠定了基础。到了明末清初，我国出现了早期的复式记账法——"龙门账"，把全部账目分为"进""缴""存""该"四部分，以"进-缴=存-该"作为会计平衡等式。"进"相当于各类收入，"缴"相当于各类费用，"存"相当于各项资产，"该"相当于负债和资本。

　　1494年，卢卡·帕乔利在《算术、几何、比及比例概要》（又称《数学大全》）中列示了"一人所有之财=其人所有权总值"的平衡公式，揭示了资产与资本、负债三要素在经济活动中的内在关系，标志着西式平衡结算法的创立，奠定了复式簿记理论体系的基础。我国早期的四柱结算法虽然形式与其不同，但原理和作用大致相同，而且出现时间要早好几百年，对世界会计方法的发展具有重要贡献。

二、错账查找与更正

（一）错账查找

　　如果出现试算不平衡，即借贷双方金额合计不相等，必须找出错误并加以更正。查找错账可以采用"试算平衡表→账簿→凭证"逆查方法。

　　第一步，检查试算平衡表借方栏和贷方栏金额加总过程中是否存在计算错误。

　　如果没有发现错误，可以进行第二步，检查试算平衡表上的余额与总账上的余额是否一致，余额是否从总账上正确地过入试算平衡表。

　　第三步，根据试算平衡表上借贷双方余额之差进行查找。例如，若出现期末借方余额合计295 000元，贷方余额合计695 000元，双方余额差额为400 000元，可直接查找是否有余额为400 000元的账户金额漏记（差额法）。也可以进一步用400 000元除以2得出200 000元，然后检查余额为200 000元的账户是否错误地将借方余额登记成贷方余额或者把贷方余额登记成借方余额，因为这样会使借贷方的余额差额正好是该账户余额的两倍（除二法）。此外，还可能是数字错位和数字颠倒导致出现差额。例如，假设正确的试算平衡余额为695 000元，如果一笔4 985元的业务记账时有一方记录颠倒为4 958元，则会出现一方（借或贷）合计是695 000元，另一方合计是694 973。双方差额为27元。27除以9得到3，求得的商数为被颠倒两数之差（本例为8-5=3）。即可根据商数的这一特征去查找错账（除九法）。

第四步，重新计算总分类账中各账户的余额。

第五步，检查每一笔业务的会计凭证上的记录是否正确无误地登记到总账中。

第六步，检查记账凭证编制得是否正确。

（二）错账更正

1.划线更正法

如果记账凭证正确但登记账簿时发生错误，在手工操作系统中可以采取**划线更正法**。例如，甲公司会计王丽在 2018 年 11 月 30 日查账时发现，11 月 12 日甲公司用银行存款 1 265 元购买办公用品，编制的记账凭证正确，但登记银行存款总分类账时金额错记成 1 256 元，导致余额计算错误，错误金额为 364 544 元。这时在账簿记录中可以在错误的数字上划一道红线，然后再在该数字的上方写上正确的数字加以更正，并加上更正人签章，如图 3-2 所示。在会计电算化系统中，若在提交审核之前发现此类错误，操作人员可以直接用正确的数字替代错误的数字。

总分类账

会计科目＿＿＿银行存款＿＿＿

2018年 月	2018年 日	凭证号	摘要	借方 亿千百十万千百十元角分	贷方 亿千百十万千百十元角分	核对号	借或贷	余额 亿千百十万千百十元角分
11	11		承前页	2 8 6 0 0 0 0 0	1 5 3 2 0 0 0 0		借	3 6 5 8 0 0 0 0
	12	银付38	购买办公用品		1 2 6 5 0 0			3 6 4 5 3 5 0 0
					1 2 5 6 0 0 王丽			3 6 4 5 4 4 0 0 王丽

图 3-2　总分类账错账更正

2.红字更正法

如果记账凭证中的应借、应贷科目或金额有误，可以采用红字更正法。先用红字金额编制一张与原来错误的会计分录完全相同的会计凭证，在摘要中注明"更正某月某日的错账"，并用红字登记入账，据以冲销原来的错误记录，再做一张正确的会计凭证重新登记入账。例如，11 月 15 日，公司以银行存款支付生产车间水电费 4 860 元，会计人员填制银行存款付款凭证时错误地编制会计分录：

　　借：管理费用　　　　　　　　　　　　　　　　　　　　　4 860

　　　　贷：银行存款　　　　　　　　　　　　　　　　　　　　　4 860

根据上述凭证已登记"管理费用"和"银行存款"总账。发现这一错误时，可先用红字（数字上加方框代表红字）编制一张相同的会计凭证，表示冲销原来的错账。

　　借：管理费用　　　　　　　　　　　　　　　　　　　　| 4 860 |

　　　　贷：银行存款　　　　　　　　　　　　　　　　　　　| 4 860 |

再用蓝字填制一张正确的凭证。

　　借：制造费用　　　　　　　　　　　　　　　　　　　　　4 860

　　　　贷：银行存款　　　　　　　　　　　　　　　　　　　　　4 860

如果原会计凭证中的应借、应贷账户没有错误，只是所填列的金额大于应填列的金额，并已经登记入账，也可以用红字更正法进行更正。更正时，只需编制一张金额为错误金额超过正确金额的差额部分的红字记账凭证，并登记入账即可。

3.补充登记法

记账以后，如果发现原来编制的记账凭证中的应借、应贷科目没有错误，只是所填写的金额小于正确的金额，可以进行补充登记。更正时，用蓝字编制与原会计凭证的应借、应贷科目完全相同的会计分录，金额为正确金额与原来所填金额之差，据以登记入账即可。例如，11月22日，公司生产完工一批3000型台式电脑验收入库，成本350 000元，会计人员填制记账凭证，并据以登记账簿。

借：库存商品　　　　　　　　　　　　　　　　　　　　　　　35 000
　　贷：生产成本　　　　　　　　　　　　　　　　　　　　　　　　　35 000

当发现上述错误时，再编制一张借贷会计科目一致的金额为315 000元的转账凭证，并登记入账即可。

借：库存商品　　　　　　　　　　　　　　　　　　　　　　315 000
　　贷：生产成本　　　　　　　　　　　　　　　　　　　　　　　315 000

|伦理、责任与可持续发展| 交大昂立：多项前期会计差错调整致年报"爽约"

交大昂立（600530）成立于1997年，注册资本7.75亿元，主要从事食品及保健食品的研发、生产、销售。2023年4月26日，交大昂立发布公告，因在年报审计过程中发现多项涉及前期会计差错的更正事项，这些事项对年报数据认定产生重大影响，公司同时需要对2016—2021年6年的年报进行重新编制，出具更正后的年报，工作量巨大，任务复杂繁重，公司预计无法按时完成年报编制，无法在法定期限内（2023年4月30日）披露2022年年度报告及2023年第一季度报告。

根据《上海证券交易所股票上市规则》的规定，若公司未在法定期限内披露2022年年度报告及2023年第一季度报告，公司股票自法定期限届满的下一交易日起停牌。如公司在股票停牌两个月内仍未披露，则将被实施退市风险警示。如公司股票交易被实施退市风险警示之日起的两个月内仍未披露过半数董事保证真实、准确、完整的相关年度报告，上海证券交易所将决定终止公司股票上市交易。

资料来源：雷达财经.会计差错致年报"爽约" 交大昂立遭立案 股民可索赔［EB/OL］.［2023-11-02］. https://new.qq.com/rain/a/20230515A09VOJ00.

【笃行·致新】

3-2 第三章
思考与练习

第四章　会计循环：账项调整与财务报表编制

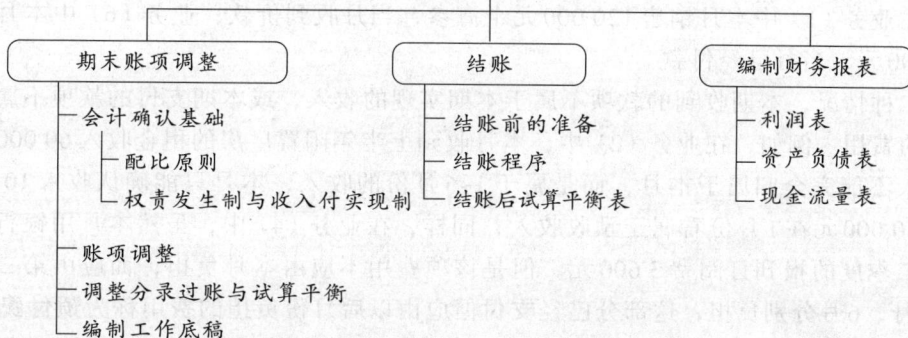

【学习目标】

◇ 解释配比原则和权责发生制、收付实现制下会计确认的要求；

◇ 界定期末账项调整的类型、解释账项调整对财务报表的影响；

◇ 编制调整分录进行期末账项调整；

◇ 解释和编制调整后的试算平衡表；

◇ 解释和编制工作底稿；

◇ 编制结账分录并进行结账；

◇ 根据调整后的试算平衡表和工作底稿编制利润表、资产负债表和现金流量表。

【本章预览】

第三章介绍了如何根据取得的会计凭证分析企业日常发生的经济业务，进行记账，但这些可能并不是企业在一定会计期间内需要记录的全部内容。根据配比原则和权责发生制的要求，会计人员应正确核算企业的经营成果、保证账簿记录的完整，在会计期末还要进行相关的账项调整、对账、结账、编制财务报表，完成整个会计循环。本章将重点讲述如何根据权责发生制进行账项调整、编制调整分录并过账，在期末进行结账，通过编制试算平衡表和工作底稿完成基本财务报表的编制，将企业会计期间发生的全部经济业务所产生的影响反映在财务报表中，提供真实、完整的财务信息。

账项调整与财务报表编制

期末账项调整	结账	编制财务报表
会计确认基础	结账前的准备	利润表
配比原则	结账程序	资产负债表
权责发生制与收入付实现制	结账后试算平衡表	现金流量表
账项调整		
调整分录过账与试算平衡		
编制工作底稿		

第一节　期末账项调整

一、会计确认基础

（一）配比原则

会计确认、计量和报告是在持续经营假设下按照会计分期进行的。每个会计期末将本期实现的收入与发生的费用（成本）相比较，就能得出本期的经营成果。因此，正确地计算本期的收入和相应费用是正确核算经营成果的前提。

收入与费用的确认要遵循配比原则，即收入应与为取得这笔收入而发生的相关费用相配比。收入与费用配比包括两方面：一是收入与费用在因果联系上的配比，取得一定的收入时发生了一定的支出，而发生这些支出的目的就是取得这些收入；二是收入与费用在时间意义上的配比，即一定会计期间内的收入和费用的配比。在企业日常经营活动中，有些收入与费用的归属期间可能与款项收支行为发生的期间不同，收入和费用在哪一期间确认，影响着不同期间的经营成果。

【例4-1】假设世纪海洋20×6年1月份发生部分经济业务如下：

（1）1月5日销售给北京红星商贸有限公司干海参一批，价值120 000元，款项于1月10日收到并存入银行。

（2）1月8日预收上半年闲置厂房的租金收入60 000元。

（3）1月16日销售给山西华伟食品公司冷冻系列产品一批，货款80 000元于2月份收到，并存入银行。

（4）1月20日用银行存款3 600元支付第二季度的报刊订阅费。

（5）1月31日计算本月应负担的短期借款利息费用800元，借款合同约定利息按季度结算，即3月末将一次性支付2 400元的利息费用。

（6）1月31日用银行存款支付当月水电费2 000元。

根据上述经济业务可以看出，收入和费用的归属期间与款项收付行为之间的关系可能有以下三种情况：

第一种情况，本期实现的收入在本期收到款项，或本月发生的费用在本月已经支付。例如，在业务（1）中本月销售120 000元干海参，当月收到价款；业务（6）中本月发生水电费2 000元，当月已经付款。

第二种情况，本期收到的款项不属于本期实现的收入，或本期支付的款项不属于本期应负担的费用。例如，在业务（2）中，本月收到上半年闲置厂房的租金收入60 000元，但该项收入不能完全归属于本月，而是属于1~6月份的收入，本月只能确认收入10 000元，剩余的50 000元在1月份看属于**预收收入**；同样，在业务（4）中，虽然本月用银行存款支付了第二季度的报刊订阅费3 600元，但是该项费用不应由本月负担，而应由第二季度的4、5、6月分别负担，这部分已经支付但应由以后月份负担的费用称为**预付费用**。

第三种情况，属于本期的收入但款项尚未实际收到，或属于本期应负担的费用但款项尚未实际支付。例如，在业务（3）中，本月已经实现商品销售，但货款80 000元本月未收到，而在下个月收到，这种已经获得收款权利但尚未收到款项的收入称为**应计收入**；在业务（5）中，1月份应负担的利息费用800元在本月没有实际支付，而是按照季度在3月份一并支付，但这部分付款义务本月已经承担，这种已承担义务但尚未实际支付的费用称为**应计费用**。

在上述第一种情况中，收入、费用的收支期间和应归属期间一致，确认为本期收入和费用不存在任何问题。在第二种和第三种情况中，对于如何确认收入与费用归属的期间，通常有权责发生制与收付实现制两种截然不同的会计确认基础。

（二）权责发生制与收付实现制

收付实现制又称现金制，是以款项是否实际收到或付出作为确定本期收入和费用的标准。凡是本期实际收到的款项，不论其是否属于本期实现的收入，都作为本期的收入处理；凡是本期实际付出的款项，不论其是否属于本期负担的费用，都作为本期的费用处理。

权责发生制，也称为应收应付制，是以收入的权利和支出的义务是否归属于本期为标准来确认收入、费用的一种会计处理基础。凡属于本期实现的收入和发生的费用，不论款项是否实际收到或实际付出，都作为本期的收入和费用入账；凡不属于本期的收入和费用，即使款项在本期收到或付出，也不作为本期的收入和费用处理。

根据收付实现制与权责发生制的要求，对【例4-1】中世纪海洋的经济业务进行分析：

业务（2）：1月份实际收到60 000元闲置厂房租金，在收付实现制下60 000元全部确认为1月份的收入；而在权责发生制下，该项租金收入属于1~6月份每个月的收入，应分别在1~6月份每月确认收入10 000元。

业务（3）：1月份销售产品的货款于2月份收到，在收付实现制下应确认为2月份的收入；而在权责发生制下，1月份取得收款的权利，80 000元确认为1月份的收入。

业务（4）：1月份实际支付了第二季度的报刊订阅费，按收付实现制，3 600元全部确认为1月份的费用；但在权责发生制下，3 600元的报刊订阅费属于第二季度4月、5月、6月应负担的费用，每个月应分别确认1 200元的费用。

业务（5）：计提短期借款利息费用于3月份一次性支付，在权责发生制下1月应确认当月费用800元；而在收付实现制下，2 400元全部确认为3月份的费用。

相关业务总结与对比分析见表4-1。

表4-1 　　　　　　权责发生制与收付实现制下收入与费用的确认

业务内容	权责发生制	收付实现制
（1）1月份销售商品，收回货款120 000元	均确认为1月份的收入120 000元	
（2）1月份预收上半年闲置厂房租金60 000元	1~6月份分别确认租金收入10 000元	60 000元全部确认为1月份的收入
（3）1月份销售商品，货款80 000元于2月份收到	确认为1月份的收入80 000元	确认为2月份的收入80 000元
（4）1月份用银行存款3 600元支付第二季度的报刊订阅费	4、5、6月分别确认费用1 200元	1月份确认费用3 600元
（5）1月份计提本月应负担的利息费用800元，于3月末一次性支付2 400元	1、2、3月分别确认费用800元	3月份确认费用2 400元
（6）1月份支付当月水电费2 000元	均确认为1月份的费用2 000元	

通过上述分析可以看出，在收付实现制下无论收入的权利和支出的义务归属于哪一期，只要款项的收付在本期发生，就确认为本期的收入和费用，不考虑预收收入、预付费用以及应计收入和应计费用。在会计期末根据账簿记录就可以确认本期的收入和费用，因为实际收到和付出的款项必然已经登记入账，无须对账簿记录进行账项调整，会计核算相对比较简单，但收入与费用之间缺乏合理的配比关系，据以计算经营成果缺乏可比性。

在权责发生制下必须考虑预收、预付和应收、应付的收入和费用，企业的日常账簿记录不能完全反映本期的收入和费用，需要在会计期末对账簿记录进行必要的账项调整，以权利和义务的发生与否为标准确认收入与费用的归属期，有利于合理地计算当期的经营成果，符合收入与费用配比以及可比性的要求。《企业会计准则——基本准则》规定："企业应当以权责发生制为基础进行会计确认、计量和报告。"

|伦理、责任与可持续发展| 永安林业：提前确认收入、延迟结转成本

合理确认收入与结转成本是正确计算利润的前提。永安林业（000663）的高管人员为完成三年业绩承诺，在家具项目未完成发货的情况下，连续两年采取提前确认收入、延迟结转成本等方式进行财务造假，造成永安林业2016年年度报告的财务数据存在虚增营业收入2 778万元、虚增营业成本1 584万元、虚增净利润788万元；2017年年度报告的财务数据存在虚增营业收入5 682万元、虚增营业成本1 688万元、虚增净利润2 744万元。永安林业被警告并罚款50万元，相关高管人员也被处以20万~30万元不等的罚款。

资料来源：祁程军.永安林业因财务造假被证监会预处罚［EB/OL］.［2023-12-12］.https://www.163.com/dy/article/GL2BJFID0552JOFQ.html.

二、账项调整

在【例3-1】中世纪海洋12月份发生了16笔经济业务，均通过会计处理记入会计信息系统。但是这些会计记录并不是当期的全部经济业务。如前所述，企业经营成果是按会计期间核算，企业发生的有些经济业务的受益期是跨期的，按照权责发生制，这些交易和事项不是一次记录就能完成的，需要在多个会计期间进行调整。例如，【例4-1】中的业务（2），1月8日世纪海洋预收上半年闲置厂房的租金60 000元，在权责发生制下，除了1月份应该确认当月的收入10 000元之外，在随后的2~6月份，每个月都应该有这笔10 000元的收入确认。因此，为了真实完整地反映企业的经营成果，对于跨期进行的交易和事项，期末账项调整是必不可少的一个步骤。

所谓账项调整就是要把那些影响两个或两个以上会计期间的经济业务在会计期末进行调整，根据权责发生制的要求，凡属于本期的收入和费用，不论是否收到或支出了款项，都应该在本期确认。账项调整的目的是严格区分本期和非本期的界限，将应归属于本期的收入调整为本期收入，将应归属于本期的费用调整为本期费用，将相关的收入与费用进行配比，以正确计算本期经营成果。在实务中，需要进行账项调整的业务大致可以归纳为应计项目、递延项目和估计项目。

期末账项调整需要编制调整分录来反映尚未记录的交易或事项。虽然账项调整主要是为了在利润表中正确地反映本期的经营成果，但收入与费用的调整必然使有关资产、负债、所有者权益项目发生相应的增减变动。因此，每笔调整分录都会影响一个或多个利润表账户和资产负债表账户，使财务报表能够如实地反映收入、费用、资产和负债等情况。

（一）应计项目的调整

应计项目是指款项实际收付之前确认收入或费用的项目，即企业交易或事项产生的经营活动在前，与此相关的款项收付在后，且尚未记录或已发生但尚未入账的项目。应计项目包括应计收入与应计费用。应计收入与应计费用的会计处理如图4-1所示。

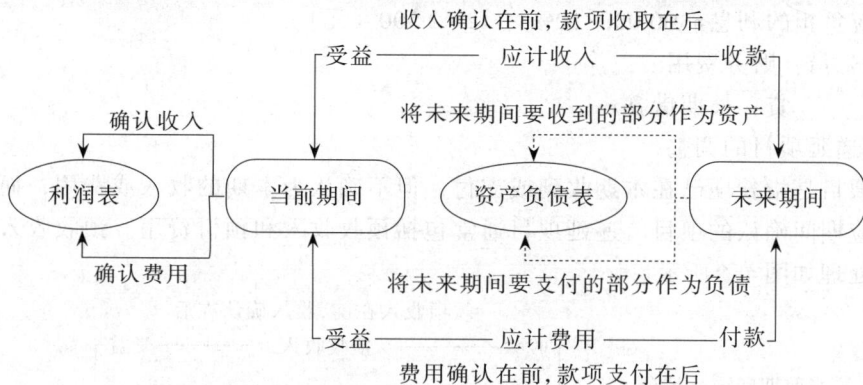

图4-1　应计收入与应计费用的会计处理

1.应计收入

应计收入是指本期已经实现，但尚未收到款项的收入。其主要是企业对外提供劳务或资产使用权，尚未结算、尚未收到款项的收入，如应收租金、应收利息等。对于应计收入，由于款项尚未收到，无法入账，但已获得收取该笔款项的权利，按照权责发生制应确认为本期收入，并在期末对其进行调整，在调增收入的同时调增资产（债权）。

【例4-2】世纪海洋于12月1日将一闲置冷库出租，租赁合同约定每月租金为8 000元，每月月末支付租金，但到12月31日仍未收到这笔租金。

分析：公司虽然当月没有收到租金，但根据权责发生制的原则，当月取得收款的权利，应确认收入，闲置固定资产（冷库）的租金收入应确认为"其他业务收入"，尚未收到的款项属于企业的一项债权，即"其他应收款"，编制调整分录：

调（1）借：其他应收款　　　　　　　　　　　　　　　　　　　　8 000
　　　　　贷：其他业务收入　　　　　　　　　　　　　　　　　　　　8 000

2.应计费用

应计费用是指本期已发生、应由本期负担，但款项尚未支付的费用，如应付利息、应付职工薪酬、应付租金等。这笔费用尚未支付，无法根据支付凭证将其入账，但企业有支付该笔款项的义务，按照权责发生制应确认为本期费用，在期末进行账项调整，调整费用的同时调整企业的负债。

【例4-3】世纪海洋12月1日从中国工商银行借入3个月短期借款80 000元，年利率为6%，计算本月应承担的利息费用。

分析：虽然该笔借款尚未到期，但根据权责发生制的原则，本月使用了该笔借款，应该承担从借款日至月末的利息费用。利息费用是企业的融资成本，记入"财务费用"账户。

本期应负担的利息=80 000×6%×1/12= 400（元）

调（2）借：财务费用　　　　　　　　　　　　　　　　　　　　　　　400

$$\qquad\qquad\qquad\qquad\qquad\quad 贷：应付利息 \qquad\qquad\qquad\qquad\qquad 400$$

【例4-4】世纪海洋年初向中国建设银行借入3年长期借款300 000元，年利率为10%，到期一次支付，计算公司本月应承担的利息费用。

分析：同理于短期借款的分析，计算本月应负担的长期借款利息，按现行财务制度规定，尚未支付的长期借款利息不单独设置账户，记入"长期借款"账户。

本期应负担的利息=300 000×10%×1/12= 2 500（元）

调（3）借：财务费用   2 500

$\qquad\qquad$贷：长期借款   2 500

（二）递延项目的调整

递延项目是指款项已在本期收到或支付，但不确认为本期的收入或费用，而是要推迟到以后相应期间确认的项目。递延项目通常包括预收收入和预付费用。预收收入与预付费用的会计处理如图4-2所示。

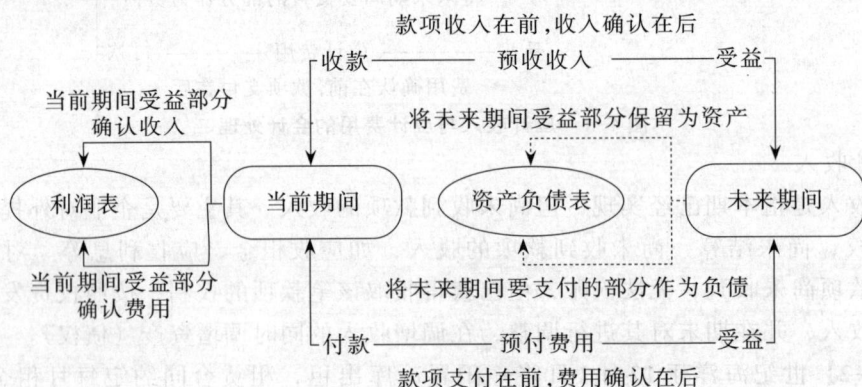

图4-2 预收收入与预付费用的会计处理

1.预收收入

预收收入是指企业在销售商品或提供劳务之前预收了相关款项，如预收货款、预收租金等。但商品或劳务尚未提供，收入并未真正实现，不能在本期确认，因此，预收收入的调整就是将本期收到但不属于本期的收入作为负债，到商品或劳务已提供时，再将已获取的部分转为收入，即将负债转为收入。

【例4-5】20×6年11月1日，世纪海洋与恒源海产品销售公司签订加工合同，为其提供冷冻虾仁加工劳务，一次性收取3个月的加工费60 000元。按合同约定，本月将其中的1/3转为收入（暂不考虑增值税）。

分析：11月1日，公司将收取的60 000元加工费记入"预收账款"账户，属于负债。本月提供加工劳务，将其中的20 000元转为收入，通过"其他业务收入"账户进行核算，编制调整分录：

调（4）借：预收账款   20 000

$\qquad\qquad$贷：其他业务收入   20 000

2.预付费用

预付费用是企业取得资产或资产的使用权而发生的成本，如预付租金、保险费、报刊费等。该项支出将给企业带来未来的经济利益，其本质是一项资产。随着经济利益的获取，预付费用将逐渐转化为费用。

【例4-6】20×6年7月1日，世纪海洋曾一次性支付下半年的管理部门财产保险费48 000元，计算本月应付负担的财产保险费。

分析：一次性支付半年的财产保险费需要在保险期间进行分摊，月末应将由本月负担的保险费8 000元（48 000÷6）转入"管理费用"账户，编制调整分录：

调（5）借：管理费用   8 000
　　　　　贷：预付账款   8 000

（三）估计项目的调整

期末企业在核算收益时，有些费用的调整是无法直接计算或确认的，需要根据历史资料、经验或未来事项来估计判断，故被称为估计项目，如固定资产折旧、无形资产摊销、应收账款坏账准备、各项资产计提的减值准备等。

（1）固定资产折旧。企业的房屋建筑物、厂房设备等都是为生产、销售商品或提供服务而长期使用的有形资产，称为固定资产，给企业带来的收益一般涉及多个期间。虽然这些厂房设备在使用过程中不改变其实物形态，但会逐渐磨损，随着时间的推移以及技术进步等其价值也会下降，这种由于损耗而减少的价值就是固定资产的折旧。根据权责发生制，将固定资产成本按合理、系统的方法分摊到各使用期间，每一会计期间所分摊的成本就是折旧费用。通常，固定资产每一期折旧费用的计算要考虑固定资产的原值、估计使用年限以及估计净残值，因此，每期的折旧额是个估计数[1]。此外，由于固定资产在使用过程中始终保持实物形态，"固定资产"账户保持固定资产原始成本不变，因此设立专门的"累计折旧"账户以反映固定资产的折旧情况，该账户属于备抵账户，用来抵减"固定资产"账户余额，其记账方向与资产类账户刚好相反。在期末计提固定资产折旧时，借记"制造费用""管理费用""销售费用"等账户，贷记"累计折旧"账户。

【例4-7】假设世纪海洋本月应计提的管理部门用固定资产折旧额为14 500元。

分析：管理部门固定资产折旧费用应记入"管理费用"账户，编制调整分录：

调（6）借：管理费用   14 500
　　　　　贷：累计折旧   14 500

（2）应收账款坏账准备。应收账款是企业赊销商品或劳务时所形成的一项债权，属于企业的资产。应收账款是伴随着赊销而产生的，赊销时已确认了该笔收入，也记入了相应的"应收账款"（资产）账户，但可能会因债务人无力偿还而使债权人的部分或全部款项无法收回，形成"坏账"。坏账发生就意味着企业要承担相应的损失。如果有证据表明该笔款项确实无法收回或部分无法收回，应该计提坏账准备；若不考虑坏账因素，会导致资产（应收账款）和利润的高估。因此，企业专设"坏账准备"账户来反映企业应收账款坏账的计提情况。期末，根据估计可能产生的坏账损失借记"信用减值损失"账户，贷记"坏账准备"账户[2]。注意，这里不直接贷记"应收账款"账户以冲销应收账款的账面价值，主要是因为坏账准备计提是基于稳健性原则的应用，是为了收入与费用更好地相配比，并不是放弃该项债权的索取权，而且计提坏账准备的金额是个估计数，不能直接抵销应收账款。

---

[1] 有关固定资产的折旧计算方法及账务处理详见本书第六章。
[2] 有关应收账款坏账准备的计提方法及账务处理详见本书第九章。

【例4-8】世纪海洋20×6年12月31日的应收账款账户期末余额为150 000元，经估计约有2%无法收回。

分析：会计将无法收回的应收账款作为坏账。现行会计准则要求按应收账款余额百分比的方法计提坏账准备。计提坏账损失通过"信用减值损失"账户进行核算，在会计计算损益时进行冲减，但税务部门在计算应纳税所得额时不予扣减。

应计提的坏账损失=150 000×2%=3 000（元）

调（7）借：信用减值损失　　　　　　　　　　　　　　　　　　3 000

　　　　　贷：坏账准备　　　　　　　　　　　　　　　　　　　　3 000

此外，成本结转也是期末账项调整的后续工作。根据配比原则，当期销售产品实现的收入首先要补偿生产这些产品的成本，因此，会计期末要计算并结转当期的销售成本。在实际工作中，成本结转是从产品的"生产成本"到"库存商品"成本，再到"主营业务成本"的结转过程，具体见后续章节的介绍。

【例4-9】结合【例3-1】，20×6年12月31日，经计算，世纪海洋本月共销售干海参20千克、盐渍海参50千克；冷冻全虾1 000千克、冷冻虾仁400千克。其成本为干海参4 000元/千克、盐渍海参1 200元/千克；冷冻全虾50元/千克、冷冻虾仁100元/千克。

分析：将公司已销售的产品成本结转到"主营业务成本"账户，以便与主营业务收入相配比，从而计算出产品的销售利润。已销售产品的成本计算如下：

海参系列产品销售成本=20×4 000+50×1 200=140 000（元）

虾系列产品销售成本=1 000×50+400×100=90 000（元）

调（8）借：主营业务成本——海参系列　　　　　　　　　140 000

　　　　　　　　　　　　——虾系列　　　　　　　　　　90 000

　　　　　贷：库存商品——干海参　　　　　　　　　　　　80 000

　　　　　　　　　——盐渍海参　　　　　　　　　　　　60 000

　　　　　　　　　——冷冻全虾　　　　　　　　　　　　50 000

　　　　　　　　　——冷冻虾仁　　　　　　　　　　　　40 000

三、调整分录过账与试算平衡

进行账项调整而编制的调整分录也要过入相应的账户中，并根据调整后的各账户余额再进行一次试算平衡，以检查将调整分录过入相应账户时是否存在差错。

【例4-10】将【例4-2】至【例4-9】中世纪海洋的期末调整分录过到各相应账户中，其过程与结果如下：

借	库存现金		贷
期初余额	8 000	(8)	1 600
(4)	6000	(10)	5 000
(13)	400	(11)	4 000
本期发生额	6 400	本期发生额	10 600
期末余额	3 800		

借	银行存款		贷
期初余额	210 000	(3)	45 000
(1)	300 000	(4)	6 000
(2)	80 000	(6)	282 500
(7)	30 000	(8)	33 900
(14)	137 860	(12)	3 000
(15)	188 600	(16)	200 000
本期发生额	736 460	本期发生额	570 400
期末余额	376 060		

借	应收账款		贷
期初余额	120 000	(7)	30 000
(9)	248 600	(15)	188 600
本期发生额	248 600	本期发生额	218 600
期末余额	150 000		

借	预付账款		贷
期初余额	90 000	(8)	56 500
		调 (5)	8 000
本期发生额	0	本期发生额	64 500
期末余额	25 500		

借	其他应收款		贷
期初余额	0	(13)	5 000
(10)	5 000		
调 (1)	8 000		
本期发生额	1 300	本期发生额	5 000
期末余额	8 000		

借	原材料		贷
期初余额	172 000	(5)	120 000
(8)	81 600		
本期发生额	81 600	本期发生额	120 000
期末余额	133 600		

借	生产成本		贷
期初余额	150 000		
(5)	120 000		
本期发生额	120 000	本期发生额	0
期末余额	270 000		

借	库存商品		贷
期初余额	450 000	调 (8)	230 000
本期发生额	0	本期发生额	230 000
期末余额	220 000		

借	固定资产		贷
期初余额	2 160 000		
(6)	250 000		
本期发生额	250 000	本期发生额	0
期末余额	2 410 000		

借	累计折旧		贷
		期初余额	360 000
		调 (6)	14 500
本期发生额	0	本期发生额	14 500
		期末余额	374 500

借	短期借款		贷
		期初余额	70 000
		(2)	80 000
本期发生额	0	本期发生额	80 000
		期末余额	150 000

借	应付账款		贷
(3)	45 000	期初余额	88 000
本期发生额	45 000	本期发生额	0
		期末余额	43 000

借	预收账款		贷
调 (4)	20 000	期初余额	40 000
本期发生额	20 000	本期发生额	0
		期末余额	20 000

借	应付利息		贷
		期初余额	32 000
		调 (2)	400
本期发生额	0	本期发生额	400
		期末余额	32 400

借	应交税费		贷
(6)	32 500	期初余额	0
(8)	10 400	(9)	28 600
		(14)	15 860
本期发生额	42 900	本期发生额	44 460
		期末余额	1 560

借	长期借款		贷
(16)	200 000	期初余额	500 000
		调 (3)	2 500
本期发生额	200 000	本期发生额	2 500
		期末余额	302 500

借	实收资本		贷
	期初余额		1 600 000
	(1)		300 000
本期发生额	0	本期发生额	300 000
		期末余额	1 900 000

借	资本公积		贷
		期初余额	32 000
本期发生额	0	本期发生额	0
		期末余额	32 000

借	盈余公积		贷
		期初余额	150 000
本期发生额	0	本期发生额	0
		期末余额	150 000

借	未分配利润		贷
		期初余额	200 000
本期发生额	0	本期发生额	0
		期末余额	200 000

借	主营业务收入		贷
	(9)		220 000
	(14)		122 000
本期发生额	0	本期发生额	342 000
		期末余额	342 000

借	管理费用		贷
(12)	3 000		
(13)	4 600		
调(5)	8 000		
调(6)	14 500		
本期发生额	30 100	本期发生额	0
期末余额	30 100		

借	销售费用		贷
(11)	4 000		
本期发生额	4 000	本期发生额	0
期末余额	4 000		

借	主营业务成本		贷
调(8)	230 000		
本期发生额	230 000	本期发生额	0
期末余额	230 000		

借	其他业务收入		贷
	调(1)		8 000
	调(4)		20 000
本期发生额	0	本期发生额	28 000
		期末余额	28 000

借	账务费用		贷
调(2)	400		
调(3)	2 500		
本期发生额	2 900	本期发生额	0
期末余额	2 900		

借	信用减值损失		贷
调(7)	3 000		
本期发生额	3 000	本期发生额	0
期末余额	3 000		

借	坏账准备		贷
		期初余额	0
		调(7)	3 000
本期发生额	0	本期发生额	3 000
		期末余额	3 000

将所有调整分录过入相应的账户后，编制调整后的世纪海洋各账户的试算平衡表（见表4-2），以检查调整分录过账后是否存在差错。

表4-2　　　　　　　　　世纪海洋各账户试算平衡表（账项调整后）

20×6年12月31日　　　　　　　　　　　　　　　单位：元

账户名称	期初余额		本期发生额		期末余额	
	借方	贷方	借方	贷方	借方	贷方
库存现金	8 000		6 400	10 600	3 800	
银行存款	210 000		736 460	570 400	376 060	
应收账款	120 000		248 600	218 600	150 000	
预付账款	90 000		0	64 500	25 500	
其他应收款	0		13 000	5 000	8 000	
原材料	172 000		81 600	120 000	133 600	
生产成本	150 000		120 000	0	270 000	
库存商品	450 000		0	230 000	220 000	
固定资产	2 160 000		250 000	0	2 410 000	
累计折旧		360 000	0	14 500		374 500
短期借款		70 000	0	80 000		150 000
应付账款		88 000	45 000	0		43 000
预收账款		40 000	20 000	0		20 000
应付利息		32 000	0	400		32 400
应交税费		0	42 900	44 460		1 560
长期借款		500 000	200 000	2 500		302 500
实收资本		1 600 000	0	300 000		1 900 000
资本公积		320 000	0	0		320 000
盈余公积		150 000	0	0		150 000
未分配利润		200 000	0	0		200 000
主营业务收入		0	342 000			342 000
主营业务成本			230 000		230 000	0
管理费用			30 100	0	30 100	
销售费用			4 000	0	4 000	
其他业务收入				28 000		28 000
财务费用			2 900		2 900	
信用减值损失			3 000		3 000	
坏账准备			0	3 000		3 000
合计	3 360 000	3 360 000	2 033 960	2 033 960	3 866 960	3 866 960

从表4-2可以看出，所有账户的本期借方发生额与贷方发生额合计数相等，均为2 033 960元，所有账户的借方余额合计数也等于所有账户的贷方余额合计数，均为3 866 960元，表明各分类账簿登记基本正确。

四、编制工作底稿

工作底稿虽然不是必备的报表，但却是实务工作中被广泛应用的会计信息处理工具，通常是在会计期末进行账户调整之前开始编制，以便于编制财务报表。一张完整的工作底稿包括账户名称、调整前试算平衡表、调整项目，以及调整后试算平衡表、利润表和资产负债表等内容，其中每一项都分为借方金额和贷方金额两栏。

【例4-11】承【例4-10】，编制世纪海洋20×6年12月31日的工作底稿，见表4-3。编制工作底稿的程序如下：

（1）填写调整前试算平衡表的借贷金额栏。如表4-3所示，首先在工作底稿中设置好分类账中的所有账户，包括全部的总分类账户和调整事项所涉及的账户。各账户的排列顺序往往与会计科目表的账户顺序保持一致，调整分录产生的新账户可以依次补充。然后，将各总分类账户调整前的余额分别过入工作底稿调整前试算平衡表的借方金额栏和贷方金额栏，且保证借贷双方金额合计数相等。

表4-3

世纪海洋工作底稿

20×6年12月31日

单位：元

项目	调整前试算表		调整		调整后试算表		利润表		资产负债表	
	借	贷	借	贷	借	贷	借	贷	借	贷
库存现金	3 800				3 800				3 800	
银行存款	376 060				376 060				376 060	
应收账款	150 000				150 000				150 000	
坏账准备				调（7） 3 000		3 000				3 000
预付款项	33 500			调（5） 8 000	25 500				25 500	
其他应收款	0		调（1） 8 000		8 000				8 000	
原材料	133 600				133 600				133 600	
生产成本	270 000				270 000				270 000	
库存商品	450 000			调（8）230 000	220 000				220 000	
固定资产	2 410 000				2 410 000				2 410 000	
累计折旧		360 000		调（6） 14 500		374 500				374 500
短期借款		150 000				150 000				150 000
应付账款		43 000				43 000				43 000
预收款项		40 000	调（4） 20 000			20 000				20 000
应付利息		32 000		调（2） 400		32 400				32 400
应交税费		1 560				1 560				27 310

项目	调整前试算表		调整		调整后试算表		利润表		资产负债表	
	借	贷	借	贷	借	贷	借	贷	借	贷
长期借款		300 000		调（3） 2 500		302 500				302 500
实收资本		1 900 000				1 900 000				1 900 000
资本公积		320 000				320 000				320 000
盈余公积		150 000				150 000				150 000
未分配利润		200 000				200 000				274 250
主营业务收入		342 000				342 000		342 000		
其他业务收入				调（1） 8 000		28 000		28 000		
				调（4） 20 000						
主营业务成本			调（8）230 000		230 000		230 000			
销售费用	4 000				4 000		4 000			
管理费用	7 600		调（5） 8 000		30 100		30 100			
			调（6） 14 500							
财务费用			调（2） 400		2 900		2 900			
			调（3） 2 500							
信用减值损失			调（7） 3 000		3 000		3 000			
所得税费用							25 750			
本年利润							74 250			
合计	3 838 560	3 838 560	286 400	286 400	3 866 960	3 866 960	370 000	370 000	3 596 960	3 596 960

（2）填写调整项目。调整项目栏反映了调整分录的信息。将调整分录所涉及的相关账户借贷方分别填入调整事项的借贷栏，每一调整项目前都标有其所代表的调整分录的编号，以便于核对。一个账户可以进行多次调整，如"管理费用""其他业务收入"账户；而有些账户本期不需要进行调整，如"生产成本""应付账款"等账户。本期所有的账项调整都在工作底稿中反映出来，通过借、贷栏合计数相等的关系能够检查账项调整过程中出现错误的可能性，还能够将账户及其调整与其在财务报表中的影响联系起来。

（3）计算调整后试算平衡表的借贷栏金额。调整后试算平衡表的数据是由各账户调整前的余额加上或减去调整项目金额后得到的。例如，应付利息账户调整前贷方余额为32 000元，调整项目栏存在贷方金额400元，二者相加得到应付利息账户调整后的贷方金额32 400元。调整后试算平衡表的借方与贷方金额合计数仍然相等。

（4）将调整后试算平衡表中的数据过入利润表和资产负债表中相应的栏目。通常，资产类账户金额过入资产负债表的借方金额栏，负债类和所有者权益类账户金额过入资产负债表的贷方金额栏；收入类账户金额过入利润表的贷方金额栏，费用类账户金额过入利润表的借方金额栏。

（5）计算利润表栏的本年利润，并将本年利润转入资产负债表的所有者权益栏。在利润表栏目中，贷方为各项收入，借方为各项费用，贷方金额合计数与借方金额合计数之间的差额就是净利润或净损失。如果贷方金额合计大于借方金额合计，就产生了净利润，反之则发生净损失。对于世纪海洋来说，利润表的贷方金额合计数大于借方金额合计数，故其当期产生了100 000元的利润，这实质上是企业的利润总额。企业当期实现的利润要缴纳企业所得税，世纪海洋当期所得税费用为25 750元①，因此，本年净利润为74 250元（100 000-25 750），即为利润表中的"本年利润"金额。然后，将计算出来的"本年利润"填入资产负债表中所有者权益项目的贷方金额栏，因为利润最终归属于所有者。如果发生净损失，则将净损失金额填入资产负债表中所有者权益项目的借方金额栏。也就是说，净损失要从所有者权益中扣除。在本例中，世纪海洋的"本年利润"为74 250元，全部留存于企业，最终归属于企业所有者，计入资产负债表中的"未分配利润"项目，因此，最终资产负债表中的未分配利润从期初余额200 000万元增加到期末余额274 250元。

在将净利润或净损失填入资产负债表相应的贷方或借方栏之后，借贷双方总额必然相等，如果借贷双方金额合计不等，说明在编制工作底稿的过程中发生了错误。这些错误可能是由于计算失误造成的，也可能是因为将账户金额登记到了错误的报表项目造成的。

至此，工作底稿编制完毕，利润表和资产负债表在此基础上可进行调整编制。

工作底稿将各分类账户与资产负债表和利润表的编制更好地联系起来，在年终编制正式的会计报表时，还需要经过一个会计程序——结账，具体内容将在下一节介绍。

第二节　结账

一、结账前的准备

结账是在会计期末将各账户余额结清或者转至下期，以结束本会计期间的会计记录工作，是会计信息处理的一个重要步骤。在会计期末，通过结清与利润表相关的各账户金额，可计算出本期的经营成果；通过结清与资产负债表相关的账户余额并结转至下期，既结束了本期的会计工作，又为下一期的会计工作做好了准备。

在结账前，要做好各项准备工作：

（1）确认本期日常发生的各项经济业务均已填制记账凭证，并登记入账。如若发现有漏记的交易或事项应及时补充登记。

（2）按照权责发生制的要求进行期末账项调整。

（3）进行对账，做到账证相符、账账相符、账实相符。账证相符是指各账簿记录与会计凭证核对一致；账账相符是指总分类账各账户期末借方余额合计数与贷方余额合计数核对相符，总分类账各账户期末余额与其所属明细分类账期末余额合计数核对相符；账实相符是指库存现金、银行存款、存货、固定资产、各项债权等资产的账面余额与实际结存余额核对相符，通常通过财产清查进行。

财产清查是根据账簿记录，对企业的财产物资等进行盘点或核对，查明各项财产的实

---

① 世纪海洋当期所得税费用的计算将于本章第二节具体讲述。

存数与账面结存数是否相符的一种专门方法。对实物资产的清查一般采用实地盘点的方式，对债权债务的清查一般采用函证的方式。通常，企业在编制年度财务报告之前必须进行一次全面的财产清查，做到账实相符。如果财产清查时发现实际数与账面记录存在差异，通过"待处理财产损溢"账户进行核算。以账面价值为基础，实际盘存数小于账面数为盘亏，记入该账户的借方；实际盘存数大于账面数为盘盈，记入该账户的贷方。对于资产的盘盈或盘亏要在期末查明原因，并据以进行相应的账务处理，结转"待处理财产损溢"账户，如图4-3所示。

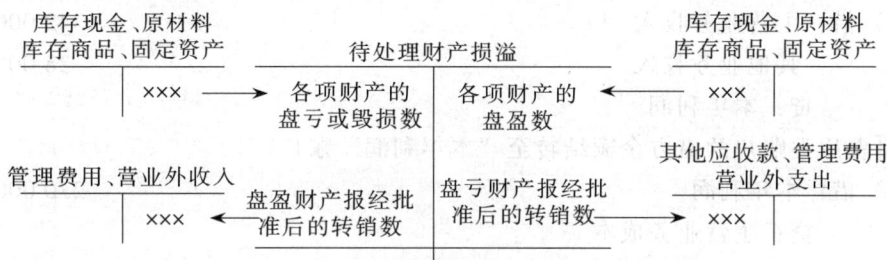

图4-3   "待处理财产损溢"账户结构

资产按其流动性可以划分为流动资产和非流动资产，"待处理财产损溢"账户通常设置"待处理流动资产损溢"和"待处理固定资产损溢"两个明细账户进行核算。关于相关资产的清查及其结果的处理将在后续章节介绍。

二、结账程序

在结账过程中必须做到以下几点：

（1）确定需要进行结账的账户；

（2）编制结账分录并过账；

（3）编制结账后的试算平衡表。

（一）永久性账户与临时性账户

根据会计要素的分类，与资产负债表相关的账户主要反映企业在特定日期的资产、负债和所有者权益，这些账户通常有期末余额，并随着企业持续的经营活动而不断地递延到下一个会计期间，因此将该类账户称为"永久账户"或"实账户"；而与利润表相关的账户，以及所有者权益提取账户和本年利润账户，主要用来记录与本会计期间相关的交易或事项，这些账户通常在会计期初开设，用来记录当期的数据，在会计期末就会结清，所以称为"临时性账户"或"虚账户"。在会计期末，要根据账户的类型进行结账。对于永久性账户需计算出账户的期末余额，并将其结转到下一期间，成为下一期的期初余额；而对于临时性账户，要求全部结清。

（二）临时性账户结账分录的编制与利润形成

编制利润表的目的是反映在特定会计期间企业实现的收入与发生的费用情况，利润的形成及利润分配会引起所有者权益变动。由于收入、费用及所有者权益提取账户（利润分配账户）反映的是某一期间的情况，所以当年度终了，通过编制结账分录使这些账户余额为零，从而为这些账户在下一个会计期间的记录做好准备。在结清这些账户时，首先要将其期末余额结转至"本年利润"账户。"本年利润"账户是一个只在结账过程中使用的临时性账户，其贷方记录的是收入（利得）总额，借方记录的是费用（损失）总额。"本年利润"账户的余额等于净利润或净损失，该余额最终将被结转至资本账户（所有者权益——未分配利润）。其次，还要把所有者提取账户的余额结转至资本账户。在将这些账户分录过完账之后，收入、费用、所有者提取及本年利润账户的余额都将变为零。这样一来就把这些账户结清或结平了。

【例4-12】根据世纪海洋账项调整后的各账户期末余额试算平衡表（表4-2）进行会计结账程序。

（1）将收入类账户的贷方余额结转至"本年利润"账户。

结（1）借：主营业务收入　　　　　　　　　　　　342 000

　　　　　　其他业务收入　　　　　　　　　　　　28 000

　　　　　　　贷：本年利润　　　　　　　　　　　　　370 000

（2）将费用类账户的借方余额结转至"本年利润"账户。

结（2）借：本年利润　　　　　　　　　　　　　　270 000

　　　　　　　贷：主营业务成本　　　　　　　　　　　230 000

　　　　　　　　　管理费用　　　　　　　　　　　　30 100

　　　　　　　　　销售费用　　　　　　　　　　　　4 000

　　　　　　　　　财务费用　　　　　　　　　　　　2 900

　　　　　　　　　信用减值损失　　　　　　　　　　3 000

（3）计算结转所得税费用。

经过前两步的结转可以看出，世纪海洋记入"本年利润"账户贷方的370 000元是企业在该会计期间的收入总额，记入"本年利润"账户借方的270 000元是企业在该会计期间的费用总额。收入与费用相配比后得到税前利润（利润总额）100 000元。假设公司适用的所得税税率为25%，公司要计算并缴纳当期的所得税。

由于税法与会计准则的计税基础不同，会计确认的利润与按税法确认的应纳税所得额之间可能存在一定的差异。例如在本例中，对于计提的坏账准备所形成的信用资产减值损失，税法在计算应纳税所得额时是不允许扣除的，因此应该在计算会计利润的基础上予以加回。

所得税费用=应纳税所得额×所得税税率

　　　　　=（会计利润±纳税调整事项）×所得税税率

假设世纪海洋没有其他应纳税调整事项，计算企业当期的所得税费用：

当期所得税费用=（100 000+3 000）×25%=25 750（元）

会计设置"所得税费用"账户进行核算，其记账结构与成本费用类账户一样，借方登记增加额，贷方登记减少额。因此，世纪海洋计算企业所得税费用，编制会计分录：

结（3）借：所得税费用　　　　　　　　　　　　　25 750

　　　　　　　贷：应交税费——应交所得税　　　　　　　25 750

所得税作为一项费用，在期末计算损益时，也要将该账户进行结转，从"所得税费用"账户的贷方转入"本年利润"账户的借方。

结（4）借：本年利润　　　　　　　　　　　　　　25 750

　　　　　　　贷：所得税费用　　　　　　　　　　　　25 750

（4）将"本年利润"账户的余额结转至所有者权益账户。

　　"本年利润"账户一般只在期末结账计算本期经营成果时使用。该账户的借方归集所有的费用类账户的借方余额，贷方归集所有收入类账户的贷方余额。当"本年利润"账户的贷方合计金额大于其借方合计金额时，表示本期获得了净利润；反之，则本期发生了净亏损。在世纪海洋的案例中，经过前三步的结转，本年利润账户的余额贷方金额合计为370 000元，借方金额合计为295 750元，贷方金额合计数比借方金额合计数多74 250元，表明世纪海洋12月实现净利润，归属于公司所有者。进一步将"本年利润"账户的余额结转至本年利润所有者权益账户（利润分配——未分配利润），经结转"本年利润"账户的余额变为零。

　　结（5）借：本年利润　　　　　　　　　　　　　　　　　　　　74 250
　　　　　　　贷：利润分配——未分配利润　　　　　　　　　　　　　　74 250

　　此外，如果企业进行利润分配，涉及所有者权益提取的相关账户余额也要结转至所有者权益账户，如从"利润分配——提取法定盈余公积""利润分配——分配现金股利"等明细账户的贷方，结转至"利润分配——未分配利润"明细账户的借方，将所有者利润分配明细账户（除"未分配利润"明细账户）的余额变为零。"利润分配——未分配利润"明细账户的余额可列入资产负债表所有者权益项目下的"未分配利润"项目中。

　　编制结账分录后，将其过入相应账户，以结清各临时账户，称为"账结法"。在会计实务中，一般于年度终了时才需将收入类账户和费用类账户结清。平时各账户余额保持不变，以使收入、费用账户累计反映全年的收入和费用水平。在编制利润表时，仅在报表中对收入和费用类账户进行结转，这种结转方法称为"表结法"。表结法不需要编制结账分录，也不需要在账户中进行任何登记，平时编制工作底稿的方法就是表结法的运用。到会计年度终了时编制结账分录，将其余额过入分类账后，所有的临时性账户应划线结清。以T形账户为例，世纪海洋临时性账户的结账程序如下：

借	主营业务收入		贷
		（9）	220 000
		（14）	122 000
本期发生额	0	本期发生额	342 000
结（1）	342 000	期末余额	342 000

借	其他业务收入		贷
		调（1）	8 000
		调（4）	20 000
本期发生额	0	本期发生额	28 000
结（1）	28 000	期末余额	28 000

借	主营业务成本		贷
调（8）	230 000		
本期发生额	230 000	本期发生额	0
期末余额	230 000	结（2）	23 000

借	管理费用		贷
（12）	3 000		
（13）	4 600		
调（5）	8 000		
调（6）	14 500		
本期发生额	30 100	本期发生额	0
期末余额	30 100	结（2）	30 100

借	销售费用		贷
（11）	4 000		
本期发生额	4 000	本期发生额	0
期末余额	4 000	结（2）	4 000

借	财务费用		贷
调（2）	400		
调（3）	2 500		
本期发生额	2 900	本期发生额	0
期末余额	2 900	结（2）	2 900

借	信用减值损失		贷
调（7）	3 000		
本期发生额	3 000	本期发生额	0
期末余额	3 000	结（2）	3 000

借	所得税费用		贷
结（3）	25 750		
本期发生额	25 750	本期发生额	0
期末余额	25 750	结（4）	25 750

借	应交税费		贷
（6）	32 500	期初余额	0
（8）	10 400	（9）	28 600
		（14）	15 860
		结（3）	25 750
本期发生额	42 900	本期发生额	70 210
		期末余额	27 310

借	本年利润		贷
结（2）	270 000	结（1）	370 000
结（4）	25 750		
结（5）	74 250		

借	未分配利润		贷
		期初余额	200 000
		结（5）	74 250
本期发生额	0	本期发生额	74 250
		期末余额	274 250

（三）永久性账户结转

资产、负债和所有者权益类账户的余额均需要结转到下期继续记录，即本期期末余额结转到下期作为下期的期初余额，继续记录新会计期间的经济业务。

【例4-13】以世纪海洋"银行存款"账户为例，期末账户结转过程见表4-4。

表4-4　　　　　　　　　　世纪海洋"银行存款"账户期末结账　　　　　　　单位：元

20×6年 月	20×6年 日	凭证号	摘要	对方科目	借方	贷方	余额	过账
12	1		期初余额				210 000	
	1	银收1	所有者投资	实收资本	300 000		510 000	
	1	银收2	偿还货款	短期借款	80 000		590 000	
	4	银付1	偿还货款	应付账款		45 000	545 000	
	5	银付2	提取现金	库存现金		6 000	539 000	
	12	银付3	购买设备	固定资产 应交税费		282 500	256 500	
	14	银收3	收回销货款	应收账款	30 000		286 500	
	15	银付4	购买材料	原材料 应交税费		33 900	252 600	
	23	银付5	支付水电费等	管理费用		3 000	249 600	
	25	银收4	销售产品	主营业务收入、应交税费	137 860		387 460	
	29	银收5	收回销货款	应收账款	188 600		576 060	
	31	银付6	偿还借款	长期借款		200 000	376 060	
			本期发生额及期末余额		736 460	570 400	376 060	
			结转下期			376 060		
20×7年								
1	1		期初余额				376 060	

三、结账后试算平衡表

将所有的结账分录登记、过账之后，收入、费用及利润分配明细账（除未分配利润明细账外）这些临时性账户的期末余额均为零。根据所有永久性账户——涵盖了资产、负债和所有者权益账户及余额——进一步编制结账后试算平衡表，以检查结账过程是否出现差错，为期末编制财务报表提供方便。

【例4-14】世纪海洋20×6年12月31日结账后试算平衡表见表4-5。

表4-5　　　　　　　　世纪海洋各账户期末余额试算平衡表（结账后）

20×6年12月31日　　　　　　　　　　　　　　　　　　单位：元

账户名称	期初余额		本期发生额		期末余额	
	借方	贷方	借方	贷方	借方	贷方
库存现金	8 000		6 400	10 600	3 800	
银行存款	210 000		736 460	570 400	376 060	
应收账款	120 000		248 600	218 600	150 000	
坏账准备		0	0	3 000		3 000
预付账款	90 000		0	64 500	25 500	
其他应收款	0		13 000	5 000	8 000	
原材料	172 000		81 600	120 000	133 600	
生产成本	150 000		120 000	0	270 000	
库存商品	450 000		0	230 000	220 000	
固定资产	2 160 000		250 000	0	2 410 000	
累计折旧		360 000	0	14 500		374 500
短期借款		70 000	0	80 000		150 000
应付账款		88 000	45 000	0		43 000
预收账款		40 000	20 000	0		20 000
应付利息		32 000	0	400		32 400
应交税费		0	42 900	70 210		27 310
长期借款		500 000	200 000	2 500		302 500
实收资本		1 600 000	0	300 000		1 900 000
资本公积		320 000	0	0		320 000
盈余公积		150 000	0	0		150 000
未分配利润		200 000	0	74 250		274 250
合计	3 360 000	3 360 000	1 763 960	1 763 960	3 596 960	3 596 960

从表4-5中可以看出，所有账户的借方余额合计数等于所有账户的贷方余额合计数，都是3 596 960元，表明结账分录及其过账基本正确，可以据此编制资产负债表。

第三节 编制财务报表

　　财务会计的主要目标是向会计信息使用者提供有助于经济决策的信息。企业在会计信息系统中输入的信息，最终以财务报告的形式传递给投资者、债权人等财务信息的使用者。企业的财务报告包括财务报表及其附注和其他应当在财务会计报告中披露的相关信息和资料，其中，财务报表是财务报告的中心部分，是企业向外部信息使用者披露会计信息的主要手段。

　　企业的财务报表主要包括资产负债表、利润表和现金流量表。小企业编制的财务报表可以不包括现金流量表，而一般企业除了这三个基本财务报表外，还需要编制所有者权益变动表。本章主要介绍资产负债表、利润表和现金流量表的编制。会计报表的编制顺序通常为利润表→资产负债表→现金流量表。

一、利润表

　　利润表反映企业在一定期间的经营成果。利润表根据权责发生制和配比原则，将在一定期间实现的收入与发生的相关费用（成本）相配比，计算出企业在一定期间的净利润或净亏损。

　　【例4-15】根据世纪海洋20×6年12月发生的经济业务，编制12月的利润表，见表4-6。

表4-6 　　　　　　　　　　　　　　　　　　利润表

编制单位：世纪海洋食品有限责任公司 　　　20×6年12月 　　　　　　　　　　　　单位：元

项　目	本期金额	上期金额
一、营业收入	370 000	
减：营业成本	230 000	
销售费用	4 000	
管理费用	30 100	
财务费用	2 900	
加：信用减值损失（损失以"−"号填列）	−3 000	
二、营业利润（亏损以"−"号填列）	100 000	
加：营业外收入	0	
减：营业外支出	0	
三、利润总额（亏损总额以"−"号填列）	100 000	
减：所得税费用	25 750	
四、净利润（净亏损以"−"号填列）	74 250	

二、资产负债表

　　资产负债表反映企业在某一特定时点的财务状况，它是根据"资产=负债+所有者权益"这一会计等式，按照一定的分类标准和顺序排列，列示企业某一时间的资产、负债和所有者权益情况，表明企业在某一特定日期所拥有或控制的资源、所承担的现有债务和所有者对企业净资产的要求权，是一个静态的财务报表。资产负债表由会计报表项目构成，会计报表项目主要是在总账余额的基础上计算调整得出的。

【例4-16】世纪海洋20×6年12月31日的资产负债表见表4-7。其中，货币资金由库存现金和银行存款构成，存货由原材料、生产成本和库存商品构成。

表4-7   资产负债表

编制单位：世纪海洋食品有限责任公司　20×6年12月31日   单位：元

资产	期末余额	上年年末余额	负债及所有者权益	期末余额	上年年末余额
流动资产：			流动负债：		
货币资金	379 860	218 000	短期借款	150 000	70 000
应收账款	147 000	120 000*	应付账款	43 000	88 000
预付款项	25 500	90 000	预收款项	20 000	40 000
其他应收款	8 000	0	其他应付款**	32 400	32 000
存货	623 600	772 000	应交税费	27 310	0
流动资产合计	1 183 960	1 200 000	流动负债合计	272 710	230 000
非流动资产：			非流动负债：		
固定资产	2 035 500	1 800 000	长期借款	302 500	500 000
非流动资产合计	2 035 500	1 800 000	非流动负债合计	302 500	500 000
			所有者权益：		
			实收资本	1 900 000	1 600 000
			资本公积	320 000	320 000
			盈余公积	150 000	150 000
			未分配利润	274 250	200 000
			所有者权益合计	2 644 250	2 270 000
资产总计	3 219 460	3 000 000	负债和所有者权益总计	3 219 460	3 000 000

注：*"应收账款"项目以"应收账款"账户期末借方余额减去"坏账准备"账户期末贷方余额的差额填列。同理，下面的"固定资产"项目也是以"固定资产"账户期末借方余额减去"累计折旧"账户期末贷方余额的差额填列。

**"其他应付款"项目是根据"应付利息"账户的期末贷方余额填列。通常，资产负债表的"其他应付款"项目包括应付利息、应付股利和其他应付款。

三、现金流量表

现金流量表是以现金流量为基础，反映企业一定时期内由经营活动、筹资活动和投资活动引起的现金及现金等价物变动情况。经营活动主要是指企业的购进、生产、销售、税收等活动；投资活动主要是指企业长期资产的购买、兴建、处置以及证券投资等活动；筹资活动则包括企业负债与所有者投入资本等活动，但不包括企业经营活动产生的负债，如应付账款、应付票据等。

现金流量表中使用的"现金"包括库存现金、银行存款和其他货币资金，"现金等价物"主要指企业持有的随时可转换为已知金额的有价证券。

现金流量表的编制主要有两种方法：一是直接法，按照经营活动、投资活动和筹资活动的每一个具体项目的现金流入和流出进行编制，以揭示报告期内现金的来源与使用的基本情况；二是间接法，只针对经营活动，即以净利润为起点，调节出企业经营活动的现金流量，以揭示权责发生制下计算的净利润与收付实现制下经营活动现金流量净额之间存在的差异。

【例4-17】世纪海洋20×6年12月按直接法编制现金流量表，见表4-8。

表4-8　　　　　　　　　　现金流量表（直接法）

编制单位：世纪海洋食品有限责任公司　　20×6年12月　　　　　　单位：元

项目	填制依据						金额
一、经营活动产生的现金流量：							
销售商品、提供劳务收到的现金	(7)	30 000	(14)	137 860	(15)	188 600	356 460
收到其他与经营活动有关的现金	(13)	400					400
经营活动现金流入小计							356 860
购买商品、接受劳务支付的现金	(3)	45 000	(8)	35 500			80 500
支付其他与经营活动有关的现金	(10)	5 000	(11)	4 000	(12)	3 000	12 000
经营活动现金流出小计							92 500
经营活动产生的现金流量净额							264 360
二、投资活动产生的现金流量：							
投资活动现金流入小计							0
购建固定资产、无形资产和其他长期资产支付的现金	(6)	282 500					282 500
投资活动现金流出小计							282 500
投资活动产生的现金流量净额							-282 500
三、筹资活动产生的现金流量：							
吸收投资收到的现金	(1)	300 000					300 000
取得借款收到的现金	(2)	80 000					80 000
筹资活动现金流入小计							380 000
偿还债务支付的现金	(16)	200 000					200 000
筹资活动现金流出小计							200 000
筹资活动产生的现金流量净额							180 000
四、汇率变动对现金的影响							0
五、现金及现金等价物净增加额							161 860
加：期初现金及现金等价物余额							218 000
六、期末现金及现金等价物余额							379 860

根据表4-7，世纪海洋资产负债表中当期货币资金期末余额为379 860元，比期初余额218 000元增加161 860元，而从表4-8可知，世纪海洋经营活动、投资活动和筹资活动引起的现金及现金等价物的净增加额正好是161 860元。

世纪海洋20×6年12月按间接法编制现金流量表，见表4-9。

表4-9 现金流量表（间接法）

编制单位：世纪海洋食品有限责任公司　20×6年12月　　　　　　　　　　　　　单位：元

项　目	金额
1.将净利润调节为经营活动现金流量	
净利润	74 250
加：计提的资产减值准备	3 000
固定资产折旧	14 500
财务费用	2 900
存货的减少（减：增加）	148 400
经营性应收项目的减少（减：增加）	26 500
经营性应付项目的增加（减：减少）	−5 190
经营活动产生的现金流量净额	264 360
2.不涉及现金收支的投资和筹资活动：	
债务转为资本	
一年内到期的可转换公司债券	
融资租入固定资产	
3.现金及现金等价物净增加情况：	
现金的期末余额	379 860
减：现金的期初余额	218 000
加：现金等价物的期末余额	
减：现金等价物的期初余额	
现金及现金等价物净增加额	161 860

根据表4-6，世纪海洋当期实现净利润74 250元。净利润是按照权责发生制确认收入和费用，而现金流量是按收付实现制确认收入与费用。间接法就是将净利润调整为按照收付实现制计算的经营活动产生的现金流量净额，其调整的主要项目类型有：

（1）实际没有支付现金的费用（如计提折旧、资产减值准备）；

（2）实际没有收到现金的收益（如交易性金融资产公允价值变动）；

（3）不属于经营活动的损益（如处置固定资产的损益、处置获益调减、处置亏损调增）；

（4）经营性应收、应付项目的增减变动。

因此，将净利润调整为经营活动的现金流量净额的基本原理是：

经营活动产生的现金流量净额=净利润

　　　　　　　+不影响经营活动现金流量但减少净利润的项目

　　　　　　　–不影响经营活动现金流量但增加净利润的项目

　　　　　　　+与净利润无关但增加经营活动现金流量的项目

　　　　　　　–与净利润无关但减少经营活动现金流量的项目

表4-9中世纪海洋的经营活动现金流量净额的调整过程如下：

（1）计提的坏账准备（3 000元）和累计折旧（14 500元）按权责发生制增加当期费用，减少利润，但实际并没有现金流出企业，需要加回来。

（2）财务费用（2 900元）是世纪海洋当期应负担的借款利息费用，属于筹资活动现金流出，不属于经营活动现金流量①，需要加回来。

（3）存货减少，即资产负债表中存货的期末余额减去期初余额后为负数。存货减少意味着销售出去的存货中包含前一会计期间结存的存货，耗用这些存货当期并没有发生现金流出，但计算净利润时已经扣除（从库存商品结转到主营业务成本），所以调整时应当加回。同理，如果存货增加，即期末存货比期初增加，说明当期购入的存货除耗用外，还剩余一部分存货，这部分存货也发生了现金流出，但在计算净利润时没有包括在内，所以调整时应当减去。在世纪海洋的资产负债表中，期末存货623 600元，期初存货为772 000元，存货减少148 400元，应调整增加。

（4）经营性应收项目减少。经营性应收项目包括应收账款、应收票据、预付账款、其他应收款和长期应收款中与经营活动有关的部分。经营性应收项目的增加，即应收项目的期末数大于期初数，表明有些收入的实现并没有收到现金，但在计算净利润时将其确认为收入，因此需要调整扣除；反之，经营性应收项目减少则应调整加回。在世纪海洋的经营性应收项目中，应收账款本期增加30 000元（150 000-120 000）、其他应收款增加8 000元（8 000-0），均应调整减少，预付账款减少645 000元（25 500-90 000），应调整增加，共调整增加26 500元。

（5）经营性应付项目增加。经营性应付项目包括应付票据、应付账款、预收账款、应付职工薪酬、应交税费、应付利息、其他应付款、长期应付款中与经营活动有关的部分。经营性应付项目增加，即应付项目期末数大于期初数，意味着当期购入的存货中有一部分没有支付现金，但是计算净利润时却通过销售成本结转将其包括在内，因此调整时需加回；反之，经营性应付项目若减少则应减去。在世纪海洋的经营应付项目中，应付账款本期减少45 000元（43 000-88 000），应调整减少；预收账款本期减少20 000元（20 000-40 000），应调整减少；应交税费本期增加27 310元（27 310-0），但应交税费期末余额扣除了购置固定资产的进项税额32 500元，不属于经营活动现金净流量，应加回。因此，应交税费本期共调整增加59 810元（27 310+32 500），经营性应付项目本期共调整减少5 190元。

最终，世纪海洋调整出的20×6年12月经营活动现金流量净额为264 360元，与采用直接法计算的结果一致。

从经济业务发生开始，到取得或填制会计凭证，最后到编制财务报表提供会计信息，

---

① 如果财务费用是经营活动产生的，如现金折扣、票据贴现利息等，则无须调整。

这是一个完整的会计循环。第三章和第四章以世纪海洋公司20×6年12月的经济业务为例描述了会计循环及其会计信息处理的程序与具体方法。原始凭证是企业经济业务发生的证明，也是会计循环的起点，经济业务发生时首先取得或填制原始凭证，根据原始凭证采用借贷记账法编制会计分录，填写记账凭证，并根据记账凭证登记账簿，进行试算平衡，在会计期末进行账项调整、对账与结账，结账后即可编制财务报表，至此一个会计循环结束。在会计循环中，进行试算平衡可以在不同阶段检查账簿记录的正确性，工作底稿是很好的财务报表编制工具。

|会计与决策| 亚马逊："战略性亏损"

当企业的费用超过收入时会发生亏损。如果一家公司成立后连续8年都发生亏损，你是否会将资金投入或借给这家公司？事实上，这家公司就是美国最大的网络电子商务公司——亚马逊，1995年7月由杰夫·贝佐斯（Jeff Bezos）创立。然而，1995—2002年期间亚马逊报告的都是净亏损。1998年Q1（第一季度），亚马逊的单季亏损只有100万美元，但到了1999年Q4（第四季度），单季亏损突破1亿美元，累计亏损16亿美元。即便如此，亚马逊仍通过资本市场成功获得融资，于1998年和1999年先后筹集了3.26亿美元和12亿美元的长期债务，于1999年、2002年和2003年分别募集到0.64亿美元、1.22亿美元和1.63亿美元的股权资金。

亚马逊是美国市场上令人闻风丧胆的存在。很多公司会把资源转化成利润，但是亚马逊却将其用于投资未来的科技，如物流、云服务和物联网生态系统等。早在2006年，亚马逊就推出了AWS云计算服务，产生了巨额的研发成本，吞噬了当期利润。但发展至今，亚马逊已经为全球190多个国家、上百万中小企业客户提供云服务。也正是因为长期资源的投入，亚马逊的销售额从1997年的1.47亿美元增加到2018年的2 500亿美元，20多年的复合增长率达40%以上[①]。此外，费用的发生会降低当期利润，但有些费用，如折旧费用、摊销费用等并不会减少公司的现金流。亚马逊长期处于亏损状态，却有较充足的经营活动现金流。例如，2015年公司净亏损1.88亿美元，经营活动产生的净现金流入高达89.8亿美元，期末现金及等价物储备达102.7亿美元。充沛的经营活动现金流强有力地支持着公司的对外扩张。可见，即使公司出现亏损，但只要能够产生足够的维持经营活动的现金流，公司就可以经营下去，甚至取得更大的成功。

【笃行·致新】

4-1第四章
思考与练习

---

① 威廉姆斯，贝特纳，卡塞罗. 会计学——企业决策的基础（财务会计分册）[M]. 赵叶灵，吴宁，赵银德，译. 北京：机械工业出版社，2022.

第五章 债务与股权筹资

【学习目标】

◇ 了解企业如何筹集业务资金，比较债务筹资与股权筹资；

◇ 对公司制企业股东的投入资本（股票发行）与减少资本（股票回购）进行会计处理；

◇ 理解并举例说明债务筹资的优势；

◇ 记录企业的银行借款的取得、利息和偿还业务；

◇ 记录企业的债券发行、利息费用、溢折价摊销以及债券偿还业务；

◇ 掌握财务报表中负债和所有者（股东）权益项目的列报。

【本章预览】

任何一个成功的企业在提供商品（劳务）的同时，必须设计金融产品，为投资者提供各种投资工具，以融通企业资金。财务主管的主要工作就是通过债务或股权的方式为企业当前经营和未来增长提供资金。作为一种交换，债权人和股东在将资本的使用权让渡给企业的同时也获得对企业未来现金流的索取权，这两者虽同属于企业权益，却有着明显的不同。本章将介绍企业债务和股权这两种筹资方式及其权益比较；有限责任公司接受股东投资与减资、股份有限公司股票发行与回购业务核算；以及银行借款的取得、使用与偿还，债券的发行与偿还等业务核算。

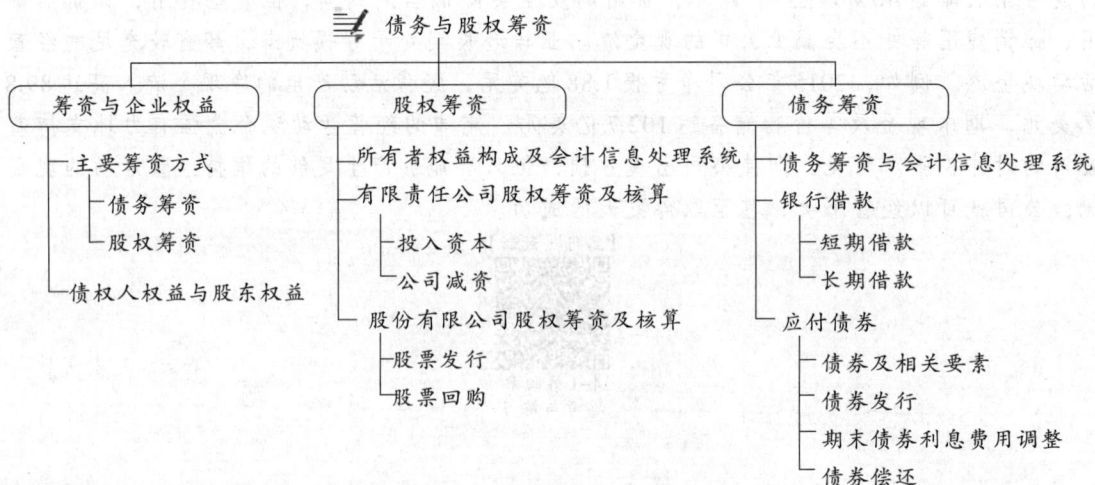

内蒙古伊利实业集团股份有限公司（简称"伊利股份"）成立于1993年，于1996年在上海证券交易所上市（股票代码600887），主要从事各类乳制品及健康饮品的加工、制造与销售活动，以国内市场为主，部分产品销往海外市场。本章将结合伊利股份2021年年度财务报告进行相关内容的介绍。

第一节　筹资与企业权益

浏览一下资产负债表右边的负债与所有者（股东）权益项目，就会对企业筹资状况及其构成和增减变化有一个初步的认识。根据伊利股份2021年年末的资产负债表，公司拥有总资产1 020亿元、负债532亿元和所有者权益488亿元，即资产=负债+所有者权益。负债和所有者权益反映了企业的资金来源，也是企业筹资活动结果的体现，通过其具体项目可以深入了解企业资金的来源渠道与筹资方式。

一、企业主要筹资方式

筹资是企业较为常见的经济活动，目的是满足企业经营与投资活动的资金需求。通常，企业的资金来源是内部积累，如经营过程中计提的折旧基金、企业经营形成的利润积累（包括从净利润中提取的盈余公积和利润分配后留存下来的未分配利润）。然而，这种积累的资金规模有限，往往无法满足企业大规模的资金需求，因此，通过一定方式从企业外部的其他经济主体筹集资金是企业资金融通的主要来源，如政府资金、银行信贷资金、非银行金融机构资金、其他企业资金、个人资金，以及国外、港澳台资金等。

企业从外部筹资时会选用不同的筹资方式。目前企业的主要筹资方式有：吸收直接投资、发行股票、发行债券、向银行取得借款等。此外，企业之间的商业信用，如应付账款、应付票据等也是企业一种临时性的外部筹资。总的看来，这些筹资方式可归纳为两大类：债务筹资和股权筹资。

（一）债务筹资

1.银行（或其他金融机构）借款

银行（或其他金融机构）借款是企业最常见的筹资方式，是指企业从银行或其他非银行金融机构借入的需要还本付息的款项。按照借款期限的不同，银行借款可以分为一年内到期的短期借款和偿还期限在一年以上的长期借款，分别列示于资产负债表的流动负债和非流动负债项目中。银行借款筹资方式手续简便，企业可以在较短时间内取得所需的资金，但企业需要负担固定利息，到期必须还本付息，如果企业不能合理安排还贷资金就会引起企业财务状况的恶化。

2.发行债券

符合债券发行条件的企业可以通过发行企业债券来筹集资金。债券是企业按法定程序向投资者发行，并承诺在指定时期内支付一定利息和偿还本金义务的有价证券。债券本质是债务的书面证明，具有法律效力。债券购买者与发行者之间是一种债权债务关系，发行者即债务人，购买者即债权人。与银行信贷不同，债券是向资金提供者直接融通资金的债权债务关系，银行借款是存款人、银行、贷款人之间形成的一种间接资金融通关系。我国企业债券期限通常超过一年，因此，债券融资通常列示于资产负债表的非流动负债"应付债券"项目中。

3.商业信用

商业信用是经营活动中企业与其他企业在经济交往过程中以延期付款或预收货款方式进行购销活动而形成的借贷关系，是企业之间的直接信用行为，也是常见的一种筹资方式，如购买商品或接受劳务形成的应付账款、应付票据等，以及销售商品前接受购买方的定金或货款所形成的预收账款等。这些筹资方式大部分以流动负债的形式列示在资产负债表中。商业信用筹资具有筹资便利、资金成本低、限制性条件少等特点，是企业经济活动中的一种普遍的债权债务关系。

除了上述主要的债务融资方式，企业在与员工、债权人、股东和政府等有关部门的经济往来中，也会因款项收付实际时间与结算时间不一致而形成一些临时的资金来源，如应付职工薪酬、应交税费、应付利息、应付股利等，属于流动负债，列示于资产负债表的右方。此外，融资租赁是一种集融资与融物于一体的融资方式，从一定意义上说也属于企业的债务融资方式，在未来期间需要支付的租金以"长期应付款"的形式列示于资产负债表的非流动负债项目中。

（二）股权筹资

股权筹资是企业接受股东投资的一种筹资方式，通常有两种基本形式：一种是企业直接接受股东的出资，另一种是企业通过发行股票筹集资金。

不同组织形式的企业，其股权筹资方式也不同：独资企业、合伙企业和有限责任公司因股东人数有限，股权筹资的方式通常是直接接受股东出资；而股份有限公司的资本划分为等额股份，通常通过发行股票的方式筹资。股票发行可以是只针对特定的投资人募集资金，即私募股权资金，也可以通过公开向社会发行股票的形式募集资金。接受投资者投入资本或发行股票所筹集的资金，形成所有者对企业资产的要求权，是企业重要的资金来源，列示于资产负债表的所有者（股东）权益项目中。

【博学·精思】

5-1 股票发行
与资本市场

二、负债与所有者权益

债权人为企业提供的资金形成企业的负债；股东作为公司的所有者，投入的资金形成企业的所有者权益（或股东权益）。资产负债表中的负债和所有者权益反映企业的资金来源，实质为企业资产的所有权归属，统称为"权益"。但同样作为权益的负债和所有者权益却有着明显的不同。

（1）负债有明确的偿还期限，不论是专门向银行借款或向社会发行债券融资形成的负债，还是经营活动中商业信用形成的负债、经济往来过程中延期支付形成的负债，都具有明确的偿还期限，可能是期限不足一年的流动负债，也可能是期限一年以上的非流动负债。所有者权益一般没有偿还的具体日期，股份有限公司的股本明确规定不具有返还性，但上市公司的股票可以通过市场进行转让。

（2）负债到期时企业必须履行偿还义务且金额通常是固定的，如银行借款、债券、应付票据等合约中都会明确规定本金及利率。其中，支付的利息是企业使用资金所付出的代价，即资本成本。负债的利息通常计入财务费用，可以在应纳税所得额中扣除。所有者投入企业的资本也要求有回报，但其所获得的收益是不确定的，是企业在支付了职工工资、负债利息、缴纳税款后，如有剩余，再按照出资比例或享有的股权比例分享的一种剩余权益。收益的不确定性使所有者投资面临较大的风险。

（3）企业的所有者享有参与企业经营管理和收益分配的双重权利，但收益是不确定的，与企业的经营收益密切相关。债权人没有参与企业经营管理和剩余收益索取权，但在企业破产清偿时，债权人拥有优先求偿权，企业在清偿了所有负债后才能将所有者权益返还给投资者。通常，谁享有剩余收益的分配权，谁就拥有企业的剩余控制权，谁就是企业的所有者。在企业的正常经营过程中，所有者是企业实际控制人，具有经营决策权；但当企业不能支付到期债务而面临破产清算时，企业的控制权将由所有者转移到债权人手中。因此，当企业盈利不确定时，所有者承担了大部分风险。

第二节　股权筹资

按照不同的法律组织形式，企业可以分为独资企业、合伙企业和公司制企业。公司制企业是现代企业组织形式中的典型和代表。本节以公司制企业为例，分别介绍有限责任公司和股份有限公司股权筹资的核算，独资企业和合伙企业股权筹资的核算可以参照有限责任公司。

一、所有者权益构成及会计信息处理系统

所有者权益，也称股东权益，是企业所有者在企业资产中享有的经济利益，其金额为资产减去负债后的余额，也称为净资产。企业在成立之初，资金来源主要就是所有者投入的资本。企业经过一段时间的经营取得利润，其中一部分通过利润分配的方式分配给所有者，剩下的未分配利润形成企业的经营积累留存在企业，不断增加企业的所有者权益。倘若企业经营发生亏损，也会减少企业的所有者权益。因此，所有者权益的来源主要包括两部分：一是所有者投入企业的资本；二是从公司成立起所积累的留存收益。所有者权益最终体现在资产负债表的实收资本（股本）、资本公积、其他综合收益、盈余公积和未分配利润等项目中。

伊利股份2021年的资产负债表显示，该公司的所有者权益总额为488亿元，占总资产的47.85%，488亿元的所有者权益中包含实收资本64亿元，是股东投入资本，其他大部分为公司经营利润的积累。显然，公司盈利使股东投入资本得到强化。

1.投入资本

投入资本是投资者按照公司章程或合同、协议的约定实际投入到企业的资本。投资者投入的资本占企业注册资本的份额或比例是确定其在企业享有权利和承担义务的依据，即投资者按其在注册资本中所占有的比例享有对企业的经营控制权和收益分配权，同时也以此为限额对企业的债务承担有限责任。所以这部分被称为**实收资本（股本）**，反映投资者在企业中应享有的权益。

投资者投入的资本也可能超过其所占企业注册资本的份额，形成资本（股本）溢价，这部分溢价不纳入投资者个人应享有的权益份额，而是归全体投资者共同所有，属于**资本公积**。企业设立时注册资本一般与实收资本相等，经过一定时期的经营积累后，倘若有新投资者加入，新投资者会分享企业以前年度的经营积累，但其并没有参与企业的前期经营，因此，原有投资者会要求新投资者实际投入大于其出资比例的资本作为补偿，形成资本溢价。资本公积可以用于转增资本。

2.其他综合收益

其他综合收益是指根据会计准则规定未在当期损益中确认的各项利得和损失。多数利得和损失可以直接计入当期损益（营业外收入或营业外支出），直接影响利润表中的净利润。但有些利得和损失不是现实可确定的。例如，企业购买一批股票，价格100万元，持有到期末时股票价格上升至120万元（公允价值），企业可获得收益20万元，但这并不是真实的收益，因为股票尚未出售，但又需要客观真实地反映企业所持股票的现状，所以先把这20万元计入"其他综合收益"，待股票真正出售时，再将这些实现的利得转出。其他综合收益的核算内容属于高级财务会计知识，本章不加以拓展介绍。

3.留存收益

留存收益是指企业从历年实现的利润中提取或形成的留存于企业的内部积累，包括盈余公积和未分配利润。

盈余公积是企业按照规定从净利润中提取的各种积累资金，通常包括法定盈余公积和任意盈余公积。前者是指企业按照公司法规定的比例从净利润中提取的盈余公积；后者是指企业经股东大会或类似机构批准按照规定的比例从净利润中提取的盈余公积。盈余公积可用于弥补亏损、转增资本（或股本）。符合规定条件的企业也可以用盈余公积分配现金股利。

未分配利润是指企业实现的净利润经过弥补亏损、提取盈余公积和向投资者分配利润后留存在企业的各年结存的利润。相对于所有者权益的其他项目来说，企业对于未分配利润的使用有较大的自主权。

在会计核算中，企业所有者投入的资本按照法定注册资本份额计入实收资本（股本），超过法定注册资本份额的部分计入资本公积。各期实现的净利润，一部分以利润（股利）分配的形式分配给所有者，未分配的净利润形成留存收益，增加企业的所有者权益。当然，如果企业发生亏损，会相应减少企业的所有者权益。所有者投入资本是企业最基本的筹资活动，投资者以货币资金出资，会带来企业筹资活动现金流入，股票回购、利润（股利）分配等会引起筹资活动现金流出。所有者权益及其会计信息处理系统如图5-1所示。关于留存收益的会计核算将在第十章详细介绍，本章主要介绍所有者投入资本的核算。

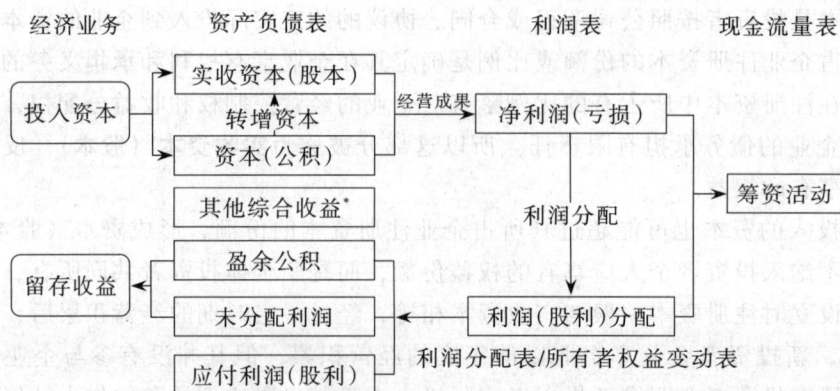

图5-1　所有者权益及会计信息处理系统

注：*其他综合收益是企业根据会计准则规定未在当期损益中确认的各项利得和损失。

二、有限责任公司股权筹资及核算

有限责任公司是指每位股东以其所认缴的出资额对公司承担有限责任，公司以其全部资产对其债务承担责任的企业组织形式。由于企业仅以其全部资产对债务承担有限责任，在登记注册时必须有符合规定数额并与经营范围相适应的注册资本。根据《公司注册资本登记管理规定》，有限责任公司的注册资本为在公司登记机关依法登记的全体股东认缴的出资额，股东可以一次全部缴清，也可以分期缴纳，所以企业实际收到的资本在某一段时间内可能小于注册资本，但实收资本最终应当与公司的注册资本一致。

（一）投入资本

有限责任公司股东投入的资本通过"实收资本"账户核算。我国《公司法》规定，股东可以以货币出资，也可以以实物、知识产权、土地使用权等可用货币估价并可以依法转让的非货币财产作价出资。以货币出资的，应当将货币出资足额存入企业在银行开设的账户，企业以实际收到的货币出资金额入账；以实物等非货币性资产出资的，应当聘请专业的评估机构进行评估作价，核实财产，不得高估或低估资产价值，并依法办理产权转移手续。企业收到实物等其他形式的投资，应以投资各方确认的价值入账（投资合同或协议价值不公允的除外）。对于实际收到的货币出资金额或投资各方确认的资产价值超过其在法定注册资本中所占的份额部分，应作为超面额缴入资本，计入资本公积。

【例5-1】华诚纸业有限责任公司（简称"华诚纸业"）是20×1年1月1日由锦江纸业集团公司出资设立的，注册资本为1 500万元，主要从事高档涂布白卡纸的生产与销售，包括烟包专用白卡纸、食品级白卡纸、高档与个性化社会白卡纸等系列产品。根据协议规定，20×1年3月2日，华诚纸业收到广州利民公司投入资本300万元，办理了增资手续，款项已全部收到。

货币出资是实务中最基本、最普遍的出资方式。华诚纸业收到广州利民公司的货币出资，一方面企业银行存款增加，另一方面实收资本增加。按照实际收到的出资额，华诚纸业编制会计分录：

借：银行存款　　　　　　　　　　　　　　　　　　　　　　　3 000 000
　　贷：实收资本——广州利民　　　　　　　　　　　　　　　　　　　3 000 000

【例5-2】20×1年5月10日，华诚纸业收到宏达机械股份公司投入的LCM-1680全自动电脑卧式分切机5台，其账面价值为62万元，投资双方协议确认价值60万元（暂不考虑增值税），相关设备已投入使用，并办理了增资手续。

实物资产出资是指投资者以其拥有的建筑物、机器设备、材料、库存商品等实物资产形式出资。宏达机械以LCM-1680全自动电脑卧式分切机这一生产设备出资，使华诚纸业所有者权益增加的同时固定资产增加，并且按投资各方确认的价值60万元入账，而不是按该资产的原账面价值计价，编制会计分录：

借：固定资产　　　　　　　　　　　　　　　　　　　　　　　600 000
　　贷：实收资本——宏达机械　　　　　　　　　　　　　　　　　　　600 000

【例5-3】20×1年7月16日，华诚纸业收到浙江欣荣纸业投入的一项"新型节能环保再生涂布卡纸制备方法"的专利权，投资协议约定的价值为400 000元（暂不考虑增值税），已办理完各种手续。

　　投资人可以以其拥有的专利权、非专利技术、商标权、著作权、特许使用权、土地使用权等没有实物形态，但可以单独辨认且可以用货币计量的长期资产出资。与实物资产一样，无形资产的出资也需要进行价值评估或者由投融资双方协议确定其入账价值。华诚纸业收到浙江欣荣纸业投入的专利权时，应按照投资各方确认的价值入账，编制如下会计分录：

　　　借：无形资产　　　　　　　　　　　　　　　　　　　　　　　400 000
　　　　贷：实收资本——欣荣纸业　　　　　　　　　　　　　　　　　400 000

　　上述投资者投入资本按实际投资额确认其在企业法定注册资本中所占的份额。在实际中往往会出现投资者超份额缴入资本的情况，超过在法定注册资本中享有的份额部分应作为"资本公积——资本溢价"处理。

　　【例5-4】20×2年9月20日，德泰包装材料有限公司要求加入华诚纸业，经原股东同意后，德泰包装出资112万元获得华诚纸业5%的股权，款项已经存入企业银行账户，增资手续已办理完毕。变更后的注册资本为2 000万元，其中，锦江纸业集团占75%，广州利民占15%，宏达机械占3%，欣荣纸业占2%，德泰包装占5%。

　　华诚纸业收到投资者投入的货币资金112万元，企业银行存款增加；同时，德泰包装投入112万元货币资金，只获得企业5%的股权，在企业注册资本中所占份额为100万元（2 000×5%），记入"实收资本"账户，差额12万元（112-100）记入"资本公积——资本溢价"账户，编制会计分录：

　　　借：银行存款　　　　　　　　　　　　　　　　　　　　　　1 120 000
　　　　贷：实收资本——德泰包装　　　　　　　　　　　　　　　　1 000 000
　　　　　　资本公积——资本溢价　　　　　　　　　　　　　　　　　120 000

　　至此，华诚纸业股权结构如图5-2所示。锦江纸业集团持有华诚纸业75%的股权，是企业的第一大股东，也是企业的实际控制人。

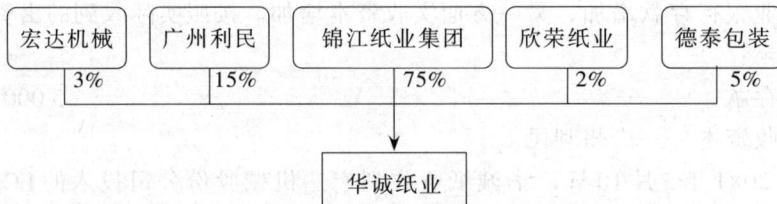

图5-2　华诚纸业股权结构

　　【例5-5】20×2年10月8日，经股东大会决议，华诚纸业将资本公积100万元转增资本，有关增资手续已办理完毕。

　　经股东大会或类似机构决议，可以用资本公积转增资本，就是在所有者权益内部把资本公积转到"实收资本"或"股本"账户，并按照投资者所持有企业的股份比例的大小分到各个投资者的账户中，以增加每个投资者的投入资本。华诚纸业将资本公积100万元转增资本，编制会计分录：

　　　借：资本公积——资本溢价　　　　　　　　　　　　　　　　1 000 000
　　　　贷：实收资本——锦江纸业（1 000 000×75%）　　　　　　　　750 000
　　　　　　　　　　——广州利民（1 000 000×15%）　　　　　　　　150 000

——宏达机械（1 000 000×3%）	30 000
——欣荣纸业（1 000 000×2%）	20 000
——德泰包装（1 000 000×5%）	50 000

（二）公司减资

当公司资本过剩或严重亏损时，根据经营业务的实际情况可以减少注册资本，但减资后的注册资本不得低于法定的最低限额，且必须履行相应程序。公司减资首先由董事会制订减资具体方案，经代表2/3以上表决权的股东通过，形成股东会决议，并编制资产负债表及财产清单。

注册资本减少会在一定程度上动摇公司的资本信用基础，影响债权人的权益，因此，公司减资时应要切实保护债权人的利益，通知并公告债权人，启动债权人保护程序。我国《公司法》规定，公司应自作出减资决议之日起10日内通知债权人，并于30日内在报纸上公告。债权人自接到通知书之日起30日内，未接到通知书的自公告之日起45日内，有权要求公司清偿债务或提供相应的担保①。

最后，公司应当依法向公司登记机关办理变更登记。

【例5-6】20×5年12月5日，华诚纸业经批准减少注册资本300万元，已办理完相关手续，并将资金返还给各股东，减资后注册资本为1 800万元。

华诚纸业按照法定程序减少注册资本时，公司实收资本减少（按出资比例减少各股东明细账户，本例略），同时银行存款减少，编制会计分录：

借：实收资本　　　　　　　　　　　　　　　　　　　　3 000 000
　　贷：银行存款　　　　　　　　　　　　　　　　　　　3 000 000

三、股份有限公司的股权筹资核算

股份有限公司是指全部资本分成等额股份，股东以其所持股份对公司承担有限责任，公司以其全部资产对公司债务承担责任的企业组织形式。公司通过发行股票筹措资本，股票是公司发给股东的入股凭证，是股东拥有公司财产所有权的法律证书，也是股东据以取得股息和红利的一种有价证券。

（一）股票发行

股票发行方式有公募和私募两种，即公开发行和非公开发行。非公开发行是指上市公司采用非公开方式，向特定对象发行股票的行为。2021年6月4日，伊利股份发布2021年非公开发行A股股票预案，公司拟向不超35名特定对象发行股票，发行数量不超过6.08亿股（含本数），并经中国证券监督管理委员会核准②，于2021年11月29日向特定投资者定价发行人民币普通股（A股）317 953 285股新股，完成募集资金120.47亿元。非公开发行股票弹性较大，发行成本低，但发行范围小，股票流通性差。

公开发行是指通过中介机构向不特定的社会公众广泛发行股票。这种发行方式的发行范围广、发行对象多，易于足额募集资本，股票的变现性强、流通性好，有助于提高发行公司的知名度和扩大其影响力，但这种发行方式手续繁杂，发行成本相对较高。

---

① 债权人的债券已经到期的，有权自由选择要求公司清偿债务或提供相应担保；若尚未到期，债权人只能要求公司提供相应担保。若公司拒绝或怠于提供相应担保，则债权人有权要求公司立即清偿债务。
② 上市公司非公开发行新股应当符合经国务院批准的国务院证券监督管理机构规定的条件，并报国务院证券监督管理机构核准。可查阅中国证券监督管理委员会证监许可〔2021〕3196号文《关于核准内蒙古伊利实业集团股份有限公司非公开发行股票的批复》。

|伦理、责任与可持续发展| 股票发行注册制：加强信息披露

党的二十大报告提出"健全资本市场功能，提高直接融资比重"，为我国资本市场实行全面注册制改革指明方向。2023年2月1日，我国全面实行股票发行注册制改革正式启动。股票发行注册制是指发行人申请发行股票时，依法将公开的各种资料完全准确地向证券监管机构申报，证券监管机构主要对申报文件的全面性、准确性、真实性和及时性作形式审查，不对发行人的资质进行实质性审核和价值判断，最终选择权和定价权交由市场决定。

股票发行注册制改革充分贯彻以信息披露为核心的理念，把选择权交给市场。这对企业的信息披露提出了更高要求，发行人必须诚实守信，真实、准确、完整地披露与发行人相关的所有重大事项，不得有虚假记载、误导性陈述或者重大遗漏，以便于投资者作出正确的价值判断。同时，良好的信息披露也有利于加快企业的融资速度、降低融资成本，实现可持续发展。

股票发行价格可以等于股票面值，也可以超过股票面值（溢价），但不得低于股票面值。股票面值是股份有限公司发行股票票面上标明的票面金额，在我国证券交易所上市的公司股票面值通常为每股1元。因此，股票面值并不代表投资者实际的投资额。公司收到的等于面值的部分，为注册资本，记入"股本"账户；超过票面金额的部分，记入"资本公积——股本溢价"账户。因此，资产负债表上的股本项目只反映投资者投入资本相当于面值的部分，超过面值部分在资本公积项目中反映。"股本"是用来核算股份有限公司股东投入资本的增减变动和结余情况的，属于所有者权益类账户，贷方登记股本的增加，借方登记股本的减少，期末余额在贷方。如果公司没有新发行股票（增加注册资本）或者回购股票（减少注册资本），资产负债表中的股本项目一般是不变的。

【例5-7】经中国证券监督管理委员会核准，2021年11月29日，伊利股份向巴克莱银行、高盛、招商证券等22名特定投资者定价发行人民币普通股（A股）317 953 285股，每股面值1元，每股发行认购价格为37.89元，共计募集资金12 047 249 968.65元，发生承销及保荐费用、律师费用、审计验资费用等发行有关费用共计6 284 207.02元，实际募集资金净额为人民币12 040 965 761.63元，承销商中信证券股份有限公司已将款项汇入伊利股份募集资金专户，并由大华会计师事务所出具验资报告。

伊利股份此次非公开发行股票的发行价格为每股37.89元，属于超面值即溢价发行。按面值部分317 953 285.00元（1元/股×317 953 285股）记入"股本"账户的贷方；超面值部分11 729 296 683.65元（36.89元/股×317 953 285股）扣除发行费用6 284 207.02元（按现行规定，与发行股票相关的手续费、佣金等发行费用可冲减股本溢价）后的差额为11 723 012 476.63元，记入"资本公积——股本溢价"账户的贷方；按实际收到的款项12 040 965 761.63元记入"银行存款"账户的借方。编制会计分录：

借：银行存款　　　　　　　　　　　　12 040 965 761.63

　　贷：股本　　　　　　　　　　　　　　　　　　　317 953 285.00

　　　　资本公积——股本溢价　　　　　　　　　　11 723 012 476.63

此次非公开发行前，伊利股份原注册资本为人民币6 082 177 633元，此次发行后注册资本变更为人民币 6 400 130 918 元，注册资本变更前后对照表见表 5-1。

表 5-1　　　　　　　　　　　　　注册资本变更前后对照表

截至 2021 年 11 月 29 日

公司名称：内蒙古伊利实业集团股份有限公司　　　　　　　　　　　　货币单位：人民币元

股东名称	实缴注册资本				
	变更前		本次增加额	变更后	
	金额	比例		金额	比例
有限售条件的流通股	121 891 346	2.00%	317 953 285*	439 844 631	6.87%
无限售条件的流通股	5 960 286 287	98.00%		5 960 286 287	93.13%
合计	6 082 177 633	100.00%		6 400 130 918	100.00%

注：发行对象认购的本次非公开发行股票，自本次发行结束之日起 6 个月内不得转让。

（二）股票回购

《公司法》规定，公司不得收购本公司股票，但为减少公司注册资本、与持有本公司股份的其他公司合并、实施股权激励计划等可以从股票市场上购回本公司发行在外的一定数额的股票。公司在股票回购完成后可以将所回购的股票注销（股本减少），但在绝大多数情况下，公司通常将回购的股票作为"库存股"保留。在伊利股份 2021 年资产负债表中，股本为 64 亿元，库存股为 12.51 亿元（减项）。库存股是核准且发行的股票，但其由发行公司持有，不流通在外，不参与每股收益的计算与分配，日后可以转换为其他用途，如发行可转换债券、实施股权激励计划等，或在需要筹集资金的时候再次发行。

【博学·精思】

5-2 股票账面价值与市场价值

购买库存股是公司拥有所需股票的一种方法，公司先从现有股东手中回购股票，再将同样的股票用于可转换债券转股或实施股权激励出售给员工等，这样不会增加公司流通在外的股数，不会稀释或摊薄每股所有者权益。

【例 5-8】星海实业股份有限公司经股东大会决议，决定以每股 5 元的价格回购本公司 20 万股面值 1 元的股票。在报经有关部门批准后，股票已经购回并注销。

股票回购通过"库存股"账户核算，该账户核算收购、转让或注销的本公司股份金额，借方表示增加，贷方表示减少，期末余额在借方，反映企业持有尚未转让或注销的本公司股票金额。但值得注意的是，购买库存股以回购股票的成本借记"库存股"账户，而不是按股票面值计价。库存股账户是所有者权益的抵减账户，回购股票是公司支付给股东款项以冲减部分股东权益，是股东权益的减少，因此，库存股在资产负债表中作为股本的减项列示。

在本例中，星海实业股份有限公司按每股 5 元的价格回购股票，需支付价款 100 万元（20 万股×5 元/股），编制会计分录：

借：库存股　　　　　　　　　　　　　　　　　　　　　　　　　　1 000 000

　　贷：银行存款　　　　　　　　　　　　　　　　　　　　　　　　　1 000 000

注销库存股时直接转销其账面价值，贷记"库存股"账户，并按股票面值和注销股数计算得出的股票面值总额借记"股本"账户，二者之间的差额记入"资本公积——股本溢价"账户[①]。在本例中，股票面值为1元，注销股本为20万元（20万股×4元/股），编制会计分录：

```
借：股本                                      200 000
    资本公积——股本溢价                        800 000
    贷：库存股                                            1 000 000
```

若本例中20万股的库存股再次以每股8元的价格发行，则发行收入160万元（20万股×8元/股）与库存股账面成本（100万元）的差额记入"资本公积"账户，编制会计分录：

```
借：银行存款                                1 600 000
    贷：库存股                                          1 000 000
    资本公积——股本溢价                                    600 000
```

在会计期末，根据"实收资本（或股本）"和"资本公积"总账账户的期末余额直接填列资产负债表中相应的"实收资本（或股本）"和"资本公积"项目。库存股是企业回购本公司股票，是所有者权益的减少，应调减企业的所有者权益，因此，在资产负债表"资本公积"项下"减：库存股"单独列示。企业发行股票筹集资金，实际收到的款项净额（发行收入减去支付的佣金等发行费用）记入现金流量表筹资活动产生的现金流量"吸收投资收到的现金"项目。

|会计决策| 股东权益：保值、增值

在受托责任观下，企业提供的会计信息要能够反映管理层受托责任的履行过程及结果。股东作为企业的所有者，更关注投入资本的保值、增值。

结合利润表中的利润相关数据，可以计算总资产报酬率与净资产收益率指标，反映与股东相关的盈利能力指标。其中，总资产报酬率是息税前利润（利润总额和利息费用之和）与平均总资产之比，反映企业运用全部资产创造收益的能力；净资产报酬率，也称股东权益收益率，是净利润与平均净资产之比，反映为普通股股东创造的收益。将这些数据与企业近几年的数据或者同行业企业的数据进行对比，可以判断企业管理层对企业资产管理的效率以及为股东创造的收益。

第三节　债务筹资

一、债务筹资与会计信息处理系统

如前所述，企业从银行取得借款、向社会发行债券，以及经营活动中商业信用形成的资金占用，都是企业债务筹资的一种方式。伊利股份2021年的负债总额为532亿元，占总资产的52.15%。负债与所有者权益的结构如图5-3所示。

[①] 结转库存股的账面价值与按股票面值计算的股本价值之间的差额首先冲减"资本公积——股本溢价"，这主要是因为公司在发行股票时，股票溢价的部分计入了资本公积，如果股本溢价余额不足冲减，再依次冲减"盈余公积""未分配利润"账户。

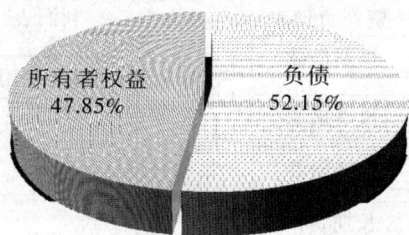

图5-3 伊利股份负债与所有者权益结构百分比

与股权筹资相比，债务筹资速度相对较快、筹资弹性大，资本成本相对较低，同时还具有以下优点：

（1）债权人通常不具有参与企业经营与剩余收益分配的权利，只对其投入企业资本享有固定的索取权，即按期收回本金和利息，因此，债务筹资不会影响公司股东的控制权。

（2）债务利息支出通常计入财务费用，在计算企业所得税之前予以扣除，减少了企业的所得税支出。

（3）如果企业运用债务资金所得的收益高于其利息支出（资金成本），在偿还利息后仍有剩余，最终都归属于股东所有，因此，债务筹资能够提升自有资金的收益，给企业带来财务杠杆利益。

债务筹资使企业承担了现时的义务，预期会导致经济利益流出企业。从会计核算的角度看，与负债相关的主要经济业务有：

【博学·精思】

（1）企业经营活动产生的负债包括：购买商品或接受劳务等形成的应付款项，如应付账款、应付票据等；销售商品从客户处收取的预收账款；产品生产或劳务提供过程中形成的应付职工薪酬等。这些都是企业的短期资金来源，在资产负债表中列示于流动负债项目。

5-3债务筹资优势分析

（2）向银行取得借款形成的负债，根据偿还期限分为一年内到期的短期借款和一年以上的长期借款，分别列示于资产负债表的流动负债项目与非流动负债项目。

（3）直接向社会发行债券形成的负债，即应付债券，通常属于非流动负债。

负债除了到期要偿还本金外，还要支付资金的使用成本，即利息。不同的负债用途不同，利息费用的会计处理也不同。通常，经营活动形成的流动负债的利息直接计入财务费用，影响当期损益，如应付票据的利息；而长期借款或发行债券募集的资金大多数用于工程或长期资产的建设，其利息支出通常计入工程成本或长期资产的成本。

作为企业主要的筹资方式，负债增加表现为筹资活动的现金流入，负债减少表现为筹资活动的现金流出，如银行借款、应付债券的取得与偿还。然而，负债的增加与减少有时也可能并不影响筹资活动的现金流量。例如，赊购材料、以长期应付款方式购入长期资产，虽然也会导致企业负债增加，但不会增加现金流入量，而且采购材料、长期资产购置分别属于经营活动、投资活动，不属于筹资活动；以提供劳务或非现金资产偿还债务会使负债减少，但不会导致现金流出企业。负债与会计信息处理系统如图5-4所示。企业经营活动中形成的负债会在后续采购与生产等业务中陆续涉及，本章主要介绍银行借款和发行债券筹资及其会计核算。

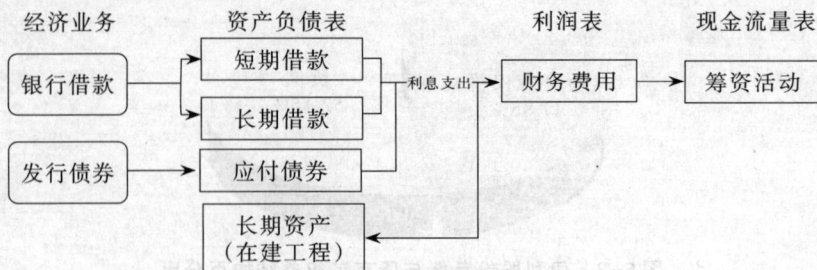

图 5-4　负债及会计信息处理系统

二、银行借款

企业向银行借款，首先由企业提出借款申请，明确借款金额、借款用途、偿还能力及还款方式等主要内容。银行接到客户提交的借款申请书及相关资料后，对借款人的信用等级以及借款的合法性、安全性、盈利性等情况进行调查，核实抵押物、质物、保证人情况，测定贷款的风险度，作出贷款审批。如果银行对借款申请审查后认为借款人符合贷款条件，同意贷款的，与借款人签订借款合同，约定借款种类、用途、金额、利率、期限、还款方式、借贷双方的权利与义务、违约责任和双方认为需要约定的其他事项。银行根据借款合同的规定发放贷款，并对借款人执行借款合同情况及借款人经营情况进行追踪调查和检查。贷款到期后，借款人应按照借款合同规定按时足额归还贷款本息，按规定办理撤押。如果不能按期偿还借款，借款人应在借款到期日之前向银行提出贷款展期申请，并由银行决定是否展期。

企业从银行取得的借款，按照偿还期限不同，可以分为短期借款和长期借款。通常，短期借款和长期借款的借款目的、借款条件及借款风险等方面存在较大差异，所以，短期借款和长期借款应分别核算，以满足信息使用者决策的需要。

（一）短期借款

短期借款是指企业为了满足其生产经营活动对资金的临时需要而向银行或其他金融机构等借入的偿还期限在1年以内（含1年）的各种借款，包括生产周转借款、临时借款等。由于借款期限比较短，短期内企业会面临较大的偿债压力，风险较大。2021年伊利股份通过抵押借款、信用借款和票据贴现借款等方式，使公司短期借款较上年增加56.40亿元，其中，增加的主要是企业以银行承兑汇票向银行贴现取得的借款，见表5-2。

表5-2　　　　　　　　伊利股份短期借款（2021年12月31日）　　　　　　单位：万元

项目	期末余额	期初余额	变动额
抵押借款*	80 137.52	72 927.5	7 210.02
信用借款	559 534.79	422 745.57	136 789.21
票据贴现借款**	619 964.34	200 000.00	419 964.34
合计	1 259 636.64	695 673.07	563 963.57

*抵押借款是子公司 Westland Dairy Company Limited 以其所有资产作为抵押物向新西兰汇丰银行申请的借款。

**票据贴现借款是公司合并财务报表范围内企业之间开具银行承兑汇票后向银行贴现取得的借款。

短期借款核算包括取得借款本金、借款利息以及借款归还等内容，通常设置"短期借款""财务费用""应付利息"等账户开展核算。

"短期借款"账户属于负债类账户，反映企业短期借款（本金）的增减变动及其结余情况。当企业取得短期借款时，按照借款合同金额在该账户的贷方登记短期借款的本金数额；偿还短期借款本金，负债减少，记入该账户的借方；期末贷方余额表示尚未到期或归还的各项短期借款金额。

【例5-9】华诚纸业因生产经营的临时性需要，于20×3年7月15日向中国工商银行申请取得期限为6个月的借款1 000 000元，年利率6%，利息每季度结算一次，所借款项存入银行。20×3年7月15日，取得短期借款本金时编制会计分录：

借：银行存款   1 000 000
　　贷：短期借款   1 000 000

短期借款必须按期归还本金并按时支付利息。短期借款的利息支出属于企业使用资金而付出的代价，在会计核算中根据权责发生制的要求，每月应计算由本月负担的利息，并确认为财务费用，计入当期损益。但在实际工作中，银行一般于借款到期时或者分期（每季度末或年末）收取借款利息，这样就会出现本月计算并由本月负担的利息与实际支付利息的期间不一致。因此，当企业在月末计提利息费用时，计算应由本月负担的利息费用，借记"财务费用"账户；同时形成企业对银行应付未付的利息，作为一项负债贷记"应付利息"账户。当实际支付利息时，根据已计提、尚未支付的利息，借记"应付利息"账户，以反映应付利息的减少；同时根据本月应支付的利息费用，借记"财务费用"账户；根据实际支付的利息费用总额，贷记"银行存款"账户。企业短期借款到期偿还本金时，借记"短期借款"账户，贷记"银行存款"账户。

接【例5-9】，20×3年7月31日，华诚纸业计算7月份应负担的利息为2500元（1 000 000×6%÷12×15/30），编制会计分录：

借：财务费用   2 500
　　贷：应付利息   2 500

同理，8月（9月）应负担的利息费用为5 000元（1 000 000×6%÷12）。8月计提利息的账务处理同上，只是计量金额为5 000元。在20×3年9月30日（季末）计算当月利息并实际支付这个季度的利息时，编制会计分录：

借：财务费用   5 000
　　应付利息   7 500
　　贷：银行存款   12 500

20×4年1月14日，短期借款到期，通过银行转账偿还借款本金1 000 000元及半个月的利息2 500元。

借：短期借款   1 000 000
　　财务费用   2 500
　　贷：银行存款   1 002 500

（二）长期借款

长期借款是指企业向银行或者其他金融机构借入的期限在1年以上的各种借款，主要满足企业长期项目的建设需要，如购建大型机械设备、新建扩建厂房、兼并收购其他企业等。这些项目建设资金占用量大、建设周期长，借款金额较大，借款期限较长。伊利股份2021年的长期借款包括抵押借款、保证借款和信用借款，借款总额较2020年增加40.05亿元，见表5-3。

表5-3　　　　　　　　　　伊利股份长期借款（2021年12月31日）　　　　　　　单位：万元

项目	期末余额	期初余额	变动额
抵押借款	65 329.50		65 329.50
保证借款	20 158.08		20 158.08
信用借款	452 530.07	137 503.17	315 026.90
合计	538 017.65	137 503.17	400 514.48

长期借款核算主要包括借入款项、计息和偿还三个阶段。根据不同的还本付息方式，长期借款包括分期付息、到期还本、分期还本，以及到期一次还本付息的借款等。企业核算长期借款应设置"长期借款"账户，该账户的贷方登记借款本金和利息的增加，借方登记借款本金和利息的减少（偿还），余额在贷方，表示尚未偿还的借款及利息。与"短期借款"账户不同，"长期借款"账户不仅核算借款本金，还可以核算借款利息，因为如果长期借款到期后一次还本付息，各期计算负担的"应计利息"不符合流动负债的定义，因此在"长期借款"账户下开设"应计利息"明细账户核算，属于非流动负债；如果长期借款分期付息，两个付款时点间隔不超过1年，则不需要通过"长期借款——应计利息"账户核算，而是记入"应付利息"账户。

在实务中，长期借款的利息费用处理根据借款用途有所不同。通常，企业筹建期间发生的利息费用记入"管理费用"账户；经营期间为工程建设而发生的长期借款，在工程完工、达到预定可使用状态之前发生的利息，应予以资本化，计入工程成本，最终形成资产的成本；在工程完工、达到预定可使用状态之后产生的利息费用应予以费用化，记入当期"财务费用"账户，减少当期损益。

【例5-10】华诚纸业为组装一条30万吨涂布白卡纸生产线，于20×2年7月1日向中国建设银行取得期限为2年、到期一次还本付息的长期专门借款120万元，款项已存入银行。借款利率按市场利率确定为8%，到期一次还本付息，单利计息。取得借款后，华诚纸业当即以银行存款支付购建工程款70万元；20×3年1月1日，又以银行存款支付购建工程款50万元。该生产线于20×4年2月28日完工，达到预定可以使用状态。假设不考虑闲置借款的存款利息收入或投资收益，为简化核算，按年度计算利息。华诚纸业有关账务处理如下：

（1）20×2年7月1日，取得长期借款时：

借：银行存款　　　　　　　　　　　　　　　　　　　　　　　　　1 200 000

　　贷：长期借款——本金　　　　　　　　　　　　　　　　　　　　　　1 200 000

借款后，支付购建工程款时：

借：在建工程　　　　　　　　　　　　　　　　　　　　　　　　　700 000

　　贷：银行存款　　　　　　　　　　　　　　　　　　　　　　　　　700 000

（2）20×2年12月31日，计算20×2年6个月应付利息为48 000元（1 200 000×8%/2）。

其中，应予以资本化的利息费用为28 000元（700 000×8%/2），计入工程成本，剩下的尚未使用的专门借款的利息20 000元（500 000×8%/2）应计入当期财务费用。

借：在建工程　　　　　　　　　　　　　　　　　　　　28 000
　　财务费用　　　　　　　　　　　　　　　　　　　　20 000
　　贷：长期借款——应计利息　　　　　　　　　　　　　　　48 000

（3）20×3年1月1日，将剩下的专门借款500 000全部投入生产线购建。

借：在建工程　　　　　　　　　　　　　　　　　　　　500 000
　　贷：银行存款　　　　　　　　　　　　　　　　　　　　500 000

20×3年12月31日，计算当年全年应付利息为96 000元（1 200 000×8%），全部予以资本化，计入工程成本。

借：在建工程　　　　　　　　　　　　　　　　　　　　96 000
　　贷：长期借款——应计利息　　　　　　　　　　　　　　　96 000

（4）20×4年6月30日，借款到期。当年应付6个月利息48 000元（1 200 000×8%/2）。工程建设于20×4年2月28日完工，达到预定可使用状态，所以前2个月的利息费用16 000元资本化，计入工程成本，后4个月的利息费用32 000元（1 200 000×8%/12×4）应费用化，计入当期损益。

借：在建工程　　　　　　　　　　　　　　　　　　　　16 000
　　财务费用　　　　　　　　　　　　　　　　　　　　32 000
　　贷：长期借款——应计利息　　　　　　　　　　　　　　　48 000

截至20×4年2月28日，工程建设完工，达到预定可以使用状态，不考虑其他因素，工程成本为1 340 000元（700 000+500 000+28 000+96 000+16 000）。

20×4年6月30日，借款到期，偿还本金1 200 000元和利息192 000元。

借：长期借款——本金　　　　　　　　　　　　　　　　1 200 000
　　　　　　　——应计利息　　　　　　　　　　　　　　192 000
　　贷：银行存款　　　　　　　　　　　　　　　　　　　　1 392 000

在会计期末，企业的银行借款根据"短期借款"总账账户期末余额直接填列资产负债表中的"短期借款"项目，"长期借款"项目根据"长期借款"总账账户期末余额减去所属明细账户中将于一年内（含一年）到期的长期借款后的金额填列，将于一年内（含一年）到期的长期借款应在"一年内到期的非流动负债"项目内单独反映。

三、应付债券

企业债券是公司依照法定程序在债券市场上发行的、约定在一定期限内还本付息的有价证券。发行债券是企业筹集长期资金的一种重要方式。与长期借款筹资相比，应付债券的债权人可以是单位或个人，筹资范围更广泛，而且债券作为一种有价证券，可以在市场上转让，具有较强的流动性。

（一）债券及其相关要素

企业发行债券筹集资金时需要在发行债券的说明书上明确债券的所有要素内容，包括发行人、发行规模、期限、利率、付息方式、担保人以及其他选择权等。例如，中国宝安集团股份有限公司2021年8月13日发布公开发行公司债券（第一期）公告，发行规模不超过 10 亿元，实际募集资金 3 亿元，并于 2021 年 8 月 24 日起在深圳证券交易所集中竞价系统和综合协议交易平台双边挂牌交易，债券相关要素见表 5-4。

表 5-4　　　　　　　　　　　　公司债券要素（21 宝安 01）

债券名称	中国保安集团股份有限公司 2021 年面向合格投资者公开发行公司债券（第一期）		
发行人	中国宝安集团股份有限公司	主承销商	国信证券股份有限公司
债券简称	21 宝安 01	债券代码	149600
信用评级	AA+	评级机构	上海新世纪资信评估投资有限公司
发行总额	3.00 亿元	债券期限	3 年
票面年利率	7.30%	利率形式	固定利率
付息频率	每年一次	发行日	2021 年 8 月 17 日至 2021 年 8 月 18 日
起息日	2021 年 8 月 18 日	上市日	2021 年 8 月 24 日
到期日	2024 年 8 月 18 日	债券面值	票面金额 100.00 元，按面值平价发行
开盘参考价	100.00 元		

资料来源：中国宝安.中国宝安集团股份有限公司 2021 年面向合格投资者公开发行公司债券（第一期）发行公告〔EB/OL〕.〔2021-08-13〕.http://gubaf10.eastmoney.com/news, 000009, 1074899686.html.

　　债券面值即债券的到期值，也是债券的本金。票面利率是企业用于计算每期应付利息的依据。利率的确定受偿还期限、货币市场供求变化、发行公司资信等因素的影响。21 宝安 01 债券的票面利率为 7.30%，是发行人和主承销商在网下向合格投资者中的机构投资者询价（利率询价区间为 6.30%~7.30%）的基础上，经过充分协商和审慎判断最终确定的。债券利息支付方式是分期付息，每年一次，在实务中还可以是每半年付息一次，或者到期一次付息，各期支付的利息是债券面值与票面利率的乘积。

|伦理、责任与可持续发展| 绿色债券

　　推动绿色发展，促进人与自然和谐共生，是全面建设社会主义现代化国家的内在要求。绿色债券作为一种绿色金融工具，已成为推动我国绿色低碳发展的重要融资渠道。

　　绿色债券是指募集资金专门用于符合规定条件的现有或新建绿色项目的债券工具，绿色项目包括但不限于可再生能源、节能、垃圾处理、节约用地、生态保护、绿色交通、节水和净水等七大类（《绿色债券原则 2014》）。2007 年 7 月，欧洲投资银行（European Investment Bank，EIB）发行了世界上第一只气候意识债券（Climate Awareness Bond, CAB），面值 100 欧元，期限为 5 年，为零息债券，募集资金 6 亿欧元，用于欧洲投资银行为可再生能源或能源效率类项目提供贷款，实现了债券投资价值和环境友好型企业的价值捆绑。

　　2014 年 5 月，中广核风电有限公司在银行间市场发行 10 亿元、5 年期中期票据（14 核风电 MTN001），这是国内首单债券收益与核证自愿减排量收益挂钩的"碳债券"。2015 年 7 月，新疆金风科技股份有限公司在香港联交所发行 3 亿美元、期限 3 年的债券，是中国在国际市场上的第一只绿色债券。2015 年 12 月，中国人民银行出台了《关于在银行间债券市场发行绿色金融债券有关事宜公告》，并配套发布《绿色债券支持项目目录》，对绿色金融债券发行进行引导，建立绿色债券规范与政策，中国的绿色债券市场正式启动。

（二）债券发行

债券发行价格是债券发行单位发行债券时使用的价格，也是债券投资者购买债券时实际支付的价格，通常按债券未来现金流量的现值计算，涉及折现现金流量法和现值的概念。下面先介绍与折现现金流量相关的概念。

1.终值、现值与年金

今天的1元钱与一年后的1元钱在价值上是不相等的，即货币是有时间价值的。假设银行储蓄存款利率为10%，今天的1元存入银行1年后会得到1.1元，其中的0.1元是货币随着时间推移发生的价值增值，即利息。因此，1.1元就是1元在1年后的终值，如果期限更长，则每年的利息都包含在次年的本金中，即复利计算，俗称利滚利，如图5-5所示。

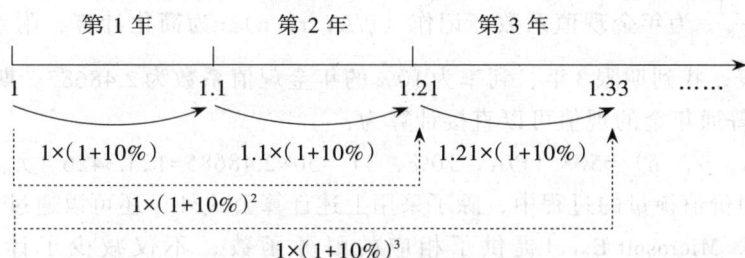

图5-5　复利终值计算过程

一次性现金流量按复利计算的一期或多期后的价值，即为终值。已知现值P，利率r，则n期后的复利终值（F）的计算公式为：

$$F = P(1+r)^n = P \cdot (F/P, r, n)$$

式中，$(1+r)^n$为复利终值系数，记作（F/P，r，n）。

现值是与终值是相对应的概念，是将未来预期发生的一次性现金流量按折现率计算的现在时点的价值。例如，1年后的1.1元，在年贴现率为10%的情况下现值是1元。若已知终值F，利率r，则n期的复利现值（P）的计算公式为：

$$P = \frac{F}{(1+r)^n} = F \cdot (P/F, r, n)$$

式中，$\frac{1}{(1+r)^n}$为复利现值系数，记作（P/F，r，n）。

年金是每隔相等的时间发生等额的现金流量。例如，3年内每年年末都会收到1元，共收到3个1元，每年年末收到的相等的1元就是期限3年的年金。如果3年内每半年或每两个月都会收到1元，也是年金。若每期等额的现金流量发生在期末称为普通年金，发生在期初称为预付年金。如果期限n→∞，则该年金为永续年金。

年金的终值和现值可以用上面的公式计算，每期分别计算，然后求和即可得到终值或现值，如图5-6所示。以现值为例，3年期、利率为10%的1元普通年金的现值为：

$$P = \frac{1}{1+10\%} + \frac{1}{(1+10\%)^2} + \frac{1}{(1+10\%)^3}$$

$$= 0.90909 + 0.82645 + 0.75131$$

$$= 2.48685（元）$$

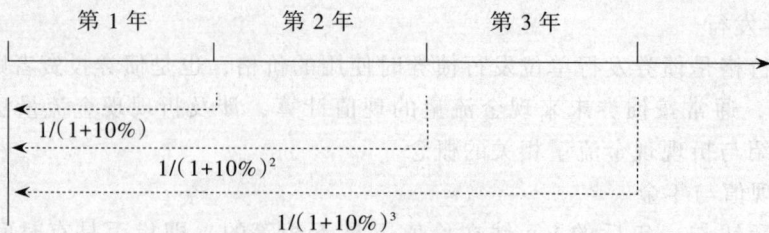

图5-6　年金现值计算过程

若已知年金 A，利率 r，则 n 期的普通年金现值（P）的计算公式为：

$$P=A\cdot\left[\frac{1-(1+r)^{-n}}{r}\right]=A\cdot(P/A,r,n)$$

式中，$\dfrac{1-(1+r)^{-n}}{r}$ 为年金现值系数，记作（P/A，r，n）。为简化计算，附录2给出1元年金的现值系数表，找到期限3年、利率为10%的年金现值系数为2.48685。期限3年、利率为10%的50元普通年金的现值可以直接计算为：

P=A·（P/A，r，n）=50×（P/A，10%，3）=50×2.48685=124.3426（元）

在货币时间价值衡量的过程中，除了采用上述计算公式外，还可以通过 Microsoft Excel 软件进行计算。Microsoft Excel 提供了相应的财务函数，不仅减少了计算的工作量，而且有效地解决了利率或计算期间为非整数、无法利用系数表的计算困难。Microsoft Excel 的财务函数见表5-5[①]。

表5-5　　　　　　　　Microsoft Excel 的货币时间价值计算财务函数

	函数	函数功能	输入方式
终值	FV	基于固定利率及等额分期付款方式，返回某项投资的未来值	FV（rate，nper，pmt，pv，type）
现值	PV	基于固定利率及等额分期付款方式，返回某项投资的现值	PV（rate，nper，pmt，fv，type）

说明：① FV（PV）函数既可用于计算复利终值（现值），也可用于计算普通年金、预付年金的终值（现值），主要取决于各参数的输入。当 pmt=0（或忽略）时，计算复利终值（现值）；当 PV =0时，计算年金终值（现值）。如果现金流量发生在每期期末，则"type"项为零或省略；如果现金流量发生在每期期初，则"type"项为1。

②pmt 与 pv 现金流量的方向与计算出的终值（现值）现金流量的方向相反，因此，为使计算出的终值能显示为正数，应在输入 pmt 与 pv 参数时加上负号。

【例5-11】假设你准备购置一套100平方米、总价款180万元的房子，首付款为购房价款的40%，其余款项通过中国工商银行办理贷款，贷款年利率为6%，贷款期限为20年，则每月（月末偿还）的还款额是多少？

在本例中，贷款现值为108万元（180×（1-40%）），20年还清，于每月末还款一次，

---

① 如果对表5-6中列示的各种输入公式不熟悉，可在 Microsoft Excel 电子表格中，点击菜单栏中〔插入〕→〔函数〕，或点击工具栏中的"fx"项，在插入函数对话框"或选择类别"中选择"财务"，在"选择函数"中点击需要的函数，如 FV（终值）、PV（现值）等，点击"确定"后，即可根据对话框中的提示进行操作并求解。此外，还可以点击插入函数对话框中"有关该函数的帮助"了解各函数的功能、语法、各参数的意义及操作方法。

共240次，月利率为0.5%（6%÷12），每月还款额为：

$$1\,080\,000 = A \times \left[\frac{1 - (1 + 0.5\%)^{-240}}{0.5\%} \right] = A \times 139.580772$$

A=7 737.46元

在 Microsoft Excel 中，基于固定利率及等额分期付款方式，返回投资或贷款的每期付款额可以采用PMT财务函数，其输入方式为：PMT（rate，nper，pv，fv，type）。本例输入 "= PMT（0.5%，240，-1 080 000）"，即可得到7 737.46元。

|知识链接|世界第八大奇迹：资本复利的威力

资金在周转使用过程中随着时间推移而发生的价值增值，称为"资金（货币）时间价值"。"利息"和"利率"是常见的货币时间价值的表现形式。利息的计算方式通常有单利和复利两种。单利是指各期的利息只按本金乘以利率计算，即只计算本金产生的利息，不考虑利息再产生的利息。复利则是以前一期的本金与产生利息之和乘以利率，来计算本期的利息，即利滚利。

爱因斯坦曾说过："世界上最厉害的武器不是原子弹，而是'复利加时间'。"传说西塔发明了国际象棋，国王要重赏西塔。西塔请求国王在棋盘上赏一些麦子，要求是在棋盘的第1个格子里放1粒麦子，在第2个格子里放2粒麦子，在第3个格子里放4粒麦子，在第4个格子里放8粒麦子，依此类推，以后每一个格子里放的麦粒数都是前一个格子里放的麦粒数的2倍，直到放满第64个格子。国王开始觉得这个要求很容易满足，但很快就发现即使将国库所有的粮食都给他，也不够百分之一。即使一粒麦子只有一克重，也需要数十万亿吨的麦子才够，这就是复利的威力。

$(1+1\%)^{365} = 37.7834$，这是复利的实际应用。如果当前借款1万元，利率是每天1%，一年后需要偿还近38万元，这完全是高利贷。换个角度来看，如果一个人每天都能进步1%，一年之后其能力会提升近38倍；相反，如果他每天都退步1%，一年后其所有能力将会消失殆尽 [$(1-1\%)^{365} = 0.0255$]。再如，$(1+2\%)^{365} = 1377.4$，而 $(1-2\%)^{365} = 0.0006$，也就是说，比你努力一点的人，其实已经甩你太远[①]，这就是被广为流传的经典的"人生算法"。

2.债券发行价格的确定

债券发行价格是债券到期偿还的本金（B）和支付的利息（I）按债券期限内的市场利率（r_b）折现后的现值之和。如果公司发行定期付息、到期一次还本的债券，则债券的发行价格（P_b）的计算公式为：

$$P_b = \frac{I_1}{(1 + r_b)} + \frac{I_2}{(1 + r_b)^2} + \cdots + \frac{I_n}{(1 + r_b)^n} + \frac{B}{(1 + r_b)^n}$$

当各期支付的债券利息相等时，根据现值系数计算公式有：

$$P_b = I \cdot \left[\frac{1 - (1 + r_b)^{-n}}{r_b} \right] + \frac{B}{(1 + r_b)^n}$$

$$= I \cdot (P/A, \ r_b, \ n) + B \cdot (P/F, \ r_b, \ n)$$

[①] 陶红.由时间价值引出的励志公式和理财警示——财务管理课程思政案例 [J]. 现代职业教育，2021（38）：106-107.

根据上述公式可以看出，债券发行价格的高低取决于以下四个因素：

（1）债券面值（B），即债券票面上注明的价值，也是债券到期时偿还本金的数额。一般而言，债券面值越大，发行价格就越高。

（2）债券票面利率（i），即名义利率，是债券发行时票面上注明的利率。通常，债券的票面利率越高，债券的发行价格越高。

（3）市场利率（r_b），即债券有效期限内资本市场的平均利率，也是债券购买者投资债券要求的最低收益率。通常市场利率越高，债券的发行价格越低。

（4）债券期限（n），即债券自发行日至偿还全部本金所需要的时间。同银行借款一样，债券的期限越长，债券持有人的风险越大，要求的债券投资收益率就越高，债券的发行价格就可能较低；反之，则债券的发行价格可能较高。

如果债券的票面利率与市场利率相等，债券的发行价格就等于面值，即债券平价发行；如果票面利率低于市场利率，债券发行价格将低于面值，即债券折价发行，折价是债券发行人因以后少付利息而事先给投资者的补偿；如果票面利率高于市场利率，债券的发行价格高于面值，即债券溢价发行，溢价是债券发行人因以后多付利息而事先得到的补偿。

【例5-12】华诚纸业经审核批准于20×5年1月1日发行期限5年、票面利率8%、面值1 000万元的公司债券，该债券每年付息、到期一次还本，付息时间为每年年末。

（1）当市场利率为8%时：

债券发行价格=10 000 000×8%（P/A，8%，5）+1 000×（P/F，8%，5）

　　　　　　=800 000×3.99271+10 000 000×0.68058

　　　　　　=10 000 000（元）

也可以在Excel中输入"= PV（8%，5，−1000*8%，−1 000）"，直接得到1 000万元，即债券发行价格等于面值，债券平价发行。

（2）当市场利率为6%时：

债券发行价格=10 000 000×8%（P/A，6%，5）+10 000 000×（P/F，6%，5）

　　　　　　　=800 000×4.21236+10 000 000×0.74726

　　　　　　　=10 842 488（元）

发行价格为10 842 488元，大于面值10 000 000元，债券溢价发行。

（3）当市场利率为10%时：

债券发行价格=10 000 000×8%（P/A，10%，5）+10 000 000×（P/F，10%，5）

　　　　　　　=800 000×3.79079+10 000 000×0.62092

　　　　　　　=9 241 832（元）

发行价格为9 241 832元，小于面值10 000 000元，债券折价发行。

在实务中计算债券发行价格时，还要结合发行者的自身信誉、筹资的难易程度、公司对资本的需求状况和资本市场利率的变动趋势等因素，确定对公司最为有利的发行价格。发行价格制定得是否适当，直接关系到公司债券能否顺利发行。

3.债券发行的账务处理

企业应设置"应付债券"账户，并在该账户下设置"面值""利息调整""应计利息"等明细科目，核算债券发行、计提利息、还本付息等业务。"应付债券"账户属于负债类账户，贷方登记应付债券的增加，借方登记应付债券的减少（偿还），期末余额在贷方，表示尚未偿还的应付债券金额。债券的溢折价是按照债券的实际利率计算出来的现金流量的现值与债券面值之间的差额，该差额全部记入"应付债券——利息调整"账户。

承例【5-12】，不同发行价格下的债券发行账务处理如下：

（1）平价发行：

借：银行存款　　　　　　　　　　　　　　　　　　　　10 000 000
　　贷：应付债券——面值　　　　　　　　　　　　　　　　　　　10 000 000

（2）溢价发行：

借：银行存款　　　　　　　　　　　　　　　　　　　　10 842 488
　　贷：应付债券——面值　　　　　　　　　　　　　　　　　　　10 000 000
　　　　　　　　——利息调整　　　　　　　　　　　　　　　　　　842 488

（3）折价发行：

借：银行存款　　　　　　　　　　　　　　　　　　　　9 241 832
　　应付债券——利息调整　　　　　　　　　　　　　　758 268
　　贷：应付债券——面值　　　　　　　　　　　　　　　　　　　10 000 000

（三）期末债券利息费用调整

债券发行人需要按债券的票面利率支付利息，但这不一定是债券发行人实际承担的利息费用。债券发行人实际承担的利息费用是按照债券的实际发行价格和市场利率计算的。因此，债券发行人每期支付的利息（面值×票面利率）与其实际承担的利息费用是不同的。如果不考虑债券发行等费用，二者之间的差额就是溢折价的摊销[①]。

1.债券溢价的摊销

如前所述，当市场利率为6%时，华诚纸业通过发行债券募集资金10 842 488元，溢价额842 488元。按照6%的实际利率计算，第1年公司实际承担的利息费用是650 549元（10 842 488×6%），但按照债券要约，华诚纸业需要支付800 000元（10 000 000×8%）的利息，高出实际利息费用149 451元（800 000-650 549）。该差额就是债券第1年的利息调整额（将利息费用减少到实际利息费用），相当于因前期溢价发行给予债券持有人的补偿。如表5-6所示，调整后华诚纸业第1年的利息调整余额为693 037元，第2年年初的负债余额（摊余成本）从10 842 488元减少到10 693 037元。按照10 693 037元的负债余额（摊余成本）重复上述调整过程，依次得到第2年的利息费用、利息调整额及余额，以及负债余额……依此类推，到第5年年末将利息调整余额为零，负债余额（摊余成本）减少到10 000 000元，并于债券到期偿还10 000 000元的本金。表5-6中第（3）列的利息调整合计842 488元正是最初债券发行的溢价额。

[①] 如果考虑债券发行费用，实际利率需要重新计算。债券实际发行价格除了受溢折价因素影响外，还受发行费用以及发行期间冻结资金产生的利息收入影响，会减少或增加发行债券实际取得的资金（发行净额）。发行净额与债券面值之间的差额需要在债券存续期间进行摊销。摊销方法是先重新计算发行时的实际利率，将该实际利率乘以债券的摊余成本（债券账面），得到企业发债券行实际承担的利息费用，该利息费用与实际支付的利息之间的差额就是每期的利息调整额。

表5-6　　　　　　　　　　债券利息调整及摊余成本计算（溢价发行）

期数	支付的利息 （1）=面值×8%	利息费用 （2）=（5）×6%	利息调整额 （3）=（1）-（2）	利息调整余额 （4）=（4）-（3）	摊余成本 （5）=（5）-（3）
0				842 488	10 842 488
1	800 000	650 549	149 451	693 037	10 693 037
2	800 000	641 582	158 418	534 620	10 534 620
3	800 000	632 077	167 923	366 697	10 366 697
4	800 000	622 002	177 998	188 698	10 188 698
5	800 000	611 302**	188 698*	0	10 000 000
合计	4 000 000	315 7512	842 488		

注：*、** 债券第5年到期，需要将利息费用调整完毕，使利息调整余额为零，所以当期利息调整额为188 698元，等于第4年利息调整余额，进而得出利息费用为611 302元（800 000-188 698），这与按照摊余成本（10 188 698）×市场利率（6%）计算的结果略有尾数差异。

根据表5-6，编制利息费用调整会计分录：

借：财务费用　　　　　　　　　　　　　　　　　　　　　　　　　650 549

　　应付债券——利息调整　　　　　　　　　　　　　　　　　　　149 451

　　贷：银行存款　　　　　　　　　　　　　　　　　　　　　　　　　800 000

第2年至第5年的利息调整分录相同。

2.债券折价的摊销

当华诚纸业债券折价发行时，债券的发行价格为9 241 832元，折价758 268元，见表5-7。华诚纸业的负债总额为9 241 832元，按照10%的实际利率计算，第1年实际承担的利息费用为924 183元，但按照债券要约华诚纸业只支付800 000元的利息，低于实际利息费用124 183元，该差额就是债券第1年的利息调整额（利息支出增加到实际利息费用），债券利息调整后的负债余额（摊余成本）为633 985元，华诚纸业第2年年初的负债余额（摊余成本）由9 241 832元增加到9 366 015元。按照9 366 015元的负债余额（摊余成本）重复上述调整过程，便可以得到第2年的利息费用、利息调整额和第2年年末的负债余额（摊余成本）……依此类推，到第5年年末利息调整余额为零，负债余额（摊余成本）增加到10 000 000元，并于债券到期偿还10 000 000元的本金。表5-7中第（3）列的利息调整合计758 168元正是最初债券发行的折价额。

表5-7　　　　　　　　　　债券利息调整及摊余成本计算（折价发行）

期数	支付的利息（1） =面值×10%	利息费用 （2）=（5）×8%	利息调整额 （3）=（2）-（1）	利息调整余额 （4）=（4）-（3）	摊余成本 （5）=（5）+（3）
0				758 168	9 241 832
1	800 000	924 183	124 183	633 985	9 366 015
2	800 000	936 602	136 602	497 383	9 502 617

期数	支付的利息（1） =面值×10%	利息费用 （2）=（5）×8%	利息调整额 （3）=（2）-（1）	利息调整余额 （4）=（4）-（3）	摊余成本 （5）=（5）+（3）
3	800 000	950 262	150 262	347 122	9 652 878
4	800 000	965 288	165 288	181 834	9 818 166
5	800 000	981 834**	181 834*	0	10 000 000
合计	4 000 000	4 758 168	758 168		

注：*、**债券第5年到期，需要将利息费用调整完毕，使利息调整余额为零，所以当期利息调整为181 834元，等于第4年利息调整余额，进而得出利息费用为981 834元（800 000+181 834），这与按照摊余成本（9 818 166）×市场利率（10%）计算的结果略有尾数差异。

根据表5-7，编制利息费用调整会计分录：

借：财务费用　　　　　　　　　　　　　　　　　　　924 183

　　贷：应付债券——利息调整　　　　　　　　　　　124 183

　　　　银行存款　　　　　　　　　　　　　　　　　800 000

第2年至第5年的利息调整分录相同。

与长期借款的利息费用核算一样，债券利息费用核算使用的具体账户根据募集资金的用途确定，如果用于工程或研究开发项目，符合资本化条件的，在工程完工达到预定可使用状态之前的利息费用资本化，记入"在建工程""研发支出"等账户，停止资本化的利息费用记入当期损益下的"财务费用"账户。

（四）债券偿还

债券到期时的账面价值通常等于其面值。从表5-6和表5-7中可以看出，无论是溢价发行的债券还是折价发行的债券，债券期末的账面价值都等于其面值（1 000万元）。每年支付的利息已入账，到期日按照债券的面值支付本金。

华诚纸业债券于20×9年12月31日到期，需要偿还债券本金1 000万元，编制会计分录：

借：应付债券——面值　　　　　　　　　　　　　　10 000 000

　　贷：银行存款　　　　　　　　　　　　　　　　　10 000 000

在会计期末，资产负债表中的"应付债券"项目应当根据"应付债券"总账账户余额扣除"应付债券"所属明细账户中将于一年内到期的部分填列。

无论是借款还是发行债券都属于企业筹资活动，会引起筹资活动的现金流量变化。企业因各种短期和长期借款而收到的现金，以及发行债券实际收到的款项净额（发行收入减去直接支付的佣金等发行费用后的净额）记入现金流量表的"取得借款收到的现金"项目；以现金偿还债务的本金，包括归还借款本金、偿付企业到期的债券本金等，记入现金流量表的"偿还债务支付的现金"项目；而偿还的借款利息、债券利息，在"分配股利、利润或偿付利息所支付的现金"项目中反映。不同用途的借款，其利息记录方式不同，如在建工程、财务费用等，均在本项目中反映。

|会计与决策| 债务偿付能力与期限结构选择

　　财务会计的目标是为企业利益相关者提供对决策有用的信息。通常，债权人更加关注贷款的安全性，希望按期得到偿付。企业的所有者、管理层及员工也会关注企业的偿债能力。企业如果不能按期偿付债务，可能会面临破产。

　　一般地，评价企业债务偿付能力包括短期偿债能力和长期偿债能力两方面。前者更关注企业短期的流动性，可以计算流动比率（流动资产与流动负债之比）和速动比率（速动资产①与流动负债之比），以反映企业资产变现用于偿付短期债务的能力。其中，速动比率是相对更稳健的评价指标。后者主要衡量公司债务契约违约的可能性，通过资产负债率（负债总额与资产总额之比）、权益乘数（资产总额与负债总额之比）等指标反映。一般地，企业负债越多，不能履行债务责任的可能性越大，企业的财务风险也就越高。但负债经营能够发挥财务杠杆作用，倘若借入款项用于投资所获取的收益率高于借款利息率，会增加企业利润和股东收益，反之亦然。因此，资产负债率和权益乘数也是体现企业财务杠杆运用的基本指标。

　　合理安排债务期限结构（长短期债务的比例）也是债务筹资的重要决策之一。企业短期债务筹资主要满足其日常运营资金需求，而长期债务主要投资于非流动资产。在实务中，企业选择长短期债务筹资往往会考虑未来的成长机会、自由现金流量、现存资产的期限等因素，如成长性高的企业倾向于使用长期债务筹资。此外，长短期债务也发挥着不同的治理作用。短期债务使企业面临较大的流动性压力，一旦债务到期企业需要在资本市场上进行再融资，倘若不能顺利取得资金或将债务展期，可能会使企业日常经营中断，甚至有可能被实施破产清算，破产威胁能够加强对管理者的监督与约束。但债务期限短，债权人会因监督成本高、收益有限而缺乏足够的监督动力。相反，长期债务契约使债权人更有动机和能力去监督和约束企业，避免管理层滥用资金、进行非效率投资，但显而易见的是，长期债务的资金成本（利率）一般要高于短期债务。

【笃行·致新】

5-4 第五章
思考与练习

---

　　① 流动资产中存货的变现能力相对差些，尤其当存货出现积压时，非但不能偿付到期债务，还可能因跌价损失等影响企业的财务状况。因此，从流动资产中扣除存货，即速动资产，能更好地体现资产的流动性。

第六章　长期资产与投资

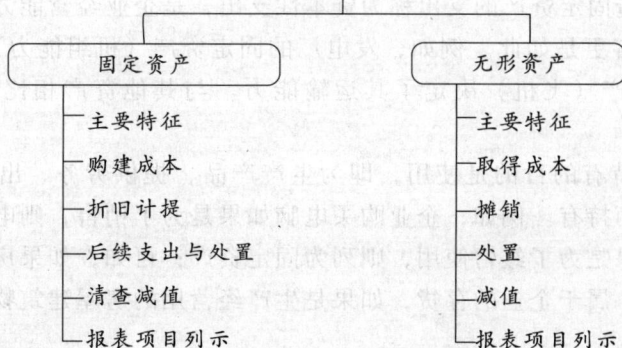

【学习目标】

◇ 解释固定资产的特征，确定固定资产的成本；

◇ 分别使用年直线法、双倍余额递减法和年数总和法计算和记录固定资产折旧；

◇ 记录固定资产的后续支出、处置以及减值业务；

◇ 解释无形资产的特征，确定无形资产的成本；

◇ 采用直线法进行无形资产摊销并予以记录；

◇ 掌握财务报表中固定资产和无形资产项目的列报；

◇ 解释与固定资产、无形资产相关的交易对现金的影响。

【本章预览】

企业要想实现预期经营目标，除了资金外，还需要厂房、机器设备、土地、专利权、商标权等各种不同的资源。投资活动是企业获取这些资源的过程，有助于企业形成生产经营能力，以开展生产、销售产品或提供服务等各项经营活动。通常，企业投资分为对内投资和对外投资。企业对内投资是将筹集的资金投资于企业内部生产经营所需的各项经济资源，是形成企业生产经营能力或扩大企业规模的资本性支出，如购建厂房、机器设备等固定资产，取得专利权、商标权等无形资产等。企业对外投资主要是以购买股票、债券等有价证券的方式，获取资金收益或其他企业的控制权而让渡资金使用权的行为，也称为金融资产投资，如长期股权投资、债券投资等。本章主要介绍形成企业实际生产经营能力的固定资产和无形资产等内部投资活动，包括固定资产的购建成本、折旧计提、后续支出与处置、清查与减值，以及无形资产的取得成本、摊销、处置、减值等业务处理。

长期资产与投资

固定资产
- 主要特征
- 购建成本
- 折旧计提
- 后续支出与处置
- 清查减值
- 报表项目列示

无形资产
- 主要特征
- 取得成本
- 摊销
- 处置
- 减值
- 报表项目列示

第一节　固定资产

固定资产是企业为生产产品、提供劳务、出租或经营管理而持有的、使用寿命超过一个会计年度的有形资产，包括房屋建筑物、机器设备、运输车辆以及工具、器具等。大多数企业的固定资产占据了企业总资产的大部分，如沃尔玛作为全球最大的零售企业，在过去10多年中的固定资产占总资产的比重平均为53%（2010—2021年），如图6-1所示。2010年其固定资产占比曾达到60%，并且始终维持较高的比例。虽然在与亚马逊等公司日趋激烈的竞争下，沃尔玛不断推进自主数字化转型（DX）战略，通过不断的并购与创新使得公司无形资产比例逐步提高、固定资产比例逐步下降，但固定资产价值仍较高，2022年1月31日沃尔玛的固定资产净值为945.15亿美元。

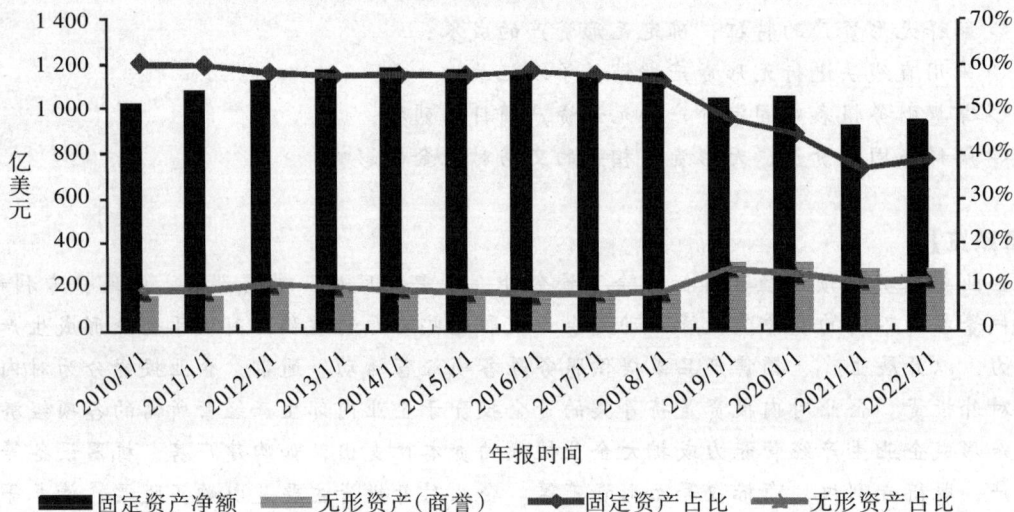

图6-1　沃尔玛固定资产与无形资产及其占比（2010—2021年）
数据来源：根据同花顺财经网站数据整理。

一、固定资产的特征及会计信息处理系统

（一）固定资产的主要特征

企业购置或建造固定资产的支出称为资本性支出，是企业经营能力的重要体现，对于资本密集型企业而言更是如此。例如，发电厂的固定资产（机组能力）决定了其发电量，航空公司的固定资产（飞机）决定了其运输能力。与其他资产相比，固定资产有两大特征：

（1）固定资产持有的目的是使用，即为生产产品、提供劳务、出租或经营管理而持有，而不是为销售而持有。例如，企业购买电脑如果是为了销售，则电脑在资产负债表上应列示为存货，如果是为了经营使用，则列为固定资产；再如，如果房地产企业开发建造的商品房用于销售，属于企业的存货，如果是生产经营用的房屋建筑物则属于企业的固定资产。

（2）固定资产的使用寿命超过一个会计年度，这也是固定资产与材料等流动资产最大的区别，因为材料通常在购进后会被很快消耗，其价值转移到新生产的产品中，而固定资产通常在生产经营的多期发挥作用。其使用寿命可以用时间来衡量，也可以用固定资产所能生产的产品或提供劳务的数量来衡量。例如，企业的一辆汽车可以使用10年、行驶15万公里，使用寿命可以确定为10年或15万公里。

在实际工作中，企业有时还会按照金额的大小确定固定资产。有的设备即使使用年限超过一个会计年度，但由于其价值相对于企业总资产规模较小（如低于500元以下的工具器具），一般不作为固定资产处理，直接作为费用处理。

（二）固定资产核算内容及会计信息处理系统

固定资产的会计处理与上述特征密切相关。固定资产供企业生产经营使用，其成本与相应的收入相配比，但因固定资产使用寿命超过一个会计年度，收入与费用的配比也跨越几个会计期间，因此购建固定资产支出形成的企业资产列示在企业资产负债表中，属于非流动资产。随着生产经营的使用，其成本（价值损耗）要分摊至各个受益期间，影响企业利润表。如图6-2所示，固定资产会计核算过程中涉及的主要内容有：

（1）固定资产购置成本与入账；

（2）固定资产成本（扣除残值后）在使用寿命期间分摊至各受益期间，与收入相配比；

（3）固定资产更新改造、修理支出等后续支出；

（4）处置固定资产损益；

（5）固定资产清查及期末减值等。

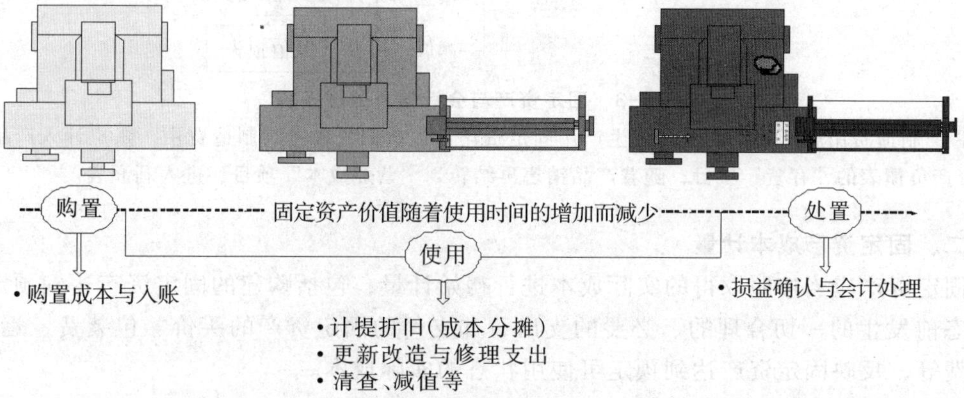

图6-2 固定资产会计核算的主要内容

从会计信息处理系统的角度看，固定资产取得可以通过外购、自建、接受投资、交换、租赁等多种方式，最典型的是外购和自建。其中，外购固定资产的买价、相关购置费用和税金（不包含增值税）一般全部计入固定资产的初始成本；而自建的固定资产，首先通过"在建工程"账户归集建造过程中发生的各项成本，包括材料费用、人工费用及其他相关费用，当工程建造完成，达到预定可使用状态时，再将"在建工程"成本结转至"固定资产"账户中。

固定资产投入使用后，根据其预计使用寿命，采用一定的方法将固定资产价值在其使用寿命期内进行分摊，即计提折旧。生产用固定资产的折旧费用计入制造费用，结转至生产成本，构成产品成本的一部分，随着产品销售再结转产品成本，进而影响当期利润；非生产用固定资产的折旧费用计入期间费用，如管理费用、销售费用等，直接影响当期利润。

固定资产更新改造、修理等后续支出符合资本化条件的，应当计入固定资产成本或其他相关资产的成本，不符合资本化条件的，应当计入当期损益；固定资产处置时，将扣除累计折旧后的固定资产净值从处置收入中扣除，从而形成一定的利得或损失；财产清查中发现盘盈、盘亏固定资产的处理涉及以前年度损益调整或当期营业外收支；期末发生的固定资产减值损失等，都会影响企业的当期利润。

与固定资产取得、使用与处置相关的活动属于企业的投资活动。外购或自建固定资产形成企业投资活动现金流出，处置固定资产形成企业投资活动现金流入，但折旧本身并不影响现金流量的变化。固定资产相关业务活动与会计信息处理系统的关系如图6-3所示。

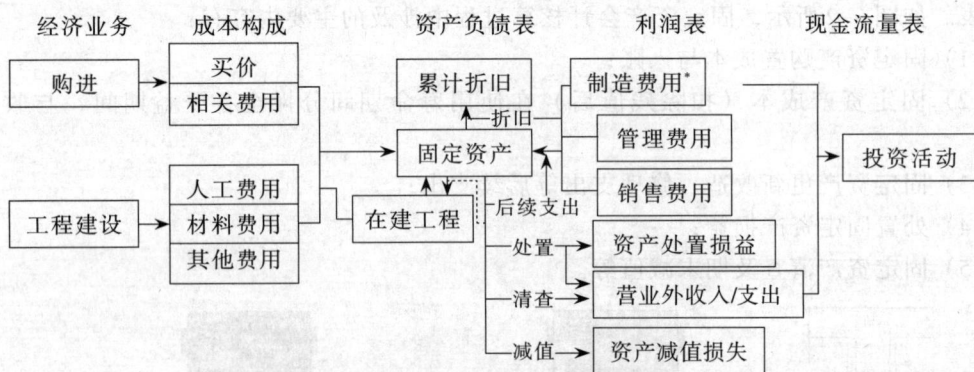

图6-3　固定资产与会计信息处理系统

注：*制造费用属于成本类科目，生产用固定资产计提折旧先通过"制造费用"账户计入产品成本，进入资产负债表的"存货"项目，随着产品销售再结转到"营业成本"项目，进入利润表。

二、固定资产成本计量

固定资产应当按照取得的实际成本进行初始计量，包括购建的固定资产达到预定可使用状态前发生的一切合理的、必要的支出，如支付的固定资产的买价、包装费、运杂费、安装费等，反映固定资产达到预定可使用状态的实际成本。

（一）外购固定资产

企业外购固定资产的取得成本包括实际支付的购买价款、相关税费、使固定资产达到预定可使用状态前发生的可归属于该项固定资产的运输费、装卸费、安装费和专业人员服务费等。其中，相关税费不包括按照增值税条例规定的，可以从销项税额中抵扣的增值税进项税额。增值税实施条例规定，增值税一般纳税人购进使用期限超过12个月的机器、机械、运输工具以及其他与生产经营有关的设备、工具、器具等所支付的增值税进项税额允许抵扣销项税额，不计入固定资产成本；企业购进不符合以上条件的固定资产（如房屋、其他建筑物，以及难以区分是经营用还是个人消费的小汽车、摩托车、游艇等）所支付的增值税进项税额不允许抵扣销项税额，应计入该项固定资产的成本。

企业外购不需要安装的固定资产，可以直接通过"固定资产"账户核算，该账户主要反映固定资产原始价值的增减变动及结余情况，其借方登记企业增加的固定资产的原始价值，贷方登记企业减少固定资产的原始价值，期末借方余额反映企业固定资产的原始价值。值得注意的是固定资产按历史成本（实际成本）计价，一经入账其价值通常不得随意调整，固定资产后续使用过程中发生的价值损耗、减值等则通过"累计折旧""资产减值准备"等账户加以反映。

【例6-1】20×1年4月20日，华诚纸业从普创自动化设备有限公司购入Cobb吸水性测试仪一台，增值税专用发票注明买价8 000元，增值税税额1 040元；支付包装运杂费200元（不考虑运杂费涉及的增值税）。全部款项通过银行转账支付，该仪器已验收并投入使用。

在本例中，华诚纸业购入的Cobb吸水性测试仪不需要安装，直接投入使用，按照实际取得成本，包括买价和运杂费，记入"固定资产"账户的借方；同时作为一般纳税人，按增值税专用发票上注明的增值税税额[①]，借记"应交税费——应交增值税（进项税额）"账户；款项通过银行转账支付，企业银行存款减少，贷记"银行存款"账户。编制会计分录：

借：固定资产——Cobb吸水性测试仪　　　　　　　　　　8 200
　　应交税费——应交增值税（进项税额）　　　　　　　1 040
　　贷：银行存款　　　　　　　　　　　　　　　　　　　　9 240

如购入需要安装的固定资产，应在购入相关资产取得成本的基础上加上安装调试成本等作为入账价值。固定资产达到预定可使用状态前发生的一切合理的、必要的支出都在"在建工程"账户中归集，该账户的借方登记企业各项在建工程的实际支出；当工程达到预定可使用状态时，结转安装完工工程成本，记入该账户的贷方，期末余额在借方，反映企业尚未达到预定可使用状态时的在建工程成本。

【例6-2】20×1年7月5日，华诚纸业通过银行转账从长泰机械有限公司购入一台平板包装机，买价600 000元，增值税税额78 000元，包装运杂费10 000元（暂不考虑运杂费涉及的增值税），7月8日设备运抵公司并投入安装。

在本例中，平板包装机运抵公司需要安装，取得成本包括买价和包装运杂费610 000元，先记入"在建工程"账户，编制会计分录：

借：在建工程　　　　　　　　　　　　　　　　　　　610 000
　　应交税费——应交增值税（进项税额）　　　　　　78 000
　　贷：银行存款　　　　　　　　　　　　　　　　　　　688 000

进一步地，在安装平板包装机的过程中，领用本公司的原材料12 000元，以现金支付鸿宇公司安装调试费3 000元（暂不考虑相关税费）。上述费用均应计入固定资产的成本，编制会计分录：

借：在建工程　　　　　　　　　　　　　　　　　　　15 000
　　贷：原材料　　　　　　　　　　　　　　　　　　　　12 000
　　　　银行存款　　　　　　　　　　　　　　　　　　　3 000

当设备安装完成，达到预定可使用状态时，"在建工程"账户的借方归集了购置该设备发生的全部成本625 000元（610 000+12 000+3 000），将其从"在建工程"账户的贷方

---

① 一般纳税人购进货物、接受应税劳务等取得的增值税专用发票、海关完税证明等增值税扣税凭证，经税务机关认证准予抵扣的增值税可以进行进项抵扣，增值税的具体内容将在第七章介绍。

结转至"固定资产"账户的借方，形成可供使用的固定资产，编制会计分录：

借：固定资产　　　　　　　　　　　　　　　　　625 000

　　贷：在建工程　　　　　　　　　　　　　　　　　　625 000

（二）建造固定资产

企业自行建造固定资产，应当按照建造该项固定资产达到预定可使用状态之前所发生的一切必要、合理的支出（材料、人工及其他费用等），作为固定资产的建造成本，通过"在建工程"账户核算，当工程建造达到预定可使用状态时再将其从"在建工程"账户转入"固定资产"账户。固定资产建造过程中对于所需的各种材料单独设置"工程物资"账户，专门核算为在建工程而准备的各项物资的实际成本，属于资产类账户。"工程物资"账户借方登记企业购入工程物资的实际成本，贷方登记领用工程物资的实际成本，期末借方余额反映企业为在建工程准备的各项物资的实际成本。

企业工程建造通常成本高、占用资金多。建造过程中除了所需的材料和人工外，发生的借款费用符合资本化条件的[①]，计入工程建造成本，构成固定资产成本的一部分。

【例6-3】华诚纸业为建造一个新厂房，购进一批钢材、水泥、隔热板等建筑材料，共计180万元，增值税专用发票上注明的增值税税额为23.4万元。工程于20×3年12月1日开工，于20×4年12月31日完工，其间负担工程人员的职工薪酬为40万元，其他间接费用为20万元。此外，20×3年11月1日，华诚纸业为该项目从银行借款100万元，借款期限为2年，年利率为6%，款项于工程开工时一次性全部投入。

（1）购入工程物资时：

借：工程物资　　　　　　　　　　　　　　　　　1 800 000

　　　应交税费——应交增值税（进项税额）　　　　　234 000

　　贷：银行存款　　　　　　　　　　　　　　　　　　2 034 000

（2）工程领用全部物资时：

借：在建工程　　　　　　　　　　　　　　　　　1 800 000

　　贷：工程物资　　　　　　　　　　　　　　　　　　1 800 000

（3）结算并支付工人工资和间接费用时：

借：在建工程　　　　　　　　　　　　　　　　　400 000

　　贷：应付职工薪酬　　　　　　　　　　　　　　　　400 000

借：在建工程　　　　　　　　　　　　　　　　　200 000

　　贷：银行存款　　　　　　　　　　　　　　　　　　200 000

（4）将借款费用计入工程成本，计息时间为13个月[②]，利息费用为65 000元（100 000×6%×13/12）：

借：在建工程　　　　　　　　　　　　　　　　　65 000

　　贷：长期借款——利息　　　　　　　　　　　　　　65 000

（5）工程达到预定可使用状态，结转工程成本：

结转工程成本=180 000+400 000+200 000+65 000=2 465 000（元）

---

① 对于借款费用资本化的条件，会计准则有严格的规定：（a）资产支出已经发生。资产支出包括为购建或者生产符合资本化条件的资产而已支付的现金、转移非现金资产或者承担带息债务发生的支出。（b）借款费用已经发生。（c）为使资产达到预定可使用状态或者可销售状态所必要的购建或者生产活动已经开始。

② 在实务中，利息应按月计算处理，本例为说明工程应负担的全部资本化利息采取一次性计算。

借：固定资产   2 465 000

    贷：在建工程   2 465000

此外，工程完工后专门借款的利息费用不再资本化，记入"财务费用"账户。

三、固定资产折旧

折旧费用是固定资产在使用过程中发生的各种有形和无形损耗。计提固定资产折旧是在固定资产使用期间，对其成本采用系统的方法进行合理分摊的过程，即将固定资产的成本转化为费用的过程。分摊方式与使用固定资产预期带来的经济利益相关联。如果固定资产使用带来的预期收益是均衡的，可以采用平均分摊的方式将折旧总额等额地分配到每个会计期间。如果固定资产使用初期效率高、带来的收益更多，可以在固定资产使用初期多计提折旧，随着固定资产使用效率下降，计提折旧逐渐减少，这种方式称为加速折旧。

（一）折旧方法

1.年限平均法（直线法）

如果固定资产的使用是均衡的，为企业带来的预期收益也是均衡的，则固定资产的成本可以按其使用期限平均分摊。用公式表达为：

$$年折旧额 = \frac{固定资产原值 - 预计净残值}{预计使用年限}$$

固定资产原值是固定资产取得时的入账价值，但这并不是应分摊的折旧成本。固定资产折旧成本是固定资产原值减去预计净残值，预计净残值是一项固定资产使用期满时预计能够收回的残余价值，也就是固定资产使用期满报废时处置资产所能收取的价款。

【例6-4】假设ABC公司20×1年12月31日购进的产品检验仪器设备资料如下：

原值   16 000元

净残值   1 000元

折旧成本   15 000元

使用年限   5年

预计检验数量   40 000件

该仪器使用年限为5年，采用年限平均法，折旧成本在20×2年—20×6年平均分摊，每年应计提的折旧额为：

$$年折旧额 = \frac{16\,000 - 1\,000}{5} = 3\,000(元)$$

固定资产使用成本通过计提折旧的方式分期计入产品成本或损益。固定资产计提折旧时，一方面意味着当期的成本费用增加，应根据固定资产用途记入不同的成本费用类账户，如生产车间固定资产提取的折旧额应记入"制造费用"账户，厂部固定资产提取的折旧额应记入"管理费用"账户等；另一方面，计提折旧的增加通过"累计折旧"账户反映，该账户属于资产类的备抵账户，用于冲减"固定资产"账户。"累计折旧"账户的贷方登记每期计提折旧的增加，表示固定资产因损耗而减少的价值；借方登记固定资产因出售、报废等原因减少（注销）已计提的累计折旧；期末余额在贷方，表示现有固定资产已提取的累计折旧额。

在实际工作中，折旧通常是按月计提的。为简化核算，假设ABC公司按年计提折旧额，编制会计分录：

借：制造费用　　　　　　　　　　　　　　　　　　　　　　　3 000

　贷：累计折旧　　　　　　　　　　　　　　　　　　　　　　　　3 000

年限平均法下各期计提的折旧费用均相同。20×2—20×6年，ABC公司在每年年末对该项固定资产计提折旧3 000元，如图6-4（a）所示。图6-4（b）则表明在使用年限内，每年12月31日公司资产负债表上列示该项仪器的账面价值余额因计提折旧而减少3 000元，将各点连接起来便是一条直线，因此这种方法也称为直线法。

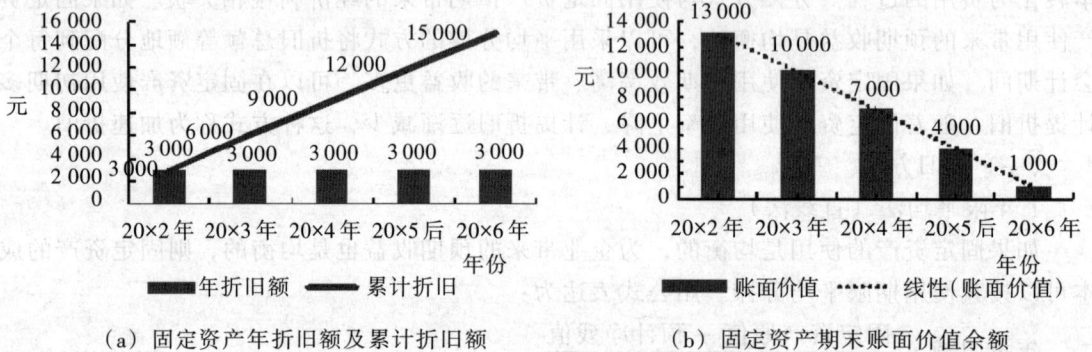

（a）固定资产年折旧额及累计折旧额　　　（b）固定资产期末账面价值余额

图6-4　直线折旧法与固定资产账面价值

企业还可以通过计算折旧率来计算各期折旧额。直线法下折旧率等于100%除以资产使用年限。直线法下ABC公司的折旧率为20%（100%÷5），根据折旧率编制该公司20×2—20×6年每年年末计提的折旧明细表，见表6-1。

表6-1　　　　　　　　　　直线法折旧计算表　　　　　　　　　　单位：元

年份	折旧成本*	折旧率	折旧额	累计折旧	账面价值**
20×1年	—				16 000
20×2年	15 000	20%	3 000	3 000	13 000
20×3年	15 000	20%	3 000	6 000	10 000
20×4年	15 000	20%	3 000	9 000	7 000
20×5年	15 000	20%	3 000	12 000	4 000
20×6年	15 000	20%	3 000	15 000	1 000

注：*折旧成本=16 000-1 000。

**账面价值=总成本-累计折旧。

从表6-1中可以看出：

（1）每个会计期间折旧额相等；

（2）累计折旧等于当年及以前年度各年折旧额之和；

（3）固定资产账面价值逐年递减，等到仪器使用年限结束时，账面价值等于其净残值。

年限平均法是实务中企业比较常用的折旧方法。伊利股份2021年披露的不同类别的固定资产折旧信息见表6-2。各类固定资产均采用年限平均法，残值率为5%。根据折旧年限计算出不同资产的年折旧率。

表6-2   伊利股份不同类别固定资产折旧（2021年）

类别	折旧方法	折旧年限（年）	残值率	年折旧率
房屋及建筑物				
其中：框架结构	年限平均法	20~45	5%	4.75%~2.11%
砖混结构	年限平均法	20~40	5%	4.75%~2.38%
轻钢结构	年限平均法	20	5%	4.75%
附属建筑	年限平均法	8~20	5%	11.88%~4.75%
机器设备	年限平均法	10	5%	9.50%
运输工具				
其中：大型运输车辆	年限平均法	10	5%	9.50%
小型货车及轿车	年限平均法	5	5%	19%
电子设备	年限平均法	5	5%	19%
其他工器具	年限平均法	5	5%	19%

2.工作量法

使用年限平均法时，固定资产在各个使用期间分摊的资产耗费成本相同。如果资产在各个期间的使用程度均衡，为企业带来的预期收益均衡，则年限平均法能够实现收入与费用的合理配比，但在实务中有的固定资产每期使用情况可能变化很大。例如，季节性生产的冷饮企业，夏季机器设备开工时间要长于其他季节，此时采用工作量法分摊资产成本能够更好地实现收入与费用的配比，工作量法会根据不同的资产使用情况，在各期间提取不同的折旧费用。

工作量法又称产量法，是指将固定资产折旧成本按固定资产预计总工作量平均分摊，在每个会计期间根据实际工作量计提折旧的方法。其中，工作量是指固定资产的产出量或提供的服务量，可以是产量、重量、小时数、行驶里程数、工作台班数等。固定资产使用频率越高，产出量越大，分摊的成本就越多。具体公式为：

$$单位工作量折旧额 = \frac{固定资产原值 - 预计净残值}{预计工作量总额}$$

某使用期间应计提的折旧额=单位工作量折旧额×该期间工作量

以ABC公司为例，假设20×2年检验产品数量为7 000件，该仪器当期应计提的折旧额为：

$$单位工作量折旧额 = \frac{16\,000 - 1\,000}{40\,000} = 0.375(元/件)$$

20×2年应计提的折旧额=0.375×7 000=2 625（元）

根据仪器所检验产品的数量可编制工作量折旧明细表，见表6-3，由此可以看出：

（1）各期折旧费用取决于产量；

（2）累计折旧等于本期及以前各期的折旧费用之和；

（3）仪器账面价值逐期递减，等到仪器使用年限结束时，账面价值等于其净残值。

表6-3　　　　　　　　　　　　　　　　工作量法折旧计算表　　　　　　　　　　　　金额单位：元

年份	产量	折旧率	折旧额	累计折旧	账面价值
20×1年					16 000
20×2年	7 000	0.375	2 625	2 625	13 375
20×3年	9 000	0.375	3 375	6 000	10 000
20×4年	1 0000	0.375	3 750	9 750	6 250
20×5年	8 000	0.375	3 000	12 750	3 250
20×6年	6 000	0.375	2 250	15 000	1 000

3.加速折旧法

加速折旧是在固定资产使用期限内以递减的方式分摊固定资产成本，即在固定资产使用的前期多计提折旧，后期少计提折旧，每期计提的折旧呈递减状态。常见的加速折旧法有双倍余额递减法和年数总和法。

（1）双倍余额递减法

双倍余额递减法是在不考虑固定资产净残值的情况下，根据每期期初固定资产的账面价值和双倍的直线法折旧率计算固定资产折旧费用。因为各期期初资产的账面价值在逐渐递减，因此，各期计提的折旧额也呈递减状态。使用双倍余额递减法计算折旧的公式为：

$$年折旧率 = \frac{2}{预计使用年限} \times 100\%$$

年折旧额 = 固定资产期初账面价值 × 年折旧率

表6-4列出了ABC公司的双倍余额递减法计提折旧明细，折旧率为40%（2÷5×100%）。除了20×5年和20×6年外，该表中的折旧额都是使用上述公式计算得出的。我国会计准则规定，采用双倍余额递减法计提固定资产折旧时，一般在固定资产使用到期前2年内，改为年限平均法计提折旧，将固定资产账面价值扣除预计净残值后的余额在剩余2年内平均分摊。ABC公司20×5年期初的账面价值为3 456元，扣除净残值1 000元后的余额为2 456元，在20×5年和20×6年平均分摊，每年分摊1 228元（2 456÷2）。倘若仍按照公式计算，20×5年的折旧额为1 382.4元（3 456×40%），期末账面价值为2 073.6元（3 456-1 382.4），20×6年的折旧额为829.44元（2 073.6×40%），期末账面价值就变为1 244.16元，将高于净残值1 000元，折旧成本尚未全部分摊到资产使用期间。

表6-4　　　　　　　　　　　　　　　双倍余额递减法折旧计算表　　　　　　　　　　金额单位：元

年份	期初账面价值	折旧率	折旧额	累计折旧	期末账面价值
20×1年					16 000
20×2年	16 000	40%	6 400	6 400	9 600
20×3年	9 600	40%	3 840	10 240	5 760
20×4年	5 760	40%	2 304	12 544	3 456
20×5年	3 456		1 228	13 772	2 228
20×6年	2 228		1 228	15 000	1 000

（2）年数总和法

年数总和法是将固定资产原值减去预计净残值后的净额，乘以一个逐年递减的折旧率，计算每年折旧额。其中，折旧率的计算以年数总和为分母，以剩余使用年限为分子，计算公式为：

$$年折旧率 = \frac{折旧年限-已使用年限}{折旧年限 \times (折旧年限 + 1)/2} \times 100\%$$

年折旧额 =（固定资产原值 - 预计净残值）× 年折旧率

以 ABC 公司为例，以年数总和 =n（n+1）/2=5×（5+1）/2=15 作为分母，剩余可使用年限作为分子，第 1~5 年的年折旧率分别为 5/15，4/15，3/15，2/15，1/15，每年应计提的折旧见表 6-5。

表6-5　　　　　　　　　　　　　　　年数总和法折旧计算表

年份	应计提折旧额	折旧率	折旧额	累计折旧	账面价值
20×1年					16 000
20×2年	15 000	5/15	5 000	5 000	11 000
20×3年	15 000	4/15	4 000	9 000	7 000
20×4年	15 000	3/15	3 000	12 000	4 000
20×5年	15 000	2/15	2 000	14 000	2 000
20×6年	15 000	1/15	1 000	15 000	1 000

（二）不同折旧方法的比较及其对税收的影响

根据前面的计算，虽然不同折旧方法所提取的各期折旧费用不同，但是该仪器在使用年限内的折旧费用总额 15 000 元是相同的，每种方法下的仪器折旧成本均为 15 000 元，净残值均为 1 000 元，不同之处在于仪器使用年限内提取折旧费用的方式不同。与年限平均法相比，加速折旧法加快了固定资产折旧的速度，使固定资产成本加快得到补偿，如图 6-5 所示。

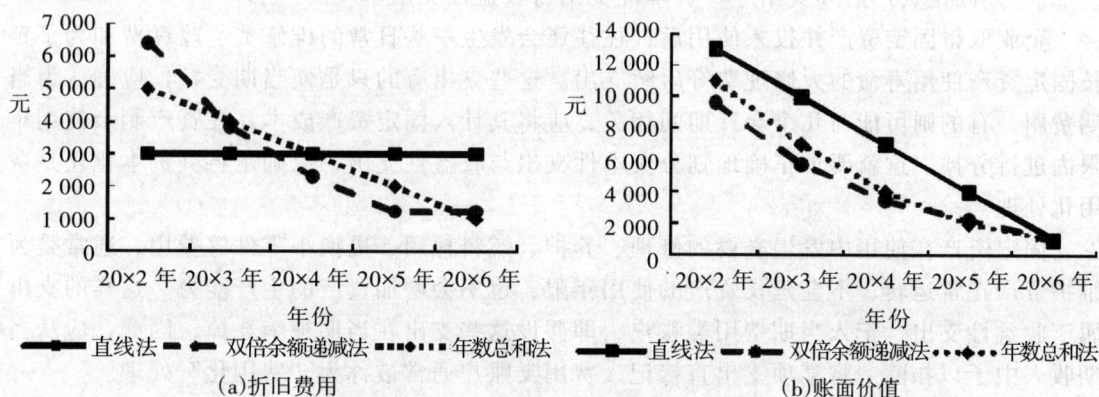

图6-5　三种方法各期提取的折旧费用和固定资产期末账面价值

通过比较还可以看出，通过这三种方法计算出来的折旧额在第一年差异较大，最大的折旧额是按照双倍余额递减法计算的 6 400 元，与最小的按直线法计提的折旧额 3 000 元相差 3 400 元，与按年数总和法计算的折旧额 5 000 元也相差 1 400 元。如果采用双倍余额递减法计提折旧，假设企业适用的所得税税率为 25%，与直线法相比，该项差异就会为企业带来税收上的好处 850 元（3 400×25%）。总体来看，企业纳税总额不会改变，但加速折旧法推迟了企业的纳税时间，相当于享受了无息贷款。从图 6-5（a）可以看出，双倍余额递减法的效果更为明显，其次是年数总和法，直线法的折旧额则是一条直线。相应地，双倍余额递减法下固定资产账面价值下降最快，其次是年数总和法，直线法下的固定资产净值是均衡下降的，如图 6-5（b）所示。

|会计与决策|固定资产折旧：职业判断与选择

固定资产折旧反映企业资产使用的价值损耗，计提的折旧也可以作为企业未来购买新资产的资金来源。企业必须在财务报表附注中披露固定资产采用的折旧方法、估计的资产使用寿命与残值，这些都涉及会计的职业判断，影响企业报告期的利润。

估计固定资产使用寿命与残值时，管理层通常依据企业同类资产的以往经验，也考虑企业当前的状况和管理层的未来规划。因此，同类资产使用寿命和残值的估计会因企业不同而有差异。同时，确认管理层对固定资产使用寿命与残值估计是否合理也是审计师的主要审计内容与职责之一。

在实务中，大多数企业采用直线法计提折旧。相比于直线法，加速折旧法能够将固定资产的成本更快地转化为费用。从财务决策的角度看，折旧属于非付现的费用，采用不同的折旧方法，只会影响会计利润，并不会发生现金流出，但考虑到企业所得税，折旧抵税效应会直接影响投资现金流量的大小。

遵循可比性原则，会计准则规定，固定资产的折旧方法一经确定，不得随意变更。但与固定资产有关的经济利益预期实现方式有重大改变的，应当改变固定资产的折旧方法。

四、固定资产后续支出与处置

（一）固定资产后续支出——资本性支出与收益性支出

企业取得固定资产并投入使用后，往往还会发生一些日常的维修费、改良费和为了延长固定资产使用寿命的大修理费等后续支出。这些支出有的只是使当期受益，应确认为当期费用，有的则可能与几个会计期间相关，应将其计入固定资产成本并在资产剩余使用年限内进行分摊。这就要求正确地划分资本性支出与收益性支出，以确定将其资本化还是费用化处理。

固定资产在使用中发生必要的修理、养护、燃料耗用、更换小零件等费用，通常是为维护资产正常运转，不会延长资产的使用年限，也不会增加资产的生产能力，这样的支出属于收益性支出，记入当期费用类账户，即假设这些支出在当期被消耗掉，因此，应从当期收入中予以扣除。将某项支出直接记入费用类账户通常被称为"费用化"处理。

固定资产改良会使固定资产更有效率或提升生产能力，如增加资产组件或更换旧组件、将机器设备由人工操纵升级为自动操纵、扩建车间等；而固定资产重大修整通常会延长资产使用寿命。这些支出会使企业当期及未来各期受益，被称为资本性支出，记入资产类账户，并在未来各受益期间进行分摊，这也就是通常所说的"资本化"处理。

收益性支出与资本性支出的比较如图6-6所示。

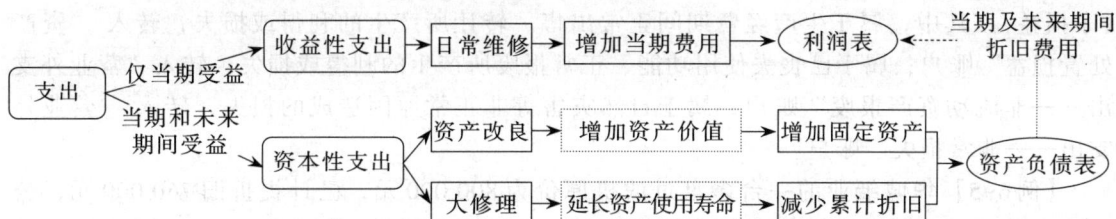

图6-6　固定资产后续收益性支出与资本性支出比较

对于固定资产后续支出的处理主要有：符合资本化条件的，应当计入固定资产成本，同时将被替换部分的账面价值予以扣除；不符合资本化条件的，应当计入当期损益。

在会计信息系统中，固定资产发生可资本化的后续支出时，一般应将该固定资产的原价、已计提的累计折旧和减值准备转销，将固定资产的账面价值转入"在建工程"账户，并在此基础上重新确定固定资产原价。值得注意的是，当固定资产转入"在建工程"时，应停止计提折旧。在固定资产发生的后续支出完工并达到预定可使用状态时，再从"在建工程"账户转至"固定资产"账户，并按重新确定的固定资产原价、使用寿命、预计净残值和折旧方法计提折旧。与固定资产有关的修理费用等后续支出，不符合资本化条件的，应当根据不同情况分别在发生时计入当期管理费用或销售费用等。

|伦理、责任与可持续发展| 抚顺特钢：当期成本资本化

抚顺特殊钢股份有限公司（简称"抚顺特钢"）始建于1937年，是东北特钢集团旗下最重要的生产基地之一。2010—2017年抚顺特钢连续8年财务造假，将原本当期应该结转成本的原材料，以"返回钢"的形式直接记入"存货"科目，使得主营业务成本大幅减少。为了隐藏其虚增的存货，抚顺特钢通过伪造、变造记账凭证及原始凭证等方式，将存货分批转入"在建工程"科目，并适时将虚增的大部分"在建工程"转入"固定资产"予以资本化，再计提折旧。这样，在逐渐"消化"虚增存货的同时，抚顺特钢也通过固定资产折旧间接调节当期利润。抚顺特钢财务造假的本质是当期成本资本化，公司累计虚增存货19.89亿元，虚增在建工程11.39亿元，虚增固定资产8.42亿元，虚增累计折旧0.87亿元，少计营业成本19.89亿元，虚增利润总额19.02亿元。追溯调整后，抚顺特钢2010年至2014年以及2016年共计6个年度由盈利转为亏损。抚顺特钢的财务舞弊行为严重扰乱市场秩序，致使投资者利益遭受严重损害。公司被处罚金575万元，45名高管牵涉其中，4任董事长参与，7人被市场禁入。

资料来源：高慧珂.典型财务造假链条案例详解［EB/OL］.［2023-12-18］.https://news.hexun.com/2019-10-22/198956194.html.

（二）固定资产处置

企业的固定资产有时会因为磨损或陈旧过时而报废，有时也会因企业的业务计划改变而出售。不论出于何种原因，报废、出售、转让或置换等都是企业处置固定资产的方式。

固定资产处置通过"固定资产清理"账户核算。先将固定资产的账面价值（固定资产

原值-累计折旧-固定资产减值准备）转入"固定资产清理"账户的借方，清理过程中发生的清理费用以及应支付的相关税费也记入该账户的借方，而清理收入（固定资产价款、残料价值和变价收入等）记入该账户的贷方。借贷双方之间的差额形成处置利得或损失（净损益）。其中，属于生产经营期间正常出售、转让所产生的利得或损失，转入"资产处置损益"账户；属于已丧失使用功能、正常报废所产生的利得或损失，转入"营业外支出——非流动资产报废"账户；属于自然灾害等非正常原因造成的损失，转入"营业外支出——非常损失"账户。

【例6-5】华诚纸业的一台多盘过滤机原价为800 000元，已计提折旧760 000元，公司决定将该固定资产出售。出售取得收入34 000元，支付的清理费用为2 000元，暂不考虑税收因素。

（1）结转该项固定资产的账面原值。

借：固定资产清理	40 000
累计折旧	760 000
贷：固定资产	800 000

（2）支付清理费用2 000元。

借：固定资产清理	2 000
贷：银行存款	2 000

（3）收到出售收入34 000元。

借：银行存款	34 000
贷：固定资产清理	34 000

（4）结转固定资产清理净损失8 000元（40 000+2 000-34 000）。

借：资产处置损益	8 000
贷：固定资产清理	8 000

在本例中，处置该项固定资产取得收入34 000元，减去处置中发生的清理费用2 000元，得到处置现金流入净额32 000元，属于投资活动现金流入，记入现金流量表的"处置固定资产、无形资产和其他长期资产收回的现金净额"项目。

五、固定资产清查与减值

（一）固定资产清查

固定资产是一种价值较高、使用期限较长的有形资产，对于管理规范的企业而言，盘盈、盘亏的固定资产较为少见。因此，企业应当加强管理，定期或者至少于每年年末对固定资产进行清查盘点，以保证固定资产核算的真实性和完整性。如果清查中发现固定资产盘盈、盘亏的，应及时查明原因，并按规定程序报批处理。

对于盘盈的固定资产，作为前期差错处理，并按重置成本确定固定资产的入账价值。固定资产盘亏造成的损失，应当计入当期损益，并通过"待处理财产损溢——待处理固定资产损溢"账户核算。

【例6-6】华诚纸业在财产清查时发现盘亏一台全自动切纸机，原价50 000元，已计提折旧30 000元，暂不考虑相关增值税。

（1）发现固定资产盘亏时，按盘亏固定资产的账面价值编制会计分录：

借：待处理财产损溢——待处理固定资产损溢　　　　　　　20 000
　　累计折旧　　　　　　　　　　　　　　　　　　　　　30 000
　　贷：固定资产　　　　　　　　　　　　　　　　　　　　　　50 000

（2）按管理权限报经批准后处理时，按盘亏固定资产净值记入"营业外支出"账户，编制会计分录：

借：营业外支出——盘亏损失　　　　　　　　　　　　　20 000
　　贷：待处理财产损溢——待处理固定资产损溢　　　　　　　20 000

如果盘亏固定资产有过失人赔偿或保险公司赔款，按可收回的过失人赔偿或保险赔偿，借记"其他应收款"账户，将最终净损失记入"营业外支出"账户。

（二）固定资产减值

固定资产减值即固定资产的可收回金额低于固定资产的账面价值。在资产负债表日，如果固定资产存在减值迹象，应当将固定资产账面价值减记至可回收金额，减记的金额确认为资产减值损失，计入当期损益。

【例6-7】20×4年12月31日，华诚纸业的一台多盘过滤机可能发生减值迹象。经计算，该设备可收回金额为118万元，账面价值为130万元，以前年度未对该设备计提过减值准备。

由于该生产线的可收回金额为118万元，低于账面价值130万元，应按两者之间的差额12万元计提固定资产减值准备，编制会计分录：

借：资产减值损失——计提的固定资产减值准备　　　　　120 000
　　贷：固定资产减值准备　　　　　　　　　　　　　　　　　120 000

六、固定资产在资产负债表中的列示

固定资产在资产负债表中按照账面价值列示。固定资产账面价值是固定资产原值扣除累计折旧和固定资产减值准备后的余额。

伊利股份拥有房屋及建筑物，以及机器设备、运输工具、电子设备等大量设备，伊利股份2021年对不同类别固定资产账面价值的信息披露见表6-6。伊利股份期末固定资产账面原值4 538 292.29万元，减去累计折旧1 590 144.10元和减值准备10 279.91万元，得到固定资产账面价值2 937 868.28万元，列示于资产负债表的"固定资产"项目中。

表6-6　　　　　伊利股份固定资产构成（类别）（2021年12月31日）　　　　单位：万元

项目	房屋及建筑物	机器设备	运输工具	电子设备	其他	合计
一、账面原值						
1.期初余额	1 170 643.01	2 169 416.37	43 498.82	39 101.94	201 629.56	3 624 289.70
2.本期增加金额	636 973.40	340 177.57	4 807.04	10 741.22	37 380.97	1 030 080.20
（1）购置	3 129.87	9 834.93	2 635.11	3 071.17	18 737.08	37 408.16
（2）在建工程转入	426 199.02	287 418.57	1 631.63	5 808.25	18 475.79	739 533.25
（3）企业合并增加	207 644.51	42 924.06	540.30	1 861.81	168.11	253 138.79

项目	房屋及建筑物	机器设备	运输工具	电子设备	其他	合计
3.本期减少金额	20 691.53	80 883.30	4 367.94	2 598.12	7 536.71	116 077.61
（1）处置或报废	3 033.44	56 113.45	3 530.59	1 642.30	5 608.52	69 928.29
（2）其他减少	17 658.10	24 769.85	837.35	955.83	1 928.19	46 149.32
4.期末余额	1 786 924.87	2 428 710.64	43 937.92	47 245.04	231 473.83	4 538 292.29
二、累计折旧						
1.期初余额	250 807.69	905 719.14	23 367.67	19 577.81	103 332.75	1 302 805.07
2.本期增加金额	95 518.41	209 794.88	5 048.91	7 335.35	23 140.33	340 837.88
（1）计提	56 638.79	192 881.08	4 811.17	6 294.86	23 044.90	283 670.81
（2）企业合并增加	38 879.63	16 913.79	237.73	1 040.48	95.44	57 167.07
3.本期减少金额	2 705.32	42 027.08	2 416.05	1 909.35	4 441.04	53 498.84
（1）处置或报废	1 099.97	37 443.39	2 194.25	1 539.81	4 198.30	46 475.71
（2）其他减少	1 605.36	4 583.69	221.81	369.54	242.74	7 023.13
4.期末余额	343 620.79	1 073 486.94	26 000.52	25 003.81	122 032.04	1 590 144.10
三、减值准备						
1.期初余额	1 559.62	7 740.21	7.22	21.68	190.69	9 519.42
2.本期增加金额	818.00	2 189.16	0.55	13.76	70.53	3 092.00
计提	818.00	2 189.16	0.55	13.76	70.53	3 092.00
3.本期减少金额	535.48	1 765.00	7.14	4.36	19.53	2 331.51
（1）处置或报废	497.56	1 690.06	7.14	4.30	19.53	2 218.59
（2）其他减少	37.92	74.94		0.06		112.92
4.期末余额	1 842.14	8 164.38	0.64	31.08	241.69	10 279.91
四、账面价值						
1.期末账面价值	1 441 461.95	1 347 059.32	17 936.76	22 210.15	109 200.10	2 937 868.28
2.期初账面价值	918 275.69	1 255 957.02	20 123.93	19 502.44	98 106.12	2 311 965.21

第二节 无形资产

无形资产是企业生产经营不可缺少的独特资源，蕴藏着巨大的经济潜力。日本松下电器公司从一个默默无闻的小厂跃居日本第六大企业，就是因为其成功引进了400多项专利技术。我国的"同仁堂""贵州茅台"等上市公司，依靠百年经营的老字号品牌，成为了市场竞争中的佼佼者。如前所述，美国大型零售公司沃尔玛积极推进充分利用店铺网的自主数字化转型（DX）战略，加快持有无形资产，2019年其无形资产占全部资产的比重达14.22%，较2018年上升5.3%，截至2022年1月31日，无形资产达338.14亿美元。

一、无形资产的特征及会计信息处理系统

（一）无形资产的主要特征

无形资产是指没有实物形态的可辨认非货币性资产，通常包括专利权、非专利技术、商标权、著作权、特许权、土地使用权等。与其他资产相比，无形资产具有以下特征：

第一，无形资产不具有实物形态。顾名思义，"无形"是指这类资产不具有实物形态，看不见、摸不着。无形资产为企业带来经济利益的方式与固定资产不同，固定资产是通过实物价值的磨损和转移来为企业带来未来的经济利益，而无形资产很大程度上是通过自身所具有的技术等优势为企业带来未来的经济利益，不具有实物形态是无形资产区别于其他资产的特征之一。有些无形资产的存在有赖于实物载体，如计算机软件需要存储在介质中，但这并不改变无形资产本身不具有实物形态的特性。

第二，无形资产属于非货币性资产。虽然无形资产没有实物形态，但并非所有没有实物形态的资产都是无形资产。例如，企业的应收账款也没有实物形态，其属于货币性资产而不是无形资产。货币性资产直接表现为固定的货币数额（现金、银行存款），或在将来收到一定货币数额的权利（应收账款、应收票据或短期有价证券等），而无形资产在持有过程中为企业带来的未来经济利益具有很大的不确定性，不属于以固定或可确定的金额收取的资产，属于非货币性资产。

第三，无形资产具有可辨认性。一项资产要作为无形资产进行核算必须可单独辨认，满足下列条件之一：

（1）能够从企业中分离或者划分出来，并能单独用于出售、转让、授予许可、租赁或交换等，而不需要同时处置在同一获利活动中的其他资产；

（2）产生于合同性权利或其他法定权利，无论这些权利是否可以从企业或其他权利和义务中转移或者分离，如一方通过与另一方签订特许权合同而获得的特许使用权、通过法律程序申请获得的商标权和专利权等。

商誉也不具有实物形态，但其无法与企业分离而单独存在，不具有可辨认性，在资产负债表中以单独的项目列示，具有特定而专门的意义。商誉通常在企业合并中形成，代表购买方从被购买方企业获得其想要的无形价值而支付的金额。例如，A公司拟100%收购B公司，B公司可辨认净资产[①]的公允价值为1 000万元，但B拥有高质量客户服务方面的

[①] 可辨认净资产是指除商誉外的所有资产减去负债，从计量上看，企业合并成本大于合并中取得的各项可辨认资产、负债公允价值份额的差额。

良好声誉，A公司愿意支付1 300万元的对价，多支付的300万元确认为商誉，因为这种客户服务预期能为公司创造正的现金流量。

（二）无形资产的核算内容及会计信息处理系统

与固定资产类似，无形资产取得的主要方式是外购和自行研究与开发。其中，外购无形资产的买价、相关费用和税金（不含增值税）一般全部计入无形资产初始成本；而研发取得的无形资产，研发过程分为研究与开发两个阶段，研究阶段的材料、人工及其他相关费用直接计入当期费用，开发阶段的相关成本和费用先在"开发成本"账户中归集，当研发成功，形成专利或知识产权等后，符合资本化条件的，从"开发成本"账户转入"无形资产"账户，构成无形资产初始成本，不符合资本化条件的部分则转入"期间费用"账户。

无形资产通过自身所具有的技术等优势能够在未来多个会计期间为企业带来经济利益。在无形资产投入使用后，根据对其使用寿命的估计，将其全部价值在一定时期内进行分摊，即摊销。用于产品生产的无形资产，其摊销额计入制造费用，构成产品成本的一部分；其他无形资产的摊销计入期间费用。如果无形资产的使用寿命无法预计，就不进行摊销，但需要在每期期末进行减值测试。

无形资产在处置时，取得的处置收入扣除无形资产净值（原值减去累计摊销），形成一定的资产处置损益，影响当期利润。

与无形资产取得、使用和处置相关的活动属于企业投资活动。外购或研发无形资产影响企业投资活动的现金流出，处置无形资产影响企业投资活动的现金流入。与折旧一样，摊销本身并不影响现金流量的变化。无形资产的相关活动与会计信息处理系统的关系如图6-7所示。

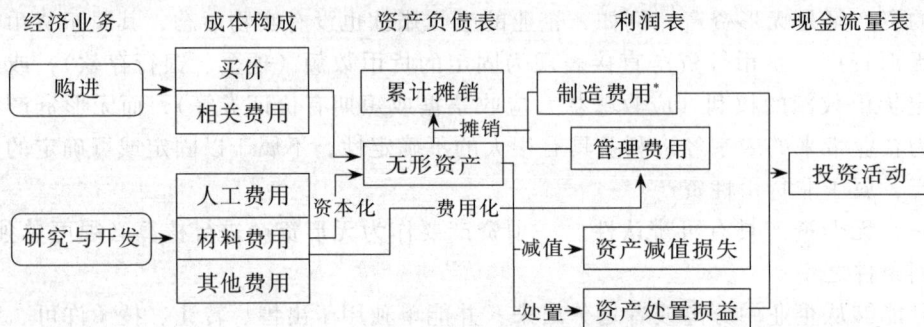

图6-7　无形资产与会计信息处理系统

注："制造费用属于成本类科目，生产用无形资产计提摊销先通过"制造费用"账户计入产品成本，进入资产负债表的"存货"项目，随着产品销售再结转到"营业成本"项目，进入利润表。

二、无形资产成本计量

无形资产应当按照取得无形资产的实际成本进行初始计量。企业取得无形资产的方式不同，其会计处理也有所差别。

（一）外购无形资产

外购无形资产成本包括购买价款、相关税费以及直接归属于使该项资产达到预定用途所发生的其他支出。其中，直接归属于使该项资产达到预定用途所发生的其他支出包括使无形资产达到预定用途所发生的专业服务费用、测试无形资产是否能够正常发挥作用的费用等，如律师费、法律登记费、无形资产评估费用等。外购无形资产取得增值税专用发票的，其注明的增值税进项税额准予抵扣，不构成无形资产的取得成本。

【例6-8】华诚纸业20×3年8月12日购入一项"环保烟卡纸生产方法"的发明专利，支付转让费取得的增值税专用发票上注明价款200 000元、增值税税率6%、增值税税额12 000元；同时支付有关专业服务费用10 000元，以银行存款支付。企业应编制会计分录：

借：无形资产   210 000
　　应交税费——应交增值税（进项税额）   12 000
　　贷：银行存款   222 000

（二）自行研究开发无形资产

企业内部自行研究开发无形资产，分为研究阶段和开发阶段。

研究阶段主要是为获取新的技术和知识等进行的独创性的有计划的调研活动，如食品公司为研究开发某健康营养系列食品，经董事会或相关管理层批准，有计划地收集相关资料、进行市场调查、比较市场中相关食品的功能和效用等活动。该阶段具有计划性和探索性，其研究是否能在未来形成成果，即开发后是否会形成无形资产具有很大的不确定性，企业也无法证明能够形成带来未来经济利益的无形资产。因此，研究阶段的有关支出应当在发生时全部费用化，计入当期损益（管理费用）。

开发阶段是在进行商业性生产或使用前，将研究成果或其他知识应用于某项计划或设计，以生产出新的或具有实质性改进的材料、装置、产品等，包括生产前或使用前的原型和模型的设计、建造和测试、小试、中试和试生产设施等。进入开发阶段的研发项目形成成果的可能性较大，如果企业能够确定所开发的项目符合资本化的条件①，就将这一阶段的支出资本化，计入无形资产成本；如果开发进行了一段时间后未能持续研发，则将产生的费用（可辨认的无效和初始运作损失）全部费用化，计入当期损益（管理费用）。倘若无法区分研究阶段和开发阶段的支出，应当在发生时将其费用化，计入当期损益。

自行研发的无形资产的成本包括开发该无形资产时耗费的材料、劳务成本、注册费、开发过程中使用的其他专利权和特许权的摊销、按照借款费用规定可以资本化的利息支出，以及为使该无形资产达到预定用途前所发生的其他费用。对于同一项无形资产在开发过程中达到资本化条件之前已经费用化并计入当期损益的支出不再调整。

【例6-9】20×6年11月20日，华诚纸业经董事会批准研究开发一项复合型涂布白卡新技术。董事会认为，研发该项目具有可靠的技术和财务等资源的支持，并且一旦研发成功将提高产品性能并能降低产品的生产成本。截至20×6年12月31日，发生前期调研论证等研究支出10万元。20×7年1月1日开始进入开发阶段，开发过程中发生材料费90万元、人工费40万元，以及其他费用20万元，总计150万元（暂不考虑相关增值税）。其中，符合资本化条件的支出为120万元。 20×7年6月30日，该项研发活动结束，已经达到预定

---

① 在开发阶段判断可以将有关支出资本化并计入无形资产成本的条件包括：（a）完成该无形资产以使其能够使用或出售在技术上具有可行性；（b）具有完成该无形资产并使用或出售的意图；（c）无形资产产生经济利益的方式包括能够证明运用该无形资产生产的产品存在市场或无形资产自身存在市场，无形资产将在内部使用的，应当证明其有用性；（d）有足够的技术、财务资源和其他资源支持，以完成该无形资产的开发，并有能力使用或出售该无形资产；（e）归属于该无形资产开发阶段的支出能够可靠地计量。

用途，最终开发出一项非专利技术。

企业设置"研发支出"账户核算无形资产研发过程中发生的各项支出，设置"费用化支出"和"资本化支出"明细账户分类核算。在会计期末，将费用化支出计入管理费用，资本化支出列入资产负债表的非流动资产开发支出项目，开发成功时再将资本化支出转为无形资产。根据上述资料，华诚纸业的会计处理如下：

（1）20×6年发生研究支出时：

借：研发支出——费用化支出   100 000

   贷：银行存款等   100 000

（2）20×6年12月31日，将费用化的研发支出转为当期管理费用：

借：管理费用   100 000

   贷：研发支出——费用化支出   100 000

（3）20×7年发生开发支出时：

借：研发支出——费用化支出   300 000

          ——资本化支出   1 200 000

   贷：原材料   900 000

     应付职工薪酬   400 000

     银行存款   200 000

（4）20×7年6月30日，该技术研发完成并形成无形资产：

将符合资本化条件的研发支出在无形资产达到可使用状态时转为无形资产成本。

借：管理费用   300 000

   无形资产   1 200 000

   贷：研发支出——费用化支出   300 000

          ——资本化支出   1 200 000

三、无形资产摊销

无形资产的成本需要在其预期使用年限内通过摊销的方式系统地分摊到各受益对象上，因此企业在取得无形资产时需要分析判断其使用寿命。有些无形资产会因为法律、合同或其他资产特性而具有明确的使用年限，如专利权、著作权及租赁权等，这类使用寿命有限的无形资产在其预计的使用寿命内采用系统合理的方法对应摊销金额进行摊销。应摊销金额，是指无形资产的成本扣除残值后的金额。还有一些无形资产的使用年限很难确定，其使用年限不受法律、法规、合同、竞争、经济或其他因素的限制，如商标等。对于这类使用寿命不确定的无形资产，在持有期间内不需要摊销，但应当在每个会计期间进行减值测试。

无形资产摊销方法包括年限平均法（即直线法）、生产总量法等。企业选择的无形资产摊销方法应当反映与该项无形资产有关的经济利益的预期实现方式。无法可靠确定预期实现方式的，应当采用年限平均法摊销。在实务中，企业应当按月对无形资产进行摊销。

无形资产摊销要记入"累计摊销"备抵账户，其与"累计折旧"账户类似。同时，摊销时应当考虑该项无形资产所服务的对象，将摊销价值计入相关资产的成本或者当期损益。无形资产包含的经济利益通过所生产的产品或其他资产实现的，其摊销金额应当计入相关资产的成本；管理耗用的无形资产，其摊销金额计入管理费用；出租的无形资产，其摊销金额计入其他业务成本。

【例6-10】20×7年6月1日，华诚纸业取得一项特许经营权，成本为3 600 000元，合同规定使用期限为10年。该项无形资产的净残值为零，并按直线法摊销，则每月摊销金额为：

每月应摊销金额=3 600 000÷10÷12=30 000（元）

编制会计分录：

借：管理费用　　　　　　　　　　　　　　　　　　　30 000
　　贷：累计摊销　　　　　　　　　　　　　　　　　　　　　30 000

【例6-11】20×8年1月1日，华诚纸业将其自行开发完成的一项非专利技术出租给胜达公司，成本为600 000元，双方约定的租赁期限为5年，华诚纸业采用年限平均法按月进行摊销。每月摊销时的会计处理如下：

每月应摊销的金额=600 000÷5÷12=10 000（元）

编制会计分录：

借：其他业务成本　　　　　　　　　　　　　　　　　10 000
　　贷：累计摊销　　　　　　　　　　　　　　　　　　　　　10 000

|伦理、责任与可持续发展| 研发费用税前加计扣除：助力企业科技创新

　　创新是驱动高质量发展的第一动力，税收优惠政策是激发创新动能的重要力量。我国实施研发费用税前加计扣除政策，鼓励企业更好地开展研发活动，提高自主创新能力。根据《财政部、税务总局关于进一步完善研发费用税前加计扣除政策的公告》（2023年第7号），除烟草制造业、住宿和餐饮业、批发和零售业、房地产业、租赁和商务服务业、娱乐业等以外，企业开展研发活动中实际发生的研发费用，未形成无形资产计入当期损益的，在按规定据实扣除的基础上，再按照实际发生额的100%在税前加计扣除；形成无形资产的，按照无形资产成本的200%在税前摊销。也就是说，对于企业符合条件的研发费用，在据实扣除基础上，允许再按一定比例在税前多扣除，从而减少企业的应纳税额。

四、无形资产处置

　　无形资产的处置主要指无形资产出售、对外捐赠，或者是无法为企业带来未来经济利益时，应予终止确认并转销。

　　企业处置无形资产应当将处置取得的价款扣除该无形资产账面价值及处置相关税费后的差额计入资产处置损益。

【例6-12】承例【6-10】，华诚纸业在20×7年签订特许经营合约的6年后，因某种原因将特许经营权转让，开具增值税专用发票，注明价款1 250 000元，增值税税率为6%，增值税税额为75 000元，款项收到后已存入银行。在转让过程中支付相关税费10 000元。

　　在本例中，该项特许经营权的成本为3 600 000元，6年的累计摊销额为2 160 000元（3 600 000÷10×6），无形资产的账面价值为1 440 000元（3 600 000-2 160 000），处置资产发生损失200 000元（1 440 000+10 000-1 250 000），无形资产出售收入应缴纳增值税，相关的会计处理为：

借：累计摊销		2 160 000
资产处置损益		200 000
银行存款		1 315 000
贷：无形资产		3 600 000
应交税费——应交增值税（销项税额）		75 000

在本例中，处置该项无形资产发生损失 200 000 元（借记"资产处置损益"账户），记入当期利润表。处置该项无形资产的现金收入净额为 1 240 000 元（1 250 000−10 000），属于投资活动的现金流入，记入现金流量表的"处置固定资产、无形资产和其他长期资产收回的现金净额"项目。

五、无形资产减值

在资产负债表日，企业应对其所拥有的各项无形资产进行减值测试，如果无形资产的可回收金额低于其账面价值，应计提无形资产减值损失，计入当期损益，同时计提相应的资产减值准备。无形资产减值损失一经确定，在以后会计期间不得转回。

【例 6-13】 20×8 年 12 月 31 日，市场上某项新技术产品销售势头较好，已经严重影响华诚纸业的销售。此时，华诚纸业一项专利技术的账面价值为 700 000 元，剩余摊销年限为 5 年，经减值测试，该专利技术的可回收金额为 650 000 元。可回收金额低于其账面价值 50 000 元（700 000−650 000），应按此计提减值准备。编制会计分录：

借：资产减值损失——计提的无形资产减值准备	50 000
贷：无形资产减值准备	50 000

六、无形资产在资产负债表中的列示

与固定资产类似，无形资产在资产负债表中也按照账面价值列示，账面价值即无形资产原值扣除累计摊销、无形资产减值准备后的余额。伊利股份拥有土地使用权、专利权、非专利技术、商标权等诸多无形资产，表 6-7 是伊利股份 2021 年不同类别无形资产账面价值的信息披露。其期末无形资产的账面原值为 220 958.01 万元，减去累计摊销 47 885.05 万元和减值准备 12 159.49 万元，无形资产的账面价值为 160 913.47 万元，列示于资产负债表的"无形资产"项目中。

表 6-7　　　　　　　　　伊利股份无形资产（2021 年 12 月 31 日）　　　　　　　单位：万元

项目	土地使用权	专利权	非专利技术	软件资料及开发	商标权	许可权	采矿权	客户关系	合计
一、账面原值									
1.期初余额	74 077.30	798.20	5 552.91	70 227.89	21 751.47	323.16	15 381.80	1 851.49	189 964.22
2.本期增加金额	32 983.25			17 488.82					50 472.07
（1）购置	23 439.84			16 847.90					40 287.74
（2）内部研发									
（3）企业合并增加	9 543.40			640.93					10 184.33
3.本期减少金额	16 607.08		293.94	433.30	1 892.97	24.02		226.96	19 478.28

项目	土地使用权	专利权	非专利技术	软件资料及开发	商标权	许可权	采矿权	客户关系	合计
（1）处置	31.06								31.06
（2）其他减少	16 576.02		2 939 422.79	433.30	1 892.97	24.02		2 269 587.02	19 447.22
4.期末余额	90 453.47	798.20	5 258.97	87 283.41	19 858.49	299.14	15 381.80	1 624.53	220 958.01
二、累计摊销									
1.期初余额	19 063.42	115.06	1 391.44	13 847.80		98.04	1 157.86	712.11	36 385.73
2.本期增加金额	2 401.38	43.15	333.97	7 756.11		15.01	909.82	396.33	11 855.77
（1）计提	1 672.16	43.15	333.97	7 405.35		15.01	909.82	396.33	10 775.80
（2）企业合并增加	729.21			350.76					1 079.97
3.本期减少金额	31.06		38.73	169.95		7.98		108.73	356.45
（1）处置	31.06								31.06
（2）其他减少			38.73	169.95		7.98		108.73	325.39
4.期末余额	21 433.74	158.20	1 686.68	21 433.97		105.07	2 067.68	999.71	47 885.05
三、减值准备									
1.期初余额									
2.本期增加金额					12 750.61				12 750.61
计提					12 750.61				12 750.61
3.本期减少金额					591.12				591.12
（1）处置									
（2）其他减少					591.12				591.12
4.期末余额					12 159.49				12 159.49
四、账面价值									
1.期末账面价值	69 019.73	640.00	3 572.28	65 849.44	7 699.01	194.07	13 314.12	624.82	160 913.47
2.期初账面价值	55 013.88	683.14	4 161.47	56 380.09	21 751.47	225.12	14 223.94	1 139.38	153 578.49

此外，开发支出和商誉在资产负债表中单独列示。其中，开发支出项目反映企业开发无形资产过程中能够资本化地形成无形资产成本的支出部分，根据"研发支出"所属的"资本化支出"明细科目期末余额填列。与无形资产不同，商誉的账面价值不分年度摊销，但需要在每年年末进行减值测试，如果商誉的账面价值高于其公允价值，表明商誉发生了减值，计提商誉减值准备。因此，期末资产负债表中的商誉按账面原值减去商誉减值准备后的余额填列。

此外，固定资产和无形资产的形成与处置会引起企业投资活动现金流量的变化。企业购建固定资产、取得无形资产支付的现金，包括购买固定资产所支付的现金、建造工程支付的现金、支付在建工程人员的工资等现金支出（不包括为购建固定资产、无形资产和其他长期资产而发生的借款利息资本化部分），属于"购建固定资产、无形资产和其他长期资产支付的现金"项目，导致现金流出企业；而企业出售固定资产、无形资产所取得的现金，减去为处置这些资产而支付的有关税费后得到的净额，属于"处置固定资产、无形资产和其他长期资产收回的现金净额"项目，形成投资活动的现金流入。

|会计与决策| 企业研发与可持续发展

研发投入能够促进科技创新与产业转型升级，从而推动经济发展。《2022 年全国科技经费投入统计公报》显示，我国 2022 年研发经费投入总量突破 3 万亿元，达 30 782.9 亿元，比上年增长 10.1%，研发经费投入强度（研发经费与 GDP 之比）为 2.54%，比上年提高 0.11 个百分点。许多企业的成功也取决于研发活动的开展，加大研发投入能够提升企业的技术创新能力，提高产品质量与附加值，增强市场竞争力，推动企业可持续发展。企业的利益相关者进行信贷或投资决策时，往往也会关注企业研发投入占销售收入的比重及变化趋势。

华为始终坚持创新驱动发展战略，其 2022 年度财务报告显示，截至 2022 年年底，华为研发人员超过 11.4 万名，占员工总数的 55.4%；全年研发投入达到 1 615 亿元，占全年销售收入的 25.1%，十年累计投入的研发费用超过 9 773 亿元。2003 年 8 月 29 日，华为突然发售 Mate 60 Pro 系列手机，该系列手机可以在没有地面网络信号的情况下，拨打和接听卫星电话，成为全球首款支持卫星通话的大众智能手机，在全球范围内收获了极高的关注度。次日，多只"华为概念股"大涨。

【笃行·致新】

6-1 第六章
思考与练习

第七章 采购与付款

【学习目标】

◇ 了解企业采购与付款业务的流程及支付结算方式；

◇ 解释增值税的一般原理及其会计核算；

◇ 界定材料采购成本的范围，记录实际成本法下材料采购的相关交易或事项；

◇ 解释材料成本差异账户的作用，记录计划成本法购入、发出材料的交易或事项；

◇ 实施货币资金内部管理；

◇ 编制银行存款余额调节表并解释其目的；

◇ 进行采购延期付款的处理，解释应付款项的披露方式。

【本章预览】

工业企业的生产经营活动分为采购（供应）、生产和销售三大环节，生产经营要素包括劳动力、劳动资料和劳动对象，生产过程就是劳动者借助劳动资料作用于劳动对象，生产出具有使用价值的产品的活动过程。原材料、半成品等是企业生产的劳动对象，厂房、机器设备、交通工具等是企业生产的劳动资料，而采购是获取这些劳动对象和劳动资料的重要途径。采购成本的高低直接影响企业的产品成本，最终影响企业利润。采购时货币结算或延期支付是企业获取经济资源的主要对价方式，影响企业资产与负债的变化。本章将主要讲述材料采购与付款业务核算，包括材料采购成本的确定及材料采购实际成本法与计划成本法的核算、现金支付及内部控制、延期付款的业务处理等。此外，增值税是企业商品交易中的一项重要的流转税，理解增值税原理、进行正确的会计核算有助于更好地开展税务核算与纳税申报。

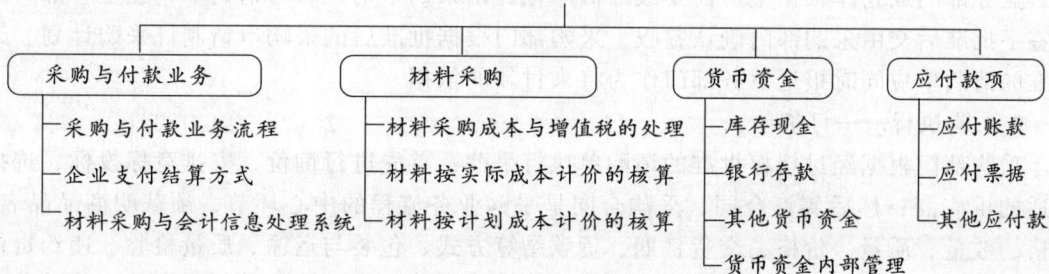

第一节　采购与付款业务

　　企业的生产经营除了需要机器设备、厂房、办公楼等长期资产外，还需要原材料、零配件和各种工具、器具。生产线一开动，这些生产资源必须样样到位，缺一不可，而获取这些资源的主要途径就是采购。其中，材料采购与付款是经营活动的首要环节，也是开展经营活动的前提。

一、采购与付款业务流程

　　采购是企业从供应市场获取商品或服务，以及企业在经营活动中为获取收入而发生的直接或间接的支出。固定资产购置作为企业的投资活动业务，其采购与管理通常由单独的资产管理部门负责，本章的采购主要指原材料、包装物、低值易耗品、劳务或其他支出等。虽然不同企业根据自身的管理需要制定不同的采购流程，可能涉及不同内容，但基本流程还是有一些共同之处。

　　以材料采购为例，采购与付款业务通常包括采购申请、采购执行、验收入库、货款结算等流程，涉及不同的业务部门，如图7-1所示。

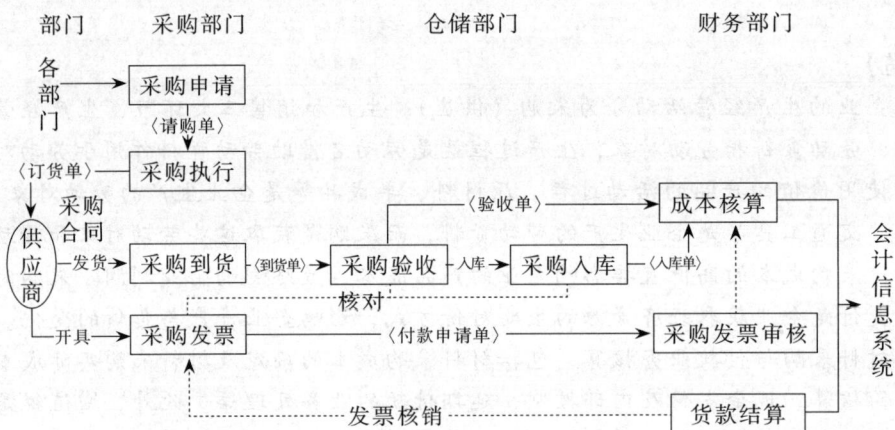

图7-1　企业采购与付款业务流程

　　1.采购申请——请购单

　　业务部门或仓库根据生产需要或最低库存提出采购申请，填写请购单，经主管部门经理签字批准后交由采购部门确认签收，采购部门根据批准后的采购申请制订采购计划。经批准的请购单应同时报送财务部门作为将来付款的依据。

　　2.采购执行——订货单

　　采购部门根据经过授权批准的请购单执行采购：首先进行询价，安排竞标投标，选择合适的供应商；然后签订合同，采购合同是采购业务流程的中心环节，须载明商品品名、规格、数量、质量、价格、交货日期、货款结算方式、包装与运输、质量检验、违约责任以及纠纷解决方式等，并提交法务部门审核盖章；最后由采购人员编制采购订货单，确认采购业务，并负责将采购商品运输到企业。订货单要正确填写所需商品的名称、规格、数量、价格、时间、厂商名称和地址等，预先予以编号，并经被授权的采购员签字。订货单应同时送至仓储部门作为将来验收的依据。

3.采购验收——入库单

采购到货后，采购部门要及时通知仓储部门验收入库。仓储（验收）部门根据采购订货单严格检查商品名称、数量、规格、质量、到货时间等是否相符，形成验收单，作为商品入库和保管的依据；对已进场的检验合格的商品建立"进出库台账"，填写入库单，入库单也是采购业务核算的原始凭证。

4.货款结算——付款申请单与结算单

采购部门将供应商开具的发票（增值税发票）与验收入库单核对无误后，填制付款申请单，连同请购单、订货单、采购合同和采购发票等有关凭证及时传递给财务部门，验收部门和仓储部门将验收单、入库单转交财务部门，财务部门对采购发票进行审核，审核无误后进行货款结算和存货（材料）成本核算。

采购业务必须经过请购、批准、订货、验收、货款结算等环节。采购业务的全过程不得由一个部门完全办理，相关部门之间应该相互牵制。其中，对采购业务进行财务监督与货款结算是财务部门的主要职责。财务部门应该根据采购订单、采购合同、验收入库单等有效付款文件，确认负债或支付货款。在确认负债或支付货款之前，应进行以下检查：

（1）与采购有关的原始凭证（如采购订单、采购合同、验收单、入库单、采购发票等）是否齐全、合法，重点检查相关人员在单证上的签字是否齐全；

（2）相关凭证内容是否一致，如不一致，应了解原因；

（3）是否有公司负责人批准签字的付款通知单；

（4）发票的折扣是否与合同要求相符，采购数量、价格、金额合计、税金的计算等是否正确。

此外，财务部门还应及时取得供货商的对账单，并定期与应付账款明细账相核对。如有差异，应查明原因，及时处理。

二、企业支付结算方式

与供应商之间的货款结算也是企业采购涉及的主要问题。按照《中华人民共和国现金管理暂行条例》的规定，结算起点[①]以上的资金需要通过银行转账结算（非现金支付），所以大多数企业之间的商品交易结算都是通过银行转账，现金交易只能在国家规定的范围内有限使用。

企业注册成立之初就会在银行开立基本存款账户，用于办理日常转账结算和现金收付，如现金存取、代发工资、资金收付、代收代缴等。一个企业只能在一家银行开立一个基本存款账户，但还可根据需要开立一般存款账户、专用存款账户、临时存款账户。企业在银行开立账户时需要在银行预留印鉴，即财务专用章和法人章。当企业需要通过银行进行对外支付时，先填写对外支付申请，申请必须有如上预留印鉴。银行经过核对，确认对外支付申请上的印鉴与预留印鉴相符，即可代企业进行支付。

根据我国《支付结算管理办法》，我国目前实行的是以"三票一卡"为主体的支付结算制度："三票"即票据结算，包括汇票（银行汇票、商业汇票）、本票和支票；"一卡"

---

① 《中华人民共和国现金管理暂行条例》规定，结算起点定为1 000元。结算起点的调整，由中国人民银行确定，报国务院备案。

指的是信用卡；还有"三方式"，即汇兑、委托收款和托收承付，如图7-2所示。其中，银行汇票、商业汇票、信用卡、汇兑、托收承付、委托收款可用于异地结算。

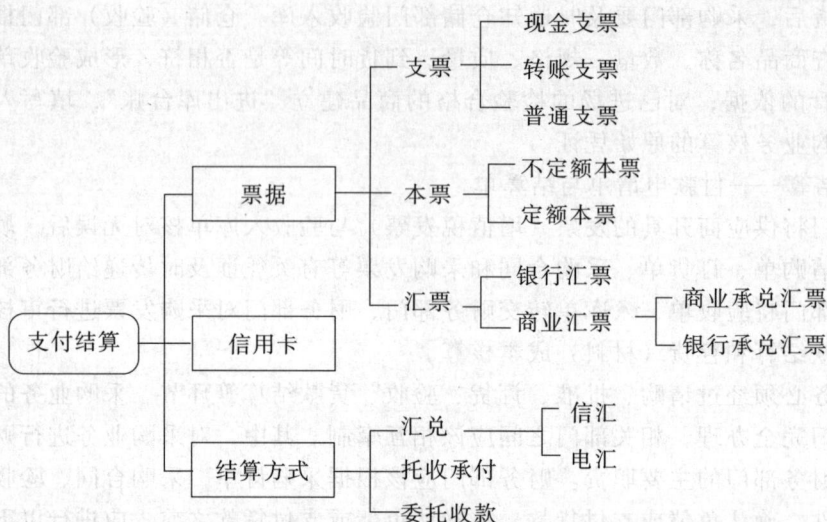

图7-2　支付结算工具与方式

　　随着互联网技术的纵深发展，网上银行被广泛使用，通过网上银行办理日常收款、付款、工资发放、银企对账、购买理财等业务活动成为出纳人员工作的主要内容。其中，网银付款业务是财务人员根据经OA审批的付款申请，通过企业网上银行完成款项支付操作，并下载银行付款回单作为记账依据（原始凭证）。根据支付对象的不同，付款事项分为对单位的款项支付和对个人（自然人）的款项支付，即对公转账和对私转账；付款内容包括支付供应商货款、支付服务商服务费用、支付员工工资和报销款等[①]。不同银行的网银付款流程是不同的，可以登录银行网站查询网银付款流程。

【博学·精思】
7-1中国工商银行网银付款流程

三、材料采购与会计信息处理系统

　　采购业务是企业生产经营活动的起点，采购支出从性质、数量和发生频率上看也是多种多样的。本章主要关注材料采购业务及其会计处理[②]。企业外购原材料，根据买价和采购费用确认相关的采购成本，反映在资产负债表的存货项目中。对原材料加工形成商品并对外销售，相应的销售成本经结转体现在利润表中，可见，材料采购成本的高低会影响企业的产品成本，进而影响利润表中的营业成本。同时，采购过程中货款通过现金或银行转账结算，涉及资产负债表的货币资金项目，采取赊购方式则会涉及资产负债表的应付款项（包括应付账款和应付票据）。从会计信息处理系统的角度而言，采购材料属于企业的经营活动，货款实际支付直接影响现金流量表中的经营活动的现金流出。材料采购与会计信息处理系统如图7-3所示。

---

　　① 需要说明的是，这里主要是指企业的主动付款事项，对于支付税费、员工社保和住房公积金等业务通常已经签署协议由银行代扣代缴的，不在此范围内。
　　② 除原材料外，企业还可能涉及采购包装物、低值易耗品等业务，采购包装物、低值易耗品所引起的资金运动与采购原材料基本一致，其价值计量也与原材料一样，可参考原材料核算。

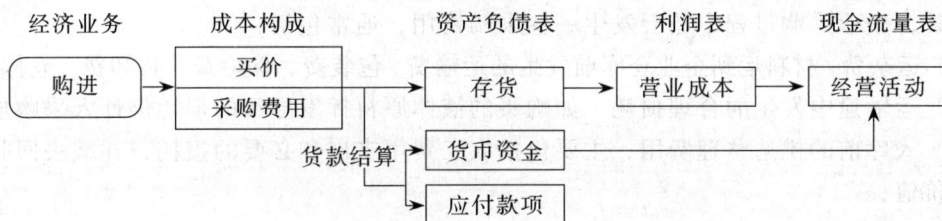

图7-3　材料采购与会计信息处理系统

第二节　材料采购

原材料是指企业在生产过程中经过加工改变其形态或性质并构成产品主要实体的各种原料及主要材料、辅助材料、燃料、修理用备件、包装材料、外购半成品等，如生产家具用的木材、纺纱用的原棉、炼钢用的铁矿石等。原材料是企业生产的主要物质要素，在生产过程中不断地被耗用、购买或重置、销售等，具有较强的流动性。因此，企业要有计划地采购材料，既要保证及时满足生产的需要，又要避免储备过多而造成不必要的资金占用。

一、材料采购成本与增值税的处理

企业在材料采购过程中，一方面从供应商处购进各种材料，确认入库材料的采购成本；另一方面按照经济合同和约定的结算方式支付采购价款和各项采购费用，与供应商进行货款结算。此外，材料采购还涉及增值税的计算与处理。

（一）材料采购成本

材料采购成本是采购过程中实际发生的费用，通常包括买价和采购费用两部分。其中买价是购货发票所注明的货款金额。表7-1是华诚纸业采购原料化学阔叶浆的电子发票（增值税专用发票），是记录原材料采购的重要原始凭证。增值税专用发票显示，华诚纸业从森博进出口贸易有限公司购进化学阔叶浆50吨，每吨单价6000元，金额300000元，即为材料的买价，是材料采购成本的主要部分。

表7-1　　　　**电子发票（增值税专用发票）**　　　　发票号码：略

开票日期：20×5年8月2日

购买方信息	名称：浙江华诚纸业有限责任公司 统一社会信用代码/纳税人识别号:91330185143737685M					销售方信息	名称：森博进出口贸易有限公司 统一社会信用代码/纳税人识别号:91120425681870502C		
项目名称	规格型号	单位	数量	单价	金额	税率		税额	
化学阔叶浆		吨	50	6 000	300 000.00	13%		39 000.00	
合　计					¥300 000.00			¥39 000.00	
价税合计（大写）	⊗叁拾叁万玖仟圆整						（小写）¥339 000.00		
备注									

开票人：郭鑫

此外，企业采购过程中还会发生一些采购费用，通常包括：

（1）运杂费，材料运到企业仓库前发生的运输费、包装费、保险费、装卸费、仓储费等；

（2）运输途中发生的合理损耗，如购买的液体原料挥发导致的损耗仍计入采购成本；

（3）入库前的挑选整理费用，主要包括人工费用支出和必要的损耗，并减去回收的下脚废料价值；

（4）按规定应计入采购成本的各项税费，如从国外采购材料的进口关税、购买材料发生的消费税以及不能从增值税销项税额中抵扣的进项税额等；

（5）其他费用。

值得注意的是，市内零星运杂费、采购人员的差旅费以及采购机构的经费等不构成材料的采购成本，而是计入期间费用。需要说明的几点是：

（1）如果企业一次性地采购多种材料，对于几种材料共同发生的采购费用，应按一定标准将其合理地分配至各种材料。某种材料的买价与其应该负担的采购费用之和为该种材料的总成本；某种材料的总成本除以材料采购数量为材料的单位成本。

（2）对于采购过程中发生的材料毁损、短缺等，合理的途中损耗应当作为材料采购费用直接计入材料采购成本，其他损耗不得计入材料采购成本；如果有从供应单位、外部运输单位等收回的物资短缺、毁损赔款等，应冲减材料采购成本。

（3）企业采购过程中取得增值税专用发票上注明的买价计入采购成本，但与买价直接相关的增值税税额属于价外税，不计入采购成本。增值税是采购过程中的一项重要核算内容。材料运输途中发生的损耗，除合理损耗应当计入材料采购成本外，能确定由过失人负责的，应向责任单位或过失人索取赔偿，不计入采购成本；而因自然灾害等发生的意外损耗，扣除保险赔偿款和可回收残值作价后的净损失计入营业外支出，属于无法收回的其他非合理损耗及损失，计入管理费用。

（二）增值税原理及其会计处理

根据《中华人民共和国增值税暂行条例》，在我国境内销售进口货物或者提供加工、修理、修配劳务以及应税服务的单位和个人，为增值税纳税人。按照经营规模大小和会计核算健全与否等标准，增值税纳税人可分为一般纳税人和小规模纳税人：一般纳税人的税率为13%，采取购进抵扣法计税；小规模纳税人的税率为3%，采用简易办法征收。

增值税是对货物或劳务在生产或交易过程中发生的增值部分征收的税，但在实际操作中并不是以增值额直接乘以税率计算缴纳增值税，而是采取间接计税的办法，如图7-4所示。

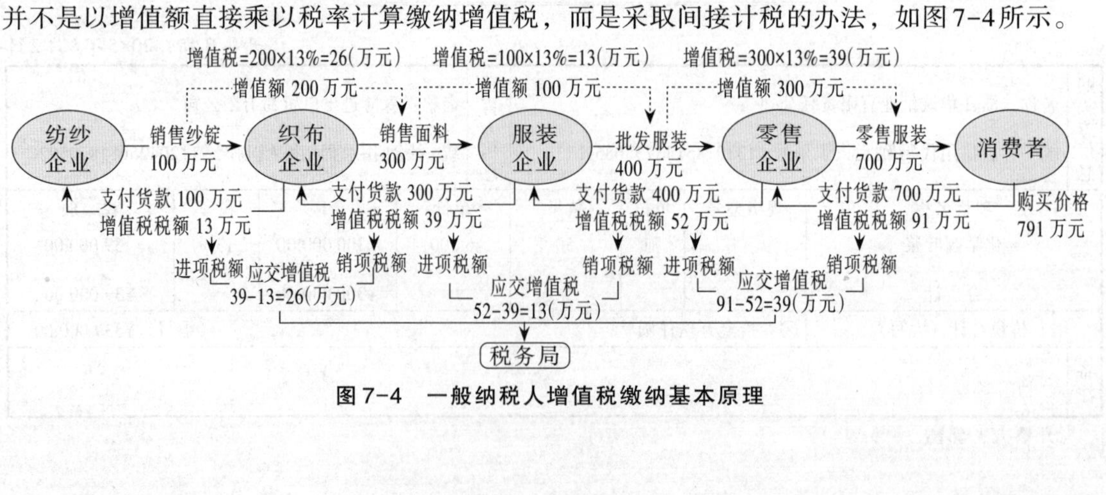

图7-4　一般纳税人增值税缴纳基本原理

对于增值税一般纳税人，织布企业从纺纱企业购入100万元纱锭，在支付货款的同时需要支付13万元（100×13%）的增值税作为进项税额（可以抵扣）。织布企业以纱锭为原料加工生产面料，以300万元的价格将其销售给服装生产企业，织布企业在向服装企业收取货款300万元的同时还要收取39万元（300×13%）的增值税。作为销项税额，这39万元并不是织布企业的收入，而是织布企业应交给税务机关的增值税。但由于购进纱锭时织布企业已支付了13万元进项税额，可以从销项税额39万元中抵扣，得到的差额26万元（39-13）是织布企业当期应缴纳的增值税税额。织布企业从购进原料到加工销售实现价值增值200万元（300-100），按13%的增值税率计算应交纳的增值税正是26万元（200×13%），即通过当期进项税额13万元抵扣销项税额39万元实现。同理，服装企业采购面料支付39万元的进项税额（织布企业的销项税额），利用这批面料继续生产加工出服装，又以400万元的价格销售给零售企业，收取货款的同时收取52万元（400×13%）的增值税销项税额，当期应交纳增值税13万元（52-39），也正等于按服装企业发生的增值额100万元（400-300）乘以税率13%计算出的当期应交的增值税。依此类推，零售企业当期应交纳的增值税为39万元（91-52）。

在整个供应链中，每个环节的纳税人都是根据销售货物或应税劳务的销售额和相应的税率计算销项税额，然后从中扣除上一环节已支付或承担的增值税税额，计算缴纳本环节的增值税税额，实现逐环节征税，逐环节扣税。增值税的计算公式为：

应交增值税=销项税额-当期准予抵扣的进项税额

其中，销项税额是纳税人在销售货物或提供应税劳务时，按照销售额和规定的税率计算向购货方或接受劳务方收取的增值税税额；进项税额是纳税人在购入货物或接受劳务时支付或承担的增值税税额。

由于一般纳税人的增值税采取逐环节征收、逐环节扣税，国家设计了增值税专用发票，加强对增值税的征收管理。增值税专用发票上的货款和增值税分开填写，纸质版通常一式三联（见表3-1、表3-2），在实务中也广泛采用增值税专用发票的电子发票形式（见表7-1）。在采购过程中，购买方只有取得增值税专用发票后方可实现进项税额的抵扣，否则当期的销项税额要全部作为当期应交增值税，加重了企业的税收负担。

增值税的应交及实际缴纳情况通过"应交税费"账户（负债类）下的"应交增值税"明细分类账户核算。该账户的借方登记企业购进材料等货物支付的进项税额和实际已经交纳的增值税税额等，贷方登记企业销售货物应收取的销项税额等。纳税人从销项税额中减去准予抵扣的进项税额后的差额，即为应向税务部门缴纳的增值税税额。期末余额若在该账户的贷方，反映企业当期应交未交的增值税税额；若在借方，则反映企业多交或尚未抵扣的增值税税额。"应交税费"账户结构如图7-5所示。

借	应交税费——应交增值税	贷
进项税额 已交纳的增值税税额等 期末余额：尚未抵扣的进项税额		销项税额等 期末余额：当期应交未交的增值税税额

图7-5　"应交税费——应交增值税"账户结构

小规模纳税人按照不含税销售额和规定的增值税征收率（3%）计算交纳增值税，销售货物或提供劳务时只能开具普通发票，不能开具增值税专用发票。小规模纳税人不享有进项税额抵扣的权利，其购进货物或接受应税劳务支付的增值税直接计入相关货物或劳务的成本。

（三）增值税发票查验

增值税发票是企业报销和记账的重要原始凭证。保证企业所接受的报销发票的真实性，是依法履行纳税义务、保障企业资产安全的关键。《中华人民共和国会计法》第十四条规定，会计机构、会计人员必须按照国家统一的会计制度规定对原始凭证进行审核，对不真实、不合法的原始凭证有权不予接受，并向单位负责人报告；对记载不准确、不完整的原始凭证予以退回，并要求按照国家统一的会计制度规定更正、补充。因此，对报销发票的查验至关重要。

在实务中，取得增值税发票的单位和个人可登录全国增值税发票查验平台（https://inv-veri.chinatax.gov.cn），对增值税专用发票、增值税普通发票、机动车销售统一发票和增值税电子普通发票的发票信息进行查验。纳税人还可以通过全国增值税发票查验平台下载增值税电子发票阅读器，查阅电子专用发票并验证电子签名以及电子发票监制章的有效性。

[博学·精思]

7-2 增值税发票查验操作

二、材料按实际成本计价的核算

如果企业经营规模较小，材料的收发业务不是很频繁，可以采用实际成本计价方法组织材料的收发核算，即材料收入、发出及结存均按实际成本计量、计算和报告。在实际工作中，不同的结算方式下，材料和发票账单等到达企业以及材料验收入库的时间可能一致，也可能不一致，相应的账务处理也会有所不同。如果材料和发票账单同时到达，材料也验收入库，可以直接通过"原材料"账户核算，该账户主要核算企业库存材料实际成本的增减变动和结余情况。其借方登记已验收入库材料的实际成本，贷方登记发出材料的实际成本（库存材料实际成本的减少），期末余额在借方，表示库存材料的实际成本。如果货款已经支付，但材料尚未到达或尚未验收入库，则先通过"在途物资"账户进行采购成本的归集，在所有材料和发票账单都到齐并验收入库后，再根据入库单将入库材料的实际成本从"在途物资"账户的贷方转入"原材料"账户的借方，该账户的期末余额表示尚未运达企业或者已经运达企业但尚未验收入库的在途材料成本。

【例 7-1】华诚纸业采用实际成本进行材料日常核算，20×5 年 8 月 2 日，其从森博进出口贸易有限公司购进化学阔叶浆 50 吨，每吨单价 6 000 元，金额合计 300 000 元，增值税税率为 13%，取得增值税专用发票（见表 7-1），全部款项已开出转账支票付讫（如图 7-6 所示），材料已验收入库。

在本例中，发票账单与材料同时到达企业，材料已验收入库，因此通过"原材料"账户核算。华诚纸业开出转账支票支付货款，通过银行转账结算，银行存款减少，编制会计分录：

借：原材料——化学阔叶浆　　　　　　　　　　　　　　　　　　　300 000
　　应交税费——应交增值税（进项税额）　　　　　　　　　　　　　39 000
　　贷：银行存款　　　　　　　　　　　　　　　　　　　　　　　　　　339 000

图7-6 中国建设银行转账支票

【例7-2】 20×5年8月5日,华诚纸业采用汇兑结算方式(如图7-7所示) 【博学·精思】 从江苏西华商贸公司购进化学针叶浆30吨,每吨单价8 000元,取得的增值 税专用发票上注明材料价款240 000元、增值税税率13%、增值税税额31 200 元,材料尚未到达。此外,华诚纸业支付银行电汇手续费15元。

7-3支票结算 方式

图7-7 银行电汇凭证

在本例中,由于材料尚未到达和未验收入库,应先通过"在途物资"账 【博学·精思】 户核算,待材料到达、入库后再根据入库单由"在途物资"账户转入"原材 料"账户。同时,企业采用电汇方式支付款项,银行存款减少,支付的银行 电汇手续费属于财务费用核算的内容,编制会计分录:

借:在途物资——化学针叶浆　　　　　　　　　　　　　240 000
　　应交税费——应交增值税(进项税额)　　　　　　　　 31 200
　　财务费用　　　　　　　　　　　　　　　　　　　　　　　 15

7-4汇兑结算 方式

　　　　　贷：银行存款　　　　　　　　　　　　　　　　　　　　　　　　　　　271 215

【例7-3】20×5年8月8日，华诚纸业通过网上银行向嘉兴裕丰纸业有限公司预付货款20万元，预定一批化学机械浆（假设暂不考虑转账手续费）。

这项经济业务的发生使公司预付订货款增加20万元，同时使公司银行存款减少，编制会计分录：

　　　　借：预付账款——裕丰纸业　　　　　　　　　　　　　　　　　　　　200 000
　　　　　贷：银行存款　　　　　　　　　　　　　　　　　　　　　　　　　　200 000

【例7-4】20×5年8月9日，华诚纸业从金华联科实业投资有限公司购入造纸填料：碳酸钙100吨，每吨单价600元；硫酸钡80吨，每吨单价400元。增值税专用发票上注明材料价款92 000元、增值税税率13%、增值税税额11 960元。联科实业代垫运费3 924元，运输专用发票注明运费价款3 600元，增值税税率9%，增值税税额324元。款项尚未支付，材料已验收入库。公司按照材料的数量比例进行运费分配。

购入材料过程中发生的采购费用，如果能分清是某种材料直接负担的，可直接计入该材料的采购成本，否则应按一定标准在各材料之间进行分配。分配时，根据材料的特点可以选择材料的重量、体积、买价等作为分配标准，计算采购费用分配率，进而计算每种材料各自应负担的采购费用。

材料采购费用分配率=共同性采购费用÷分配标准之和

某材料应负担的采购费用=该材料分配标准×材料采购费用分配率

在本例中，华诚纸业按照重量比例分配运费，运费分配表及材料成本计算见表7-2。

表7-2　　　　　　　　　　　材料采购运费计算分配表及采购成本计算

材料名称	数量（吨）	单价（元/吨）	金额（元）	运费分配率	应分配运费（元）	材料采购成本（元）
碳酸钙	100	600	60 000		2 000	62 000
硫酸钡	80	400	32 000		1 600	33 600
合计	180		92 000	20*	3 600	95 600

注：*材料运费分配率=3 600÷（100+80）=20（元/吨）

材料已经验收入库，库存材料增加，同时款项尚未支付，形成应付未付的款项，应付账款增加，编制会计分录：

　　　　借：原材料——碳酸钙　　　　　　　　　　　　　　　　　　　　　　62 000
　　　　　　　——硫酸钡　　　　　　　　　　　　　　　　　　　　　　　　33 600
　　　　　应交税费——应交增值税（进项税额）（11 960+324）　　　　　　　12 284
　　　　　贷：应付账款　　　　　　　　　　　　　　　　　　　　　　　　　107 884

【例7-5】20×5年8月11日，华诚纸业收到嘉兴裕丰纸业有限公司发来的化学机械浆40吨，随货物附来的增值税专用发票上注明单价5500元/吨、价款220 000元、增值税税率13%、增值税税额28 600元。除冲销原预付款200 000元外，不足款项通过网银转账立即支付。另发生运杂费800元（不考虑增值税），用现金支付。编制会计分录：

　　　　借：原材料——化学机械浆　　　　　　　　　　　　　　　　　　　　220 800
　　　　　应交税费——应交增值税（进项税额）　　　　　　　　　　　　　　28 600

　　　　　贷：预付账款　　　　　　　　　　　　　　　　　　　　　　200 000
　　　　　　　银行存款　　　　　　　　　　　　　　　　　　　　　　48 600
　　　　　　　库存现金　　　　　　　　　　　　　　　　　　　　　　　　800

　　【例7-6】20×5年8月11日，华诚纸业从江苏西华商贸公司购进的化学针叶浆到货，验收入库。

　　企业材料完成采购过程、验收入库后，由"在途物资"账户转入"原材料"账户，编制会计分录：

　　　　　借：原材料——化学针叶浆　　　　　　　　　　　　　　　240 000
　　　　　　　贷：在途物资——化学针叶浆　　　　　　　　　　　　　240 000

　　财务部门应核算入库材料的数量和金额，计算"原材料"（库存材料）入库的实际成本。原材料成本是计算领用、发出材料成本的基础，最终构成产品成本的主要部分。

|伦理、责任与可持续发展| 伊利股份ESG-环境（E）：低碳之路——始于原料获取

　　伊利股份积极应对气候变化，推进零碳未来计划，践行品牌社会责任，引领行业低碳发展。在采购端，推行以养带种、以种促养的生态农业模式，在牧场周边配套粗饲料种植基地，推广水肥一体化、液肥高效利用和农作物增产增效，将牧场粪污变废为宝，实现牧场内部生态循环，打造绿色低碳、可持续发展的"绿色智能牧场"；携手合作伙伴成立"零碳联盟"，促进供应链间的低碳合作，向供应商发放低碳倡议，与供应商联合推动建设低碳牧场，优化产品设计，使用低碳包装，构建绿色运输模式，以全生命周期考虑从产品结构上减少碳排放，打造可持续供应链。

　　资料来源：人民融媒体.看点解读：伊利双碳目标及路线图的四重价值〔EB/OL〕.〔2024-02-01〕. https://baijiahao.baidu.com/s? id=1730054167842515218&wfr=spider&for=pc.

三、材料按计划成本计价的核算

　　材料按实际成本计价核算能够比较全面、完整地反映材料实际占用资金的情况，准确地计算产品生产过程中所耗用的实际材料费用，但是对于材料种类较多、收发频繁的企业，核算工作量比较大。在实务工作中，对于材料收发业务较多并且计划成本资料较为健全、准确的企业，一般可以采用计划成本进行材料收发核算，也就是从材料的收、发凭证到总账及明细账均按计划成本登记，同时增设"材料成本差异"账户，用于核算材料实际成本与计划成本之间的差异额，并在会计期末对差异额进行分配，根据领料用途将其计入相关资产的成本或当期损益，从而将发出材料计划成本调整为实际成本。

　　材料按计划成本组织收发核算时，设置"材料采购"账户核算企业购入材料的实际成本和结转入库材料的计划成本，并据以计算、确认购入材料的成本差异额。该账户的借方登记采购材料的实际成本，贷方登记入库材料的计划成本。借方大于贷方表示材料采购超支，将其从"材料采购"账户的贷方转入"材料成本差异"账户的借方；贷方大于借方则表示采购节约，将其从"材料采购"账户的借方转入"材料成本差异"账户的贷方；期末为借方余额，表示在途材料的实际采购成本。"材料成本差异"账户则反映入库材料的实际成本与计划成本的差异，借方登记超支差异及结转发出材料应负担的节约差异，贷方登记节约差异及结转发出材料应负担的超支差异。"材料成本差异"账户的期末借方余额表示库存材料的实际成本大于计划成本（超支差异）；贷方余额表示库存材料的实际成本小于计划成本（节约差异）。"原材料"账户的借方登记入库材料的计划成本，贷方登记发出材料的计划成本，期末借方余额表示企业库存材料的计划成本。

举一个简单的例子说明按计划成本核算的原理。假设某企业通过银行转账购入一批甲材料100千克，单价11元/千克，实际采购价格为1 100元，该批材料的计划成本为10元/千克，每千克实际成本比计划成本超支1元，材料成本差异率为10%（（11-10）/10×100%），超支差异为100元。企业购进材料时，按实际成本1 100元记入"材料采购"账户的借方，同时支付银行存款1 100元（假设不考虑增值税）。当材料验收入库时，"原材料"账户的借方按计划成本1 000元登记入账，同时记入"材料成本差异"账户借方100元（超支差异），两个账户的借方合计数表明采购材料的实际支出为1 100元。假设企业当期因生产产品领用原材料60千克，一方面，"原材料"账户的贷方按计划成本登记发出材料成本600元（60×10），同时"生产成本"账户的借方按计划成本600元登记；另一方面，结转发出60千克材料的超支差异60元（600×10%），记入"材料成本差异"账户的贷方60元，同时记入"生产成本"账户的借方60元，这样"生产成本"账户登记的金额为660元，即将发出材料的计划成本调整为实际成本。"原材料"账户的期末借方余额表明库存材料计划成本为400元，加上"材料成本差异"账户借方余额40元的超支差异额，期末库存材料的实际成本为440元（400+40）。材料按计划成本计价核算的账户设置与核算原理如图7-8所示。

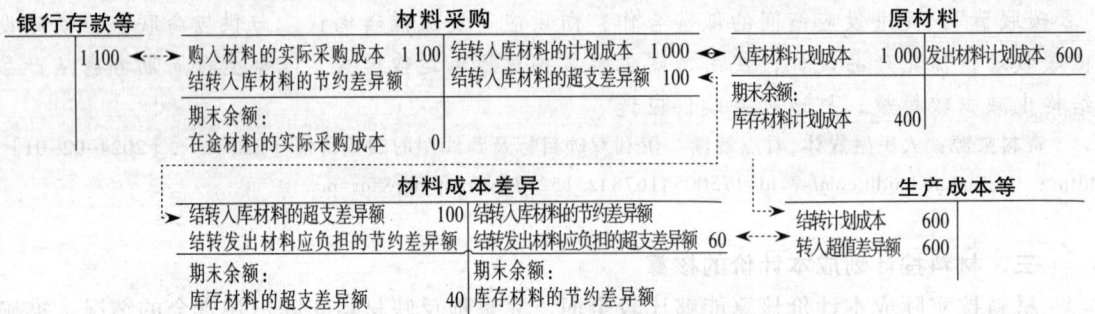

图7-8　材料按计划成本计价核算的账户设置与核算原理

【例7-7】星海制造有限公司原材料按计划成本计价核算。20×6年4月12日，其用银行存款购入甲材料5 000千克，增值税专用发票注明的价款为78 000元，增值税进项税额为10 140元；另用现金3 000元支付该批甲材料的运杂费。

本项经济业务的发生一方面使公司材料采购支出增加81 000元，其中买价78 000元、采购费用3 000元，增值税进项税额增加10 140元；另一方面公司银行存款减少88 140元，现金减少3 000元，编制会计分录：

借：材料采购——甲材料　　　　　　　　　　　　　　　81 000

　　应交税费——应交增值税（进项税额）　　　　　　　10 140

　　贷：银行存款　　　　　　　　　　　　　　　　　　　　88 140

　　　　库存现金　　　　　　　　　　　　　　　　　　　　3 000

20×6年4月15日，上述甲材料验收入库，其计划成本为80 000元。该批甲材料实际成本为81 000元，材料采购实际成本超出计划成本，形成超支差异额1 000元（81 000-80 000）。结转验收入库材料成本时，"材料采购"账户按实际成本81 000元结转（减少），"原材料"账户按计划成本增加80 000元，材料成本超支差异额1 000元记入"材料成本差异"账户的借方，编制会计分录：

借：原材料——甲材料　　　　　　　　　　　　　　　　　　80 000
　　材料成本差异　　　　　　　　　　　　　　　　　　　　　1 000
　　贷：材料采购——甲材料　　　　　　　　　　　　　　　　　　81 000

如果本例中甲材料的计划成本为83 000元，则可以确定甲材料成本的节约差异额为2 000元（83 000-81 000），编制会计分录：

借：原材料——甲材料　　　　　　　　　　　　　　　　　　83 000
　　贷：材料采购——甲材料　　　　　　　　　　　　　　　　　　81 000
　　　　材料成本差异　　　　　　　　　　　　　　　　　　　　2 000

进一步地，企业采用计划成本对材料进行日常核算的情况下，通常在期末根据领料单编制"发出材料汇总表"，结转发出材料的计划成本，按计划成本分别记入"生产成本""制造费用""销售费用""管理费用""其他业务成本""委托加工物资"等相关账户[①]，贷记"原材料"账户。

假设星海制造公司当期因生产产品领用的甲材料计划成本为150 000元，采用计划成本进行材料日常核算，发出材料时编制会计分录：

借：生产成本　　　　　　　　　　　　　　　　　　　　　150 000
　　贷：原材料——甲材料　　　　　　　　　　　　　　　　　　150 000

根据《企业会计准则第1号——存货》的规定，企业日常采用计划成本核算的，发出的材料成本应由计划成本调整为实际成本，通过"材料成本差异"账户进行结转，按照发出材料的用途，分别记入"生产成本""制造费用""销售费用""管理费用""其他业务成本""委托加工物资"等相关账户。发出材料应负担的成本差异应当按期（月）分摊，不得在季末或年末一次计算。

假设星海制造公司期初库存甲材料的计划成本为120 000元，材料成本差异额为超支差异2 000元。期末计算确定发出的材料应负担的差异额，并予以结转。

$$本期材料成本差异率 = \frac{月初库存材料成本差异额 + 本月购入材料成本差异额}{月初库存材料计划成本 + 本期入库材料计划成本} \times 100\%$$

发出材料应负担的成本差异额=发出材料计划成本×本期材料成本差异率

计算甲材料成本差异率：

$$甲材料成本差异率 = \frac{2\,000 + 1\,000}{120\,000 + 80\,000} \times 100\% = 1.5\%$$

发出材料应负担的差异额=150 000×1.5%=2 250（元）

结转发出材料应负担的差异额时，应借记"生产成本"等账户（节约差用红字表示或记入贷方），贷记"材料成本差异"账户（节约差用红字表示或记入借方）。本例结转发出材料的超支差异编制的会计分录为：

借：生产成本　　　　　　　　　　　　　　　　　　　　　　2 250
　　贷：材料成本差异　　　　　　　　　　　　　　　　　　　　2 250

企业的"原材料""在途物资"账户的期末余额记入资产负债表的"存货"项目，原

---

① 生产领用原材料的业务处理将在第八章具体介绍。

材料采用计划成本法核算的企业，根据"材料采购""材料成本差异"明细账户的期末余额分析填列"存货"项目。原材料入账成本的高低影响企业生产的产品成本，并通过销货成本结转反映在利润表的"营业成本"项目中。与采购材料相关的款项支付属于经营活动的现金流量，主要记入现金流量表的"购买商品、接受劳务支付的现金"项目。

第三节　货币资金

货币资金是企业生产经营过程中处于货币形态的资产，包括库存现金、银行存款和其他货币资金，是流动性最强的资产。企业各项采购支出，无论采取何种货款结算方式，最终都要通过货币资金完成支付。持有适当数量的货币资金是企业开展生产经营的基本条件。做好货币资金的核算与管理，对合理使用货币资金、加速资金周转、保证资金安全具有重要作用。

货币资金是企业重要的流动资产，表7-3列示了伊利股份2021年12月31日货币资金的构成及金额。从表7-3可以看出，伊利股份的货币资金为317.42亿元，比上年增加200亿元，占流动资产的比重为3.16%。本年货币资金的增加主要是本期非公开发行股票募集资金及银行借款增加所致。

表7-3

伊利股份货币资金

2021年12月31日

金额单位：万元

项目	期末余额	期初余额
库存现金	8.18	9.02
银行存款	3 118 975.15	1 135 426.67
其中：未到期应收利息	18 031.24	5 876.55
其他货币资金	55 253.76	34 082.71
合计	3 174 237.09	1 169 518.40
其中：存放在境外的款项总额	158 344.54	415 259.44
占流动资产比重	3.16%	14.63%

一、库存现金

通常把存放于企业财务部门、由出纳人员经管的货币称为库存现金，简称现金，主要用于满足企业的日常零星开支。现金是企业必不可少的一项资产，流动性最强，也是最容易发生差错或被挪用、侵吞的。因此，国务院发布《现金管理暂行条例》，明确了现金管理和监督的主要内容。

（一）现金使用范围

企业可以使用现金支付的款项包括：

（1）职工工资、津贴；

（2）个人劳务报酬；

（3）根据国家规定颁发给个人的科学技术、文化艺术、体育等各种奖金；

（4）各种劳保、福利费用以及国家规定的对个人的其他支出；

（5）向个人收购农副产品和其他物资的价款；

（6）出差人员必须随身携带的差旅费；

（7）结算起点（1 000元）以下的零星支出；

（8）中国人民银行确定需要支付现金的其他支出。

除上述情况之外，其他的款项支付应通过银行转账结算。

（二）现金限额

现金主要是为满足企业日常零星开支需要而留存于企业，留存的最高限额由企业开户银行根据企业实际需要核定，一般按照企业3~5天的日常零星开支所需确定。边远地区和交通不便地区的开户单位的库存现金限额可以多于5天，但不得超过15天的日常零星开支。对于经核定的库存现金限额，企业必须严格遵守，每日现金结存额不得超过核定限额，超过部分应及时送存银行。需要增加或者减少库存现金限额的，应当向开户银行提出申请，由开户银行核定。

（三）现金收支管理

企业在办理现金收支业务时，应当遵守以下规定：

（1）企业现金收入应当于当日送存开户银行。当日送存确有困难的，由开户银行确定送存时间。

（2）企业支付现金，可以从企业库存现金限额中支付或者从开户银行提取，不得从本单位的现金收入中直接支付（即坐支）。因特殊情况需要坐支现金的，应当事先报经开户银行审查批准，由开户银行核定坐支范围和限额。企业应当定期向开户银行报送坐支金额和使用情况。

（3）企业从开户银行提取现金，应当写明用途，由本单位财会部门的负责人签字盖章，经开户银行审核后，予以支付现金。

（4）因采购地点不固定、交通不便、生产或者市场急需、抢险救灾以及其他特殊情况必须使用现金的，开户单位应当向开户银行提出申请，由本单位财会部门负责人签字盖章，经开户银行审核后，予以支付现金。

（四）现金日常核算

企业设置"库存现金"账户反映和监督企业现金的收入、支出和结余情况，借方登记库存现金的增加，贷方登记库存现金的减少，期末借方余额反映企业实际持有的库存现金余额。

为了全面、连续地反映和监督库存现金的收支和结存情况，企业应当设置库存现金总账和日记账进行核算，由出纳人员根据收、付款凭证，按照经济业务发生顺序逐日逐笔登记。每日终了，计算出库存现金日记账中当日现金收入合计额、现金支出合计额和结余额，并与实际库存现金金额相核对，保证账实相符。月末，库存现金日记账余额应当与库存现金总账余额核对，做到账账相符。

（五）现金清查

为保证库存现金的安全完整，企业应当按规定对库存现金进行定期和不定期的清查。现金清查通常采用实地盘点法，编制"库存现金盘点报告表"，将盘点金额与库存现金日记账的余额进行核对。对冲抵库存现金的借条、未提现支票、未作报销的原始凭证，在库存现金盘点报告表中予以注明，如果盘点金额与库存现金日记账余额存在差异，需要查明原因并报经财务经理批准后进行财务处理。

【例7-8】华诚纸业的出纳人员张烨在20×5年12月31日临近下班时结出当日库存现金日记账余额3 800元，但通过盘点发现保险柜的实际现金是3 950元。据此编制库存现金盘点报告表，见表7-4。

表7-4

库存现金盘点报告表

单位名称：华诚纸业　　　　　　　　　20×5年12月31日　　　　　　　　　　　　单位：元

实存金额	账存金额	实存与账存对比		备注
		现金长款	现金短款	
3 950	3 800	150		

盘点人员签章：张烨　　　　　　　　　　　　出纳员签章：张烨

根据库存现金盘点报告表，如果账实不符，发现有待查明原因的现金短缺或溢余，应先通过"待处理财产损溢"账户核算。

根据表7-4，华诚纸业出纳人员盘点发现现金长款，应编制会计分录：

借：库存现金　　　　　　　　　　　　　　　　　　　　　　　　　　150

　　贷：待处理财产损溢——待处理流动资产损溢　　　　　　　　　　　150

若经反复核查，现金长款150元系应付给职工李宁的款项，经批准后编制会计分录：

借：待处理财产损溢——待处理流动资产损溢　　　　　　　　　　　　150

　　贷：其他应付款——李宁　　　　　　　　　　　　　　　　　　　150

若无法查明现金长款原因，将其记入"营业外收入"账户。

对于库存现金短缺也要查明原因，进行相应的账务处理。如果短缺为责任人造成，应由其负责赔偿，记入"其他应收款"账户；如果短缺是由于非常损失造成，记入"营业外支出"账户；如果是无法查明的其他原因造成的，根据管理权限，经批准作为"管理费用"处理。

二、银行存款

企业设置"银行存款"账户以反映和监督企业银行存款的收入、支出和结余情况，借方登记银行存款的增加，贷方登记银行存款的减少，期末借方余额反映企业实际持有的银行存款余额。企业同样设置银行存款总账和日记账开展核算。根据银行收、付款凭证，按照业务发生顺序逐日逐笔登记银行存款日记账，每日终了，结出余额。

企业交易过程中的大部分款项通过企业在银行开立的账户划转，银行会定期寄给企业银行存款对账单，以核对银行存款的收入、付出和结余的记录是否正确。如果银行存款日记账与银行对账单不一致，导致差异形成的原因不一定是记账错误，可能是存在"未达账项"，即企业与银行之间由于凭证传递时间的不同，而导致双方记账时间不一致，即一方已经接到有关结算凭证并登记入账，而另一方由于尚未接到有关结算凭证而未登记入账的款项。例如，企业开出现金支票时记录了银行存款账户减少，但支票的有效期为10天，经办人员可能没有及时到银行去办理，就会造成银行方面没有同步记录该笔款项减少而出现差异；又如，企业支付日常水电费，银行在接到委托扣款通知后，直接将该款项从公司账户中支付并扣除，随后通知企业，企业再做付款记录，这期间的时间间隔也可能导致双方的记账时间存在差异。未达账项通常有四种情况：

（1）企业已收，银行未收；

（2）企业已付，银行未付；

（3）银行已收，企业未收；

（4）银行已付，企业未付。

如果存在未达账项，可编制"银行存款余额调节表"予以调整。"银行存款余额调节表"的编制应在企业银行存款日记账余额和银行对账单余额的基础上，分别加减未达账项，计算调整后的双方余额。如果不存在记账错误，调整后的双方余额应该相符，这也是企业当期实际可以动用的款项。其计算公式如下：

$$\frac{企业银行存款}{日记账余额}+\frac{银行已收企业}{未收款项}-\frac{银行已付企业}{未付款项}=\frac{银行对}{账单余额}+\frac{企业已收}{银行未收款项}-\frac{企业已付}{银行未付款项}$$

【例7-9】20×5年12月15日，华诚纸业的出纳张烨在核对账目时发现，银行存款日记账账面余额为252 600元，而银行对账单上的企业存款余额为269 600元。张烨将银行对账单上的每笔存款增减记录与银行存款日记账上的记录进行核对后发现：

（1）12月12日，企业开出转账支票56 000元支付购货款，持票人尚未到银行办理转账，银行尚未登账。

（2）12月13日，企业委托银行代收款项35 000元，银行已收款入账，但企业未接到银行的收款通知，因而未登记入账。

（3）12月13日，企业送存购货单位签发的70 000元转账支票，企业已登账，银行未登账。

（4）12月14日，银行代企业支付水电费4 000元，企业尚未接到银行的付款通知，故未登记入账。

根据上述资料编制银行存款余额调节表，见表7-5。

表7-5　　　　　　　　　　　银行存款余额调节表
20×5年12月15日　　　　　　　　　　　　单位：元

项　目	金　额	项　目	金　额
企业银行存款日记账余额	252 600	银行对账单余额	269 600
加：银行已收企业未收	3 500	加：企业已收银行未收	70 000
减：银行已付企业未付	4 000	减：企业已付银行未付	56 000
调节后的存款余额	283 600	调节后的存款余额	283 600

"银行存款余额调节表"的编制是银行存款清查的方法，只起到对账作用，不能作为调节账面余额的原始凭证。银行存款日记账的登记应在收到有关原始凭证后再进行。

在实务中，企业可以通过网上银行系统实现银企对账。仍以工商银行网银为例，进入电子银行首页后，点击"账户管理"-"银企对账"，进入银企对账窗口可以看到是否完成银企对账，如果没有完成银企对账，点击账号，提示对账时间和账户余额，选择"余额已平"，完成后，则提示已经完成对账。

三、其他货币资金

从伊利股份的资产负债表可以看出，除库存现金、银行存款外，2021年12月31日公司还存在"支付易"在途资金、存出投资款、担保保证金、存放在中央银行的法定存款准备金、信用证保证金等其他货币资金，共计5.53亿元。为反映和监督其他货币资金的收支和结存情况，企业通常设置"其他货币资金"账户。该账户借方登记其他货币资金的增加，贷方登记其他货币资金的减少，期末余额在借方，反映企业实际持有的其他货币资金金额。

四、货币资金收支管理

货币资金是企业流动性最强的资产，货币资金管理不善是导致企业破产的常见原因之一，企业必须做好有效的货币资金收支管理。

（1）岗位分工与授权审批。做到货币资金收支与记账岗位分离，明确相关部门的职责权限。确保办理货币资金业务的不相容岗位分离、相互制约与监督。出纳人员不得兼任稽核、会计档案保管工作，以及收入、支出、费用、债权、债务账目等的登记工作，更不得由一人办理货币资金业务的全部过程。严格货币资金办理业务的授权审批制度，明确审批人对货币资金业务授权的审批方式、权限、程序、责任等，经办人按照审批人的审批意见办理货币资金业务，对于超越授权范围审批的货币资金业务，经办人有权拒绝办理，并及时向审批人上级授权部门汇报。

（2）货币资金收支计划与控制。做好货币资金收入计划，满足到期支付需求。在销售回款过程中，适当采取提供折扣优惠的政策加快应收账款的回收；在货款支付上，在不损害企业信誉的前提下，可考虑延迟支付，尽量在信用期限的最后一天支付款项，更好地利用商业信用融资。

（3）闲置资金利用。风险与收益是对等的，企业保有大量的货币资金虽然减少了经营风险，但也同时减少了资金收益。将闲置资金进行适当投资，尤其是将季节性、周期性经营活动产生的超额资金进行短期投资，能够赚取收益。超出正常经营活动所需的资金也可投资在厂房、库存等生产性资产上，以扩大生产规模。

"库存现金""银行存款""其他货币资金"账户的期末借方余额合计数填列在资产负债表的"货币资金"项目中，资产负债表中当期期末货币资金较期初货币资金的变化反映企业当期的现金净增加额，与现金流量表的"现金及现金等价物净增加额"项目具有钩稽关系。

|会计与决策| 现金持有：流动性与收益性之间的权衡

现金（货币资金）是企业流动性最强的资产，可以满足企业经营开支的各种需要，对保持企业经营稳定、降低风险水平具有重要意义。但是，现金属于非盈利性资产，即使是银行存款，其存款利率也非常低，而且企业持有太多现金，会增加持有现金的机会成本（持有现金而放弃的将其投资于其他机会所能获得的收益，如投资于有价证券而带来的利息或股息收入等），降低企业收益。因此，公司现金管理的目标就是在资产的流动性和收益性之间进行权衡，在保证企业正常经营所需现金支付的前提下，可以将闲置资金投资于安全性和流动性相对较好的金融资产，提高现金使用效率，获得一定的投资效益，为企业和股东获取更多的投资回报。

第四节　应付款项

应付款项是企业生产经营活动过程中因采购商品物资、原材料、接受劳务供应等，应付未付供应商的款项，包括应付账款、应付票据和其他应付款等。表7-6列示了伊利股份应付款项的构成及金额。与期初相比，伊利股份本期应付款项增加27.83亿元，这是企业短期资金来源的一部分。其中，应付账款是企业应付款项的主要部分，期末占比78.45%，其次是其他应付款，应付票据主要是尚未归还的银行承兑汇票。

表7-6
伊利股份应付款项
2021年12月31日   单位：万元

项目		期末余额	期初余额
应付账款	原辅材料等货款	758 259.92	635 299.05
	营销及运输费	341 217.39	268 690.36
	工程及设备款	179 483.47	149 086.44
	其他	86 990.89	84 570.90
	小计	1 365 951.67	1 137 646.75
应付票据	银行承兑汇票	40 214.73	25 916.97
其他应付款		335 064.55	299 390.21
合计		1 741 230.95	1 462 953.93

一、应付账款

应付账款是购销双方进行商品交易时，购货方收到货物后不立即支付货款，也不出具凭据，而是形成"欠账"，延迟一定时期后才付款。企业设置"应付账款"账户核算应付而尚未支付的款项。该账户属于负债类账户，贷方登记企业赊购货物或接受劳务等而形成的应付账款的增加，借方登记应付账款的减少，余额一般在贷方，反映企业尚未支付的应付账款余额。

通常，供应商在与购货方签订合同时会约定一个付款期限，如30天之内付款。有时为了尽快收回货款，供应商还会给予一定的优惠——现金折扣，在国际商务中已形成一种固定的表达方式，即"折扣/付款期限"。如果合同中标明付款条件为"2/10，1/20，n/30"，就说明销货方给予的信用期限为30天，如果付款方在10天之内付款就可以享受2%的折扣；如果超过10天，在20天内付款可享受1%的折扣；超过20天，须在30日内付全款，不享受折扣。当购货方选择提前付款而得到现金折扣的优惠，按照现行财务会计制度的规定可以冲减财务费用。

【例7-10】华诚纸业与森茂进出口贸易有限公司签订一份购货合同，合同价款10万元，付款条件是"2/10，n/30"。公司适用的增值税税率为13%，现金折扣只针对货款部分，货物作为原材料已验收入库。

（1）华诚纸业购货时：

借：原材料	100 000	
应交税费——应交增值税（进项税额）	13 000	
贷：应付账款		113 000

（2）如果公司选择在10天内付款，则享受2%的折扣，折扣2 000元（100 000×2%）计入财务费用，实际支付111 000元（98 000+13 000）：

借：应付账款	113 000	
贷：银行存款		111 000
财务费用		2 000

（3）如果客户在11~30天内付款，则需支付全款：

借：应付账款	113 000	
贷：银行存款		113 000

|会计与决策| 是否延期支付货款？

应付账款是一种典型的商业信用形式，供应商可以利用这种方式进行促销，而对于购货方而言，延期付款相当于向销货方借用资金购进商品，以满足短期资金需要，属于企业短期的资金融通。如果供应商不提供现金折扣，购货方在信用期限内的任何时间支付货款均无代价；如果供应商提供现金折扣，购货方在折扣期限内支付货款也没有成本，即"免费"筹资。但如果购货方延迟付款，或放弃现金折扣，在折扣期限外支付货款，则为有代价筹资。

放弃现金折扣的实际利率（或机会成本）可以根据下式计算：

$$放弃现金折扣的实际利率 = \frac{折扣率}{1-折扣率} \times \frac{360}{信用期限-折扣期限}$$

以华诚纸业上述赊购业务为例，就货款100 000元而言（不考虑增值税），如果华诚纸业在10天内付款，可获得最长10天的免费筹资额98 000元（100 000-2 000），享受现金折扣2 000元。如果公司放弃这笔折扣，在第30天付款，付款总额为100 000元，意味着公司推迟付款20天需要多支付2 000元。这可以看作一笔98 000元的借款，期限20天，利息2 000元，那么，20天借款的实际利率为2.04%[（2 000/98 000）×100%]，按一年360天计算，年利率为36.73%（2.04%×360/20），或按上述公式计算如下：

$$放弃现金折扣的实际利率 = \frac{2\%}{1-2\%} \times \frac{360}{30-10} = 36.73\%$$

这说明如果公司放弃现金折扣，以取得这笔为期20天的资金使用权，是以承担36.73%的年利率为代价的。如果公司通过其他渠道融通资金的成本低于这一水平，公司就应该提前支付这笔应付款，享受现金折扣的优惠。

值得注意的是，延期付款无偿占用供应商资金或者降低筹资成本，但由此也可能带来一定的潜在风险或筹资成本，主要包括：

①信用损失。如果公司过度延期支付应付账款或严重违约，会使公司信用等级下降。

不良的信用等级会影响公司与金融机构或其他供应商的关系。

②利息罚金。有些供应商可能会向延期付款的客户收取一定的利息罚金，或将逾期应付账款转为带息票据，如应付票据或本票。

③停止供货。拖欠货款会使供应商停止或推迟供货，导致企业因停工待料而丧失生产或销售机会。

④法律追索。供应商可能采取某些法律手段，如对公司所购原材料保留留置权或诉诸法律迫使企业付款，严重的可能被要求破产清算。

二、应付票据

应付票据是购销双方按购销合同进行商品交易，因延期付款而签发的，反映债权债务关系的一种商业汇票，包括商业承兑汇票和银行承兑汇票。其中，商业承兑汇票是由收款人签发，经付款人承兑或由付款人签发并承兑的票据；银行承兑汇票是由承兑申请人签发，由承兑申请人向开户银行申请，经银行审查同意，并由银行承兑的票据。商业汇票承兑后，承兑人（即付款人）负有将来无条件支付票款的责任，经承兑的商业票据允许背书转让。

我国的商业汇票应付票据可以带息，也可以不带息，付款期限一般不超过6个月，因此，应付票据作为企业流动负债进行管理与核算，并列示于资产负债表的"流动负债"项目。企业未到期的商业汇票通过"应付票据"账户核算，贷方按面值登记开出、承兑汇票的增加，借方登记实际支付票据的金额，即应付票据的减少，期末余额在贷方，反映企业尚未到期的商业汇票的票面金额。

【例7-11】承【例7-10】，假设华诚纸业开出并承兑一张金额113 000元、期限3个月、票面利率2%的商业汇票，支付森茂进出口贸易有限公司的货款（材料）。

（1）开出并承兑商业汇票购入货物时：

借：原材料　　　　　　　　　　　　　　　　　　　　　　100 000
　　应交税费——应交增值税（进项税额）　　　　　　　　　13 000
　　贷：应付票据　　　　　　　　　　　　　　　　　　　　　113 000

（2）3个月票据到期时：

由于该票据是带息票据，到期时要计算并支付相应的利息，利息为2 260元（113 000×2%），计入财务费用。

借：应付票据　　　　　　　　　　　　　　　　　　　　　113 000
　　财务费用　　　　　　　　　　　　　　　　　　　　　　　2 260
　　贷：银行存款　　　　　　　　　　　　　　　　　　　　　115 260

三、其他应付款

除商品交易外，企业经营过程中还会发生其他应付、暂收的款项，如应付包装物押金、存入保证金、职工统筹退休金，以及应付、暂收其他单位或个人的款项等。

企业应设置"其他应付款"账户核算其他应付款的增减变动及结余情况。该账户贷方登记发生的各项应付、暂收款项，借方登记偿还或转销的各项应付、暂收款项，期末贷方余额反映企业应付未付的其他款项。

【博学·精思】
7-5商业汇票结算方式流程

【例7-12】华诚纸业20×6年4月5日出借给鸿文纸业有限公司一批包装物，收到押金3 000元，编制会计分录：

借：银行存款   3 000
  贷：其他应付款   3 000

假设4月20日，鸿文纸业有限公司退还该批包装物，华诚纸业退还押金，编制会计分录：

借：其他应付款   3 000
  贷：银行存款   3 000

此外，企业在采购过程中还可能按照购货合同预先支付货款或购货定金，设置"预付账款"账户进行核算。该账户的借方登记企业向供货商预付的货款，贷方登记企业收到所购货物而冲销的预付货款。该账户期末余额通常在借方，反映企业向供货单位预付而尚未发出货物的预付货款；如出现贷方余额，则反映企业尚未补付的货款。

预付账款是预先付给供应商的款项，是企业债权的组成部分，属于企业的一项流动资产，列示在资产负债表中，但若预付账款账户所属明细账期末有贷方余额，应在资产负债表的"应付账款"项目填列。"应付账款""应付票据""其他应付款"账户的期末贷方余额分别填列在资产负债表下流动负债的相应项目中。同样，"应付账款"账户所属明细账的期末余额若出现借方余额，在资产负债表的"预付账款"项目填列。

|伦理、责任与可持续发展| 伊利股份ESG-社会（S）：供应商协同发展

伊利股份在行业内率先推行"全生命周期"供应商管理模式，从供应商开发、分类、绩效、能力提升、关系管理、风险管理及退出管理等7个方面建立系统的管理机制，加强与供应商的密切合作，共同履行企业社会责任，构建可持续的产业链。

伊利股份的战略供应商享有在伊利新工厂周边配套建厂的优先权。配套建厂不仅能缩短运输距离、促进深度合作，也能帮助供应商实现业务规模增长、产能扩大和营收增加。2006年伊利股份与厦门吉宏公司建立合作关系。作为伊利股份的战略合作伙伴，吉宏公司以伊利生产工厂为依托陆续建立9家生产工厂，获得快速健康的发展机遇和稳定的合作份额，其营收从最初的6 000万元增长到2022年的50亿元。

资料来源：新浪财经.伊利股份：2022年度可持续发展报告［EB/OL］.［2024-02-01］.http：//vip.stock.finance.sina.com.cn/corp/view/vCB_AllBulletinDetail.php？stockid=600887&id=9144525.

［笃行·致新］

7-6第七章
思考与练习

第八章 生产与存货

081

【学习目标】

◇ 了解企业生产业务流程和产品工艺流程，界定生产费用与产品成本；

◇ 界定职工薪酬，计算、记录短期职工薪酬；

◇ 归集制造费用并进行分配；

◇ 按程序计算完工产品成本，进行入库产品成本结转；

◇ 理解先进先出法、加权平均法及个别计价法的成本流转假设及其对财务报表的影响；

◇ 分别在永续盘存制和实地盘存制下，使用先进先出法、加权平均法及个别计价法计算期末存货和发出存货的成本；

◇ 进行存货清查，记录存货的盘盈、盘亏；

◇ 使用成本与可变现净值孰低法进行期末存货计价，记录存货跌价准备；

◇ 掌握销售成本与期末存货成本在会计报表中的列示及对报表项目的影响。

【本章预览】

生产过程是工业企业经营活动的重要环节，从原材料投入到最终生产出产成品，会发生各种各样的耗费，包括材料费用、人工费用（职工薪酬）和间接费用。正确核算这些生产费用以确定产品成本是生产环节核算的主要内容。无论是生产耗用的原材料，还是加工完成的产成品，乃至于正在加工尚未完工的在产品等都属于企业存货，所以本章在产品成本核算的基础上进一步研究和分析存货的会计核算问题，包括存货盘存制度、不同存货成本流转假设下的发出存货计价、存货清查、成本与可变现净值孰低法的期末存货计价以及相关报表项目列示，这些存货核算的原则与方法同样适用于商业企业。存货计价与销货成本的确定与分析有助于评价企业的流动性和盈利能力，对企业管理者和外部信息使用者至关重要。

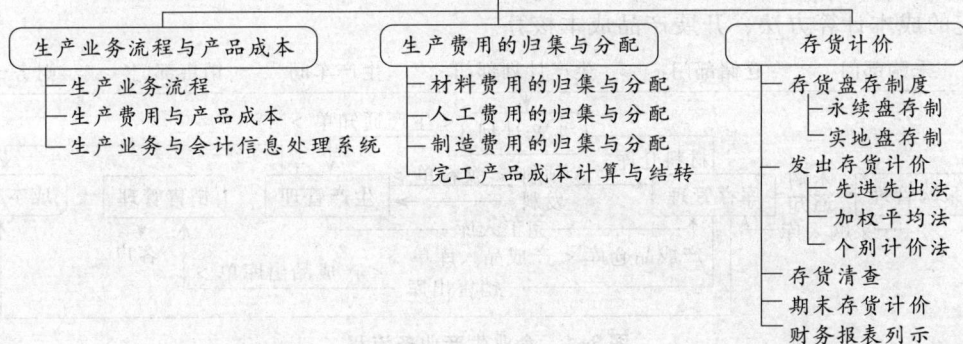

第一节　生产业务流程与产品成本

生产业务是产品从投产到生产出产成品的过程，是制造业企业经营活动的主要环节。在生产过程中，企业将原材料等劳动对象投入生产，经过工人的加工制造，生产出满足社会需要的产品。从实物形态看，生产过程是将材料通过加工变成可供出售的产品，是产品的制造过程；从价值形态看，生产过程中发生的各项耗费按照所生产的产品进行归集与分配，形成各项产品成本。产品成本计算的准确与否直接影响企业的销售成本，进而影响企业的利润。

一、企业生产业务流程

1.制订和审批生产计划

制订生产计划是产品生产业务循环的起点。通常，企业的生产计划部门根据客户订单或对销售预测和存货需求等的分析制订生产计划，并交由被授权的主管人员批准。生产计划经审批后以生产通知单的形式下发到生产部门以组织生产。

2.申领和发出物料

生产部门根据下发的生产通知单确定物料需求，填写领料单，注明所需的材料种类、数量以及领料部门等信息，经批准后送仓储部门（仓库）据以发料。领料单通常一式三联，仓库发料后，将其中一联连同材料交还领料部门，其余两联在仓库登记材料明细账后，送到财务部门进行材料收发核算和成本核算。仓库应做好库存管理，随时监控材料的收发和结存情况。如果库存材料低于最低库存限额，应及时制订材料采购计划，交由采购部门以联系供应商进行采购，在材料入库时进行质检和验收，办理入库手续。

3.生产加工产成品入库

生产部门根据生产通知单填制派工单，下达具体的生产任务，并将领取的材料交给生产工人进行生产。派工单除了具有开始作业、发料、搬运、检验等生产指令外，也是记录产品加工工时、计算生产工人薪酬的主要依据。产品加工完成后，生产部门先进行查点，再交由检验员检验并办理入库，或移交下一步骤进一步加工。

4.存储保管与成本核算

最终完工的产成品经由仓储部门查验并签收，填制"产成品入库单"。财务部门根据产成品入库单记录的产成品数量，结合生产过程（如图8-1所示）中归集的各项费用，采用一定的成本计算方法，开展产品成本核算。

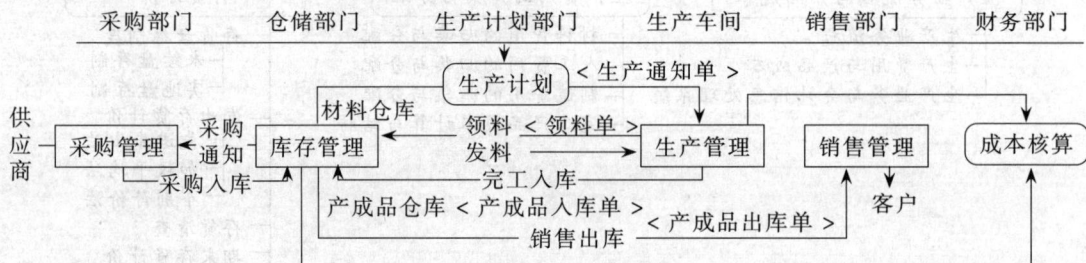

图8-1　企业生产业务流程

为正确核算产品成本，财务人员必须了解产品的生产工艺流程，以选择合理的成本计算程序和方法。例如，卡纸生产从投入原料浆板开始，经过碎浆、打浆、净化、流浆箱、成型、压榨、干燥、压光、涂布、软压光、复卷、分切、包装等连续多步骤的生产加工，最终制成产成品卡纸入库。在产品加工过程中，会发生各种原材料和辅助材料的消耗，生产人员工资、奖金等劳动报酬的支付，各项机器设备、厂房等的折旧费用等。此外，还可能发生水电费、车间管理费等其他费用，这些都构成最终产品的成本。财务人员需要归集生产过程中发生的材料、人工、设备等各项耗费，如根据领料单或发出材料汇总表归集材料费用，根据派工单归集人工费用等，在此基础上采用一定的程序和方法计算出完工产品的实际成本，包括总成本和单位成本。在成本核算过程中也应进行成本分析、控制与考核，发挥会计的监督职能。

二、生产费用与产品成本

企业经营过程中会发生各项耗费，这些耗费都要由财务部门归集起来，按照受益对象进行分配。其中，与生产产品相关的属于生产费用，分配到特定的产品中，从而形成各种产品的成本，而与产品生产无关的则属于期间费用。

生产费用与产品成本是两个不同但又密切相关的概念，如图8-2所示。生产费用是一定时期内为生产产品或提供劳务而发生的各种耗费的总和，这些耗费按经济内容可以分为材料费、工资福利费、燃料动力费、固定资产折旧费、办公费、差旅费等，其发生与特定的期间相联系，但生产费用最终要由受益对象，即生产的产品或提供的劳务来负担，将生产费用对象化到不同的产品或劳务便形成这些产品或劳务的成本。因此，产品成本与受益对象直接相关，是"对象化"的生产费用。

【博学·精思】
8-1产品生产工艺流程（卡纸）

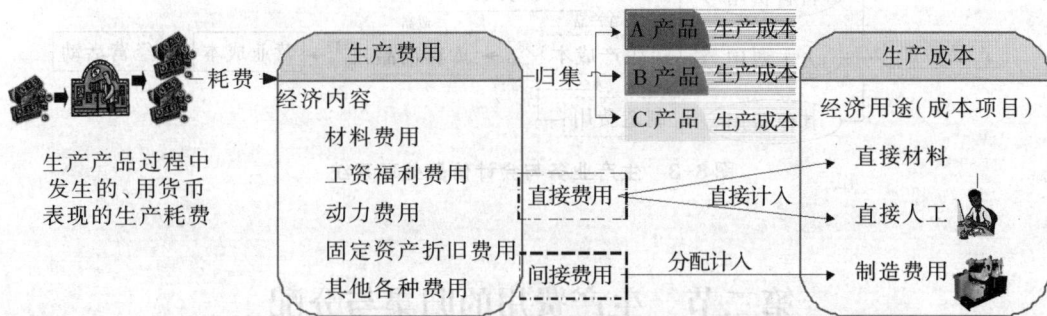

图8-2　生产费用与产品成本的关系

生产费用按其计入产品成本的方式不同，可以分为直接费用和间接费用。直接费用是指企业生产产品过程中发生的可以直接计入产品成本的部分，通常包括直接材料和直接人工。其中，直接材料是指生产产品或提供劳务过程中消耗的直接用于产品生产的，构成产品实体的各种原材料、主要材料、外购半成品以及有助于产品形成的辅助材料等，如商品房建造所用的钢筋和水泥、家具生产所用的木材、棉纱生产所用的原棉、服装加工所用的布料和纽扣等，能够明确为生产某种产品而耗用，因此直接计入该种产品的成本。直接人工是指企业在生产产品或提供劳务的过程中，直接从事产品生产的工人的工资、津贴、补贴和福利费等薪酬内容，由于生产工人直接从事产品生产，能够明确其劳动时间耗用于生产哪种产品，因此也可以直接计入产品成本。

间接费用是指企业为生产产品或提供劳务而发生的各项间接支出，通常称为制造费用。这些费用的发生是为了组织管理企业的生产活动，或是为生产提供共同需要的服务，如生产部门发生的水电费、固定资产折旧费、管理人员的薪酬、劳动保护费、季节性和修理期间的停工损失等。制造费用在发生时无法直接计入产品成本，需要采用一定的程序和方法归集后，按照一定的标准分配计入产品成本。

上述直接材料、直接人工和制造费用是按照经济用途进行的分类，是构成产品成本的重要组成部分，通常称为成本项目。在每个会计期间，按照生产产品归集其生产过程中发生的直接材料、直接人工和制造费用，并将归集的这些生产费用按照一定的标准在完工产品和在产品之间进行分配，从而计算出本期完工产品的成本。

三、生产业务与会计信息处理系统

产品生产过程中需要投入材料、人工和其他生产费用，这些费用通过"生产成本"账户归集后，当期完工产成品验收入库，即为库存商品；尚未完工的产品为在产品，"生产成本"账户的期末余额即为在产品成本。在产品和产成品均为企业的存货，因此，生产成本和库存商品期末均反映在资产负债表的"存货"项目中。当期销售产品，结转销售成本，记入利润表的"营业成本"项目。可见，产品成本的高低直接影响企业的利润。产品生产属于企业的经营活动，生产过程中所发生的各项经营付现成本，如支付员工工资、各项燃料动力费等，直接影响现金流量表中经营活动的现金流出。生产业务与会计信息处理系统如图8-3所示。

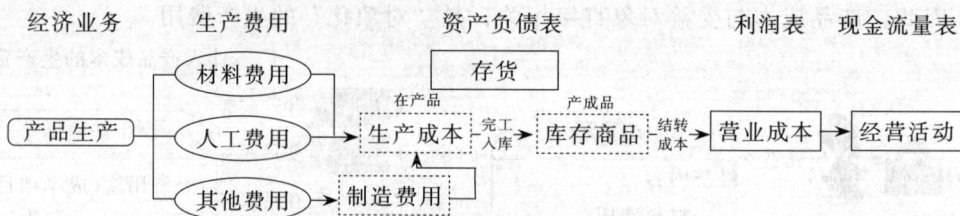

图8-3　生产业务与会计信息处理系统

第二节　生产费用的归集与分配

为反映和监督产品生产过程中各项费用的归集与分配、正确计算产品成本，应设置成本类账户"生产成本"和"制造费用"，如图8-4所示。"生产成本"账户主要归集和分配企业生产过程中发生的各项生产费用：借方登记应计入产品生产成本的各项费用，包括直接材料、直接人工以及期末按照一定标准和方法分配计入产品生产成本的制造费用；贷方登记完工产品验收入库结转的生产成本；期末余额在借方，表示尚未完工产品（在产品）的成本。该账户应设置"基本生产成本"和"辅助生产成本"两个明细分类账户。为具体反映不同车间生产每一种产品的生产成本，可以在不同明细分类账户下按产品品种设置三级明细账核算。

制造费用		生产成本	
归集生产车间发生的各项间接费用	期末分配转入"生产成本"账户的制造费用	发生的生产费用： 直接材料 直接人工 制造费用	结转完工验收入库产成品成本
		期末余额： 在产品成本	

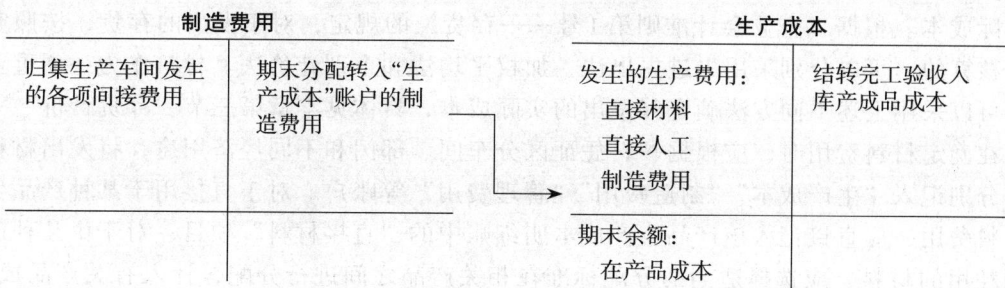

图 8-4　"制造费用"和"生产成本"账户结构

　　"制造费用"账户主要归集和分配企业生产车间范围内为组织和管理产品生产而发生的各项间接生产费用，借方登记实际发生的各项制造费用，贷方登记期末分配转入"生产成本"账户借方的制造费用，经结转后账户一般没有余额（季节性生产企业除外）。"制造费用"账户应按照不同车间设置明细分类账户，按照费用项目设置专栏进行明细分类核算。

　　生产过程中核算的主要内容包括：材料费用的归集与分配；人工费用的归集与分配；制造费用的归集与分配；完工产品成本的计算与结转。

一、材料费用的归集与分配

　　材料费用包括企业生产过程中消耗的各种原料及主要材料、辅助材料、包装材料、燃料和周转材料等。企业采购的各种材料验收入库后，形成生产产品的物资准备。生产车间及其他部门需要材料时，需填制领料单，向仓库办理领料手续，领取所需材料。仓库发出材料后，将领料凭证传递到财务部门。财务部门将领料单汇总，编制"发出材料汇总表"，据以将本月发生的材料费用按其用途分配计入生产费用和其他有关费用。

　　【例 8-1】20×6 年 5 月，华诚纸业财务部门根据本月领料凭证编制当月仓库"发出材料汇总表"，见表 8-1。

表 8-1　　　　　　　　　　　　**发出材料汇总表**

20×6 年 5 月　　　　　　　　　　　　　　　　　单位：元

用途	针叶浆	阔叶浆	机械浆	其他	合计
生产产品领用：					
白卡纸	120 000	360 000	708 000	12 000	1 200 000
烟卡纸	108 000	252 000	526 500	13 500	900 000
小计	228 000	612 000	1 234 500	25 500	2 100 000
生产车间一般耗用				16 000	16 000
行政管理部门一般耗用				4 000	4 000
合计	228 000	612 000	1 234 500	45 500	2 120 000

　　需要注意的是，日常仓库和生产部门只负责材料的数量核算，期末财务部门根据材料的取得成本和发出计价方法确定发出材料的单位成本和总成本。材料按计划成本计价的，在购入与发出材料时均按计划成本结转，期末通过"材料成本差异"账户将计划成本调整

为实际成本。根据《企业会计准则第1号——存货》的规定，对于发出的存货，按照实际成本核算的，可以分别采用先进先出法、加权平均法和个别计价法。材料作为一项重要的存货可以采用上述不同方法确定其发出的实际成本，具体见本章第三节"存货计价"。

在确定材料费用时，应根据领料凭证区分车间、部门和不同经济用途，将发出材料的成本分别记入"生产成本""制造费用""管理费用"等账户。对于直接用于某种产品生产的材料费用，应直接记入该产品生产成本明细账中的"直接材料"项目；对于由几种产品共同耗用的材料，应选择适当的分配标准在相关产品之间进行分配，计入有关产品成本；生产部门发生的不能直接归属于某种产品的材料费用，应先在"制造费用"账户中进行归集，然后再采用一定的标准分配计入有关产品成本。企业行政管理部门为组织和管理生产而发生的材料费用，应计入管理费用；专设销售机构耗用的材料，应计入销售费用。

从表8-1中可以看出，华诚纸业本月生产白卡纸和烟卡纸两种产品，主要消耗针叶浆、阔叶浆和机械浆三种主要材料和一些填料等。生产消耗的材料费用共计2 100 000元，其中，生产白卡纸耗用1 200 000元，生产烟卡纸耗用900 000元，作为直接材料费用记入相应的"生产成本"账户；车间一般性消耗的材料费用为16 000元，作为间接材料费用记入"制造费用"账户；行政管理部门消耗材料费用4 000元，记入"管理费用"账户；同时，库存材料减少2 120 000元，记入"原材料"账户的贷方。根据这项经济业务编制会计分录：

借：生产成本——白卡纸　　　　　　　　　　1 200 000
　　　　　　——烟卡纸　　　　　　　　　　　 900 000
　　制造费用　　　　　　　　　　　　　　　　 16 000
　　管理费用　　　　　　　　　　　　　　　　　4 000
　贷：原材料——针叶浆　　　　　　　　　　　 228 000
　　　　　　——阔叶浆　　　　　　　　　　　 612 000
　　　　　　——机械浆　　　　　　　　　　 1 234 500
　　　　　　——其他　　　　　　　　　　　　 45 500

|伦理、责任与可持续发展| 伊利股份ESG-环境（E）：低碳之路——恒于绿色生产

伊利股份将绿色发展理念融入生产、运营全过程，改进生产制造过程中的节能减排技术、提升清洁能源使用率，减少生产运营对环境的影响，实现全生命周期的绿色生产。伊利股份成功打造五家零碳工厂，在纯牛奶、酸奶、奶粉、冰淇淋等领域，推出五款国内首发"零碳产品"。这些产品在原料获取、生产和运输以及产品生产、运输、使用和废弃阶段实现温室气体"净零"排放，是蕴含绿色价值、引领绿色消费的绿色产品。

伊利股份制定《包装可持续2025目标及实施路径》，严格要求产品包装达到可再利用、可再循环、可再回收，积极研发环保包装材料，实现产品包装的全面可持续应用。2021年，伊利使用FSC（森林管理委员会）认证的绿色包材246.62亿包，相当于推动92.48万亩的可持续森林管理。2022年，伊利股份的包装材料采购数量约为350亿包，所采购的内包装材料100%来自通过FSC认证的供应商。相比2019年，2022年伊利产品包装材料节约用纸14 037吨，节约塑料4 217吨，100%的包装箱来自废纸浆的回收利用。

资料来源：新浪财经.伊利股份：2022年度可持续发展报告［EB/OL］.［2024-02-01］.http://vip.stock.finance.sina.com.cn/corp/view/vCB_AllBulletinDetail.php? stockid=600887&id=9144525.

二、人工费用的归集与分配

人工费用是企业向职工支付的各种货币性和非货币性劳动报酬，即职工薪酬，既包括职工工资、奖金、津贴、补贴、职工福利费、社会保险费等短期薪酬，也包括离职后福利、辞退福利和其他长期职工福利。企业提供给职工配偶、子女、受赡养人、已故员工遗属及其他受益人等的福利，也属于职工薪酬。也就是说，从性质上看凡是企业为获得职工提供的服务而给予或付出的各种形式的对价，都构成职工薪酬。

（一）职工薪酬的内容

职工薪酬主要包括短期薪酬、离职后福利、辞退福利和其他长期职工福利。表8-2列示了伊利股份2021年的职工薪酬构成及金额。

表8-2   伊利股份职工薪酬

2021年12月31日   单位：万元

项目	期初余额	本期增加额	本期减少额	期末余额
一、短期薪酬				
1.工资、奖金、津贴和补贴	232 447.68	894 404.01	854 558.33	272 293.36
2.职工福利费		33 511.49	33 511.49	
3.社会保险费	1 455.67	53 748.46	51 797.15	3 406.97
其中：医疗保险费	1 011.94	47 015.98	45 108.35	2 919.58
工伤保险费	39.43	2 380.36	2 376.61	43.18
生育保险费	27.80	1 105.99	1 076.19	57.60
少儿英才险		11.49	11.49	
残疾人保障基金	376.49	3 234.64	3 224.51	386.61
4.住房公积金	352.27	43 451.49	43 582.08	221.68
5.工会经费和职工教育经费	33 769.57	16 252.98	12 122.86	37 899.69
6.劳务派遣费	55.75	3 554.21	3 540.43	69.54
7.其他		211.20	211.20	
小计	268 080.95	1 045 133.85	999 323.54	313 891.25
二、离职后福利-设定提存计划	3 124.23	96 859.99	97 057.86	2 926.36
三、辞退福利	110.00	5 964.41	6 074.41	
四、一年内到期的其他福利				
合计	271 315.18	1 147 958.24	1 102 455.81	316 817.61

（1）短期薪酬是指企业在职工提供相关服务的年度报告期间结束后的 12 个月内需要全部予以支付的职工薪酬，因解除与职工的劳动关系给予的补偿除外。短期薪酬主要包括：职工工资、奖金、津贴和补贴，职工福利，医疗保险费、工伤保险费和生育保险费等社会保险费，住房公积金，工会经费和职工教育经费，短期带薪缺勤，短期利润分享计划，以及其他短期薪酬等。其中，短期带薪缺勤是在职工年休假、病假、婚假、产假、丧假、探亲假等缺勤的情况下，仍向其支付的工资或提供的补偿。短期利润分享计划是指因职工提供服务而与其达成的基于利润或其他经营成果提供薪酬的协议。

根据我国《社会保险法》和《住房公积金管理条例》的规定，企业必须给职工缴足"五险一金"，即养老保险、医疗保险、失业保险、工伤保险、生育保险和住房公积金。其中，养老保险、医疗保险、失业保险、住房公积金由企业和职工共同缴纳，工伤保险和生育保险完全由企业缴纳。企业承担的部分计入成本，个人承担的部分可在个人所得税税前扣除。不同省市企业和个人承担的社会保险与公积金缴费比例会有所不同，可以通过所在地的人力资源和社会保障局网站查询。例如，某市养老保险的缴费比例为单位16%、个人8%；医疗保险的缴费比例为单位10%、个人2%+3元；失业保险的缴费比例为单位1.5%、个人0.5%；工伤保险按行业范围划分全部由企业承担，缴费比例为0.2%~2%，个人不缴费；生育保险的企业缴费比例为0.8%，个人不缴费。住房公积金根据企业的实际情况选择缴费比例，但原则上最高缴费额不得超过本市职工平均工资的300%的10%。

（2）离职后福利是指企业为获得职工提供的服务而在职工退休或与企业解除劳动关系后，提供的各种形式的报酬和福利，短期薪酬和辞退福利除外。

（3）辞退福利是指企业在职工劳动合同到期之前解除与职工的劳动关系，或者为鼓励职工自愿接受裁减而给予职工的补偿。

（4）其他长期职工福利是指除短期薪酬、离职后福利、辞退福利之外所有的职工薪酬，包括长期带薪缺勤、长期残疾福利、长期利润分享计划等。

（二）职工短期薪酬的核算

对于短期薪酬，每个企业的薪酬制度不同，职工薪酬的计算和发放方式也不相同，有的实行固定工资制，有的实行年薪制，有的实行计时或计件工资制。计时工资制下有的按月薪制计算，有的按日薪制计算。在实务中，由会计人员根据各部门的考勤记录、工时记录，结合企业薪酬制度，每月月末计算出每位职工的工资，根据职工所在的部门和工作岗位确定职工工资的经济用途，编制"工资结算汇总表"，据此进行工资费用的归集与分配，正确计算产品成本。

【例 8-2】20×6 年 5 月，华诚纸业的财务部门根据本月领料凭证编制当月的"工资结算汇总表"，见表 8-3；根据工资结算汇总表编制当月的"工资费用分配表"，见表 8-4。

表 8-3　　　　　　　　　　　　　　**工资结算汇总表**

20×6 年 5 月　　　　　　　　　　　　　　　　　　单位：元

部门		基本工资	奖金	应付工资	代扣款项					小计	实发工资
					个人所得税	养老保险	医疗保险	失业保险	住房公积金		
						8%	2%	0.50%	12%		
生产工人	白卡纸	97 914	4 896	102 810	1 650	8 225	2 056	514	12 337	24 782	78 028
	烟卡纸	78 332	3 916	82 248	1 418	6 580	1 645	411	9 870	19 924	62 324
小计		176 246	8 812	185 058	3 068	14 805	3 701	925	22 207	44 706	140 352
车间管理人员		26 110	1 306	27 416	1 020	2 193	548	137	3 290	7 188	20 228
行政管理人员		39 166	1 958	41 124	1 770	3 290	823	206	4 935	11 024	30 100
合计		241 522	12 076	253 598	5 858	20 288	5 072	1 268	30 432	62 918	190 680

表 8-4　　　　　　　　　　　　　　**工资费用分配表**

20×6 年 5 月　　　　　　　　　　　　　　　　　　单位：元

部门		应付工资	养老保险	医疗保险	失业保险	工伤保险	生育保险	住房公积金	工会经费	职工教育经费	小计	合计
			16%	10%	1.50%	0.70%	1.20%	12%	2%	2.50%		
生产工人	白卡纸	102 810	16 450	10 281	1 542	720	1 234	12 337	2 056	2 570	47 190	150 000
	烟卡纸	82 248	13 160	8 225	1 234	576	987	9 870	1 645	2 056	37 752	120 000
小计		185 058	29 609	18 506	2 776	1 295	2 221	22 207	3 701	4 626	84 942	270 000
车间管理人员		27 416	4 387	2 742	411	192	329	3 290	548	685	12 584	40 000
行政管理人员		41 124	6 580	4 112	617	288	493	4 935	822	1 028	18 876	60 000
合计		253 598	40 576	25 360	3 804	1 775	3 043	30 432	5 072	6 340	116 402	370 000

　　职工薪酬分配原则与材料费用分配原则相同，即直接从事产品生产的工人工资，属于直接人工费用，记入相关产品的"生产成本"账户；生产车间管理人员的薪酬属于间接人工费用，记入"制造费用"账户；行政管理人员薪酬记入"管理费用"账户；销售人员薪酬记入"销售费用"账户。

　　由于职工提供产品或劳务所付出的劳动时间与企业实际发放薪酬的时间不一致，企业在计算出应支付的职工薪酬尚未实际发放时，暂时形成企业的一项负债，在"应付职工薪酬"账户核算，该账户的贷方表示计算出来的尚未发放的薪酬，实际发放时再冲减应付职工薪酬，记入该账户的借方。"应付职工薪酬"账户可下设"工资""职工福利""社会保险费""住房公积金""工会经费""职工教育经费"等明细账户，进行明细分类核算。

（1）根据华诚纸业20×6年5月的"工资费用分配表"（表8-4），月末分配当月人工费用，编制会计分录：

借：生产成本——白卡纸 150 000
　　　　　　——烟卡纸 120 000
　　制造费用 40 000
　　管理费用 60 000
　　贷：应付职工薪酬——工资 253 598
　　　　　　　　　　——社会保险 74 558
　　　　　　　　　　——住房公积金 30 432
　　　　　　　　　　——工会经费 5 072
　　　　　　　　　　——职工教育经费 6 340

（2）华诚纸业与其开户银行签订工资发放协议，每月公司定期将工资发放单送交银行，银行直接从公司账户中将款项划转到每位职工的工资账户中。根据表8-3的"工资结算汇总表"，20×6年5月公司的应付职工工资总额为253 598元，发放工资时代扣代缴个人所得税5 858元、社会保险26 628元（20 288+5 072+1 268）、住房公积金30 432元。代扣代缴款项通过"其他应付款"账户核算。会计人员根据银行的付款通知书编制会计分录：

借：应付职工薪酬——工资 253 598
　　贷：银行存款 190 680
　　　　应交税费——代扣个人所得税 5 858
　　　　其他应付款——代扣员工社会保险 26 628
　　　　　　　　　——代扣员工住房公积金 30 432

（3）缴纳社保时，编制会计分录：

借：应付职工薪酬——社会保险 74 558
　　其他应付款——代扣员工社会保险 26 628
　　贷：银行存款 101 186

（4）缴纳住房公积金时，编制会计分录：

借：应付职工薪酬——住房公积金 30 432
　　其他应付款——代扣员工住房公积金 30 432
　　贷：银行存款 60 864

（5）缴纳住房公积金时，编制会计分录：

借：应交税费——代扣个人所得税 5 858
　　贷：银行存款 5 858

此外，企业在工会经费和职工教育经费实际开支时，分别通过"应付职工薪酬——工会经费""应付职工薪酬——职工教育经费"账户核算。并且，一般纳税人支出职工教育经费时取得的专用发票可按规定抵扣进项税额。此外，根据我国现行税法的规定，企业发生的工会经费不超过工资薪金总额2%的部分，准予扣除；职工教育经费支出不超过工资薪金总额8%的部分，准予在计算企业所得税应纳税所得额时扣除；超过部分，准予在以后纳税年度结转扣除。

|伦理、责任与可持续发展| 伊利股份 ESG-社会（S）：员工权益保护

　　企业和员工之间关系融洽，尤其是企业对员工身心健康和福利的关心，是企业持续发展的重要内容。伊利股份致力于成为持续卓越发展、值得信赖、与员工互相成就的最佳雇主，不断提升员工的价值回报。伊利股份近10年的员工人数相对稳定，截至2022年年末，在职员工为67 199人，女性高管比例为16.49%。公司维护员工权益，严格遵守《中华人民共和国劳动法》《中华人民共和国劳动合同法》等相关法律法规，有明确的休息、休假及考勤管理制度，制定了《女职工权益保护专项集体合同》，不断推出女性员工关爱活动；守护员工安全，加大环境降噪、控制高温、控制粉尘的力度，做好日常劳动防护与员工健康体检，开展风险分级管控、隐患排查治理，提升安全意识，加强安全管理。2022年公司开展5.3万场安全培训，4 600场50类安全应急演练，提升了全员应急响应能力；公司成就员工发展，在全球人才发展中心下设"领导力发展中心"、"专业力发展中心"和"数字化学习中心"，围绕"知识、人才、产业链"的增值，打造可持续的员工职业发展平台，促进卓越价值创造；关心关爱员工，设置"心灵港湾"职工减压室、"伊心关爱热线"，帮助员工疏导情绪及压力、建立阳光心态，呵护女性员工、关怀外派员工，帮扶困难员工，不断增强员工的凝聚力、归属感和幸福感，构建温馨、舒适的工作氛围。

　　资料来源：新浪财经.伊利股份：2022年度可持续发展报告［EB/OL］.［2024-02-01］.http：//vip.stock.finance.sina.com.cn/corp/view/vCB_AllBulletinDetail.php？stockid=600887&id=9144525.

三、制造费用的归集与分配

　　制造费用是企业为生产产品或提供劳务而发生的各种间接费用，包括基本生产车间和辅助生产车间为了组织和管理生产活动以及为生产活动服务而发生的费用，如车间管理人员的职工薪酬、车间生产使用的动力费、取暖费、运输费、劳动保护费等。在生产多种产品的企业里，制造费用发生时一般无法直接确定其应归属的成本核算对象，因而不能直接计入所生产的产品成本，需要先将各项费用在"制造费用"账户中予以归集，然后再选用一定的标准（如生产工时、工人工资等）在所生产的各种产品之间进行分配，计算出各种产品应负担的制造费用。

　　【例8-3】20×6年5月20日，华诚纸业生产车间以现金购买办公用品4 600元。

　　生产车间购买办公用品，一方面制造费用增加4 600元，另一方面库存现金减少4 600元，编制会计分录：

借：制造费用　　　　　　　　　　　　　　　　　　　　　　　　　4 600
　　贷：库存现金　　　　　　　　　　　　　　　　　　　　　　　　　　4 600

　　【例8-4】20×6年5月31日，华诚纸业财务部门按照固定资产的类别与用途编制了"固定资产折旧费用计算汇总表"，见表8-5。

表 8-5　　　　　　　　　　　　固定资产折旧费用计算表
20×6 年 5 月 31 日
金额单位：元

类别	使用部门	固定资产原值	月折旧率	上月折旧额	上月增加固定资产原值	上月减少固定资产原值	应增、应减折旧额	本月折旧额
		1	2	3=1×2	4	5	6=（4−5）×2	7=3+6
房屋建筑物	生产车间	20 000 000	0.40%	80 000				80 000
	管理部门	14 000 000	0.20%	28 000				28 000
机器设备	生产车间	18 000 000	0.80%	144 000	5 000 000		40 000	184 000
运输设备	管理部门	3 200 000	2.50%	80 000				80 000
电子设备	生产车间	2 800 000	3.00%	84 000		200 000	−6 000	78 000
合计		58 000 000		416 000	5 000 000	200 000	34 000	450 000

固定资产应当按月计提折旧：当月增加的固定资产，当月不计提折旧，从下月起计提折旧；当月减少的固定资产，当月仍计提折旧，从下月起不计提折旧。因此，华诚纸业在上月计算的固定资产折旧额的基础上调整计算本月折旧额。其中，生产车间机器设备上月增加 5 000 000 元，上月未计提折旧，本月应增加折旧额 40 000 元（5 000 000×0.8%）；生产车间电子设备上月减少 200 000 元，上月仍计提折旧，本月开始不计提折旧，应减少折旧额 6 000 元（200 000×3%）。最终，华诚纸业本月共计提折旧额 450 000 元。

折旧反映固定资产使用过程中发生的价值损耗，使固定资产价值减少，但计提固定资产折旧并不能直接冲减"固定资产"账户，而是记入"累计折旧"账户，并根据固定资产的用途计入相关资产的成本或当期损益。华诚纸业生产部门本月使用的固定资产折旧费用 342 000 元（80 000+184 000+78 000），应计入制造费用；管理部门使用的固定资产折旧费用 108 000 元（28 000+80 000），应计入管理费用。因此，编制会计分录：

借：制造费用　　　　　　　　　　　　　　　　　　　　　　　342 000
　　管理费用　　　　　　　　　　　　　　　　　　　　　　　108 000
　　贷：累计折旧　　　　　　　　　　　　　　　　　　　　　　　450 000

【例 8-5】 20×6 年 5 月 31 日，华诚纸业收到银行的付款通知，支付本月水电费 76 000 元，其中，生产车间水电费 62 000 元，管理部门水电费 14 000 元。

企业支付水电费 76 000 元，按照具体用途，生产车间水电费 62 000 元计入制造费用，管理部门水电费 14 000 元计入管理费用，同时，企业银行存款减少 76 000 元，编制会计分录：

借：制造费用　　　　　　　　　　　　　　　　　　　　　　　62 000
　　管理费用　　　　　　　　　　　　　　　　　　　　　　　14 000
　　贷：银行存款　　　　　　　　　　　　　　　　　　　　　　　76 000

对企业生产过程中发生的间接费用，先以车间为单位在"制造费用"账户的借方进行归集，月末，把归集起来的制造费用按照一定标准，采用合理的方法分配给该车间生产的各种产品，并编制"制造费用分配表"，结转计入产品生产成本中的"制造费用"项目。

【例8-6】华诚纸业当月月初为生产车间租用一台设备，先对其进行改良，用银行存款369 600元支付该设备的改良支出，当月改良完毕并投入使用，使用期限为2年（自本月起）。

按照权责发生制的要求，企业应按支出的义务是否属于本期来确认费用的入账时间，也就是凡是本期发生的费用，不论款项是否在本期支付，都应作为本期的费用入账；凡不属于本期的费用，即使款项在本期支付，也不应作为本期的费用处理。华诚纸业虽然本月一次性支付369 600元用于租入设备的改良支出，但并不能全部确认为本期的费用，本期付款时应将其作为一项有待未来期间摊销的费用，记入"长期待摊费用"账户。"长期待摊费用"属于企业的资产，列示于资产负债表的"非流动资产"项目，核算固定资产的修理支出、经营租入固定资产的改良支出，以及摊销期限在1年以上的其他待摊费用。长期待摊费用按实际发生额入账，采用直线法在受益期限或规定的摊销期限内摊销。因此，这项经济业务的发生一方面使公司的长期待摊费用增加，另一方面使公司的银行存款减少，编制会计分录：

借：长期待摊费用　　　　　　　　　　　　　　　　　　369 600
　　贷：银行存款　　　　　　　　　　　　　　　　　　　　369 600

以经营租赁方式租入固定资产的改良支出计入长期待摊费用，并按受益期平均摊销。因此，公司月末摊销应由本月负担的上述已付款的车间设备改良支出15 400元（369 600÷24），计入制造费用，同时长期待摊费用减少，编制会计分录：

借：制造费用　　　　　　　　　　　　　　　　　　　　15 400
　　贷：长期待摊费用　　　　　　　　　　　　　　　　　　15 400

至此，"制造费用"账户的借方归集了生产过程中发生的各项间接费用，根据【例8-1】至【例8-6】，本月发生制造费用共计480 000元（16 000+40 000+4 600+342 000+62 000+15 400）。月末将归集起来的制造费用按照一定标准和方法分配给当月生产的各种产品，以便正确计算各种产品的成本。

【例8-7】月末，华诚纸业将本月发生的制造费用按照生产工时标准在生产的白卡纸和烟卡纸之间进行分配，编制"制造费用分配表"，见表8-6。

表8-6　　　　　　　　　　　　　　制造费用分配表
20×6年5月31日　　　　　　　　　　　　　　　　　　金额单位：元

分配对象	分配标准（实际工时）	分配率	金额
白卡纸	430		258 000
烟卡纸	370		222 000
合计	800	600	480 000

制造费用分配率=制造费用总额÷实际工时之和

　　　　　　　　=480 000÷（430+370）

　　　　　　　　=600（元/工时）

白卡纸应负担的制造费用=430×600=258 000（元）

烟卡纸应负担的制造费用=370×600=222 000（元）

以"制造费用分配表"为依据，编制会计分录：

借：生产成本——白卡纸　　　　　　　　　　　　　　　　258 000

　　　　　——烟卡纸　　　　　　　　　　　　　　　　222 000

　贷：制造费用　　　　　　　　　　　　　　　　　　　　480 000

四、完工产品成本的计算与结转

将制造费用分配转入各种产品的生产成本账户后，每种产品的"生产成本"账户的借方都归集了生产该产品所发生的直接材料、直接人工和制造费用的全部内容。月末，财务部门要编制"产品成本计算单"，以正确计算各种产品成本，并结转完工入库的产品成本。如果当月某种产品全部完工，"生产成本"账户所归集的费用总额，就是该种完工产品的总成本，用完工产品总成本除以完工总产量，可以计算出该种产品的单位成本。如果月末某种产品全部未完工，"生产成本"账户所归集的费用总额就是该种产品的在产品成本。如果月末某种产品一部分完工，一部分未完工，这时"生产成本"账户中归集的费用总额要采取适当的分配方法在完工产品和在产品之间进行分配，然后才能计算出完工产品的总成本和单位成本。生产费用如何在完工产品和在产品之间进行分配，是成本计算中一个既重要而又复杂的问题，将在成本会计课程中深入学习。

完工产品成本计算的简单公式为：

完工产品生产成本=期初在产品成本+本期发生的生产费用-期末在产品成本

企业通常设置"库存商品"账户反映完工产品成本结转及库存商品的成本情况。该账户属于资产类账户，不仅可以核算企业库存的自制产成品，还可以核算库存的外购商品、自制半成品、存放在门市部门准备出售的商品、发出展览的商品以及寄存在外的商品实际成本（或计划成本）的增减变动及结存情况。"库存商品"账户的借方登记验收入库商品成本的增加，包括外购、自产、委托加工等；贷方登记库存商品成本的减少（发出）；期末余额在借方，表示库存商品成本的期末余额。

【例8-8】20×6年5月，华诚纸业生产白卡纸300吨、烟卡纸200吨，全部完工，假设期初没有在产品。企业编制"产品成本计算单"，见表8-7。

表8-7　　　　　　　　　　　　　　产品成本计算单

20×6年5月31日　　　　　　　　　　　　　　　　　　　金额单位：元

成本项目	产品名称：白卡纸		产品名称：烟卡纸		合计
	产量（吨）：300		产量（吨）：200		
	工时（小时）：430		工时（小时）：370		
	总成本	单位成本	总成本	单位成本	
直接材料	1 200 000	4 000	900 000	4 500	2 100 000
直接工资	150 000	500	120 000	600	270 000
制造费用	258 000	860	222 000	1 110	480 000
合计	1 608 000	5 360	1 242 000	6 210	2 850 000

根据表8-7，本月白卡纸和烟卡纸完工入库，一方面企业库存商品增加，另一方面结转完工产品成本，生产成本（在产品）减少，编制会计分录：

借：库存商品——白卡纸　　　　　　　　　　　　　　　　　　1 608 000
　　　　　　——烟卡纸　　　　　　　　　　　　　　　　　　1 242 000
　　贷：生产成本——白卡纸　　　　　　　　　　　　　　　　　　　1 608 000
　　　　　　　——烟卡纸　　　　　　　　　　　　　　　　　　　1 242 000

上述产品的生产过程涉及"制造费用"和"生产成本"账户的总分类核算过程，如图8-5所示。经结转，"制造费用"账户期末无余额，白卡纸和烟卡纸本月投产并全部完工，期末无在产品。

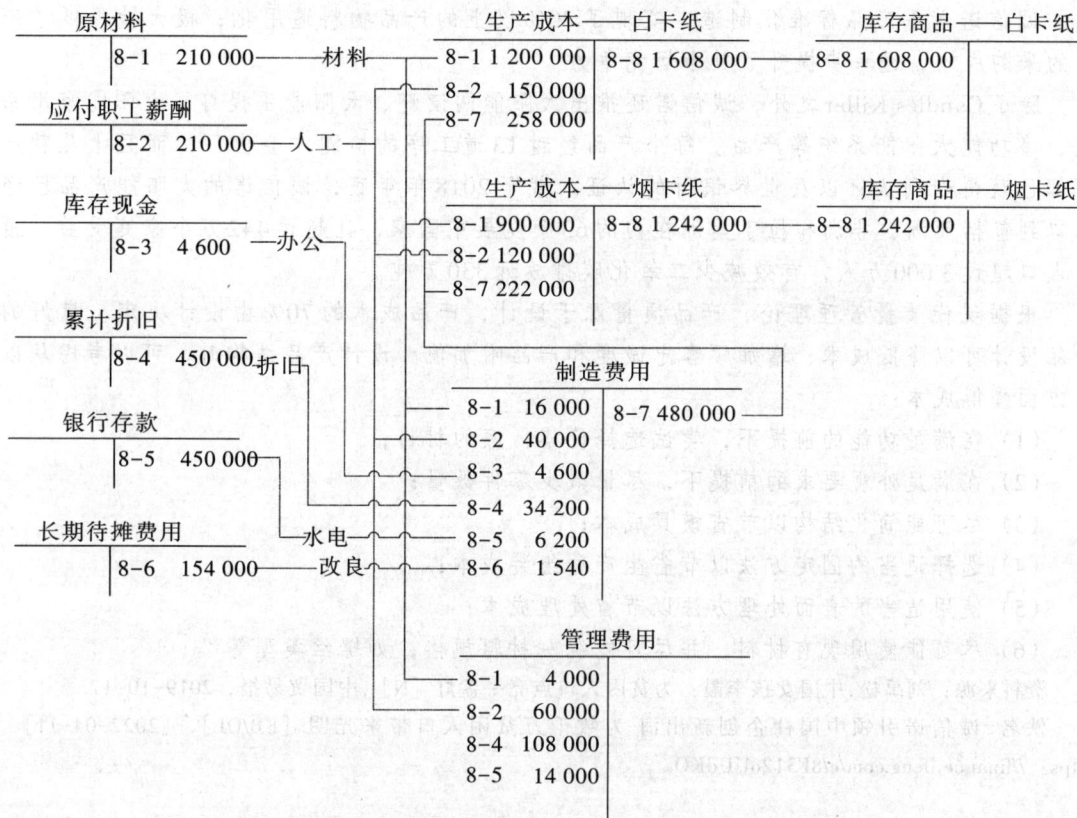

图8-5　产品生产过程业务总分类核算示意图（T形账户）

|伦理、责任与可持续发展| 诚信诺：照亮心灵的成本

照明是世界贫困地区的家庭最亟待解决的问题。在世界70亿人口里，有12亿贫困人群仍然用不上电，每到黑夜只能依靠蜡烛、煤油灯照明，而且这些花费占用了其家庭23%的收入，严重影响了他们的生活质量。同时，每年因蜡烛和煤油灯造成的死亡人数多达530万人，因燃烧蜡烛取光所排放的二氧化碳释放量也高达19亿吨，对环境造成了严重的污染。一位"80后"的中国姑娘李霞在了解了这一串数字后，带领其团队创建了深圳市

诚信诺科技有限公司（Power-Solution），致力于为BOP（金字塔底层①）贫困人口提供耐用的、实用的、可负担的清洁能源产品。

李霞常年往返于中国与非洲，了解当地居民的生活状态，从用户的生活环境和实际需求出发，研发出一款名为Candles Killer（蜡烛消灭者）的廉价太阳能灯，在当地仅售5美元，相当于买3个月煤油灯的钱，而这款灯能用上3~5年甚至更长时间，白天5小时的光照即可保障晚间6小时以上的照明。为了降低材料、人工和物流成本，公司研发团队从设计源头控制品质和成本，不断优化产品，缩小Candles Killer的体积和重量，去掉照明灯所有多余的部分。整个产品仅9个部件，支架从13.5cm缩短到6cm，螺丝钉从6个减少到1个。后来，公司还用回收的矿泉水瓶代替灯架，大大节省了材料费和运输费。自2019年起，诚信诺着手产品标准化制造，实现了70%以上的产品物料通用化，极大地降低了产品的采购成本，进一步提升了其市场竞争力。

除了Candles Killer之外，诚信诺还推出太阳能阅读灯、太阳能手提灯、太阳能家用系统、多功能太阳能系统等产品。每个产品经过13道工序的检测才会出厂，而且十几款产品都已获得专利认证以及世界银行的认证。截至2018年年底，诚信诺的太阳能产品已经出口到包括亚洲、非洲和拉丁美洲在内的63个发展中国家，让超过442万个家庭受益，覆盖人口超过3 000万人，有效减少二氧化碳排放近330万吨。

根据现代质量管理理论，产品质量源于设计，产品成本的70%由设计决定。良好的产品设计可以降低成本、增加顾客忠诚度和产品附加值。设计产品结构时，可以考虑从以下方面降低成本：

（1）在满足功能的前提下，尝试选择价格低廉的材料；

（2）在满足外观要求的前提下，尽量减少零件数量；

（3）尽可能简化结构以节省模具成本；

（4）选择适当的固定方法以节省生产和组装成本；

（5）使用适当的表面处理方法以节省处理成本；

（6）尽可能使用现有材料，并尽可能统一材料规格，如螺丝类型等②。

资料来源：刘禹松.中国女孩李霞：为贫困人口点亮一盏灯［N］.中国贸易报，2019-10-17.

佚名.诚信诺引领中国社企创新出海 为数千万贫困人口带来光明［EB/OL］.［2022-04-11］. https://finance.ifeng.com/c/8F312oUUdKO.

第三节　存货计价

存货是指企业在生产经营过程中为销售或耗用而储备的各种资产。不同行业的企业有不同的存货内容，如服装加工厂的各种布料、辅料、拉链、纽扣、缝纫线以及加工的各式服装等，都属于企业的存货。存货按持有的目的一般划分为：

（1）将在生产过程或提供劳务过程中耗用的存货，如原材料、在产品、自制半成品、包装物、低值易耗品等；

---

① BOP（bottom of the pyramid，金字塔的底层），是指财富和收入能力最低、消费能力更弱的贫困人群。
② 佚名.产品设计能降低70%的成本？［EB/OL］.［2022-12-28］. https://www.sohu.com/a/622200663_121123529.

（2）持有以备出售的存货，如商品、产成品和可供出售的半成品等。

表8-8列示了伊利股份2021年12月31日存货的构成及各项目期初、期末余额。伊利股份作为一家制造业企业，其存货包括原材料、库存商品、包装材料、低值易耗品、半成品、委托加工物资。截至2021年12月31日，企业存货账面价值达89.17亿元，占流动资产总额的17.78%，比上年同期增长13.72亿元。

表8-8 　　　　　　　　　　　　　　　　伊利股份存货分类及其余额

2021年12月31 　　　　　　　　　　　　　　　　　　　　　　　　　　单位：万元

项目	期末余额			期初余额		
	账面余额	存货跌价准备/合同履约成本减值准备	账面价值	账面余额	存货跌价准备/合同履约成本减值准备	账面价值
原材料	541 774.21	3 817.31	537 956.91	465 267.03	448.55	464 818.48
库存商品	278 547.02	11 135.58	267 411.43	220 252.38	10 214.00	210 038.38
包装材料	41 266.10	573.36	40 692.74	39 810.86	1 019.17	38 791.69
低值易耗品	1 369.52		1 369.52	182.48		182.48
半成品	44 841.00	552.02	44 288.97	41 748.65	1 548.20	40 200.45
委托加工物资				471.08		471.08
合计	907 797.84	16 078.28	891 719.56	767 732.47	13 229.92	754 502.55

注：账面价值=账面余额－存货跌价准备或合同履约成本减值准备。

一、存货盘存制度与发出存货的计价

存货是企业的流动资产，在企业经营过程中不断被耗用，甚至发生形态变化。会计核算是要确定截止到某一时点结存存货的数量和价值以及当期销售数量和成本，不仅影响资产负债表中期末存货价值的大小，而且影响利润表的当期利润。财务报表中存货成本的流转见图8-6。

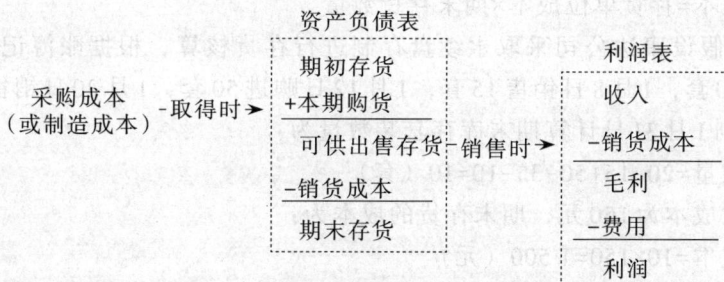

图8-6　商品存货成本的流转过程

以商品存货为例，当期期初存货与本期购进（或完工入库）存货形成可供出售的存货，当期一部分存货销售出去，结转其销售成本（营业成本），与当期销售收入相配比得出当期利润；当期未销售的存货形成期末存货，以成本的形式填列在资产负债表的"存货"项目中。存货成本是一个累计的概念，不仅包括当期新增的存货，还包括以前期间累积到当期的存货，也即前期生产出来的没有全部销售出去的产品就会累积到当期。因此，存货成本的核算还会产生跨期的影响。会计上通用的存货价值计算公式为：

期初存货余额+本期存货增加额−本期存货减少额=期末存货余额

（一）存货盘存制度

存货盘存制度是存货管理的一种方法，反映存货实物数量的流转，通常有实地盘存制与永续盘存制两种。企业一般会在财务报表或财务报表附注中说明其所采用的存货盘存制度与成本计算方法。伊利股份存货实行永续盘存制。

1.实地盘存制

实地盘存制是企业平时只记录入库存货数量，期末通过实地盘点确定结存存货的数量，据此倒挤出本期发出存货的数量，进而计算期末存货与发出存货的成本。实地盘存制用公式可表达为：

本期发出存货数量=期初存货数量+本期入库存货数量−期末存货数量

期末存货成本=存货单位成本×期末存货数量

本期发出存货成本=期初存货成本+本期入库存货成本−期末存货成本

【例8-9】康达公司1月1日有库存运动套装20套，本月共进货50套，1月31日盘点时还有10套没有卖出，每套套装的成本为150元。在实地盘存制下，该公司1月份已售（发出）套装的成本为：

发出存货成本=（20+50−10）×150=60×150=9 000（元）

期末存货成本=10×150=1 500（元）

2.永续盘存制

永续盘存制也称"账面盘存制"，是通过设置存货明细账，逐笔登记存货收入与发出数量，并能根据账目记录随时结出本期发出存货的数量和期末结存存货的数量。在实务中，收、发存货的数量主要由仓库保管人员记录，会计人员根据入库单及出库记录或领料单等，计算发出存货及期末结存存货成本。

期末存货的数量=期初存货数量+本期入库存货的数量−本期发出存货的数量

本期发出存货成本=存货单位成本×本期发出存货数量

期末存货成本=存货单位成本×期末存货数量

【例8-10】假设康达公司采取永续盘存制进行存货核算，根据账簿记录，1月1日有库存运动套装20套，1月8日销售15套，1月12日购进50套，1月20日销售35套，1月25日销售10套，则1月31日计算期末库存套装数量为：

期末存货数量=20−15+50−35−10=10（套）

套装的单位成本为150元，期末存货的成本为：

期末存货成本=10×150=1 500（元）

发出存货成本=（15+35+10）×150=60×150=9 000（元）

永续盘存制与实地盘存制都是企业开展存货核算与管理的方法。实地盘存制相对简单，平时不做记录，工作量较小，但实地盘点得到的期末存货数量可能因贪污、盗窃或毁损等原因而短缺，使得倒挤出的发出或销货数量与成本不准确，不利于存货实物的管理。永续盘存制虽然工作量大，但相对优于实地盘存制，尤其是计算机会计系统的广泛使用使永续盘存制的应用变得既容易又高效。

（二）发出存货计价与销货成本

如果企业每批入库存货的价格保持不变，如在【例8-10】中，假设期初存货和本期购进的存货单位成本相同，都是每套150元，那么根据统一的存货单位成本确定发出及结存存货成本就很简单。然而，在实际工作中，同一存货每批入库的价格往往各不相同，就需要确定按什么价格计算发出存货成本与期末结存存货成本。举一个极端的例子，假设企业最初购入材料的价格为每单位1元，随后价格一路上涨到每单位5元和10元。那么企业生产领用材料，计入产品成本中的材料价格按照哪一个计算？1元、5元，还是10元？其实，哪一个价格都可以选择，只是选择每单位1元与选择每单位10元在售价不变的情况下单位产品利润相差9元。因此，发出存货的计价方式影响着企业的利润。

从理论上讲，发出哪一件存货，其成本就应该是这件存货取得时的入账成本，即实物流转与存货成本一一对应。但存货流动性很强，企业的存货种类繁多，这种确定发出存货成本的方法是不现实的，也是没有必要的。其实，每批存货的品质完全相同，只是成本不同，可以忽略存货的实物流动顺序，直接假定存货成本的流动顺序，以确定发出存货的成本，如先进先出法、加权平均法和个别认定法。

【例8-11】超越科技公司是一家电脑及电脑配件零售企业，采用永续盘存制进行存货管理，通过开设库存商品明细账，逐笔记录20×8年6月初结存及6月购进与发出有线鼠标的情况（数量、单价和金额），见表8-9。公司有线鼠标的销售单价均为40元/件。

表8-9   有线鼠标出入库信息

20×8年6月   金额单位：元

日期	摘要	数量（个）	单价	金额
1日	月初结存	300	20	6 000
5日	销售	180		
8日	购进	200	24	4 800
12日	销售	100		
16日	销售	120		
20日	购进	500	30	15 000
27日	销售	240		

1.先进先出法

先进先出法是假设先入库的存货先发出，即发出存货的成本按先入库存货的单位成本计价。期末结存存货的计价标准为后入库存货的价格，反映在资产负债表中的存货价值比较接近现时成本，这与大多数企业的实际商品流转过程相近。

按照先进先出法，超越科技公司本月有线鼠标的销售成本与期末存货成本计算如下：

本月发出存货成本 = 180 × 20 + 100 × 20 + 20 × 20 + 100 × 24 + 100 × 24 + 140 × 30

               = 15 000(元)

月末结存存货成本 = 360 × 30 = 10 800(元)

或者：月末结存存货成本 = 6 000 + 19 800 − 15 000 = 10 800(元)

在实际工作中，企业通常通过登记库存商品明细账的方式进行计算，见表8-10。

表8-10　　　　　　　　　库存商品明细账（先进先出法）　　　　　总　页分第　页

总账科目：库存商品　　　　　　　　　　　　　　　　　计量单位：个　金额单位：元

明细科目：有线鼠标　　　　　　　　　　　　　　　　　存放地点：第1号仓库

20×8年		摘要	收入			发出			结存		
月	日		数量	单价	金额	数量	单价	金额	数量	单价	金额
6	1	月初结存							300	20	6 000
	5	销售				180	20	3 600	120	20	2 400
	8	购进	200	24	4 800				120	20	2 400
									200	24	4 800
	12	销售				100	20	2000	20	20	400
									200	24	4 800
	16	销售				20	20	400	100	24	2 400
						100	24	2 400			
	20	购进	500	23	15 000				100	24	2 400
									500	30	15 000
	27	销售				100	24	2 400	360	30	10 800
						140	30	4 200			
	30	本月发生额及余额	700		19 800	640		15 000	360	30	10 800

根据上述计算，月末结转6月份销售商品的会计分录：

借：主营业务成本　　　　　　　　　　　　　　　　　　　　　15 000

　　贷：库存商品　　　　　　　　　　　　　　　　　　　　　　　　15 000

根据先进先出法，超越科技公司期末鼠标存货成本为10 800元，记入资产负债表中的"存货"项目；6月份销售鼠标的成本为15 000元，记入利润表的"营业成本"项目中，按照每个鼠标40元的销售价格计算，当月销售毛利为：

销售毛利=（180+100+120+240）×40-15 000=10 600（元）

在先进先出法下，如果物价持续上涨，进入利润表的销货成本偏低，会使当期利润偏高，资产负债表的期末存货价值也偏高；反之，如果物价持续下降，会使企业期末存货价值与当期利润偏低。

2.加权平均法

加权平均法是按不同批次存货的加权平均单价计算发出存货和期末结存存货的成本。加权平均法包括一次加权平均法和移动加权平均法。

（1）一次加权平均法

一次加权平均法是对于本期发出的存货，平时只登记数量，不登记成本和金额，期末按一次计算的加权平均单位成本，计算本期发出存货成本和期末存货成本。

$$一次加权平均单位成本 = \frac{期初结存存货成本 + 本期入库存货成本}{期初结存存货数量 + 本期入库存货数量}$$

本期发出存货成本=本期发出存货数量×一次加权平均单位成本

期末结存存货成本=期末结存存货数量×一次加权平均单位成本

或者：期末结存存货成本=期初结存存货成本+本期入库存货成本−本期发出存货成本

假设超越科技公司按一次加权平均单位成本计算发出存货的成本，分别计算其发出存货和期末存货的成本：

$$加权平均单价 = \frac{6\,000 + 4\,800 + 15\,000}{300 + 200 + 500} = 25.80(元)$$

本月发出存货成本 $= (180 + 100 + 120 + 240) \times 25.80 = 16\,512(元)$

月末结存存货成本 $= 360 \times 25.80 = 9\,288(元)$

或：月末结存存货成本 $= 6\,000 + 19\,800 - 16\,512 = 9\,288(元)$

一次加权平均法下超越科技公司的有线鼠标商品明细账见表8-11。

表8-11　　　　　　　　　　　库存商品明细账（一次加权平均法）　　　　　　总　页分第　页

总账科目：库存商品　　　　　　　　　　　　　　　　　　　　计量单位：个　金额单位：元

明细科目：有线鼠标　　　　　　　　　　　　　　　　　　　　存放地点：第 1 号仓库

20×8年		摘要	收入			发出			结存		
月	日		数量	单价	金额	数量	单价	金额	数量	单价	金额
6	1	月初结存							300	20	6 000
	5	销售				180			120		
	8	购进	200	24	4 800				320		
	12	销售				100			220		
	16	销售				120			100		
	20	购进	500	30	15 000				600		
	27	销售				240			360		
	30	本月发生额及余额	700		19 800	640	25.80	16 512	360	25.80	9 288

根据一次加权平均法计算，超越科技公司期末的鼠标存货成本为9 288元，记入资产负债表中的"存货"项目；6月份结转鼠标销售成本16 512元，记入利润表的"营业成本"项目。按照每个鼠标40元的销售价格计算，当月销售毛利为：

销售毛利=（180+100+120+240）×40−16 512=9 088（元）

一次加权平均法平时对发出存货不计价，日常核算工作量较小，简便易行，计算出的本期发出存货成本与期末结存存货成本比较平稳，避免期末存货成本发生较大的波动。但存货成本的核算集中于期末进行，平时无法提供发出存货和结存存货的成本，不利于存货的日常管理与控制。

（2）移动加权平均法

移动加权平均法即每次存货入库单价与结存存货单价不同时，就需要重新计算一次加权平均单价，将其作为发出存货的成本。仍以超越科技公司为例，每购进一批鼠标，就以原有鼠标数量和本批入库鼠标数量为权数，计算一个加权平均单价，以此作为后续发出鼠标的单位成本，见表8–12。

表8–12　　　　　　　　　　**库存商品明细账（移动加权平均法）**　　　　　　总　页分第　页

总账科目：库存商品　　　　　　　　　　　　　　　　　　　　　　　计量单位：个　金额单位：元

明细科目：有线鼠标　　　　　　　　　　　　　　　　　　　　　　　存放地点：第1号仓库

20×8年		摘要	收入			发出			结存		
月	日		数量	单价	金额	数量	单价	金额	数量	单价	金额
6	1	月初结存							300	20.00	6 000
	5	销售				180	20.00	3 600	120	20.00	2 400
	8	购进	200	24	4 800				320	22.50	7 200
	12	销售				100	22.50	2250	220	22.50	4 950
	16	销售				120	22.50	2700	100	22.50	2250
	20	购进	500	30	15 000				600	28.75	17 250
	27	销售				240	28.75	6900	360	28.75	10 350
	30	本月发生额及余额	700		19 800	640		15 450	360	28.75	10 350

$$移动加权平均单位成本 = \frac{本次入库前结存存货成本 + 本次入库存货成本}{本次入库前结存存货数量 + 本次入库存货数量}$$

$$本期发出存货成本 = \sum(本次发出存货数量 × 移动加权平均单位成本)$$

$$期末结存存货成本 = \sum(期末结存存货数量 × 移动加权平均单位成本)$$

根据上述公式，采用移动加权平均法计算超越科技公司6月各批次发出有线鼠标的成本及期末库存有线鼠标的成本：

20×8年6月8日购入材料后的平均单价：

$$移动加权平均单价 = \frac{2 400 + 4 800}{120 + 200} = 22.50(元)$$

20×8年6月20日购入材料后的平均单价：

$$移动加权平均单价 = \frac{2 250 + 15 000}{100 + 500} = 28.75(元)$$

本月发出存货成本 = 180 × 20 + 100 × 22.50 + 120 × 22.50 + 240 × 28.75
= 15 450(元)

月末结存存货成本 = 360 × 28.75 = 10 350(元)

或：月末结存存货成本 = 6 000 + 19 800–15 450 = 10 350(元)

根据移动加权平均法计算，超越科技公司记入资产负债表的存货成本为10 350元，当月鼠标销售成本为15 450元，记入利润表的"营业成本"项目。按照每个鼠标40元的销售价格计算，当月销售毛利为：

销售毛利 =（180+100+120+240）×40–15 450 = 10 150（元）

采用移动加权平均法可以随时掌握发出存货成本和结存存货成本，有利于对存货进行数量、金额的日常管理与控制，但每次存货入库都要计算一次平均单位成本，计算工作量较大。

3.个别计价法

个别计价法即每次发出存货的成本按其购入或生产的实际成本分别计价，该方法假设存货的实物流转与其成本流转完全一致，能够实现商品成本与其所带来的收入之间的准确配比，但核算工作量大，适合数量不多、单位价值高或体积较大、容易辨认的存货，如房产、船舶、珠宝、首饰等。

假设超越科技公司通过辨认确定各批发出鼠标的购进批别为：11月5日发出的鼠标180个系期初结存存货；11月12日发出的100个鼠标中有80个系期初结存的存货，20个系11月8日购进的存货；11月16日发出的120个鼠标中有40个系期初结存的存货，80个系11月8日购进的存货；11月27日发出的240个鼠标中有40个系11月8日购进的存货，200个系11月20日购进的存货。

本月发出存货成本 = $180 \times 20 + 80 \times 20 + 20 \times 24 + 40 \times 20 + 80 \times 24 + 40 \times 24 + 200 \times 30$

$= 15\ 360$（元）

月末结存存货成本 = $60 \times 24 + 300 \times 30 = 10\ 440$（元）

或：月末结存存货成本 = $6\ 000 + 19\ 800 - 15\ 360 = 10\ 440$（元）

个别计价法下超越科技公司的有线鼠标库存商品明细账见表8-13。

表8-13　　　　　　　　　　　库存商品明细账（个别计价法）　　　　　　　　总　页分第　页

总账科目：库存商品　　　　　　　　　　　　　　　　　　　　　计量单位：个　金额单位：元

明细科目：有线鼠标　　　　　　　　　　　　　　　　　　　　　　　　　　　存放地点：第1号仓库

20×8年		摘要	收入			发出			结存		
月	日		数量	单价	金额	数量	单价	金额	数量	单价	金额
6	1	月初结存							300	20	6 000
	5	销售				180	20	3 600	120	20	2 400
	8	购进	200	24	4 800				120	20	2 400
									200	24	4 800
	12	销售				80	20	1 600	40	20	800
						20	24	480	180	24	4 320
	16	销售				40	20	800	100	24	2 400
						80	24	1 920			
	20	购进	500	30	15 000				100	24	2 400
									500	30	15 000
	27	销售				40	24	960	60	24	1 440
						200	30	6 000	300	30	9 000
	30	本月发生额及余额	700		19 800	640		15 360	360		10 440

根据个别计价法，超越科技公司期末记入资产负债表的鼠标存货成本为10 440元，记入当月利润表中的鼠标销售成本为15 360元，按照每个鼠标40元的销售价格计算当月销售毛利：

销售毛利=（180+100+120+240）×40-15 360=10 240（元）

如果存货进价一直保持不变，无论采用哪种存货成本核算方法，得出的存货成本和销售成本都是一样的。但如果存货入库成本发生变化，使用不同存货计价方法得出的存货成本和销货成本基本上也会不同，对企业资产负债表和利润表的影响也不同，见表8-14。当企业入库存货成本持续上涨时，先进先出法下发出存货成本按先入库的较低价格计算，销货成本最低，此时毛利和净利润最高。为获得更多的奖金或维护自己的声誉，管理者往往希望获取更多的利润，更愿意采用先进先出法计算企业存货成本。并且先进先出法与大多数企业的实际商品流转过程也最为相近，若采用此方法，资产负债表上所反映的期末存货成本最接近现时成本。与一次加权平均法相比，两种方法计算的销售毛利相差1 512元（10 600-9 088）。但存货成本的高低会影响企业的净利润，也会影响企业的纳税额。若企业适用的所得税税率为25%，采用一次加权平均法计算销货成本能够为企业带来暂时的减税收益378元（1 512×25%）。本例中成本是逐步上升的，若成本逐步下降，则采用先进先出法会为企业带来延期纳税的好处。

表8-14　　　　　　　　　　　　不同存货计价方法的比较　　　　　　　　　　单位：元

项目	先进先出法	加权平均法		个别计价法
		一次加权平均	移动加权平均	
利润表				
销售收入	25 600	25 600	25 600	25 600
销售成本	15 000	16 512	15 450	15 360
销售毛利	10 600	9 088	10 150	10 240
所得税费用（税率25%）	2 650	2 272	2 538	2 560
净利润	7 950	6 816	7 613	7 680
资产负债表				
存货	10 800	9 288	10 350	10 440

　　上述存货成本流转假设也适用于实地盘存制下发出存货计价与期末存货成本的计算。

　　【例8-12】超越科技公司的仓库保管员于20×8年6月30日盘点的库存螺丝钉实际数量为550包，月初库存和本月购进情况见表8-15。

表8-15　　　　　　　　　　螺丝钉库存月初余额及本期购入情况

20×8年6月

日期	摘要	数量（包）	单价（元）	金额（元）
1日	月初结存	400	4.5	1 800
8日	购进	500	4.8	2 400
12日	购进	600	4.4	2 640
20日	购进	300	4.2	1 260

　　注：在个别计价法下，假设月末结存的550包螺丝钉中有100个系期初结存的材料，有180个系本月8日购入的材料，有270个系本月20日购入的材料。

分别采用先进先出法、一次加权平均法和个别计价法计算实地盘存制下期末结存存货成本和本期发出存货成本：

（1）先进先出法

期末结存存货成本 = 300 × 4.20 + 250 × 4.40 = 2 360(元)

本期发出存货成本 = 1 800 + 2 400 + 2 640 + 1 260 − 2 360 = 5 740(元)

（2）一次加权平均法

$$加权平均单价 = \frac{1\,800 + 2\,400 + 2\,640 + 1\,260}{400 + 500 + 600 + 300} = 4.50(元)$$

期末结存存货成本 = 550 × 4.50 = 2 475(元)

本期发出存货成本 = 1 800 + 2 400 + 2 640 + 1 260 − 2 475 = 5 625(元)

（3）个别计价法

期末结存存货成本 = 100 × 4.50 + 180 × 4.80 + 270 × 4.20 = 2 448(元)

本期发出存货成本 = 1 800 + 2 400 + 2 640 + 1 260 − 2 448 = 5 652(元)

企业必须在财务报表或财务报表附注中说明其所使用的存货成本核算方法，并且成本核算方法一经确定，不得随意变更。

二、存货清查与期末存货计价

在会计期末，为了客观反映企业期末存货的实际价值，应进行存货清查，确保账实相符。同时企业在编制资产负债表时，应当准确地计量存货项目的金额，确定期末存货价值。

（一）存货清查

企业存货在实际收发与保管过程中，可能会遇到毁损、失窃、计量计算误差、自然损耗、损坏变质等情况，导致存货的账面余额与实际结存余额不相符，出现存货的盘盈或盘亏。因此，需要采取实地盘点的方法对企业存货进行清查，确定存货的实有数量，并与账面结存数核对，如有不符应及时查明原因，按照规定程序报批处理，保证账实相符。除了日常盘点外，企业通常每年至少对其存货进行一次实物盘点。

在进行存货盘点时，企业需要采取一定的内部控制措施保证盘点的可靠性，如负责库存管理的人员不能担任盘点员，在盘点过程中要确认存货是否在库以及存货的数量和质量等。在存货清查过程中发现的盘盈或盘亏问题，首先要核准金额，填制"财产盘点报告表"，按规定的程序报经主管领导批准后，方能进行相应的会计处理。盘点时如出现有的存货盘盈，有的存货盘亏，盘盈和盘亏不能合并处理，应分别进行会计处理。

企业存货清查过程中出现的盘盈、盘亏或毁损，以及其报经批准后的转销情况，通过"待处理财产损溢——待处理流动资产损溢"明细账户核算。按规定，企业清查的各项存货损溢应在期末结账前处理完毕，处理后该账户期末通常无余额。

【例8-13】超越科技公司于20×8年11月30日对存货进行盘点，发现账实不相符的存货，编制"财产盘点报告表"（见表8-16），查明原因并报经主管领导审批（适用的增值税税率为13%）。

表 8-16　　　　　　　　　　　　　　**财产盘点报告表**

企业名称：超越科技有限责任公司　　20×8 年 11 月 30 日　　　　　　　金额单位：元

编号	财产名称	单位	单价	数量		盘盈		盘亏		盘亏原因
				账存	实存	数量	金额	数量	金额	
YHP002	强力绑线	包	3	1 000	900			100	300	定额内合理损耗
YCL007	显卡	个	1 100	300	298			2	2 200	管理员过失
YHP001	螺丝钉	包	4	500	550	50	200			收发计量错误
BCP001	LP 台式电脑	台	6 000	200	199			1	6 000	火灾毁损

财务部门处理意见	显卡盘亏 2 486 元（含税），系管理员林东保管不善造成，由其赔偿； LP 台式电脑损失 6 000 元，平安保险公司赔偿 4 000 元，材料作价 800 元入库。
单位主管部门批复	审核通过

审核人：王芳　　　　　监盘人：赵霞　　　　　盘点人：姜珊

"财产盘点报告表"是用于调整有关账簿记录的原始凭证，也是确定有关人员经济责任的依据。当存货盘盈时，由于实际盘存大于账面记录，将差额借记"原材料""生产成本""库存商品"等账户，使实际库存与账面记录相符，再根据处理意见冲减管理费用[①]。

例如，公司螺丝钉盘盈 500 包，查明原因是收发计量错误，每千克按照 4 元入账，其会计处理如下：

（1）记录盘盈的库存材料：

借：原材料——螺丝钉　　　　　　　　　　　　　　　　　　　　200

　　贷：待处理财产损溢——待处理流动资产损溢　　　　　　　　　　200

（2）根据处理意见编制会计分录：

借：待处理财产损溢——待处理流动资产损溢　　　　　　　　　　200

　　贷：管理费用　　　　　　　　　　　　　　　　　　　　　　　200

当存货发生盘亏或毁损时，实际盘存少于账面价值，应在账面价值基础上调整减少存货，贷记"原材料""生产成本""库存商品"等账户，使存货账面价值与实际库存数相符。经批准后，再根据造成盘亏的原因分别进行账务处理：

（1）属于自然损耗产生的定额内的合理损耗，可计入管理费用。

（2）属于计量、收发差错和管理不善等原因造成的存货短缺或毁损，能确定过失人的应由过失人负责赔偿；属于保险责任范围内的，应向保险公司索赔；扣除过失人和保险公司赔偿和残料价值后的净损失计入管理费用。

（3）属于自然灾害或意外事故等非常损失造成的存货毁损，扣除保险公司赔偿和残料价值后的净损失计入营业外支出。

----

① 如果存货盘盈、盘亏属于前期差错，按照会计准则的要求应追溯重述调整以前年度损益。如果盘盈、盘亏影响金额较小，可以计入当期损益。

对于超越科技公司盘亏的强力绑线、显卡，记录盘亏材料：

借：待处理财产损溢——待处理流动资产损溢   2 825

    贷：原材料——强力绑线   300

           ——显卡   2 200

         应交税费——应交增值税（进项税额转出[①]）   325

LP台式电脑盘亏，记录盘亏商品：

借：待处理财产损溢——待处理流动资产损溢   6 000

    贷：库存商品——LP台式电脑   6 000

强力绑线、显卡原材料盘亏批准结转：

借：管理费用   339

    其他应收款——林东   2 486

    贷：待处理财产损溢——待处理流动资产损溢   2 825

LP台式电脑盘亏批准结转：

借：其他应收款——平安保险公司   4 000

    原材料   800

    营业外支出   1 200

    贷：待处理财产损溢——待处理流动资产损溢   6 000

（二）期末存货计价

由于残缺、过时、技术进步、产品更新等原因，企业持有的存货会出现价格下跌并低于账面成本的情况。会计准则规定，资产负债表日存货应当按照成本与可变现净值孰低计量，即取二者中较低的价值作为期末存货价值。其中，成本是指期末存货的实际成本，是前述在历史成本计价基础上按照成本流转假设计价确定的成本，即存货账面余额（账面成本）。可变现净值是指正常生产经营过程中，存货的估计售价（如市场销售价格、合同作价等）减去至完工估计将要发生的成本、估计的销售费用以及相关的税费后的金额。

例如，甲企业持有一批材料，专门用于生产与乙公司签订合同的M产品，合同约定M产品销售价格为200万元。将该批材料进一步加工成M产品预计需要投入加工成本80万元，销售过程中预计发生相关税费5万元，那么期末该批材料的可变现净值为115万元（200-5-80）。如果期末该批材料的账面成本为100万元，低于可变现净值115万元，存货按账面成本计量，无须调整；如果该批材料账面成本为120万元，高于可变现净值115万元，表明存货发生损失5万元，存货按可变现净值115万元计量。一方面，通过"资产减值损失"账户确认损失5万元，计入当期损益；另一方面，这部分损失应当从存货的价值中扣除，计提存货跌价准备，通过"存货跌价准备"账户抵减存货的账面价值5万元。"存货跌价准备"账户属于资产类账户，但却是资产类账户的抵减账户，用于抵减存货项目，使存货价值变为115万元（120-5）。

计提存货跌价准备时，贷记"存货跌价准备"账户；冲减处置存货已提取的存货跌

---

① 如果存货因管理不善造成被盗、丢失、霉烂变质的损失，其购进存货时的增值税不能予以抵扣，已计入增值税进项税额的，需要将盘亏存货的进项税额转出，因自然灾害造成的存货毁损不需要进项税额转出。此处转出进项税额=（2 200+300）×13%=325（元）。

价准备，或是存货价值恢复时冲销以前提取的部分，记入"存货跌价准备"账户的借方。会计准则规定，如果以后影响存货减值的因素已经消失或存货的价值恢复，减记的金额应当予以恢复，即可以在以前计提的存货跌价准备的范围内转回，但不能超过以前计提的金额。

【例8-14】假设超越科技公司有一批库存LP台式电脑，其价格变动与存货跌价准备计提如下：

（1）20×7年12月31日，LP台式电脑账面余额（成本）为50万元，其期初未计提存货跌价准备。由于市场价格下跌，该批电脑预计可变现净值为46万元。根据成本与可变现净值孰低的原则，期末存货将以46万元对外报告。账面成本超过可变现净值的4万元确认为资产减值损失，同时计提存货跌价准备4万元。编制调整分录：

借：资产减值损失——存货跌价准备　　　　　　　　　　　40 000
　　贷：存货跌价准备——LP台式电脑　　　　　　　　　　　　40 000

（2）20×8年3月31日，超越科技公司的LP台式电脑账面余额（成本）为50万元，已计提存货跌价准备4万元。由于市场价格进一步下跌，LP台式电脑预计可变现净值为45万元，按可变现净值45万元对外报告。账面成本超过可变现净值的5万元确认为资产减值损失，应计提存货跌价准备5万元。由于已计提存货跌价准备4万元，20×8年3月31日应计提该商品的存货跌价准备1万元。

借：资产减值损失——存货跌价准备　　　　　　　　　　　10 000
　　贷：存货跌价准备——LP台式电脑　　　　　　　　　　　　10 000

（3）20×8年6月30日，超越科技公司的LP台式电脑账面余额（成本）为50万元，已计提存货跌价准备5万元。由于市场价格有所回升，LP台式电脑预计可变现净值为48万元，按可变现净值48万元对外报告。成本低于可变现净值损失2万元，但该商品已计提5万元减值准备，应转回已计提的存货跌价准备3万元。

借：存货跌价准备——LP台式电脑　　　　　　　　　　　　30 000
　　贷：资产减值损失——存货跌价准备　　　　　　　　　　　30 000

（4）20×8年9月30日，超越科技公司的LP台式电脑账面余额（成本）为50万元，已计提存货跌价准备2万元。由于市场价格有所回升，LP台式电脑预计可变现净值为53万元。可变现净值超过账面成本3万元，存货跌价准备只能转回以前已计提的2万元。

借：存货跌价准备——LP台式电脑　　　　　　　　　　　　20 000
　　贷：资产减值损失——存货跌价准备　　　　　　　　　　　20 000

倘若超越科技公司20×8年9月20日将LP台式电脑全部售出，9月30日结转已售出商品成本时，其所计提的存货减值准备应一并转销，同时调整销售成本。

借：主营业务成本　　　　　　　　　　　　　　　　　　480 000
　　存货跌价准备——LP台式电脑　　　　　　　　　　　　 20 000
　　贷：库存商品　　　　　　　　　　　　　　　　　　　　500 000

需要强调的是，计提存货跌价准备符合谨慎性原则的要求，但存货跌价准备的计提带有主观估计因素，并且后续可以转回，因此也成为一些公司进行利润操纵的工具。这要求企业在计提存货跌价准备及确定可变现净值时，应当以取得确凿证据为基础[①]，并考虑持有存货的目的、资产负债表日后事项的影响等因素。为生产产品而持有的材料等，只有其用于生产的产品发生了跌价，并且该跌价是由于材料本身的价格下跌引起的，才需要考虑计算材料存货的可变现净值，将其与成本进行比较，进而确定材料存货是否发生了跌价。企业通常应当按照单项存货计提跌价准备，但在实务中由于存货品种多、数量大，存货跌价准备还可以按类别进行计提。按类别计提存货跌价准备可以减轻工作量，但准确性会受到一定影响，企业可根据自己的情况进行选择。

表8-17列示了伊利股份分类计提存货跌价准备的情况。

表8-17　　　　　　　　　　　　伊利股份存货跌价准备

2021年12月31日　　　　　　　　　　　　单位：万元

项目	期初余额	本期增加金额		本期减少金额		期末余额
		计提	其他	转回或转销	其他	
原材料	448.55	3 677.40		251.53	57.11	3 817.31
库存商品	10 214.00	14 374.60		12 841.71	611.31	11 135.58
包装材料	1 019.17	2 557.12		2 946.83	56.10	573.36
半成品	1 548.20	578.86		1 502.80	72.24	552.02
合计	13 229.92	21 187.98		17 542.87	796.76	16 078.27

三、存货与销售成本在财务报表中的列示及报表项目关系

存货属于企业的流动资产，在资产负债表中以账面价值列示。账面价值是存货账面余额（取得成本）减去存货跌价准备后的余额。存货出售时，存货成本从资产负债表中转出，作为销货成本记入利润表中的"营业成本"项目，以抵减当期的营业收入。根据伊利股份2021年年报，12月31日公司存货账面余额为90.78亿元，计提存货跌价准备或合同履约成本减值准备1.61亿元，因此，期末存货列示的账面价值为89.17亿元。

对于企业管理人员和财务信息外部使用者而言，销货成本与期末存货成本至关重要，这两个账户对记入财务报表的销售成本、利润、流动资产、所有者权益以及评价企业流动性和盈利能力有重大影响，而且本期期末存货即为下期期初存货，这种影响也涉及不同的会计期间。

假设A公司在20×4—20×6年每年销售收入均为100万元，20×4年年末存货为20万元，且每年都维持在20万元的水平，购货成本均为60万元，那么，A公司每年的销售成本均为60万元（20+60-20），销售毛利均为40万元（100-60），在各期费用都是10万元的情况下，不考虑其他因素，各期利润均为30万元。

如果20×4年年末存货被低估为16万元，会导致当年销货成本增加4万元，利润减少4

[①] 存货存在下列情形之一的，通常表明存货的可变现净值低于成本：（1）该存货的市场价格持续下跌，并且在可预见的未来无回升的希望；（2）企业使用该项原材料生产的产品的成本大于产品的销售价格；（3）企业因产品更新换代，原有库存原材料已不适应新产品的需要，而该原材料的市场价格又低于其账面成本；（4）因企业所提供的商品或劳务过时或消费者偏好改变而使市场的需求发生变化，导致市场价格逐渐下跌；（5）其他足以证明该项存货实质上已经发生减值的情形。

万元，即26万元（见表8-18）。20×4年年末存货成本为20×5年年初存货成本，在保持年末存货成本为20万元的情况下，20×5年的销货成本被低估4万元，为56万元，当年利润为34万元。由此可见，如果年末存货被低估，会导致高估当年销货成本，当年利润下降；而高估年末存货成本，则会导致低估当年销货成本，增加当年利润。但这种影响只涉及当年和下年的数据，不会对20×6年及以后年度产生影响，也就是说这种差异能够在下一年自动修正，因为其在下一年会造成相反方向的变动。同样，期末存货低估便是低估了期末的流动资产和总资产，而且存货低估会导致对利润的低估，所以资产负债表中的所有者权益在当期期末也会被低估，反之亦然。

表8-18　　　　　　　　　　　　A公司利润表　　　　　　　　　　　单位：万元

项目	20×4年	20×5年	20×6年
销售收入	100	100	100
−销售成本	64	56	60
期初存货	20	16	20
+购货成本	60	60	60
=可供出售存货	80	76	80
−期末存货	16	20	20
=销售成本	64	56	60
=毛利	36	44	40
−费用	10	10	10
=净利润	26	34	30

与存货相关的经济业务不仅在资产负债表和利润表中反映，在现金流量表的"购买商品、接受劳务支付的现金"项目中也有反映。以伊利股份公司为例，其2021年期初存货账面余额为76.77亿元，期末存货账面余额为90.78亿元，2021年销售成本为766亿元（利润表营业成本764.17亿元+转销的存货跌价准备1.83亿元），则根据存货公式可知：

期初存货余额+本期存货增加额−本期存货减少额=期末存货余额

本期存货增加额=期末存货余额−期初存货余额+本期存货减少额

即：本期存货增加额=90.87−76.77+766=780.10（亿元）

伊利股份2021年现金流量表中的"购买商品、接受劳务支付的现金"为911.82亿元，与当年存货增加额之间的差额主要受两个因素影响：

（1）购买商品支付的现金中包含支付的增值税进项税额，而存货取得成本中不包含进项税额。

（2）本期购买商品未必都是现金支付，未付款的存货成本体现在资产负债表中的应付款项中，包括应付票据的增加（1.43亿元）和应付账款的增加（22.83亿元）；或者本期支付的是以前年度所欠货款，体现为资产负债表中应付款项的减少，或者是预付购货款，体现为资产负债表中预付账款的增加。

|会计与决策| 存货周转分析

存货通常是企业资产负债表中金额最大的流动资产。企业持有一定的存货能够保证生产和销售正常进行，批量采购、批量组织生产与销售还可以获取规模效益。但如果存货积压过多、周转速度慢，存货占用资金多，也会降低企业的经营效益。因此，实施有效的存货管理、提高存货周转率有助于企业可持续发展。反映存货管理效率的指标——存货周转率——通常是短期债权人、管理层等企业利益相关者关注的主要问题之一。

存货周转率等于企业在一定时期内的销货成本与平均存货（期初存货与期末存货之和除以2）之比，表示一定时期内存货周转的次数。该比率越高，企业存货的销售速度越快，存货的流动性越强。另一个指标是存货周转天数，也称存货周转期，即用全年的天数（365）除以存货周转率，反映存货周转一次所需的时间。这些都是评价企业存货流动性及资金占用是否合理的有效指标。管理层可以将该指标与同行业或与本企业历史最好值相比较以找到差距，评价企业存货管理的有效性；也可以根据该指标确定企业的哪些存货销售得不好，哪些存货可能存在过时、积压等问题。

【笃行·致新】

8-2 第八章
思考与练习

第九章　销售与收款

【学习目标】

　　◇ 了解企业销售与收款业务流程及会计信息处理的主要内容；

　　◇ 界定销售收入的来源，确认、计量和记录商品销售业务；

　　◇ 运用配比原则进行销售成本结转，记录企业的税金及附加；

　　◇ 运用总价法进行应收账款的确认、计量与记录；

　　◇ 估计坏账损失，采用备抵法进行坏账准备处理；

　　◇ 进行应收票据取得、到期、转让与贴现业务处理。

【本章预览】

　　销售与收款是企业经营管理的重要环节，不仅关系到企业经营是否顺畅，还关系到企业的财产风险问题。一般地，收入反映企业因转让商品或提供劳务而有权收取的对价金额，而按权责发生制，企业在没有收到现金时可能需要确认收入，在收到现金时也未必都能确认收入。明确收入来源及正确确认收入是收入核算的前提。收入的实现往往会引起货币资金或应收款项的变化，即收入业务循环。赊销是企业扩大销售、提高市场占有率的主要手段，赊销形成的应收款项可能因购买方的诚信，或者资金周转不畅、意外事件等问题而不能按期收回，给企业带来财务风险，因此，在财务报表日需要估计可能发生的坏账，计提减值（坏账）准备。本章将主要介绍销售与收款业务核算，包括分析和记录销售收入、结转销售成本，以及赊销形成的应收款项的处理。

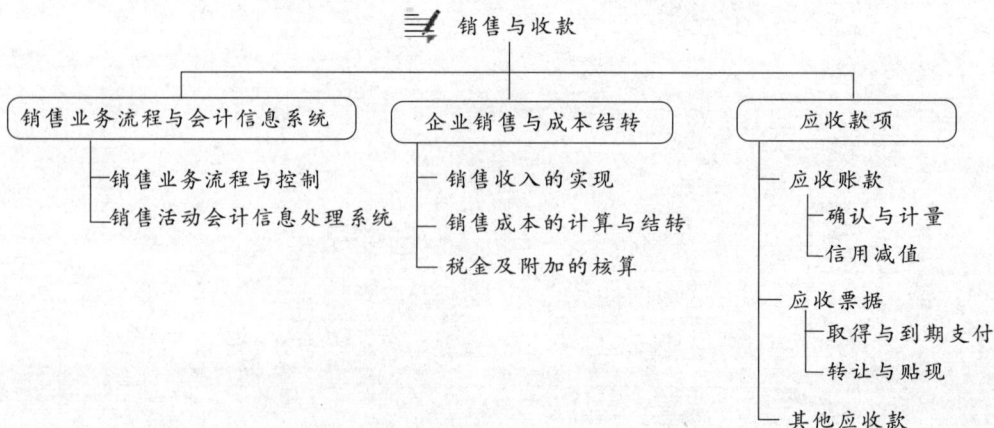

```
                        ≣↗ 销售与收款
         ┌─────────────────┼─────────────────┐
  销售业务流程与会计信息系统    企业销售与成本结转         应收款项

  ─ 销售业务流程与控制        ─ 销售收入的实现         ─ 应收账款
  ─ 销售活动会计信息处理系统    ─ 销售成本的计算与结转        ├ 确认与计量
                          ─ 税金及附加的核算         └ 信用减值

                                               ─ 应收票据
                                                 ├ 取得与到期支付
                                                 └ 转让与贴现

                                               ─ 其他应收款
```

第一节　销售业务流程与会计信息处理系统

企业的销售与收款业务发生频繁，是生产经营活动的重要环节。从商品销售或服务提供到最终货款收回，贯穿企业整个经营过程。如果企业无法实现商品销售，货款不能及时收回，再生产就难以正常运转。销售与收款业务同时涉及企业的货款流和实物流，是企业内部控制的主要环节。

一、销售业务流程与控制

企业销售从接受与处理客户订单开始，涉及销售审批、商品发送、发票开具、销售记录与收款等多个环节，涉及不同的业务部门，如图9-1所示。赊销商品还涉及批准赊销信用、定期对账和收回账款、坏账注销等多个处理环节。

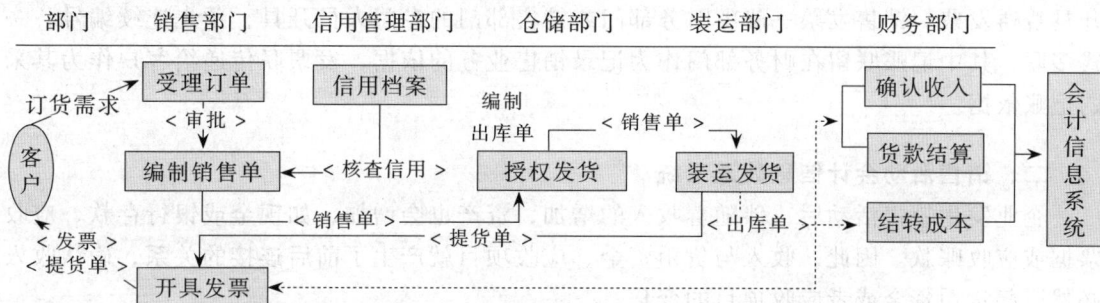

图9-1　企业采购与付款业务流程

1.处理客户订单——销货单

客户提出订货需求是企业销售与收款业务的起点。客户通常会以电话、信函、邮件等方式向企业发起订货需求，企业收到客户的订购单，要检查客户是否在企业已批准销售的客户名单内，如果客户未被列入名单，需要由销售部门主管审核是否批准销售。批准客户订单后，销售部门会根据订单内容编制一式多联的销售单，列示客户订购商品的名称、规格、数量及其他相关信息。销售单是证明销售交易发生的凭证之一，要由销售部门负责人审核签字，作为企业内部信用管理部门、仓储运输部门、财务部门进行业务处理的依据。

2.批准赊销信用——客户信用档案

对于赊销业务，企业信用管理部门会对每个新客户进行信用调查，获取客户的信用资料，包括信用评审机构对客户信用等级的评定等，再根据管理层制定的赊销政策为每个客户授权信用额度，建立客户信用档案。在收到销售部门的销售单后，信用管理部门将销售单与客户授信额度以及尚未偿还的货款等进行比较分析，确定信用期限与信用额度，并在销售单上签署审批意见，将审批后的销售单送回销售部门。赊销信用审批要合理划分工作职责，避免销售人员为增加销售规模而使企业面临信用风险。

3.授权发货——出库单

一项销售业务只有经过批准后，仓库管理部门才可以根据销售单发货，以防止仓库未经授权擅自发货。因此，销售部门要将已批准的销售单一联送达仓库管理部门，作为仓库供货和发货给装运部门的授权依据。仓库发货时要编制出库单，反映发出商品的名称、规格、数量等内容。出库单一联留给客户，在客户收到货物时签署并返还给企业，作为企业确认收入及向客户收取款项的依据。

4.装运货物——提货单

装运部门根据经批准的销售单装运货物。装运之前应对其所装运的货物进行查验，确保仓库所供货物都附有经批准的销货单，且所提供的货物内容与销售单及出库单一致。同时，装运部门还应编制一式多联的提货单，作为货物已装运凭据。仓库管理部门供货和装运部门装运货物要做到职责分离，便于相互监督，避免在未经授权的情况下装运货物。当然，企业也可能将货物交给外部运输企业装运发货。

5.开具销售证明——销售发票

企业向客户开具销售发票，注明货物的名称、规格、数量、价格、销售金额等内容。销售发票分为专用发票和普通发票两种，一般纳税人开具增值税专用发票，小规模纳税人开具普通发票。销售发票一般由财务部门或销售部门的专门人员开具，预先连续编号，一式多联，其中记账联留在财务部门作为记录销售业务的依据，发票联传递给客户作为其采购记账依据。

二、销售活动会计信息处理系统

企业发生销售活动后，伴随着收入的增加，资产也会增加，如现金或银行存款、应收票据或应收账款。因此，收入与货币资金、应收项目就产生了前后连接的关系，确认收入必然引起货币资金或者应收项目的变化。

从会计信息处理系统的角度而言，销售属于企业的经营活动，收到的款项直接影响现金流量表中经营活动的现金流入；而销售过程中实现的收入、结转的成本以及负担的税金及附加属于利润表的项目，货币资金和应收款项属于资产负债表的相关项目。如图9-2所示，销售既对利润表的收入要素产生影响，又对资产负债表中的货币资金、应收款项产生影响，同时，还对现金流量表中的经营活动的相关项目产生影响。

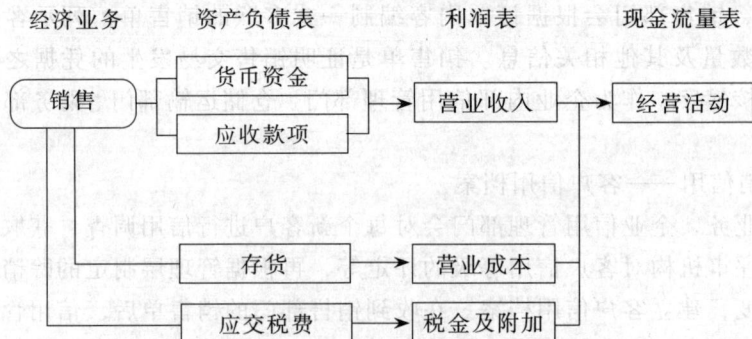

图9-2　企业销售活动与会计信息处理系统

第二节　销售收入的实现与成本结转

销售过程的业务核算遵循配比原则，销售收入减去销售成本得到销售毛利。

表9-1列示了康达体育用品公司20×8年6月商品销售及毛利的计算。康达体育用品公司将购进的商品销售出去，实现收入178 000元，减去发生的销售折扣2 400元、销售退回与折让1 800元，实现销售净收入173 800元。按照配比原则，结转销售商品的相应成本112 500元，即可得出该商品的销售毛利61 300元。本节将介绍如何从交易中获取这些信息。

表9-1　　　　　　　　　　　　康达体育用品公司销售及毛利计算　　　　　　　　单位：元

项目	金额
销售收入	178 000
减：销售折扣	2 400
销售退回与折让	1 800
销售净收入	173 800
减：销售成本	112 500
毛利	61 300

一、销售收入的实现

（一）收入的来源

收入是企业利润的主要来源，企业只有不断地通过销售商品、提供劳务取得收入，才能补偿支出的费用进而形成利润，维持企业发展。通常，一个企业所处的行业和经营性质决定了该企业的收入来源，如制造业企业生产并销售产品、商品流通企业销售商品、咨询公司提供咨询服务、安装公司提供安装服务、软件公司开发软件等，这些都是常规行业的主要收入来源。

表9-2列示了2021年伊利股份主营业务分产品收入情况。伊利股份主要从事各类乳制品及健康饮品的加工、制造与销售活动，旗下拥有液体乳、乳饮料、奶粉、酸奶、冷冻饮品、奶酪、乳脂、包装饮用水几大产品系列。从表9-2中可以看出，公司全部产品销售实现的营业收入为1 084.62亿元，按照配比原则结转销售商品的相应成本751.20亿元。公司主营业务的毛利为333.42亿元，毛利率为30.74%（333.42÷1 085），销售毛利反映了企业产品销售的初始获利能力，是利润形成的起点，没有足够高的毛利率便不能形成较多的盈利。从表9-2中还可以了解到不同系列产品的收入、成本及获利情况，其中，液体乳收入占伊利股份全部收入的78.29%，贡献了72.15%的毛利，是公司最主要收入与利润来源。

表9-2　　　　　　　　　　　　　伊利股份主营业务分产品收入情况

2021年　　　　　　　　　　　　　　　　　　　　　金额单位：万元

分产品	营业收入		营业成本		毛利		毛利率（%）
	金额	占比（%）	金额	占比（%）	金额	占比（%）	
液体乳	8 491 067.77	78.29	6 085 325.47	0.81	2 405 742.30	72.15%	28.33
奶粉及奶制品	1 620 889.32	14.94	985 139.03	0.13	635 750.29	19.07%	39.22
冷饮产品	716 057.74	6.60	427 668.67	0.06	288 389.07	8.65%	40.27
其他产品	18 235.11	0.17	13 882.98	0.00	4 352.13	0.13%	23.87
小计	10 846 249.94	100.00	7 512 016.15	1.00	3 334 233.79	100.00	30.74

资料来源：根据内蒙古伊利实业集团股份有限公司2021年年度报告整理计算。

　　企业在销售过程中，除了为实现其主要经营目标而从事的销售商品、提供劳务等主营业务外，还可能发生其他业务，如生产企业销售材料、出租包装物、出租固定资产、出租无形资产、出租商品等，这些业务活动形成的经济利益流入为其他业务收入。如表9-3所示，2021年伊利股份1 084.62亿元的主营业务收入与16.81亿元的其他业务收入，构成了全部收入1 101.44亿元。企业一般设置"主营业务收入"和"其他业务收入"账户分别核算两种不同的收入，但都属于企业日常经营活动形成的收入。

表9-3　　　　　　　　　　　　　伊利股份营业收入构成

2021年　　　　　　　　　　　　　　　　　　　　　单位：万元

项目	本期发生额		上期发生额	
	收入	成本	收入	成本
主营业务	10 846 249.94	7 512 016.15	9 534 517.27	6 648 762.98
其他业务	168 148.70	129 654.40	117 879.06	96 531.75
合计	11 014 398.64	7 641 670.55	9 652 396.32	6 745 294.73

（二）收入的确认与计量

　　销售业务核算首先需要解决的是收入的确认与计量问题。收入确认实际上是解决是否满足收入确认条件予以入账的问题。按照权责发生制，企业在没有收到现金的情况下可能需要确认收入，而在收到现金时未必都能确认收入，因此，还需要解决在什么时间确认收入的问题。计量就是解决收入以多少金额入账的问题。

　　1.收入确认的基本条件与确认时间

　　按照《企业会计准则第14号——收入》的要求，企业应当在履行了合同中的履约义务，即在客户取得相关商品的控制权时确认收入。取得相关商品的控制权是指能够主导该商品的使用并从中获得几乎全部的经济利益。当企业将商品转移给客户，客户取得了相关商品的控制权时，意味着企业履行了合同的履约义务，此时满足收入确认条件的应确认收入。

　　企业将商品的控制权转移给客户，该转移可能在某一段时间内发生，即履行履约义务的过程中；也可能在某一时点发生，即履约义务完成时。企业应当根据实际情况，首先判断履约义务是否满足在某一时段内履行的条件，如不满足，则该履约义务属于在某一时点履行的履约义务。

对于在某一段时间内履行的履约义务，企业应当在该段时间内按照履约进度确认收入，履约进度不能合理确定的除外。满足下列条件之一的，属于在某一时段内履行的履约义务：

（1）客户在企业履约的同时即取得并消耗企业履约所带来的经济利益；

（2）客户能够控制企业履约过程中的在建商品；

（3）企业履约过程中所产生的商品具有不可替代用途，且该企业在整个合同期内有权就累计至今已完成的履约部分收取款项。

例如，20×7年8月1日，海达装饰公司与M公司签订一项为期3个月的装饰合同，合同约定的装饰价款为800 000元，每月按完工进度支付，即按已完工劳务成本占预计完工劳务总成本的比例确定。如果20×8年8月31日海达公司为完成该合同累计发生劳务成本120 000元，预计还将发生380 000元的劳务成本，按已完工劳务占预计完工劳务成本总额的比例确定完工进度为24%［120 000÷（120 000+380 000）×100%］，M公司按完工进度支付了价款，则8月31日确认劳务收入192 000元（800 000×24%），以此类推，在履约时段内分期确认收入。

对于在某一时点履行的履约义务，企业应当在客户取得相关商品控制权的时点确认收入。在判断客户是否取得商品控制权时，企业应当考虑下列迹象：

（1）企业就该商品享有现时收款权利，即客户就该商品负有现时付款义务。例如，甲企业与某客户签订销售商品合同，约定客户在收到商品10日内付款，客户收到甲企业开具的发票、商品验收入库后，能自主确定商品的销售价格或使用情况，此时甲企业享有收款权利，客户负有现时付款义务。

（2）企业已将该商品的法定所有权转移给客户，即客户已拥有该商品的法定所有权。例如，房地产企业向客户销售商品房，在客户付款后取得房屋产权证时，表明企业已将该商品房的法定所有权转移给了客户。

（3）企业已将该商品实物转移给客户，即客户已占有该商品实物。例如，企业与客户签订交款提货合同，并将商品送到客户指定地点，客户验收合格并付款，表明企业已将商品实物转移给客户，客户已占有该商品实物。

（4）企业已将该商品所有权的主要风险和报酬转移给客户，即客户已取得该商品。例如，房地产企业向客户销售商品房，办理完产权转移手续后，该商品房价格上涨或下跌带来的利益或损失全部归属于客户，表明客户已取得该商品房所有权的主要风险和报酬。

（5）客户已接受该商品。例如，企业向客户销售一批商品，客户收到并验收合格后办理了验收入库手续，表明客户已接受该商品。

（6）其他表明客户已取得商品控制权的迹象。

2.收入的计量

收入的计量，即入账金额的确定。企业应当按照购买方已收或应收的合同或协议价款确定商品收入金额。但在销售商品时，可能会遇到一些其他影响收入的情况，如销售退回与折让、销售折扣等，这些情况的发生一般会抵减销售收入。

商品销售收入=不含税单价×销售量-销售退回-销售折让-商业折扣

（1）销售退回与折让

销售退回是指企业售出的商品由于质量、品种等不符合要求而发生的退货。企业已经确认销售商品收入的售出商品发生销售退回的，应当在发生时冲减当期的销售收入。

销售折让是指企业因售出商品的质量不合格等原因而在售价上给予的减让。企业将商品销售给客户，如果客户发现商品在质量、规格等方面不符合要求，可能要求企业在价格上给予一定的减让。销售折让可能发生在企业确认收入之前，也可能发生在企业确认收入之后。发生在收入确认之前的销售折让，直接从销售价格中扣除销售折让作为实际销售收入确认。例如，商场销售一批电视机，原价5 000元/台，若客户购买样机，给予每台样机1 200元的销售折让，商场直接按3 800元/台的价格确认收入。如果已经确认销售收入的售出商品发生销售折让，应在发生时冲减当期销售商品收入。

（2）销售折扣

销售折扣是指企业在赊销和商业信用的情况下，为了促销商品和及早收回销货款，按照一定条件给予买方一定比例的价款折扣，包括商业折扣和现金折扣。

商业折扣也称为"折扣销售"，是企业为了促销商品在商品标价上给予的价格扣减，一般用百分数表示，常见于对购货数量较大的客户提供批量折扣。例如，某商品单位售价100元，当客户批量购买20件以上可获得10%的商业折扣，实际确认的收入为1 800元（100×20×（1-10%）），发票金额也为1 800元。这个金额既是销货方确认收入的金额，也是购货方采购支付的金额。因此，商业折扣一般在交易发生时即已确定，确认收入时按扣除商业折扣后的实际销售价格入账。

现金折扣是指债权人为鼓励债务人在规定的期限内付款，而向债务人提供的债务扣除。企业赊销时为了鼓励客户提前偿付货款，通常与债务人达成协议，债务人在不同期间内付款可享受不同比例的折扣，如"2/10，1/20，n/30"。采用现金折扣的销售，对于销售方而言有利于加速货款的收回，提高资金周转速度；对于购货方而言，可看作享有一种财务收益。在提供"2/10，1/20，n/30"的现金折扣下，如果购货方在10天内付款，可获得一项相当于年收益36.5%（2%÷20×365）的收益，这样的收益率通常远远高于企业为提前付款而筹措资金的利息率。因此，一般情况下客户都会尽量争取获得现金折扣。企业销售涉及现金折扣的，不考虑各种预计可能发生的现金折扣，而是在实际发生现金折扣时，将其计入当期损益（财务费用）。

（三）销售收入的记录

收入既包括销售商品实现的收入，也包括提供劳务产生的收入。这里主要讨论制造业企业商品销售收入的确认、计量与记录。企业销售分为现销和赊销。现销是一手交钱、一手交货的方式；赊销是以信用为基础，买卖双方签订协议后卖方先交货，买方按照协议在规定日期付款或以分期付款形式付清货款。无论是现销还是赊销，每笔销售业务在记录销售收入时，应根据结算方式，按已收或应收的合同或协议价款，加上应收取的增值税，记入"银行存款""应收账款""应收票据""预收账款"等账户的借方；同时按确定的收入金额，记入"主营业务收入""其他业务收入"账户的贷方；按收取的增值税金额，记入"应交税费——应交增值税（销项税额）"账户的贷方。

【例9-1】20×6年5月8日，华诚纸业销售给宏伟印刷厂白卡纸30吨，每吨8 000元，增值税专用发票上注明价款240 000元，增值税税额31 200元，款项已通过网银结算收到。

该项经济业务的发生使企业在实现销售收入的同时增加了银行存款，编制会计分录：

借：银行存款　　　　　　　　　　　　　　　　　　　　　　　271 200

　贷：主营业务收入　　　　　　　　　　　　　　　　　　　　240 000

　　应交税费——应交增值税（销项税额）　　　　　　　　　　31 200

在实务中，企业为稳定客户、避免库存积压，或者提高销售额和市场占有率往往会采取赊销的方式，进而形成应收未收的款项，即应收账款、应收票据等，属于企业的资产。

【例9-2】20×6年5月12日，华诚纸业销售给远东商贸公司白卡纸50吨，每吨8 000元。根据公司的商业折扣政策，若一次性购买50吨及以上的商品，可享受5%的商业折扣，公司开具了增值税专用发票，增值税税率为13%，款项尚未收到。另外，公司用银行存款代远东商贸公司垫付运费3 000元。

按照权责发生制的要求，企业实现销售虽然没有收到货款，但应确认收入。考虑到商业折扣的收入为380 000元（50×8 000×（1-5%）），按照收入的13%计算收取增值税销项税额49 400元（38 000×13%），同时代垫运费3 000元，全部的款项记入"应收账款"账户，华诚纸业应编制会计分录：

借：应收账款——远东商贸　　　　　　　　　　　　　　　　432 400

　贷：主营业务收入　　　　　　　　　　　　　　　　　　　　380 000

　　应交税费——应交增值税（销项税额）　　　　　　　　　　49 400

　　银行存款　　　　　　　　　　　　　　　　　　　　　　　3 000

【例9-3】承【例9-2】，20×6年5月20日，华诚纸业收到远东商贸公司前欠的货款。

借：银行存款　　　　　　　　　　　　　　　　　　　　　　432 400

　贷：应收账款——远东商贸　　　　　　　　　　　　　　　　432 400

【例9-4】20×6年5月24日，华诚纸业销售给大明商行白卡纸20吨，增值税专用发票注明的价款为160 000元，增值税税额为20 800元，收到对方开具的商业承兑汇票。华诚纸业应编制会计分录：

借：应收票据　　　　　　　　　　　　　　　　　　　　　　180 800

　贷：主营业务收入　　　　　　　　　　　　　　　　　　　　160 000

　　应交税费——应交增值税（销项税额）　　　　　　　　　　20 800

企业在销售过程中还可能按照协议或销货合同预先收取销货定金或部分货款，待实际发出商品或提供劳务时再予以冲减。企业预收这部分款项时，商品或劳务的销售合同尚未履行，按照权责发生制的要求不能将其作为收入入账，而应确认为一项负债——预收账款。待按合同规定提供商品或劳务后，再根据合同的履行情况，将未实现收入转为已实现收入，冲销预收账款。企业通常设置"预收账款"账户进行核算，该账户属于负债类账户。

【例9-5】20×6年5月10日，华诚纸业按照合同规定预收南京时代商贸有限公司订货款600 000元，存入银行。

根据权责发生制的要求，企业收到订货款后，在销售尚未实现之前先通过"预收账款"账户核算，收到款项时，华诚纸业应编制会计分录：

借：银行存款 600 000
　　贷：预收账款 600 000

【例9-6】20×6年5月18日，华诚纸业向南京时代商贸有限公司发出烟卡纸80吨，增值税专用发票注明的价款为760 000元，增值税税额为98 800元。原预收款不足，其差额部分当即收到并存入银行。

华诚纸业预收南京时代商贸有限公司的货款600 000元，该笔销售实现应收的价税款为858 800元（760 000+98 800），不足款项258 800元（858 800-600 000）以银行存款收回，因此，该项经济业务在确认收入的同时，根据货款的结算方式应编制会计分录：

借：预收账款——南京时代 600 000
　　银行存款 258 800
　　贷：主营业务收入 760 000
　　　　应交税费——应交增值税（销项税额） 98 800

此外，企业还可能发生销售材料、出租包装物、出租固定资产等其他业务，通常设置"其他业务收入"账户进行核算。

【例9-7】20×6年5月25日，华诚纸业销售一批积压的针叶浆，价款50 000元，增值税税率为13%，款项收到并存入银行。

销售材料实现的收入属于其他业务收入，华诚纸业应编制会计分录：

借：银行存款 56 500
　　贷：其他业务收入 50 000
　　　　应交税费——应交增值税（销项税额） 6 500

企业当期实现的主营业务收入与其他业务收入共同构成利润表中的"营业收入"项目。

|会计与决策| 营业收入与企业生命周期

根据营业收入规模可以大概判断企业的经营实力和行业地位。通常，营业收入规模越大，企业的经营实力越强、行业地位越高。同时，营业收入增长率能够衡量企业的经营状况、市场占有能力，也是评价企业成长状况和发展能力的重要指标。

$$营业收入增长率 = \frac{本期营业收入 - 上期营业收入}{上期营业收入} \times 100\%$$

营业收入增长率越高，表明企业增长速度越快，企业的市场前景越好。根据营业收入增长率还可以判断企业产品的生命周期及其所处的发展阶段。一般地，营业收入增长率超过10%，表明企业保持良好的增长势头，处于成长期，尚未面临产品更新的风险。如果营业收入增长率处于5%~10%之间，表明企业产品处于稳定期，为避免进入衰退期，需要着手开发新产品。如果该比率低于5%，表明企业产品已进入衰退期，如果没有已开发好的新产品，将步入衰落。如果营业收入增长率小于0，表明企业可能处于衰退之中，企业产品或提供的服务存在不适销对路、质次价高等方面的问题，市场份额萎缩。在实务中，应结合企业历年的营业收入水平、企业产品或服务市场占有情况、行业未来发展等因素进行分析，或者结合企业近几年的营业收入增长率进行变动趋势性分析。

二、销售成本的计算与结转

企业销售一方面减少了库存存货（如库存商品、原材料等），另一方面增加了当期销货成本（也称为销售成本或营业成本）。将销售发出的存货成本结转为销售成本，应遵循配比原则的要求。也就是说，不仅销售成本的结转与销售收入在同一会计期间加以确认，而且销售数量应与收入确认时的销售数量保持一致。销售成本的计算公式为：

销售成本=本期销售数量×单位生产成本

或者：销售成本=期初存货成本+本期购货成本-期末存货成本

式中，单位生产成本的确定应考虑期初库存商品和本期入库商品的成本情况，可以分别采用先进先出法、加权平均法和个别计价法等来确定。

【例9-8】20×6年5月31日，华诚纸业结转本月白卡纸和烟卡纸的销售成本。其中，白卡纸的单位成本为5 360元/吨，烟卡纸的单位成本为6 210元/吨；同时结转销售材料成本42 000元。

首先需要计算确定白卡纸和烟卡纸的销售成本。华诚纸业本月销售白卡纸100吨（30+50+20），销售成本为536 000元（5 360×100）；销售烟卡纸80吨，销售成本为496 800元（6 210×80）。结转商品销售成本，一方面库存商品减少，记入"库存商品"账户的贷方；另一方面商品销售成本增加，记入"主营业务成本"账户的借方。华诚纸业应编制会计分录：

借：主营业务成本——白卡纸　　　　　　　　　　　　536 000
　　　　　　　　——烟卡纸　　　　　　　　　　　　496 800
　贷：库存商品——白卡纸　　　　　　　　　　　　　536 000
　　　　　　——烟卡纸　　　　　　　　　　　　　　496 800

企业的其他业务收支要与主营业务收支分开核算，在实现其他业务收入的同时，与其相关的成本和费用，如销售材料成本、出租固定资产折旧额、出租无形资产摊销额、出租包装物成本的摊销等，也需要进行相应的成本结转，记入"其他业务成本"账户。在本例中，华诚纸业结转销售材料成本，应编制会计分录：

借：其他业务成本　　　　　　　　　　　　　　　　　42 000
　贷：原材料——针叶浆　　　　　　　　　　　　　　42 000

主营业务成本和其他业务成本共同构成了利润表中的"营业成本"项目。

产品销售成本是指本期结转所销售产成品的生产成本，通过计算销售成本率能够反映企业每单位销售收入所需的成本支出。

$$销售成本率 = \frac{销售成本}{销售收入} \times 100\%$$

销售成本率与销售毛利率相对应，销售成本率与销售毛利率之和为1。一般地，销售成本率越高，企业的盈利能力越差，企业越处于不利的市场竞争地位。

|伦理、责任与可持续发展| 獐子岛造假：北斗导航卫星破解"扇贝之谜"

獐子岛集团股份有限公司（简称"獐子岛"，002069）主要从事水产品养殖、加工等业务，产品包括底播虾夷扇贝、鲍鱼、海参等。从2014年开始，獐子岛不断上演扇贝"跑路"、死亡的闹剧，成为了当时资本市场关注的焦点。

2014—2015年，獐子岛连续亏损11.89亿元和2.43亿元。按深交所规定，若公司连续3年亏损，将会被暂停上市；连续4年亏损，将会被终止上市。2016年獐子岛利用海底库存及采捕情况难发现、难调查、难核实的特点，不以实际采捕海域为依据进行成本结转，实现"账面盈利"，导致财务报告严重失真。

獐子岛每月结转底播虾夷扇贝成本时，以当月虾夷扇贝捕捞区域（采捕坐标）作为成本结转的依据，捕捞区域系由人工填报且缺乏船只航海日志予以佐证。经第三方专业机构测算比对虾夷扇贝捕捞船只的北斗导航定位信息，獐子岛2016年账面结转捕捞面积较实际捕捞面积少13.93万亩，当年虚减营业成本6 002.99万元；2017年公司账面结转捕捞面积较实际捕捞区域面积多5.79万亩，当年虚增营业成本6 159.03万元。

此外，獐子岛还通过库存存货核销等调节营业外支出、资产减值损失。根据证监会2020年6月对其出具的《中国证监会行政处罚决定书》，受虚减营业成本、虚减营业外支出的影响，獐子岛2016年年度报告虚增利润13 114.77万元，占当期披露利润总额的158.15%；受虚增营业成本、虚增营业外支出和虚增资产减值损失的影响，2017年年度报告虚减利润27 865.09万元，占当期披露利润总额的38.57%。证监会依法对獐子岛公司给予警告，并处以60万元罚款，对15名责任人员处以3万元至30万元不等的罚款，对4名主要责任人采取5年至终身市场禁入。

资料来源：央广网.北斗助力侦破獐子岛公司"扇贝跑路"谎言［EB/OL］.［2024-02-02］.https：//baijiahao.baidu.com/s？id=1670547484830986466&wfr=spider&for=pc.

三、税金及附加的核算

企业在经营过程中销售商品、持有特定财产或发生特定行为，应向国家税务机关缴纳相应的税金及附加，包括消费税、城市维护建设税、教育费附加、资源税以及房产税、城镇土地使用税、环境保护税、车船税和印花税等。

表9-4列示了伊利股份2021年向国家税务机关缴纳的各项税金及附加。

表9-4 伊利股份税金及附加

2021年

单位：万元

项目	本期发生额	上期发生额
消费税		
城市维护建设税	18 616.35	15 266.67
教育费附加	15 267.48	12 584.91
资源税	345.80	118.76
房产税	9 398.11	7 129.70
城镇土地使用税	4 886.59	4 259.17
车船税	46.15	43.26
印花税	10 801.58	8 757.71
水利建设基金	5 435.86	4 916.52
其他	1 560.09	1 573.54
合计	66 358.01	54 650.24

消费税是对在我国境内从事生产、委托加工和进口应税消费品的单位和个人就其应税消费品征收的一种税，如烟、酒、高档化妆品、高档次及高能耗的消费品[①]。消费税的计税方法主要有三种：根据商品销售价格和规定税率计算的从价计征，根据商品销售数量和规定的单位税额计算的从量计征，以及两者结合的复合计征。

城市维护建设税（简称城建税）和教育费附加是对从事生产经营活动的单位和个人，以其实际缴纳的增值税和消费税为依据，按纳税人所在地适用的不同税率计算征收的一种税费。

资源税是对在我国领域或管辖的其他海域开发应税资源（能源矿产、金属和非金属矿产）的单位和个人课征的一种税。

房产税是以房屋为征税对象，按照房屋的计税余值或出租房产取得的租金收入为计税依据，向产权所有人征收的一种财产税。我国房产税采用比例税率，从价计征税率为1.2%，从租计征税率为12%。对于个人按市场价格出租的居民住房，用于居住的，目前暂按4%的税率征收房产税。

城镇土地使用税是以城市、县城、建制镇、工矿区范围内使用国有或集体土地的单位和个人为纳税人，以其实际占用的土地面积和规定税额计算征收的一种税。年应纳税额等于实际占用应税土地面积（平方米）乘以适用税额。

车船税是对我国境内车辆、船舶的所有人或者管理人，按其种类实行定额征收的一种税。

印花税是以经济活动和经济交往中，书立、领受应税凭证的行为为征税对象征收的一种税。印花税因其采用在应税凭证上粘贴印花税票的方法缴纳税款而得名，属于行为税。

水利建设基金是专项用于水利建设的政府性基金，由中央水利建设基金和地方水利建设基金组成。水利建设基金按照企业的销售收入来计提和交纳，大部分省市的缴纳比例为1%，但各省市的政策不同，也有的地方免征。

企业应当设置"税金及附加"账户核算经营过程中发生的消费税、城建税、教育费附加、资源税等相关税费。由于这些税金及附加大多数是当月计算、下月缴纳，因此计算税金及附加时，一方面作为企业发生的一项费用支出，借记"税金及附加"账户，另一方面形成企业的一项负债，贷记"应交税费"账户。印花税实行由企业根据税法规定自行计算应纳税额，购买并一次性贴足印花税票的缴税方法，购买印花税票即纳税，不需要计提应缴纳的印花税，因此，不存在与税务机关的结算和清算问题，在购买印花税票时，直接借记"税金及附加"账户，贷记"银行存款"账户。

【例9-9】20×6年5月18日，华诚纸业取得应纳消费税的销售产品收入200 000元，该产品适用的消费税税费率为10%。

计算应交消费税=200 000×10%=20 000（元）

借：税金及附加　　　　　　　　　　　　　　　　　　　　　　　20 000
　　贷：应交税费——应交消费税　　　　　　　　　　　　　　　　　　　20 000

【例9-10】20×6年5月20日，华诚纸业以银行存款支付印花税800元。编制相关的会

[①] 目前应税消费品被定为15个税目：烟、酒、高档化妆品、贵重首饰及珠宝玉石、鞭炮焰火、成品油、小汽车、摩托车、高尔夫球及球具、高档手表、游艇、木制一次性筷子、实木地板、电池、涂料。

计分录：

借：税金及附加　　　　　　　　　　　　　　　　　　　　　　　　　800

　　贷：银行存款　　　　　　　　　　　　　　　　　　　　　　　　800

【例9-11】20×6年5月，华诚纸业当月实际应交增值税240 000元，应交消费税60 000元，城建税税率7%，教育费附加3%。按规定当月应交车船税12 000元、城镇土地使用税25 000元。

计算确认应交城建税和教育费附加：

应交城建税=（240 000+60 000）×7%=21 000（元）

应交教育费附加=（240 000+60 000）×3%=9 000（元）

华诚纸业应编制会计分录：

借：税金及附加　　　　　　　　　　　　　　　　　　　　　　67 000

　　贷：应交税费——应交城建税　　　　　　　　　　　　　　21 000

　　　　　　——应交教育费附加　　　　　　　　　　　　　9 000

　　　　　　——应交车船税　　　　　　　　　　　　　　12 000

　　　　　　——应交城镇土地使用税　　　　　　　　　　25 000

企业在销售过程中还会发生与销售相关的各项费用，如广告费、销售机构经费等，按照企业会计准则的规定，销售费用属于期间费用，不作为销售收入的直接抵减项目，因此，销售费用的核算将在第十章介绍。

|伦理、责任与可持续发展| 瑞幸咖啡：财务造假退市

瑞幸咖啡（luckin coffee）于2017年6月注册成立，总部位于福建厦门。公司成立后发展迅速，2019年5月在美国纳斯达克上市，创造了全球最快IPO神话。截至2019年年底，瑞幸咖啡直营门店数达4 507家，成为中国最大的咖啡连锁品牌，但却因虚假交易22亿元人民币于2020年6月19日退市。

2019年4月至12月，瑞幸咖啡及其北京公司在多家第三方公司的帮助下，采用"个人及企业刷单造假""API企业客户交易造假"方式虚增收入，通过开展虚假交易、伪造银行流水、建立虚假数据库、伪造卡券消费记录等手段，累计制作虚假咖啡卡券订单1.23亿单。同时，通过虚构原材料采购和外卖配送业务、虚增劳务外包业务、虚构广告业务等方式虚增成本支出，平衡业绩利润数据。通过资金不断循环，实现营业收入大幅虚增，最终形成极具吸引力的虚假业绩，欺骗、误导消费者和相关公众。

2020年4月2日，瑞幸咖啡公开承认财务造假，当日股票价格从26美元一度跌到4.9美元。公司首席执行官（CEO）钱治亚和首席运营官（COO）刘剑被免职。9月22日，国家市场监管总局对瑞幸咖啡以及协助其进行虚假宣传的43家第三方公司处以6 100万元人民币的罚金。

资料来源：中国新闻网.中国通报"瑞幸咖啡造假案"：累计制作虚假咖啡卡券订单1.23亿单［EB/OL］.［2024-02-02］.https：//baijiahao.baidu.com/s？id=1680338068223346464&wfr=spider&for=pc.

第三节　应收款项

随着收入的实现，企业的资产往往也会同时增加，如库存现金、银行存款或应收账款、应收票据等。其中，应收账款和应收票据是企业赊销所形成的应收未收的款项，是最常见的应收款项。除此之外，应收款项还包括其他业务引起的结算款项，如应收的各种赔款罚金、出租包装物的租金、应向职工收取的各种垫付款项、备用金、存出保证金等。本节主要介绍应收账款、应收票据和其他应收款的用途、会计处理以及如何在财务报表上反映。

一、应收账款

应收账款是企业采用赊销方式销售商品或提供劳务而享有的向顾客收取款项的权利。应收账款以商业信用为基础，当企业直接授予客户信用额度时，都会产生应收账款。企业除了设置"应收账款"总账账户反映应收账款的增减变动及其结余情况外，还应为每一位客户设置独立的应收账款明细账户，记录其因赊销产生的赊销额、付款额及发生的坏账等，还可以根据这些信息给客户发送账单、调整信用额度并进行相关业务分析。

（一）应收账款的确认与计量

应收账款是伴随企业赊销行为发生而形成的一项债权。企业记录赊销业务，在确认收入的同时，以实际应收取的金额确认应收账款，包括商品或劳务的成交价格（发票金额）以及应由购买单位或接受劳务单位负担的税金、代购买方垫付的各种运杂费等，将其记入"应收账款"账户，见【例9-3】。

有时企业为了加速应收账款的回收、鼓励客户在规定期限内尽可能提前还款，会向客户提供发票价格的现金折扣，如"2/10，n/30"。现金折扣会对应收账款的价值产生一定的影响，会计核算上对现金折扣的会计处理有总价法和净价法两种。我国企业主要采用总价法，即应收账款和收入的金额按合同金额即全价进行记录，当客户的实际支付款项享受折扣时，再按折扣后的金额调整收到的款项，全价应收账款与实际收到的货款之间的差额记入"财务费用"账户的借方。

【例9-12】20×6年8月1日，华城纸业赊销给大明商行一批白卡纸，不含税价格为100 000元，增值税税率为13%。为鼓励客户提前付款，现金折扣条件为"2/10，1/20，n/30"。

华城纸业应确认应收账款11 3000元（100 000+100 000×13%），折扣金额仅限于货款部分。如果客户享受折扣，现金折扣支出记入"财务费用"账户。

（1）按总价法记录销售收入

借：应收账款——大明商行　　　　　　　　　　　　　　　　　　113 000
　　贷：主营业务收入　　　　　　　　　　　　　　　　　　　　　　100 000
　　　　应交税费——应交增值税（销项税额）　　　　　　　　　　　 13 000

（2）如果客户在10天内付款，则享受2%的折扣，即现金折扣支出2 000元（100 000×2%），收回款项111 000元（100 000-2 000+13 000）。

借：银行存款　　　　　　　　　　　　　　　　　　　　　　　　111 000

    财务费用   2 000

     贷：应收账款——大明商行   113 000

（3）如果客户在 11~20 天内付款，则享受 1% 的折扣，即现金折扣支出 1 000 元（100 000×1%），收回款项 112 000 元（100 000–1 000+13 000）。

    借：银行存款   112 000

      财务费用   1 000

     贷：应收账款——大明商行   113 000

（4）如果客户在 21~30 天内付款，则需全部支付。

    借：银行存款   113 000

     贷：应收账款——大明商行   113 000

（二）应收账款的信用减值

1.应收账款信用损失确认

赊销是企业提高市场竞争力、抢占市场份额的一种常用手段，但赊销完全建立在商业信用的基础上，随着时间的推移应收账款是否能收回具有不确定性，主要取决于购货方的财务状况和信用。遵循谨慎性原则，企业期末对外提供会计信息时需要对应收账款进行减值测试，如因购货方拒付、财务状况发生改变或恶化，甚至破产清算等原因无法收回，应当合理估计发生坏账的可能性并按期估计坏账，确认信用损失。无法收回或收回可能性很小的款项即为"坏账"。

企业一旦发生坏账，就意味着发生一笔损失，会减少企业的利润。对于坏账的确认时间，通常有直接转销法和备抵法两种方法。

（1）直接转销法即在日常核算中不考虑坏账损失，在实际发生坏账时，直接将损失记入"当期损益"账户，同时冲销应收款项。很显然，这种方法不符合权责发生制的原则。

（2）备抵法是采用一定方法按期估计因无法收回账款所带来的信用损失，记入"当期损益"账户，同时建立坏账准备，当坏账实际发生时，冲销已提的坏账准备和相应的应收账款。备抵法能更好地反映应收账款预期可回收的金额或真实的财务状况，符合权责发生制和谨慎性原则，因此，我国企业会计制度规定企业应采用备抵法进行坏账的核算。由于备抵法下按期估计的坏账损失并未实际发生，计提的坏账不能直接冲销应收账款，企业应设置"坏账准备"账户来记录坏账准备的计提、转销等情况。该账户作为应收账款的抵减账户，贷方记录计提的坏账准备、收回已转销的应收账款而恢复的坏账准备，借方记录坏账注销，期末贷方余额反映企业已计提但尚未转销的坏账准备。

2.坏账估计及账务处理

备抵法要求企业按期估计应收账款的坏账损失并在期末编制调整分录。估计坏账损失通常采用应收账款余额百分比法，即按照期末应收账款余额的一定百分比估计坏账损失。这个百分比即坏账率，是企业根据以往的经验确定的，同时要考虑客户当前的财务状况及对经济趋势的预测等因素。由于应收账款是一个累计数，不仅包括当期形成的应收账款，还包括以前期间形成的应收账款，因此，采用余额百分比法的企业每期根据当期应收账款期末余额和相应的坏账率估计出"坏账准备"账户应有的期末余额，其与调整前坏账准备账户已有的余额之间的差额就是当期应计提的坏账准备。

【例9-13】20×5 年 12 月 31 日，MI 公司应收账款余额为 200 000 元，公司估计坏账率为5%，当期计提坏账准备10 000元（假设调整前坏账准备账户余额为0）。

企业按期估计坏账损失，一方面通过"信用减值损失"账户将坏账准备计入当期损益；另一方面建立坏账准备金，增加坏账准备。MI公司20×5年12月31日计提坏账准备时应编制调整分录：

借：信用减值损失——计提的坏账准备   10 000

   贷：坏账准备   10 000

企业确实无法收回的应收账款按管理权限报经批准后作为坏账转销时，应当冲销已计提的坏账准备和相应的应收账款。假设MI公司20×6年5月12日实际发生坏账损失4 000元，公司应编制会计分录：

借：坏账准备   4 000

   贷：应收账款   4 000

进一步地，假设20×6年12月31日MI公司的应收账款余额为300 000元，公司仍按5%计提坏账准备。在将调整分录过账后，公司的"坏账准备"账户应有15 000元的贷方余额。5月12日公司核销应收账款4 000元，坏账准备减少4 000元，调整前应收账款的贷方余额为6 000元（10 000-4 000），因此，本期应计提的坏账准备金额为9 000元（15 000-6 000）。MI公司应编制调整分录：

借：信用减值损失——计提的坏账准备   9 000

   贷：坏账准备   9 000

图9-3列示了上述交易和调整对坏账准备账户的影响。

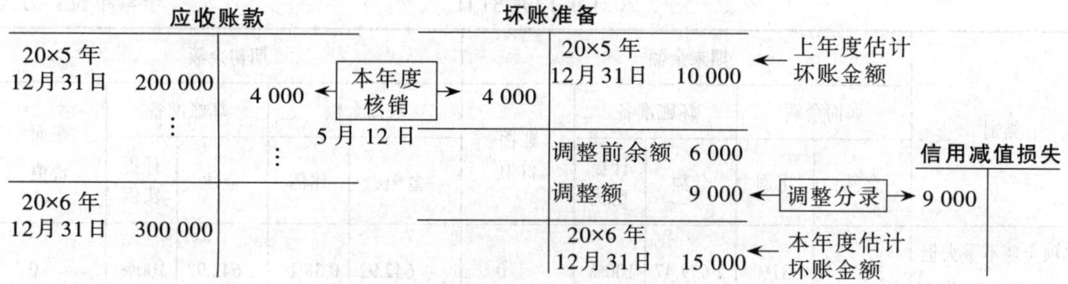

图9-3 坏账调整分录入账后的坏账准备账户

还有一种情况，即调整前应收账款贷方余额为6 000元，假设MI公司期末"坏账准备"账户应该有5 000元的贷方余额，当期坏账准备调整额为-1 000元（5 000-6 000），记入"坏账准备"账户的借方，编制调整分录：

借：坏账准备   1 000

   贷：信用减值损失——计提的坏账准备   1 000

3.坏账的注销与收回

已确认并转销的应收账款以后又收回的，应当按照实际收到的金额增加坏账准备的账面余额。假设MI公司20×7年3月2日收回前期已作坏账转销的应收账款3 000元，存入银行。MI公司应编制会计分录：

借：应收账款   3 000

   贷：坏账准备   3 000

借：银行存款 3 000

贷：应收账款 3 000

按照现行会计准则，应收账款是一项金融资产，企业应当以预期信用损失为基础，进行减值处理并确认损失准备。对于单项金额重大的应收账款应当单独进行减值测试。有客观证据表明其发生了减值的，根据其未来现金流量现值低于其账面价值的差额，确认减值损失，计提坏账准备；单独测试后未发生减值的，应包括在具有类似信用风险特征的应收款项组合中再进行减值测试。实务中有的企业将单项金额前五名的应收账款作为单项金额重大的应收账款，也有的企业按照单项金额占应收账款余额的比例（如10%）为标准确定单项金额重大的应收账款。

对于单项金额非重大的应收款项可以单独进行减值测试，确定信用损失，也可以按类似信用风险特征划分为若干组合，再按这些应收款项组合占资产负债表日余额的一定比例计算确定信用损失，计提坏账准备。在实务中，信用风险特征组合通常依据账龄来确定，将相同账龄的应收账款作为一个组合，然后假设应收账款预期时间越长，无法收回的可能性越大，并根据这一假设结合以往的坏账损失经验估计每一组的坏账损失率，将各组估计的坏账损失率乘以各组应收账款余额，计算出各组的预期坏账损失并加总，得出坏账准备的估计金额。这种方法就是应收账款账龄分析法。

表9-5列示了伊利股份2021年度的坏账准备计提情况，包括单项计提和组合计提两部分。

表9-5　　　　　　　　　　伊利股份应收账款及坏账准备余额

2021年12月31日　　　　　　　　　　　　　　　　金额单位：万元

类别	期末余额					期初余额				
	账面余额		坏账准备		账面价值	账面余额		坏账准备		账面价值
	金额	比例	金额	计提比例		金额	比例	金额	计提比例	
单项金额不重大但单独计提坏账准备*	2 659.47	1.31%	2 659.47	100%	0	642.92	0.38%	642.92	100%	0
按信用风险特征组合计提坏账准备	200 728.98	98.69%	4 831.19	2.41%	195 897.79	168 108.52	99.62%	6 474.02	3.85%	161 634.50
合计	203 388.45	—	7 490.66		195 897.79	168 751.44	—	7 116.94		161 634.50

注：*单项金额不重大但单独计提坏账准备是因为收回难度大，发生坏账的可能性较大，按100%计提坏账准备。

伊利股份按账龄确定应收账款组合计提坏账准备的具体情况见表9-6。公司按照每一笔应收账款逾期时间的长短（账龄）将应收账款分成四组，计算每一组的合计额，将其与各组的计提比例相乘，计算出各组的坏账估计金额。企业要定期评估坏账计提比例，以反映企业的财务状况，合理预计未来经济环境的变化。

表9-6　　　　　　　　伊利股份账龄组合计提坏账准备（账龄）

2021年12月31日　　　　　　　　　　金额单位：万元

账龄	期末余额		
	应收账款	坏账准备	计提比例
3个月以内	193 156.02	4 142.03	2.14%
4~6个月	4 038.32	227.55	5.63%
7~12个月	3 401.01	327.98	9.64%
1年以上	133.63	133.63	100.00%
合计	200 728.98	4 831.19	—

判断应收账款的可回收性应特别关注账龄较长以及大额应收账款账户的付款能力。表9-7列示了伊利股份应收账款账龄及应收账款余额前五名客户的应收账款基本情况。2021年年末，伊利股份应收账款账面余额为20.34亿元，其中，1年内到期的应收账款为20.24亿元，占应收账款总额的99.52%，账龄相对较短；同时应收账款余额前五名客户的应收账款占应收账款总额的35.40%。企业对于赊销会制定信用政策，授信客户一般都是与企业形成良好合作关系的企业，其财务状况良好且商业信用程度高，能保证款项收回及时，但如果客户受到国家宏观政策、行业市场环境变化及技术更新等因素的影响，经营情况或财务状况发生重大不利变化，会使公司应收账款回收周期延长，产生坏账的可能性增加，对公司生产经营产生不利影响。

表9-7　　　　　　　伊利股份应收账款账龄与前五名客户应收账款

2021年12月31日　　　　　　　　　　金额单位：万元

应收账款账龄		前五名客户应收账款		
账龄	期末账面余额	占应收账款期末余额比例（%）	单位名称	期末余额	占应收账款期末余额比例（%）
1年以内	202 403.02	99.52	第一名	25 054.31	12.32
1~2年	936.67	0.46	第二名	15 581.14	7.66
2~3年	2.45	0.00	第三名	12 517.50	6.15
3年以上	46.31	0.02	第四名	12 072.18	5.94
			第五名	6 777.19	3.33
合计	203 388.45	100.00	合计	72 002.32	35.40

在备抵法下，资产负债表的"应收账款"项目以其账面价值列示，即应收账款账面余额扣除坏账准备后的金额是企业估计能够收回的款项金额。如果会计信息使用者想要了解企业坏账准备的具体情况，可以通过会计报表的附注得到详细的信息。伊利股份2021年的应收账款账面余额为20.34亿元，坏账准备余额为0.75亿元，抵减了应收账款的账面余额，因此资产负债表中披露的应收账款账面价值为19.59亿元，反映企业应收账款的可回收价值。

|会计与决策| 应收账款周转分析

企业应收账款金额及周转率可以反映企业的市场地位及经营环境的变化，也能体现企业的信用政策与收账政策。应收账款周转率是企业在一定时期内赊销净收入与平均应收账款余额（应收账款期初与期末余额之和除以2）之比，即一定期间内应收账款转为现金的平均次数。应收账款周转率越高，表明企业的议价能力越强，企业的收账速度越快，下游客户越不容易占用企业的资金，也可以减少坏账损失的风险；反之，说明营运资金过多地呆滞在应收账款上，影响企业的正常资金周转及偿债能力。用365天除以应收账款周转率可以得到应收账款周转天数，也称为应收账款收现期，表明从销售开始到回收现金平均需要的天数。

不同行业的企业的应收账款周转情况不同。例如，零售业、服务业企业的周转率相对较高，而大型制造业企业的周转率相对较低，建筑业企业则更低一些。管理层可以将计算出的应收账款周转率或周转期与同行业或本企业的历史最好值进行比较分析，判断企业的信用政策与收账政策的执行情况，也有助于更好地修订完善相关政策。

二、应收票据

在赊销商品或提供劳务的交易中，如果信用期限较长或应收账款金额较大，企业会选择让客户签发商业汇票，当赊销款到期后客户要求延期支付时，通常也会要求客户签发商业汇票来代替应收账款。商业汇票是反映债权债务关系的书面凭证，由付款人或收款人签发，由付款人承兑，到期按票据无条件付款。

按照承兑人的类型，商业汇票分为承兑人为付款企业的商业承兑汇票和承兑人为银行的银行承兑汇票。按照票据是否带息，商业汇票又可分为带息商业汇票和不带息商业汇票。带息商业汇票到期可按票面金额和规定的利率收取本金和利息，不带息商业汇票到期只能按票面金额收取款项。按照载体不同，商业汇票有纸质商业汇票和电子商业汇票。电子商业汇票是出票人依托电子商业汇票系统（Electronic Commercial Draft System，ECDS）以数据电文形式签发的，委托付款人在指定日期无条件支付确定的金额给收款人或者持票人的票据。电子商业汇票系统由中国人民银行建设并管理，主要提供与电子商业汇票货币给付、资金清算行为相关的服务，以及纸质商业汇票登记、查询和商业汇票（含纸质、电子商业汇票）公开报价服务。企业通过ECDS平台可以完成票据签发（出票信息登记、承兑业务、提示收票及收票）、背书、贴现、再贴现及到期后提示付款、追索等业务。

表9-8是一张ECDS系统中2022年3月18日签发、期限6个月的电子商业承兑汇票。出票人是南方通达贸易有限公司，其签发并承诺于票据到期日2022年9月18日按票面金额20万元无条件支付款项，由此该公司承担了一项负债，属于应付票据。广西丰泽科技股份有限公司是票据的支付对象，即收款人，有权在约定的时间按票据所载明的金额取得款项，这是一项债权，属于应收票据。作为一种信用工具，与应收账款相比，商业汇票具有法律效力，索取权更强，一旦因收款问题发生诉讼，票据属于有力的证据，并且当企业资金短缺时，还可以将持有的尚未到期的商业汇票转让给银行或第三方以融通资金，因此商业汇票也是一种可流通的证券。

（一）应收票据取得与到期处理

企业应设置"应收票据"账户核算持有的尚未到期兑现的商业汇票。取得应收票据后，按其票面金额入账，不论票据是否带息。

【例 9-14】 2022 年 3 月 18 日，广西丰泽科技股份有限公司（简称"丰泽科技"）销售给南方通达贸易有限公司（简称"通达贸易"）一批商品，价款 20 万元，增值税税率为 13%，通达贸易通过电子商业汇票系统签发并承兑一张期限 6 个月的商业承兑汇票（见表 9-8），共计 226 000 元。

表 9-8 　　　　　　　　　　　　**电子商业承兑汇票**

出票日期：2022-03-18　　　　　　　　　　　票据状态：收票已签收

汇票到期日期：2022-09-18　　　　　　　　　票据号码：2303301029501202203188695911 98

出票人	账　　　号	76490188002573406	收款人	账　　　号	4505016049560000724
	全　　　称	南方通达贸易有限公司		全　　　称	广西丰泽科技股份有限公司
	开户行	中国光大银行南京分行营业部		开户行	中国建设银行股份有限公司南宁西路支行
	开户行号	303301029501		开户行号	105611048352
出票人保证信息	保证人账号： 保证人名称：		保证人开户行： 保证人开户行号：		
票据金额	小写：￥226 000.00		人民币（大写）：贰拾贰万陆仟圆整		
承兑人	承兑人账号： 76490188002573406 承兑人名称：南方通达贸易有限公司		承兑人开户行： 承兑人开户行号：		
交易合同号			承兑信息	出票人承诺：本汇票请予以承兑，到期无条件付款	
可否转让	可转让			承兑人承兑：本汇票已经承兑，到期无条件付款 承兑日期：2022-03-18	
承兑人保证信息	保证人账号： 保证人名称：		保证人开户行： 保证人开户行号：		
评级信息	出票人	评级主体：	信用等级：		评级到期日：
备注					

该项经济业务使丰泽科技在实现销售收入的同时增加了应收票据，应编制会计分录：

借：应收票据　　　　　　　　　　　　　　　　　　　226 000

　　贷：主营业务收入　　　　　　　　　　　　　　　　　　　200 000

　　　　应交税费——应交增值税（销项税额）　　　　　　　　26 000

20×2 年 9 月 18 日，上述应收票据到期，如果丰泽科技收回票面金额 226 000 元并存入银行，应编制会计分录：

借：银行存款　　　　　　　　　　　　　　　　　　　226 000

　　贷：应收票据　　　　　　　　　　　　　　　　　　　　226 000

倘若 20×2 年 9 月 18 日应收票据到期时通达贸易违约，无法收回票面金额，丰泽科技应将金额从应收票据账户转入对该债务人的应收账款账户，编制会计分录：

借：应收账款——通达贸易　　　　　　　　　　　　　226 000

　　贷：应收票据　　　　　　　　　　　　　　　　　　　　226 000

如果企业持有的是带息应收票据，在资产负债表日企业应核算持有票据的利息，增加应收票据账面价值并确认相应的利息收入。

【例 9-15】欣荣公司在 20×7 年 12 月 31 日编制资产负债表时，有一张尚未到期的带息票据。该票据于 20×7 年 10 月 31 日签发，票面金额为 120 000 元，票面利率为 3%，期限 3 个月。

截至20×7年12月31日，欣荣公司已持有该票据2个月，持有票据的利息收入为：

利息＝票面金额×利率×（信用期限÷360天或12个月）

　　　＝120 000×3%×2÷12＝600（元）

按我国会计制度的相关规定，取得的利息收入记入"财务费用"账户的贷方，欣荣公司在资产负债表日应编制调整会计分录：

借：应收票据　　　　　　　　　　　　　　　　　　　　　　　　　600

　　贷：财务费用　　　　　　　　　　　　　　　　　　　　　　　　600

20×8年1月31日票据到期，购货方兑付商业汇票，将货款和利息共计120 900元（120 000+120 000×3%×3÷12）汇入公司账户。

借：银行存款　　　　　　　　　　　　　　　　　　　　　　　120 900

　　贷：应收票据　　　　　　　　　　　　　　　　　　　　　120 600

　　　　财务费用　　　　　　　　　　　　　　　　　　　　　　　300

（二）应收票据的转让与贴现

在实务中，企业可以将自己持有的未到期商业汇票背书转让或贴现。背书是指在票据背面或粘单上记载有关事项并签章的票据行为。电子商业汇票可以直接通过电子商业汇票系统（ECDS）进行票据的背书转让与贴现，系统中不同阶段的汇票会显示不同的票据状态。

1.应收票据转让

背书转让是持票人将票据权利转让给他人。当企业将持有的商业汇票背书转让以取得财产物资时，票据权利发生转移，企业应收票据减少，应收票据票面金额与取得财产物资的应付金额之间如有差额，借记或贷记"银行存款"账户。

【例9-16】承【例9-14】，假设丰泽科技2022年4月15日将持有的应收通达贸易商业汇票背书转让给上海艾科材料股份有限公司，以取得生产经营所需材料，材料价款为200 000元，增值税税率为13%，材料已到货并验收入库，同时，丰泽科技通过电子商业汇票系统发出的汇票背书已经到达对方网银，对方已接收成功背书（背书已签收），见表9-9。

表9-9　　　　　　　　　　　　　**电子商业承兑汇票（背面）**

票据号码：23033010295012022031886959 1198

转让背书	
背书人名称	广西丰泽科技股份有限公司
被背书人名称	上海艾科材料股份有限公司
不得转让标志	可再转让
背书日期	20220415

转让背书	
背书人名称	
被背书人名称	
不得转让标志	
背书日期	

丰泽股份应编制会计分录：

借：原材料　　　　　　　　　　　　　　　　　　　　　　　200 000

　　应交税费——应交增值税（进项税额）　　　　　　　　　26 000

　　贷：应收票据　　　　　　　　　　　　　　　　　　　　226 000

2.应收票据贴现

应收票据贴现是企业贴付一定利息，将持有的未到期票据的收款权利转让给银行，以获得票面金额一定比例的现金的行为，本质上是持票人贴付一定利息以取得银行借款，是一种融资行为。

在贴现过程中，企业贴付给银行的利息为贴现息，所用的利率为贴现率，票据到期值减去贴现息之差为企业贴现所得。

贴现所得=票据到期值-贴现息

贴现息=票据到期值×贴现率×（贴现天数÷360天）

上式中，不带息票据的到期值是指票据的面值，带息票据的到期值包括票据到期的面值和利息。如果贴现时间按月计算，则要除以12。

【例9-17】接【例9-14】，假设丰泽科技为获取资金于2022年5月18日将持有的应收通达贸易商业汇票向银行贴现，银行贴现率为6%。

该票据于2022年3月18日出票，期限6个月，截至2022年5月18日丰泽科技持有票据2个月，银行将持有剩下的4个月期限。

贴现息=226 000×6%×（4÷12）=4 520（元）

贴现所得=226 000-4 520=221 480（元）

对于票据贴现，应收票据的账面价值与实际贴现所得之间的差额，借记或贷记"财务费用"账户。丰泽科技应编制会计分录：

借：银行存款　　　　　　　　　　　　　　　　　　　　　　221 480

　　财务费用　　　　　　　　　　　　　　　　　　　　　　4 520

　　贷：应收票据　　　　　　　　　　　　　　　　　　　　226 000

应收票据贴现是商业信用发展的产物，实为一种银行信用。贴现银行需要资金时，可持未到期的承兑汇票向其他银行办理转贴现；受理转贴现的银行需用资金时，还可以向其开户的人民银行申请再贴现。

|伦理、责任与可持续发展| 伊利股份ESG-社会（S）：经销商共赢发展

伊利股份的各级管理人员、业务人员深入一线，和经销商共同探讨市场与经营问题，共同制订解决方案，为经销商提供精准支持，实现与经销商的互利共赢。公司构建横跨5大事业部、服务于渠道精细化运营的数字化智能平台——伊利门店数字化运营平台（SIP），实现导购目标自动计算、业绩实时追踪和物料赠品闭环管理等，助力社群销售数亿元，提升消费者服务效率；以消费者购物场景多元化需求为落脚点，开展经销商社区渠道、电商渠道、直播渠道的专项培训，打开经营格局，助力经销商构建新零售能力，提升渠道打造意识。

资料来源：新浪财经.伊利股份：2022年度可持续发展报告［EB/OL］.［2024-02-01］.http：//vip.stock.finance.sina.com.cn/corp/view/vCB_AllBulletinDetail.php？stockid=600887&id=9144525.

会计学：企业决策的基础   232

三、其他应收款

除销售商品、提供劳务过程中形成的应收账款和应收票据外，企业还存在与其他单位或个人结算业务形成的其他各种应收及暂付款项，如应收的各种赔款、罚款，应收的出租包装物租金、应向职工收取的各种垫付款项（水电、医药、房租等）、预借的出差经费等。为了反映和监督其他应收款的增减变动及其结存情况，企业应设置"其他应收款"账户进行核算。该账户借方登记其他应收款的增加，贷方登记其他应收款的收回，期末余额一般在借方，反映企业尚未收回的其他应收款项。

【例9-18】20×6年5月19日华城纸业行政部门周凯因公出差，从财务部门预支差旅费4 000元。5月24日，周凯出差归来报销住宿费、交通费等差旅费3 120元，余额退回现金。

（1）周凯从财务部预借差旅费时，企业应编制会计分录：

借：其他应收款——周凯   4 000
　　贷：库存现金   4 000

（2）周凯回单位报销时，按其差额退回剩余现金，企业应编制会计分录：

借：管理费用   3 120
　　库存现金   880
　　贷：其他应收款——周凯   4 000

其他应收款的期限一般不超过1年，作为流动资产反映在期末资产负债表中。与应收账款一样，如有客观证据表明其他应收款难以回收或可收回金额小于账面价值，应确定信用减值损失，并以其他应收款账面价值列示于资产负债表中。

【笃行·致新】

9-1第九章
思考与练习

第十章　利润形成与分配

【学习目标】

　　◇ 掌握利润的构成、界定期间费用的主要内容；

　　◇ 进行利润形成过程各个环节业务的会计处理；

　　◇ 解释应纳税暂时性差异与递延所得税，进行所得税费用的会计处理；

　　◇ 掌握企业利润分配程序及股利支付程序；

　　◇ 对现金股利和股票股利进行会计处理，并解释这些交易对企业资产和权益的影响。

【本章预览】

　　利润是企业生产经营活动的最终成果，包括收入减去费用后的净额、直接计入当期利润的利得和损失等，能综合反映企业一定时期内全部经营活动的经济效益和资金运用结果，是评价企业管理层业绩的一项重要指标，也是投资者等财务报告信息使用者进行决策的重要参考依据。对于企业实现的利润或发生的亏损，董事会会结合企业经营状况、现金流量、未来发展、资金需求等因素制订利润分配方案或亏损弥补方案，经股东大会或类似机构审议批准后可进行利润分配或弥补亏损，涉及对股东的回报或将利润留存用于再投资的决策问题。本章将介绍利润的形成与分配，包括营业利润、利润总额和净利润形成过程中涉及的主要会计事项的处理，以及利润分配的程序与会计业务处理，还有股利政策、股利支付方式等。

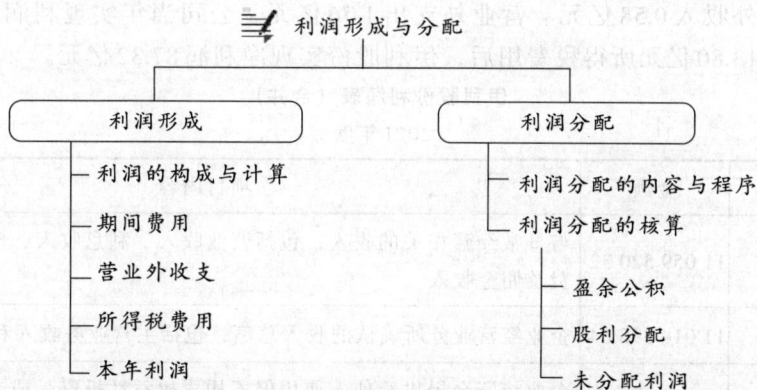

利润形成与分配
```
利润形成与分配
├── 利润形成
│   ├── 利润的构成与计算
│   ├── 期间费用
│   ├── 营业外收支
│   ├── 所得税费用
│   └── 本年利润
└── 利润分配
    ├── 利润分配的内容与程序
    └── 利润分配的核算
        ├── 盈余公积
        ├── 股利分配
        └── 未分配利润
```

第一节　利润形成

一、利润的构成与计算

利润是企业在一定会计期间的经营成果，是评价企业经营业绩的一项重要指标。企业生产经营的目的就是努力扩大收入，尽可能地减少成本与费用，以提高企业盈利水平，增强企业的获利能力。利润核算可以及时反映企业一定会计期间的经营成果和盈利能力，有助于投资者、债权人等作出投资决策、信贷决策等。

按照配比原则，利润是企业一定时期内实现的收入与发生的相关费用相配比形成的结果，当收入大于费用时企业实现利润，反之则发生亏损。从构成上看，利润既包括与企业日常生产经营活动有关的经营所得，也包括与企业非日常经营活动有关的事项所产生的盈亏。不同的收入与相关费用相配比后，形成不同口径的利润，具体包括营业利润、利润总额和净利润。

营业利润是企业通过组织日常经营活动所获得的利润，是企业利润的主要来源。

营业利润=营业收入-营业成本-税金及附加-销售费用-管理费用-研发费用-财务费用+其他收益+投资收益+公允价值变动收益-信用减值损失-资产减值损失+资产处置收益

利润总额是进一步考虑与日常经营活动无直接关系的利得和损失，即在营业利润的基础上加上营业外收入，减去营业外支出。

利润总额 = 营业利润 + 营业外收入 - 营业外支出

净利润是从利润总额中扣除所得税费用。

净利润 = 利润总额 - 所得税费用

我国企业按照营业利润、利润总额和净利润多步式编制利润表。表10-1是伊利股份2021年度利润表（简化），通过利润表能更好地理解利润的构成。伊利股份2021年实现营业收入总额1 105.95亿元，弥补日常经营活动中发生的全部费用后实现营业利润102.30亿元。考虑营业外收入0.58亿元、营业外支出1.76亿元，公司当年实现利润总额101.12亿元。当期缴纳13.80亿元所得税费用后，伊利股份实现净利润87.32亿元。

表10-1　　　　　　　　　　伊利股份利润表（合并）

2021年度　　　　　　　　　　　　　单位：万元

项目	金额	项目内容
一、营业总收入	11 059 520.32	与日常经营相关的收入，包括营业收入、利息收入、已赚保费、手续费及佣金收入
其中：营业收入	11 014 398.64	企业经营业务所确认的收入总额，包括主营业务收入和其他业务收入
利息收入	45 121.68	企业将资金提供给他人使用但不构成权益性投资，或者因他人占用本企业资金取得的收入
二、营业总成本	10 119 402.67	经营活动中所有的成本费用支出

项目	金额	项目内容
其中：营业成本	7 641 670.55	企业经营业务所发生的实际成本总额，包括主营业务成本和其他业务成本
税金及附加	66 358.01	企业经营活动应负担的相关税费，包括消费税、城市维护建设税、教育费附加、资源税、房产税、车船税、印花税等
销售费用	1 931 480.97	销售商品、提供劳务过程中发生的各项费用
管理费用	422 707.31	为组织和管理生产经营活动而发生的各项费用
研发费用	60 101.71	进行研究与开发过程中所发生的费用化支出，以及计入管理费用的自行开发无形资产的摊销
财务费用	−2 915.88	为筹集生产经营所需资金等而发生的筹资费用
加：其他收益	80 932.65	与企业日常活动相关，除冲减相关成本费用以外的政府补助
投资收益	46 138.54	以各种方式对外投资所取得的收益（或损失）
公允价值变动收益	12 059.31	交易性金融资产等公允价值变动形成的应计入当期损益的利得（或损失）
信用减值损失	−10 850.47	计提各项金融资产信用减值准备所形成的损失
资产减值损失	−42 732.70	计提各项资产（非金融资产）减值准备所形成的损失
资产处置收益	−2 633.89	固定资产、无形资产等因出售、转让等原因产生的处置利得或损失等
三、营业利润	1 023 031.08	
加：营业外收入	5 824.91	发生的与日常经营活动无直接关系的各项利得
减：营业外支出	17 620.59	发生的与日常经营活动无直接关系的各项损失
四、利润总额	1 011 235.40	
减：所得税费用	138 032.84	确认的应从当期利润总额中扣除的所得税费用
五、净利润	873 202.56	

　　需要说明的是，表10-1是伊利股份2021年的合并利润表。其中，营业总收入涵盖了母公司和所有子公司从事销售商品、提供劳务和让渡资产使用权等日常经营业务过程中所形成的经济利益的总流入，包括营业收入、利息收入、已赚保费和手续费及佣金收入。伊利股份2021年实现的营业收入为1 011.44亿元，包括销售液体乳、奶粉及奶制品等主营业务收入1 084.62亿元和其他业务收入16.81亿元。利息收入来自伊利股份下设的财务公司，该财务公司属于金融行业，其将资金让渡给他人使用以获得利息。营业收入、营业成本以及税金及附加的核算在第九章中介绍过，本章主要介绍期间费用、营业外收支、所得税费用等内容的核算。

二、期间费用

企业在经营过程中为了实现当期的收入，除了发生一些与销售商品和提供劳务直接相关的成本和税金外，为组织和管理整个经营活动还会发生一些费用，如广告费用、办公费、保险费等，这些费用的发生不能直接归属于某种特定的产品成本，而应直接计入当期损益，包括销售费用、管理费用和财务费用。

（一）销售费用

销售费用是企业销售商品或提供劳务等日常经营过程中发生的各项费用，包括企业销售过程中发生的保险费、包装费、展览费和广告费、商品维修费、预计产品质量保障损失、运输费、装卸费等费用，以及为销售本企业产品而专设的销售机构（销售网点、售后服务网点等）的职工薪酬、业务费、折旧费等经营费用。企业发生的与专设销售机构相关的固定资产修理费用等后续支出也属于销售费用。一般地，销售费用是期间费用中占比较高的费用，与企业的利润水平密切相关。

表10-2列示了伊利股份的销售费用情况，2021年其销售费用总额为193.15亿元，占三项期间费用（241.43亿元）的80%，其中，广告营销费用是主要的销售费用，连续两年占公司销售费用总额的65%，其次是职工薪酬，每年占比27%~28%。

表10-2　　　　　　　　　　　　　　伊利股份销售费用　　　　　　　　　　　金额单位：万元

项目	2021年		2020年		变化百分比（%）
	金额	占比（%）	金额	占比（%）	
职工薪酬	540 047.43	27.96	461 962.75	27.36	16.90
折旧修理费	22 532.35	1.17	13 157.34	0.78	71.25
差旅费	33 765.66	1.75	25 066.98	1.48	34.70
物耗劳保费	4 173.65	0.22	4 161.03	0.25	0.30
办公费	22 415.04	1.16	37 773.54	2.24	-40.66
广告营销费	1 261 015.90	65.29	1 099 882.90	65.15	14.65
仓储费	32 365.89	1.68	31 409.11	1.86	3.05
其他	15 165.05	0.79	14 942.21	0.89	1.49
合计	1 931 480.97	100.00	1 688 355.86	100.00	14.40

企业应设置"销售费用"账户核算企业在销售商品过程中发生的各项销售费用及其结转情况。该账户借方登记发生的各项销售费用，贷方登记期末转入"本年利润"账户的销售费用，经结转后该账户期末没有余额。

【例10-1】20×6年8月10日，华诚纸业为宣传产品发生广告费，取得的增值税专用发票注明的价款为30 000元，增值税税额为1 800元，用银行存款支付。企业应编制会计分录：

借：销售费用　　　　　　　　　　　　　　　　　　　　30 000

　　应交税费——应交增值税（进项税额）　　　　　　　　1 800

　　贷：银行存款　　　　　　　　　　　　　　　　　　　　31 800

【例10-2】20×6年8月18日，华诚纸业销售一批白卡纸，取得的增值税专用发票上注明的运输费为6 000元，增值税税额为600元，取得的增值税普通发票上注明的装卸费为2 000元。上述款项用银行存款支付。企业应编制会计分录：

借：销售费用　　　　　　　　　　　　　　　　　　　　8 000

　　应交税费——应交增值税（进项税额）　　　　　　　　600

　　贷：银行存款　　　　　　　　　　　　　　　　　　　　8 600

【例10-3】经计算，20×6年8月华诚纸业销售部门共发生费用100 000元，其中，销售人员薪酬50 000元，销售部门专用办公设备和房屋折旧费20 000元，用银行存款支付业务费30 000元。假设不考虑其他因素，企业应编制会计分录：

借：销售费用　　　　　　　　　　　　　　　　　　　　100 000

　　贷：应付职工薪酬　　　　　　　　　　　　　　　　　　50 000

　　　　累计折旧　　　　　　　　　　　　　　　　　　　　20 000

　　　　银行存款　　　　　　　　　　　　　　　　　　　　30 000

【例10-4】20×6年8月31日，华诚纸业将本月发生的销售费用138 000元（100 000+30 000+8 000）全部结转至"本年利润"账户①，应编制会计分录：

借：本年利润　　　　　　　　　　　　　　　　　　　　138 000

　　贷：销售费用　　　　　　　　　　　　　　　　　　　　138 000

|伦理、责任与可持续发展| 伊利股份ESG-环境（E）：低碳之路——引领绿色消费

伊利股份在为消费者提供更环保、更低碳的绿色产品的同时，倡导绿色消费。创建覆盖人群参与、转运和清点、回收再造、预测建模全环节的"全链路减碳数字化系统"。消费者可将饮用完的伊利牛奶空盒收集后，直接放进菜鸟驿站内的回收箱，扫码后关联菜鸟账户就能得到相应的绿色能量积分，并获得诸如礼品、优惠券等奖励，有力推动发展循环经济，引领低碳可持续消费新风尚。

资料来源：于志宏，朱琳.伊利ESG"三报告"亮点解读[EB/OL].[2023-11-20].https：//baijia-hao.baidu.com/s？id=1766728254998628098&wfr=spider&for=pc.

（二）管理费用

管理费用是企业为组织和管理生产经营而发生的各项费用，包括企业在筹建期间发生的开办费、董事会和行政管理部门在企业的经营管理过程中发生的应由企业统一负担的企业经费（包括行政管理部门职工薪酬、物料消耗、低值易耗品摊销、办公费和差旅费等）、由行政管理部门负担的工会经费、董事会费（包括董事会成员津贴、会议费和差旅费等）、聘请中介机构费、咨询费（含顾问费）、诉讼费、业务招待费、技术转让费、研究费等。企业行政管理部门发生的固定资产修理费用等后续支出，也属于管理费用的范畴。

――――――
① 企业利润核算通常采用表结法，所有损益类账户一次性结转到"本年利润"账户，此处是为单独说明销售费用账户贷方结转的业务处理，管理费用、财务费用、营业外收支等亦如此。

表 10-3 列示了伊利股份发生的管理费用。2021年伊利股份的管理费用比2020年增加了 8.86%，主要是折旧修理费用以及生物资产因盘亏或死亡、毁损造成的损失增加所致。伊利股份的行政管理部门职工薪酬是管理费用的重要内容，连续两年占管理费用总额的 60%以上。

表 10-3 　　　　　　　　　　　伊利股份管理费用　　　　　　　　　金额单位：万元

项目	2021年		2020年		变化百分比（%）
	金额	占比（%）	金额	占比（%）	
职工薪酬	261 926.53	61.96	263 470.02	67.85	−0.59
折旧修理费	47 670.93	11.28	28 430.55	7.32	67.68
差旅费	16 297.96	3.86	12 619.98	3.25	29.14
物耗劳保费	6 656.51	1.57	7 767.47	2.00	−14.30
办公费	14 348.85	3.39	16 327.22	4.20	−12.12
咨询审计费	13 010.15	3.08	14 474.85	3.73	−10.12
无形资产摊销	11 627.08	2.75	8 136.06	2.10	42.91
其他	51 169.30	12.11	37 063.71	9.55	38.06
合计	422 707.31	100.00	388 289.86	100.00	8.86

企业应设置"管理费用"账户核算管理费用的发生与结转情况。该账户借方登记发生的各项管理费用，贷方登记期末转入"本年利润"账户的管理费用，经结转后该账户期末没有余额。

【例 10-5】20×6年8月6日，华诚纸业为拓展产品销售市场发生业务招待费 40 000 元，取得的增值税专用发票上注明的增值税税额为 2 400 元，已用银行存款支付价款和税款。企业应编制会计分录：

借：管理费用　　　　　　　　　　　　　　　　　　　　　　　　　　　40 000
　　应交税费——应交增值税（进项税额）　　　　　　　　　　　　　　　2 400
　　贷：银行存款　　　　　　　　　　　　　　　　　　　　　　　　　　　42 400

【例 10-6】20×6年8月16日，华诚纸业管理部门发生差旅费，取得的增值税专用发票上注明的住宿费为 5 000 元，增值税税额为 300 元，已用银行存款支付。企业应编制会计分录：

借：管理费用　　　　　　　　　　　　　　　　　　　　　　　　　　　5 000
　　应交税费——应交增值税（进项税额）　　　　　　　　　　　　　　　300
　　贷：银行存款　　　　　　　　　　　　　　　　　　　　　　　　　　　5 300

【例 10-7】经计算，20×6年8月华诚纸业发生管理相关费用 150 000 元。其中，行政管理人员薪酬 120 000 元，以现金支付各种办公费 6 000 元，以银行存款支付水电费、其他办公费 24 000 元。企业应编制会计分录：

借：管理费用　　　　　　　　　　　　　　　　　　　　　　　　　　　150 000

贷：库存现金	6 000
银行存款	24 000
应付职工薪酬	120 000

【例10-8】20×6年8月31日，华诚纸业计提管理部门固定资产折旧32 000元，摊销管理部门无形资产成本16 000元。企业应编制会计分录：

借：管理费用	48 000
贷：累计折旧	32 000
累计摊销	16 000

【例10-9】20×6年8月31日，华诚纸业将本月发生的管理费用243 000元全部结转至"本年利润"账户。企业应编制会计分录：

借：本年利润	243 000
贷：管理费用	243 000

（三）财务费用

财务费用是企业为筹资生产经营所需资金等而发生的筹资费用，包括利息支出（减利息收入）、汇兑损益以及相关的手续费、企业发生的现金折扣等。其中，利息支出是企业长短期借款的利息、应付票据利息、应付债券利息等；利息收入是银行存款等的利息收入；汇兑损益是企业因向银行结售或购入外汇而产生的银行买入、卖出价与记账所采用的汇率之间的差额，以及月度（季度、年度）终了时，各种外币账户的外币期末余额按照期末规定汇率折合的记账人民币金额与原账面人民币金额之间的差额等；相关的手续费是指发行债券所需支付的手续费、开具汇票的银行手续费等，但不包括发行股票所支付的手续费。表10-4列示了伊利股份发生的财务费用。与2020年相比，2021年企业财务费用发生较大变化，由1.88亿元变为节约0.29亿元，主要是当期汇兑收益增加所致。

表10-4　　　　　　　　　　　　　　**伊利股份财务费用**　　　　　　　　　　　　单位：万元

项目	2021年	2020年
利息支出	80 951.37	49 431.73
利息收入	−75 179.87	−55 180.29
汇兑净损失	−11 640.29	22 177.07
手续费	2 952.91	2 380.50
合计	−2 915.88	18 809.01

企业应设置"财务费用"账户核算财务费用的发生与结转情况。该账户借方登记发生的各项财务费用，贷方登记期末转入"本年利润"账户的财务费用，经结转后该账户期末没有余额。

【例10-10】20×6年8月17日，华诚纸业收回一笔应收账款565 000元，取得银行存款555 000元，给予对方现金折扣10 000元。企业应编制会计分录：

借：银行存款	555 000
财务费用	10 000
贷：应收账款	565 000

【例10-11】20×6年8月1日，华诚纸业向银行借入生产经营用短期借款3 000 000元，期限为6个月，年利率为5%，该借款本金到期后一次归还，利息分月预提，按季支付。8月31日，企业预提利息，应编制会计分录：

预提当月应计利息：3 000 000×5%÷12=12 500（元）

借：财务费用——利息支出   12 500

  贷：应付利息   12 500

【例10-12】20×6年8月31日，华诚纸业确认本月银行存款账户利息收入1 500元。企业应编制会计分录：

借：银行存款   1 500

  贷：财务费用   1 500

【例10-13】20×6年8月31日，华诚纸业将"财务费用"账户余额21 000元全部转入"本年利润"账户。企业应编制会计分录：

借：本年利润   21 000

  贷：财务费用   21 000

在利润表中，销售费用、管理费用、财务费用通常根据相应账户的发生额分析填列。其中，管理费用根据"管理费用"账户发生额扣除其所属"研发费用"明细账户的发生额后的金额填列。研发费用反映企业进行研究与开发过程中发生的费用化支出，以及计入管理费用的自行开发无形资产的摊销，根据"管理费用"账户下"研发费用"和"无形资产摊销"明细账户的发生额计算，并单独列示于利润表的"研发费用"项目。

三、营业外收支

营业利润是企业日常经营活动形成的经营成果，除此之外，企业还会发生与日常经营活动无直接关系的各项收入和支出，即营业外收支，最终形成企业的利润总额。

（一）营业外收入

营业外收入是企业发生的与日常经营活动无直接关系的各项利得，主要包括非流动资产毁损报废收益、与企业日常活动无关的政府补助、盘盈利得、捐赠利得、非货币性资产交换利得、债务重组利得等。从表10-5可以看出，伊利股份2021年实现营业外收入0.58亿元，主要来自于政府补助、违约金赔偿款收入、经批准无法支付的应付款项以及其他。由于营业外收入并不是企业经营资金耗费所产生，实际上是经济利益的净流入，因此不需要与有关的费用相配比。

企业通过"营业外收入"账户核算营业外收入的取得与结转情况。该账户贷方登记取得的各项利得，借方登记期末转入"本年利润"账户的营业外收入，经结转后该账户期末没有余额。

【例10-14】20×6年8月12日，华诚纸业收到顺达公司的违约罚款30 000元，款项已存入银行。企业应编制会计分录：

借：银行存款   30 000

  贷：营业外收入   30 000

【例10-15】20×6年8月25日，华诚纸业接受江北机械有限公司捐赠的不需要安装的新设备一台。所提供的增值税专用发票上注明的货款为400 000元，增值税税额为52 000

元。企业应编制会计分录：

借：固定资产　　　　　　　　　　　　　　　　　　　　　400 000
　　应交税费——应交增值税（进项税额）　　　　　　　　 52 000
　　贷：营业外收入　　　　　　　　　　　　　　　　　　　　452 000

【例10-16】20×6年8月31日，华诚纸业将"营业外收入"账户余额482 000元全部转入"本年利润"账户。企业应编制会计分录：

借：营业外收入　　　　　　　　　　　　　　　　　　　　482 000
　　贷：本年利润　　　　　　　　　　　　　　　　　　　　　482 000

表10-5　　　　　　　　　　　伊利股份营业外收支　　　　　　　　　　单位：万元

项目	2021年	2020年	项目	2021年	2020年
非流动资产毁损报废收益			非流动资产毁损报废损失	2 308.23	1 500.62
非货币性资产交换利得			非货币性资产交换损失		
接受捐赠			对外捐赠	10 380.52	34 880.24
政府补助	299.56	410.77	违约金支出	1 730.17	559.95
盘盈利得			其他	3 201.67	8 749.61
违约金赔偿款收入	2 846.48	1 944.37			
经批准无法支付的应付款项	1 022.98	2 145.01			
其他	1 655.89	352.04			
合计	5 824.91	4 852.19	合计	17 620.59	45 690.42

注：非流动资产毁损报废收益（损失）是指因自然灾害等发生毁损、已丧失使用功能而报废的非流动资产所产生的清理收益（损失）；非货币性资产交换利得（损失）是指在非货币性资产交换中换入资产公允价值大于（小于）换出资产账面价值的差额且扣除相关费用后的金额；政府补助是从政府无偿取得货币或非货币性资产，且与企业日常经营活动无关的利得。其中，与公司日常活动相关的政府补助，用于补偿公司以后期间的相关成本费用或损失的，确认为递延收益，并在确认相关成本费用或损失的期间，计入其他收益；用于补偿公司已发生的相关成本费用或损失的，直接计入其他收益。与公司日常活动无关的政府补助，用于补偿企业以后期间的相关费用或损失的，确认为递延收益，在确认相关费用的期间计入当期营业外收入；用于补偿企业已发生的相关费用或损失的，取得时直接计入当期营业外收入。

（二）营业外支出

营业外支出是企业发生的与其日常经营活动无直接关系的各种损失，主要包括非流动资产毁损报废损失、公益性捐赠支出、盘亏损失、非常损失、罚款支出、非货币性资产交换损失、债务重组损失等。从表10-5可以看出，伊利股份2021年实现营业外支出1.76亿元，主要包括非流动资产毁损报废损失、对外捐赠、违约金支出及其他。

企业通过"营业外支出"账户核算营业外支出的取得与结转情况。该账户的借方登记发生的各项损失，贷方登记期末转入"本年利润"账户的营业外支出，经结转后该账户期末没有余额。

【例10-17】20×6年8月15日，华诚纸业发生原材料自然灾害损失160 000元，经批准全部转作营业外支出。原材料采用实际成本进行日常核算，企业应编制会计分录：

发生原材料自然灾害损失时：

借：待处理财产损溢——待处理流动资产损溢　　　　　　　160 000

　　贷：原材料　　　　　　　160 000

经批准处理时：

借：营业外支出　　　　　　　160 000

　　贷：待处理财产损溢——待处理流动资产损溢　　　　　　　160 000

【例10-18】20×6年8月22日，华诚纸业用银行存款支付税款滞纳金20 000元。企业应编制会计分录：

借：营业外支出　　　　　　　20 000

　　贷：银行存款　　　　　　　20 000

【例10-19】20×6年8月31日，华诚纸业将"营业外支出"账户余额180 000元全部转入"本年利润"账户。企业应编制会计分录：

借：本年利润　　　　　　　180 000

　　贷：营业外支出　　　　　　　180 000

利润表中营业外收入与营业外支出项目分别根据相应账户的发生额直接列报。

|伦理、责任与可持续发展| 鸿星尔克捐赠：回馈社会、崇德向善

企业是市场经济活动的主要参与者，在努力开拓市场的同时积极承担社会责任能够促进企业可持续发展。鸿星尔克作为一个极具社会责任感的民族品牌，一直以关爱社会为己任，"传递阳光、传递正能量"。

2021年，河南郑州遭受"7·20"特大暴雨灾害，鸿星尔克作为一家亏损2.2亿元、即将倒闭的企业，捐助财产和物资5 000万元。此举激发了广大网友和民众的爱国情怀，自发声援鸿星尔克，抢购产品，支持这个民族品牌，鸿星尔克也迎来意想不到的转机。严把质量关，用真诚对待每一位客户，这也是鸿星尔克打造民族品牌的重要精神和态度。在国家和人民需要帮助的时候，鸿星尔克挺身而出，弘扬中国崇德向善的社会风尚。不仅捐款驰援河南灾区，后续又向河南博物院捐赠100万元，支持灾后重建工作。此外，鸿星尔克还在汶川地震时向灾区捐赠300万元现金和300万元物资。近年来，鸿星尔克先后向残联基金会捐款捐物，总额超过2亿元。

资料来源：佚名. 亏损2.2亿却捐款5千万？深扒鸿星尔克的董事长，却发现这人有故事［EB/OL］.［2023-11-20］. https：//baijiahao.baidu.com/s？id=1706792237971139833&wfr=spider&for=pc.

四、所得税费用

（一）应交所得税计算

缴纳企业所得税是每个盈利企业应尽的义务，企业当期实现的经营所得和其他所得，按照税法有关规定计算缴纳企业所得税。企业所得税通常是按年计算、分期预缴、年末汇算清缴，其计算公式为：

应交所得税=应纳税所得额×所得税税率

在上述公式中，企业应纳税所得额根据企业所得税法确定，是企业每一纳税年度的收入总额减去不征税收入、免税收入、各项扣除以及弥补以前年度亏损后的余额。

企业会计准则与企业所得税法的目标不同，二者对收入、费用或者税前扣除项目金额的确认时间和范围会有所不同，导致会计利润总额与税法的应纳税所得额之间出现差异。通常，应纳税所得额是在企业会计利润总额的基础上调整确定的，计算公式为：

应纳税所得额=利润总额+纳税调整增加额-纳税调整减少额

纳税调整增加额主要有：

（1）按照会计准则规定记入利润表，但计税时不允许税前扣除的费用，如税收滞纳金、罚款等；

（2）记入利润表的费用超过按照税法规定准予税前抵扣的金额，如超过企业所得税法规定标准的职工福利费、工会经费、职工教育经费、业务招待费、公益性捐赠支出、广告费和业务宣传费等。

纳税调整减少额主要是企业所得税法规定允许弥补的亏损和准予免税的项目，如国债利息收入等。

【例10-20】M企业20×7年全年的税前利润总额为2 970万元，企业所得税税率为25%。截至20×7年12月31日，M企业尚有以前年度发生的累计未弥补亏损1 000万元，该累计亏损可以用本年度实现的利润弥补。经核查，M企业当年存在以下纳税调整事项：

（1）全年实发工资、薪金500万元，实际列支的职工福利费85万元、工会经费16万元、职工教育经费47万元；

（2）营业外支出中有5万元为税收滞纳金；

（3）国债利息收入3万元。

《中华人民共和国企业所得税法》（以下简称企业所得税法）规定，企业发生的合理的工资、薪金支出准予据实扣除；企业发生的职工福利费支出，不超过工资、薪金总额14%的部分准予扣除；企业拨缴的工会经费，不超过工资、薪金总额2%的部分准予扣除；除国务院财政、税务主管部门另有规定外，企业发生的职工教育经费支出，不超过工资、薪金总额8%的部分准予扣除，超过部分准予在以后纳税年度结转扣除。因此，M企业在计算当期应纳税所得额时，可以据实扣除工资、薪金500万元，职工福利费支出70万元（500×14%），工会经费支出10万元（500×2%），职工教育经费支出40万元（500×8%）。企业当期实际列支的职工福利费、工会经费和职工教育经费超过税法规定标准的费用支出，应调整增加应纳税所得额；营业外支出中的5万元税收滞纳金已计入当期营业外支出，但按税法规定不允许扣除，应调整增加应纳税所得额；企业购买国债的利息收入免交企业所得税，弥补以前年度的累计未弥补亏损1 000万元，应调整减少应纳税所得额。M企业当期所得税的计算如下：

应纳税所得额=2 970+（85-70）+（16-10）+（47-40）+5-3-1 000=2 000（万元）

当期应交所得税=2 000×25%=500（万元）

（二）所得税费用核算

所得税费用是指企业经营所得应当交纳的所得税，通过"所得税费用"账户核算。该账户借方登记按照应纳税所得额计算出的所得税费用额，贷方登记期末转入"本年利润"账户的所得税费用额，经结转后该账户期末没有余额。

企业实现的利润总额减去所得税费用即得到当期的净利润。利润表中的所得税费用包括当期所得税和递延所得税两部分，即：

所得税费用=当期所得税+递延所得税

1.当期所得税

当期所得税是指企业按照税法规定计算确定的针对当期发生的交易和事项，应交纳给税务部门的所得税金额，即当期应交所得税，按照应纳税所得额与适用所得税税率计算确定。根据【例10-20】，假设没有其他纳税调整项目，当期确认的所得税费用金额就是当期应向税务部门缴纳的税金，M企业应编制会计分录：

借：所得税费用　　　　　　　　　　　　　　　　　　　　　　　5 000 000

　　贷：应交税费——应交所得税　　　　　　　　　　　　　　　　　　5 000 000

2.递延所得税

如前所述，会计准则与企业所得税法在确定收入、费用或税前扣除项目金额上的差异会导致会计利润与应纳税所得额之间出现差异。除前述的差异外，有些差异反映为资产或负债账面价值与计税基础之间的差额，称为"暂时性差异"，这种差异在某一会计期间出现，随着时间的推移转回消失。

按照会计准则的要求，企业在取得资产、负债时应当确定其计税基础。资产是资本投资形成的财产，如固定资产、生物资产、无形资产、存货等。这些支出不允许作为成本、费用从纳税人的收入中一次性扣除，而是通过采取分次计提折旧或摊销的方式予以扣除。资产的计税基础是计算应纳税所得额时按税法规定可以从应税经济利益中抵扣的金额，即某项资产在未来计税时可以税前扣除的金额。税法规定，资产均以取得时实际发生的支出（历史成本）为计税基础。但如果由于某种原因出现资产按会计核算的账面价值与计税基础不相等，就会产生暂时性差异。例如，A企业取得某项固定资产时的入账价值为60万元，即为该项固定资产的计税基础，是将来可以通过计提折旧费用在税前扣除的金额。如果采用直线法计提折旧，净残值为零，会计折旧年限为3年，每年折旧额为20万元（60÷3）；而按税法规定，该设备折旧年限为2年，其他相同，则每年计税时允许扣除的折旧费为30万元（60÷2）。假设企业每年实现利润总额100万元，适用的所得税税率为25%，无其他纳税调整事项。应纳税所得额和净利润的计算见表10-6。

表10-6　　　　　　　　　　　应纳税所得额和净利润的计算　　　　　　　　　单位：万元

	项目		第1年	第2年	第3年
税法	利润总额		100	100	100
	折旧费用调整	会计折旧	20	20	20
		税法折旧	30	30	0
		暂时性差异	−10	−10	20
	应纳税所得额		90	90	120
	应交所得税（税率25%）		22.5	22.5	30
会计	净利润		77.5	77.5	70

如果不考虑该事项差异的影响，企业各年应交的所得税为25万元（100×25%），实现净利润75万元（100-25）。根据表10-6可知，按税法计算，第1年和第2年企业每年应交所得税22.5万元，该项差异导致这2年每年少交2.5万元（10×25%）税款，2年累计少交5万元税款。第3年按会计核算折旧费用仍为20万元，税法允许扣除折旧费用为零，第3

年应交所得税为30万元（（100+20）×25%），当期多交5万元（20×25%）税款。可见，相对于会计利润总额而言，税法提前了税前扣除折旧费用的时间，实际上将前2年的每年差额2.5万元的所得税推迟到第3年征收，这种由所得税形成的未来负债，称之为递延所得税负债。

从表10-7可以看出，第1年年末该项固定资产的账面价值为40万元，计税基础为30万元，二者之间形成10万元的应纳税暂时性差异，企业应确认相关的递延所得税负债2.5万元。同理，第2年累计20万元应纳税暂时性差异，累计应确认递延所得税负债5万元。因此，第1年和第2年均应交所得税22.5万元、递延所得税负债2.5万元，构成企业所得税费用25万元，每年企业应编制会计分录：

借：所得税费用　　　　　　　　　　　　　　　　　　　　　　250 000
　　贷：应交税费——应交所得税　　　　　　　　　　　　　　　　　225 000
　　　　递延所得税负债　　　　　　　　　　　　　　　　　　　　　25 000

第3年固定资产账面价值与计税基础均为零，暂时性差异消失，转销递延所得税负债50万元，所以第3年的应交所得税30万元包含递延到第3年的所得税负债5万元和25万元的所得税费用，企业应编制会计分录：

借：所得税费用　　　　　　　　　　　　　　　　　　　　　　250 000
　　递延所得税负债　　　　　　　　　　　　　　　　　　　　　50 000
　　贷：应交税费——应交所得税　　　　　　　　　　　　　　　　　300 000

表10-7　　　　　　　　　暂时性差异与递延所得税负债　　　　　　　金额单位：万元

项目	第1年	第2年	第3年
固定资产原价	60	60	60
会计折旧	20	20	20
税法折旧	30	30	0
账面价值	40	20	0
计税基础	30	0	0
暂时性差异	10	20	
所得税税率	25%	25%	25%
递延所得税负债	2.5	5	0
应交所得税	22.5	22.5	30

负债的计税基础是负债的账面价值减去未来期间计算应纳税所得额时按照税法规定可以抵扣的金额。绝大多数负债项目与损益无关，不存在税前扣除，如短期借款、应付账款等，所以多数负债的计税基础通常与账面价值相等，一般不会出现暂时性差异。但预提费用产生的负债的账面价值与计税基础可能不相等。

例如，甲企业20×7年销售产品实现收入8 400万元，根据企业产品质量保证条款，产品售出后3年内如果发生质量问题，企业将负责免费维修。根据以往年度的维修记录，企业在销售完成时预计将发生80万元的保修费用，于是确认80万元的预计负债。

借：销售费用　　　　　　　　　　　　　　　　　　　　　　800 000

贷：预计负债　　　　　　　　　　　　　　　　　　　　　　　　　800 000

如果企业当年实现利润1 320万元，当年实际未发生任何保修支出，企业所得税税率为25%。按税法规定，与产品售后服务相关的费用在实际发生时允许税前扣除，不能提前预计。因此，利润表中确认的80万元销售费用不准予当年扣除，当年应交所得税为350万元（（1 320+80）×25%）。

在本例中，按照税法的要求，当保修费用实际发生时才被准许扣除，因此，该项负债的计税基础为零（账面价值80万元-未来可抵扣金额80万元），形成暂时性差异80万元（账面价值80万元-计税基础零）。该项差异使企业当年多交税20万元（80×25%）。待以后年度保修费用实际支出时该项差异又会转回，可以抵扣未来应交的所得税。所以，这种差异称为可抵扣暂时性差异，由此形成递延所得税资产。可见，实际上是税法推迟了税前扣除保修费的时间，将20万元的所得税提前征收了。因此，企业当年应交的350万元所得税中包含了20万元的递延所得税资产，当年实际的所得税费用只有330万元。企业应编制会计分录：

借：所得税费用　　　　　　　　　　　　　　　　　　　　　　　3 300 000

　　递延所得税资产　　　　　　　　　　　　　　　　　　　　　　200 000

贷：应交税费——应交所得税　　　　　　　　　　　　　　　　3 500 000

按照暂时性差异对未来期间应税金额的影响，暂时性差异分为应纳税暂时性差异和可抵扣暂时性差异。应纳税暂时性差异是企业实际承担了所得税负债，只是将该所得税负债递延到将来支付。可抵扣暂时性差异是企业因将来可以扣除的金额获得了所得税资产，只是将该所得税资产递延到将来实际抵扣。

递延所得税资产=可抵扣暂时性差异×适用所得税税率

递延所得税负债=应纳税暂时性差异×适用所得税税率

资产、负债的账面价值、计税基础以及暂时性时间差异形式的关系见表10-8。

表10-8　　　　　暂时性差异与递延所得税资产、递延所得税负债

项目	资产	负债
账面价值>计税基础	应纳税暂时性差异（递延所得税负债）	可抵扣暂时性差异（递延所得税资产）
账面价值<计税基础	可抵扣暂时性差异（递延所得税资产）	应纳税暂时性差异（递延所得税负债）

考虑到递延所得税的影响，企业当期确认的所得税费用是在当期应向税务部门缴纳的税金基础上，根据递延所得税资产或递延所得税负债的金额进行调整。所得税费用的计算如下：

本期所得税费用=本期应交所得税-递延所得税资产增加+递延所得税负债增加

递延所得税资产表明企业未来经济利益的流入，产生于企业所得税未来的可抵扣金额；递延所得税负债表明企业未来经济利益的流出，产生于企业所得税未来的应税金额。公式中递延所得税资产和递延所得税负债的增加额分别用其期末余额减去期初余额计算得出，如果计算结果为负数则公式中的符号相反。

会计准则要求企业在会计报表附注中就所得税费用与会计利润的关系加以说明，即考虑会计与税收规定之间的差异，以当期会计利润为起点，调整计算出所得税费用。

表10-9是伊利股份会计报表附注中披露的所得税费用及其调整过程。在实务中，各

项业务的发生使递延所得税的构成因素以及影响所得税费用的因素变得更加复杂。

表 10-9 伊利股份所得税费用及其调整过程

2021年　　　　　　　　　　　　　　　　　　单位：万元

项目	2021年	2020年
当期所得税费用	147 090.05	115 753.61
递延所得税费用	-9 057.21	-10 662.55
合计	138 032.84	105 091.06
会计利润与所得税费用调整过程		
利润总额	1 011 235.40	
按法定/适用税率计算的所得税费用	151 685.31	
子公司适用不同税率的影响	22 656.85	
调整以前期间所得税的影响	461.21	
非应税收入的影响	-126.92	
不可抵扣的成本、费用和损失的影响	6 815.75	
使用前期未确认递延所得税资产的可抵扣亏损的影响		
本期未确认递延所得税资产的可抵扣暂时性差异或可抵扣亏损的影响	16 868.84	
减、免税项目所得影响	-60 328.20	
所得税费用	138 032.84	

|伦理、责任与可持续发展| 依法纳税：企业社会责任

税收是国家为了向社会提供公共产品、满足社会共同需要，按照法律的规定，参与社会产品的分配，强制、无偿取得财政收入的一种规范形式。税收具有组织财政、调节经济、监督经济的重要职能。无论是企业还是个人，都应该按时纳税。《中华人民共和国宪法》第五十条规定："中华人民共和国公民有依法纳税的义务。"

依法纳税不仅仅是企业的义务，更是企业的社会责任。"渊深而鱼生之，山深而兽往之，人富而仁义附焉"，承担社会责任是中国历代商人一以贯之的信念和品格。一个企业只有先履行好自己的纳税义务，才能真正地实现对国家和社会的贡献。中石油、中石化、国家电网、工商银行、建设银行等大型央企集团每年都会贡献近千亿元的税收。华为在营收规模接近9 000亿元大关的巅峰时期，年纳税额超过900亿元。格力创始人和董事长董明珠认为，"纳税是一个好企业的标志，因为，纳税是我们为社会的公共建设做贡献，而企业创造的财富，就要通过纳税的方式再回归社会"。

五、本年利润

利润是收入与费用相配比的结果，是收入减去费用后的差额。会计核算中利润不是通过公式计算出来的，而是通过设置"本年利润"账户核算出来的。企业当期实现的收入与发生的费用，通过相关账户归集后，期末全部转入"本年利润"账户。该账户的贷方登记各收入和利得账户的转入数，借方登记各费用和损失账户的转入数。借贷方相抵，如为贷

方余额，表明当期实现净利润；如为借方余额，表明当期发生净亏损。年末，将本账户余额转入"利润分配——未分配利润"账户，结转时，如为净利润，则从该账户的借方转出；如为净亏损，则从该账户的贷方转出。

【例10-21】华诚纸业20×8年有关损益类科目的年末余额见表10-10。该企业采用表结法①年末一次结转损益类科目，适用的所得税税率为25%。

表10-10

华诚纸业有关损益类科目的年末余额

20×8年

单位：元

科目名称	借或贷	结账前金额	科目名称	借或贷	结账前金额
主营业务收入	贷	86 000 000	主营业务成本	借	58 000 000
其他业务收入	贷	1 600 000	其他业务成本	借	1 500 000
公允价值变动损益	贷	150 000	税金及附加	借	880 000
投资收益	贷	800 000	销售费用	借	3 200 000
营业外收入	贷	450 000	管理费用	借	5 670 000
			财务费用	借	1 200 000
			资产减值损失	借	1 800 000
			营业外支出	借	750 000

华诚纸业20×8年年末结转本年利润，应编制会计分录：

（1）将各损益类账户年末余额结转至"本年利润"账户。

①将收入类账户的贷方余额结转至"本年利润"账户：

借：主营业务收入	86 000 000
其他业务收入	1 600 000
公允价值变动损益	150 000
投资收益	800 000
营业外收入	450 000
贷：本年利润	89 000 000

②将费用类账户的借方余额结转至"本年利润"账户：

借：本年利润	73 000 000
贷：主营业务成本	58 000 000
其他业务成本	1 500 000
税金及附加	880 000
销售费用	3 200 000
管理费用	5 670 000
财务费用	1 200 000
信用减值损失	1 800 000
营业外支出	750 000

---

① 在实务中，会计期末结转本年利润的方法有表结法和账结法两种。在表结法下，各损益类账户每月末只需结计出本月发生额和月末累计余额，不结转到"本年利润"账户，只有在年末时才将全年累计余额结转入"本年利润"账户。在账结法下，每月末均需编制转账凭证，将在账上结计出的各损益类账户的余额结转入"本年利润"账户。结转后"本年利润"账户的本月余额反映当月实现的利润或发生的亏损，本年余额反映本年累计实现的利润或发生的亏损。

（2）经上述结转后，"本年利润"账户的贷方发生额合计89 000 000元，减去借方发生额合计73 000 000元，即为税前会计利润总额16 000 000元。

（3）假设华诚纸业20×8年度不存在所得税纳税调整事项，企业应交所得税为：

应交所得税=16 000 000×25%=4 000 000（元）

① 确认所得税费用：

借：所得税费用 4 000 000

　贷：应交税费——应交所得税 4 000 000

② 将所得税费用结转入"本年利润"账户：

借：本年利润 4 000 000

　贷：所得税费用 4 000 000

（4）将"本年利润"账户年末余额12 000 000元（89 000 000-73 000 000-4 000 000）转入"利润分配——未分配利润"账户：

借：本年利润 12 000 000

　贷：利润分配——未分配利润 12 000 000

华诚纸业20×8年度利润的形成与结转过程如图10-1所示。

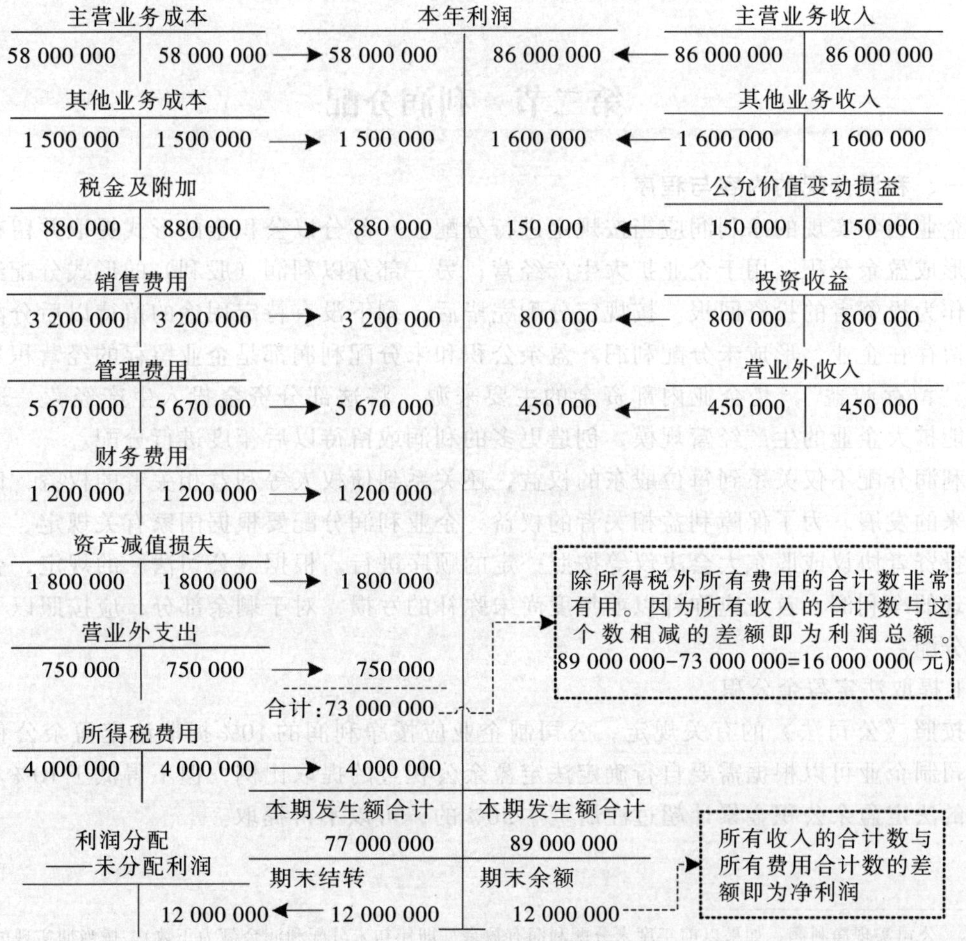

图10-1　利润的形成及结转

|会计与决策| 每股收益与市盈率

对于股份制企业来说，将财务报表提供的数据和证券市场数据结合起来，可以得到评价公司经营业绩的指标——每股收益和市盈率，这是投资者和债权人关注的重要指标。

每股收益（earnings per share，EPS）是公司实现的净利润与流通在外的普通股股数之比，如果公司还存在优先股，应从净利润中扣除分配给优先股股东的股息。该指标能够衡量普通股东的获利水平及投资风险，是投资者等信息使用者评价公司盈利能力、预测公司成长价值，进而作出相关决策的重要参考依据。

进一步地，用每股股票当前的市场价格除以每股收益，计算得到市盈率（price earnings ratio，P/E 或 PER）。市盈率是测定股票投资价值的重要指标之一，备受市场投资者的青睐。证券市场和财经网站、报纸等每天都会公布该指标。该指标能够反映投资者对公司未来发展前景的预期，因为每股收益是过去年度企业实现的收益，股票价格反映投资者对公司未来收益的预期，如果投资者预期公司收益会大幅度增长，则市盈率会提高，可能达到20倍、30倍，甚至更高。然而，在股票市场上，如果一家公司的市盈率被非正常地抬高或压低，将导致投资者错误地估计公司的发展前景，产生投资风险。

第二节　利润分配

一、利润分配的内容与程序

企业当年实现的净利润应当按规定进行分配。一部分以公积金的形式提取并留存在企业，形成盈余公积，用于企业扩大生产经营；另一部分以利润（股利）的形式分配给投资者，作为投资者的投资回报。按规定分配完毕后，剩下没有特定用途的留待以后分配的利润也留存在企业，形成未分配利润。盈余公积和未分配利润都是企业留存的经营积累，统称为"留存收益"，是企业内部资金的主要来源。将这部分资金投入生产经营，通过周转，能扩大企业的生产经营规模，创造更多的利润或留待以后年度进行分配。

利润分配不仅关系到每位股东的权益，还关系到债权人等利益相关者的权益，以及企业未来的发展。为了保障利益相关者的权益，企业利润分配要根据国家有关规定、企业章程、投资者协议或股东大会决议等按照一定的顺序进行。根据《公司法》的规定，企业当年实现的净利润，首先应弥补以前年度尚未弥补的亏损，对于剩余部分，应按照以下顺序进行分配：

1.提取法定盈余公积

按照《公司法》的有关规定，公司制企业应按净利润的10%提取法定盈余公积金①；非公司制企业可以根据需要自行确定法定盈余公积金的提取比例，但不得低于10%。企业提取的法定盈余公积金累计超过注册资本50%的，可以不再提取。

---

① 公司实现净利润，如果以前年度未分配利润有盈余（即年初未分配利润余额为正数），按当期实现的净利润计算提取法定盈余公积；如果以前年度有亏损（即年初未分配利润余额为负数），当期实现的净利润应先弥补以前年度亏损再提取盈余公积。

2.提取任意盈余公积

企业提取法定盈余公积后，经股东大会或类似权力机构决议，还可以按照净利润的一定比例提取任意盈余公积。

3.向投资者分配利润或股利

企业实现的净利润在扣除上述项目后，再加上年初未分配利润和其他转入数（公积金弥补亏损等），形成可供投资者分配的利润，用公式表示为：

$$
\begin{array}{c}\text{可供投资者}\\\text{分配的利润}\end{array} = \text{净利润} - \begin{array}{c}\text{弥补以前}\\\text{年度亏损}\end{array} - \begin{array}{c}\text{提取法定}\\\text{盈余公积}\end{array} - \begin{array}{c}\text{提取任意}\\\text{盈余公积}\end{array} + \begin{array}{c}\text{以前年度}\\\text{未分配利润}\end{array} + \begin{array}{c}\text{其他}\\\text{转入}\end{array}
$$

可供投资者分配的利润，应按以下顺序进行分配：

（1）支付优先股股利。按照利润分配方案分配给优先股股东现金股利，优先股股利是按照约定的股利率计算支付的。

（2）支付普通股现金股利。按照利润分配方案分配给普通股股东现金股利，即通常所说的"分红"。一般来说，有限责任公司按照股东的出资比例分配，股份有限公司按照股东持有的股份比例分配，非股份制公司则分配给投资者利润。

（3）支付普通股股票股利。企业按照利润分配方案以分派股票股利的形式将利润转作资本（或股本）。

可供投资者分配的利润经过上述分配后，剩余的为企业年末未分配利润（或未弥补亏损）。未分配利润可以留待以后年度进行分配，企业若发生亏损，也可以按照规定由以后年度的利润进行弥补。未分配利润是所有者权益的一个重要组成部分，相对于所有者权益的其他部分而言，未分配利润的使用有较大的自主权。

【博学·精思】

10-1企业利润分配方案

二、利润分配的核算

企业设置"利润分配"账户核算利润的分配（或亏损的弥补）。该账户属于所有者权益类账户，贷方反映可供分配利润的形成或来源，包括当年实现的净利润以及亏损弥补（如盈余公积转入）；借方反映利润分配或去向，如提取盈余公积、支付现金股利、转作资本（股本）的股利、弥补亏损等。年终，如果该账户余额在贷方，表示未分配利润数；如果余额在借方，表示未弥补亏损数。为核算企业利润分配的具体情况，应在"利润分配"账户下分别设置"提取法定盈余公积""提取任意盈余公积""应付现金股利（或利润）""转作股本（资本）的股利""盈余公积补亏""未分配利润"等明细账户进行核算。

（一）盈余公积

盈余公积是企业按规定从当期实现的净利润中提取的，包括法定盈余公积和任意盈余公积，可用于转增资本、弥补亏损或在亏损年度发放红利①。企业应设置"盈余公积"账户反映盈余公积的提取和使用情况。该账户属于所有者权益类账户，企业按规定从净利润中提取盈余公积时，盈余公积增加，记入该账户的贷方；使用盈余公积时，如转增资本或弥补亏损时，盈余公积减少，记入该账户的贷方；期末余额在贷方，反映企业已提取、尚未使用的盈余公积。

---

① 股份有限公司原则上应从累计盈利中分派，无盈利不得支付股利，即所谓"无利不分"原则。但若公司用盈余公积金抵补亏损后，为维持其股票信誉，经股东大会特别决议，也可用盈余公积金支付股利，不过留存的法定公积金不得低于注册资本的25%。

【例10-22】承【例10-21】，华诚纸业20×8年实现净利润1 200万元。企业按净利润的10%计提法定盈余公积，按净利润的5%计提任意盈余公积。

（1）法定盈余公积=1 200×10%=120（万元）

借：利润分配——提取法定盈余公积　　　　　　　　　　　　　　　　　1 200 000

　　贷：盈余公积——法定盈余公积　　　　　　　　　　　　　　　　　　　　1 200 000

（2）任意盈余公积=1 200×5%=60（万元）

借：利润分配——提取任意盈余公积　　　　　　　　　　　　　　　　　　600 000

　　贷：盈余公积——任意盈余公积　　　　　　　　　　　　　　　　　　　　600 000

（二）股利分配

股利实际上是优先股股息和普通股红利的统称。优先股是指股东享有某些优先权利的股票，如股利优先分配权，企业必须发放完优先股股息之后才能发放普通股红利，企业清算时优先股也比普通股享有优先分配剩余财产的权利。优先股是一种兼具普通股股票和债券特点的混合性有价证券，它作为一种股权证书，代表着股东对于企业的所有权，但却兼具债券的性质，优先股股东通常不具有参与企业经营管理的权力，不能参加股东大会，没有选举和被选举的权利，不能对企业重大经营决策进行表决，只是按照事先确定的固定股息率优先获取股息。目前，我国的股份制企业尚未公开发行过优先股，主要以普通股为主，所以主要讨论普通股股利的支付。

1.股利支付方式

股利支付方式通常有现金股利、股票股利、财产股利和负债股利等。其中，现金股利和股票股利是企业常见的股利支付方式。

现金股利是指以现金形式分派给股东的股利，简称为派现，是实务中股利支付的主要方式。大多数投资者喜欢现金分红，因为它属于到手的利润。企业发放现金股利也会增强投资者的信心，吸引潜在的投资者，但企业支付现金股利除了要有累计盈余外，还要有足够的现金，一般只有当企业拥有充足的资金时才会选择支付现金股利。如果企业支付的现金股利比例过高也会造成企业现金流压力增大，影响企业的长期发展。

股票股利是指企业根据现有股东的持股比例向其增发股票。例如，云南白药（000538）2022年4月26日宣告向全体股东每10股送4股并派发现金红利16元的利润分配方案。其中，每10股送4股即云南白药的股东每持有10股股票，在企业分红时额外再获得由企业赠送的4股股票，即股票股利。以企业股票的形式发放股利，可以在不减少企业现金的情况下，使股东分享利润，还可以使股东免征股利个人所得税，因而对长期投资者更为有利。股票股利一般对于看重企业的长期发展潜力、不太计较即期分红的股东更具有吸引力。

伊利股份于1996年3月上市，当年按每10股派息1.25元支付现金股利，随后每年均以现金股利支付为主。2007—2008年间受三聚氰胺事件的影响，企业营业收入大幅度下降，2007年开始企业连续选择零分配的股利政策，直到2010年开始继续维持较高的现金股利，近年来其每股现金股利更是稳步增加，现金股利支付占归属于上市公司普通股股东净利润的比例（股利支付率）达到了70%以上，见表10-11。

表 10-11　　　　　　　　伊利股份股利支付情况（2010—2021 年）　　　　　金额单位：元

公告日期	每10股送红股数（股）	每10股派息数	每10股转增数（股）*	股权登记日	除权（息）日	现金分红的数额（含税）	归属于上市公司普通股股东的净利润	现金分红占比（%）
2022-05-26	0	9.6	0	2022-05-31	2022-06-01	6 144 125 681	8 704 915 104	70.58
2021-06-03	0	8.2	0	2021-06-10	2021-06-11	4 987 752 363	7 078 176 788	70.47
2020-06-04	0	8.1	0	2020-06-09	2020-06-10	4 913 183 655	6 933 763 430	70.86
2019-04-01	0	7.0	0	2019-04-04	2019-04-08	4 254 689 326	6 439 749 611	66.07
2018-06-11	0	7.0	0	2018-06-14	2018-06-15	4 254 944 826	6 000 884 927	70.91
2017-05-03	0	6.0	0	2017-05-08	2017-05-09	3 647 400 065	5 661 807 747	64.42
2016-04-29	0	4.5	0	2016-05-05	2016-05-06	2 729 160 049	4 631 791 823	58.92
2015-05-22	0	8.0	10	2015-05-27	2015-05-28	2 451 496 826	4 144 280 536	59.15
2014-07-10	0	8.0	5	2014-07-15	2014-07-16	1 634 331 218	3 187 239 560	51.28
2013-05-27	0	2.8	0	2013-05-30	2013-05-31	523 840 240	1 717 206 344	30.51
2012-04-06	0	2.5	0	2012-04-11	2012-04-12	399 661 375	1 809 219 540	22.09
2011-06-03	0	0.0	10	2011-06-10	2011-06-13	0	777 196 629	0.00

注：*每10股转增数是指资本公积转增股本。

2.股利支付程序

企业股利支付由董事会决定，并按照一定的程序进行。伊利股份董事会2022年5月26日公布2021年度分红实施方案：以64.0亿股股本为基数，向全体股东每10股派发现金红利9.6元（含税，税后8.64元），合计派发现金红利总额为61.44亿元，整个股利分配过程涉及股利宣告日、股权登记日、除权（息）日、股利发放日等关键时间节点。

（1）股利宣告日，即董事会宣告发放股利的日期。2022年5月18日，伊利股份股东大会审议通过2021年度分红实施方案，董事会于2022年5月26日宣布向全体股东每股派发现金红利0.96元（含税），2022年5月26日即为股利宣告日。

（2）股权登记日，即确定股东是否有资格领取股利的截止日期。只有在股权登记日之前登记注册的股东才有权利分享企业支付的股利。伊利股份的股权登记日为2022年5月31日，如果伊利股份的某位股东将其股票卖给另一位投资者，并在2022年5月31日前办理完成了所有权转移手续，则这位新股东就有权利收取股利；反之，卖出股票的股东将收到股利。

（3）除权（息）日，即股权登记日的第二天。这一天购入企业股票的股东是不可以享有上一年度分红的"新股东"，不享有企业的此次分红。伊利股份除权（息）日为6月1日，若某投资者想要获得伊利股份2021年的股利，其必须于2022年5月31日或以前购买

【博学·精思】

10-2 企业股利政策

企业的股票。

（4）股利发放日，即正式发放股利的日期。伊利股份 2022 年 6 月 1 日将股利正式发放给股东。

3. 股利分配核算

企业董事会一经宣告利润分配方案中拟分配现金股利或利润，在尚未实际支付前，股利就会成为企业一项不可撤销的负债，待股利实际发放时会导致现金流出企业。企业应设置"应付股利"账户核算企业宣告分配的现金股利或利润。企业宣告分配股利或利润时，一方面冲减企业的所有者权益，记入"利润分配"账户的借方；另一方面形成企业负债，记入"应付股利"账户的贷方。向股东实际支付股利或利润时，则借记"应付股利"账户，贷记"银行存款"等账户。企业分配的股票股利，不通过"应付股利"账户核算。

股票股利是以企业一定数量的股票作为股利发放给股东。从会计的角度看，股票股利并没有使现金流出企业，也不会改变企业的资产总额，只是资本在所有者权益账户之间的转移。

【例 10-23】承【例 10-21】【例 10-22】，截至 20×8 年 12 月 31 日，华诚纸业流通在外的普通股有 800 万股，每股市价 4 元。20×9 年 4 月 16 日董事会宣告 20×8 年度每 10 股送 3 股派现 5 元的利润分配方案（暂不考虑个人股利所得税）。

（1）现金股利

在股利宣告日，华诚纸业应付现金股利额 400 万元（800÷10×5），编制会计分录：

借：利润分配——应付现金股利　　　　　　　　　　　　　　　　4 000 000
　　贷：应付股利　　　　　　　　　　　　　　　　　　　　　　　　4 000 000

在股利发放日，实际支付股利 400 万元，编制会计分录：

借：应付股利　　　　　　　　　　　　　　　　　　　　　　　　4 000 000
　　贷：银行存款　　　　　　　　　　　　　　　　　　　　　　　　4 000 000

（2）股票股利

企业股东大会批准股票股利分配方案并宣告分派时，不做任何账务处理，只有在办理了增资手续后才能进行相应的账务处理。华诚纸业在记录股票股利时，应付股票股利的股数为 240 万股（800÷10×3），相当于按每股市价 4 元向现有股东发行 240 万股股票，因此，分配时应按每股面值 1 元记入"实收资本（或股本）"账户贷方 240 万元，超面值 720 万元（240×（4-1））应增加资本公积，同时减少可供分配的利润额 960 万元（240×4），编制会计分录：

借：利润分配——转作资本（股本）的股利　　　　　　　　　　　9 600 000
　　贷：实收资本　　　　　　　　　　　　　　　　　　　　　　　　2 400 000
　　　　资本公积——资本溢价　　　　　　　　　　　　　　　　　　7 200 000

通过上述业务处理可以看出，现金股利的发放会使企业资产和所有者权益同时减少，使经济利益最终流出企业；而发放股票股利不会改变企业资产和所有者权益账面价值总额，但会使所有者权益构成结构发生变化。首先，发放股票股利导致企业的实收资本（股本）增加，如华诚纸业的实收资本从 800 万元增加到 1 040 万元；其次，超面值部分增加了企业的资本公积，即股票股利的市价超出其面值的部分（720 万元）；最后，增加利润分配导致企业留存收益减少，这部分留存收益转化为企业的实收资本和资本公积。

此外，股票股利不会改变现有股东的持股比例，但会增加股东整体持股数量和流通在外的股票数量（股数），降低每股价格，在企业盈利和现金股利预期不会增加的情况下，股价的有效降低会增加股票流动性，提高投资者的投资兴趣。同时，股票股利的发放是让股东分享企业的收益而无须分配现金，由此可以将更多的现金留存用于再投资，有利于企业的长期稳定发展，而且市场和投资者也会普遍认为企业有较大的发展与成长机会，这样的信息传递不仅有利于稳定股票价格，甚至可能促使股票价格上升。

（三）未分配利润

未分配利润是指企业赚取的、没有指定明确用途、留待以后年度再分配的利润。未分配利润是资产负债表项目，核算该项目的账户是"利润分配——未分配利润"。将"利润分配"账户所属的除未分配利润之外的所有有关明细账户的余额从其相反方向分别转入"未分配利润"明细账中，再加上该明细账的期初未分配利润，即可结出期末未分配利润余额，用公式表达为：

未分配利润=期初未分配利润+本年实现的净利润-当年利润分配（盈余公积、股利）

$$\begin{matrix} 期末 \\ 未分配利润 \end{matrix} = \begin{matrix} 期初 \\ 未分配利润 \end{matrix} + \begin{matrix} 当年实现 \\ 净利润 \end{matrix} - \begin{matrix} 当年利润分配 \\ （盈余公积、股利） \end{matrix}$$

【例10-24】华诚纸业20×8年年末结清利润分配账户所属的各有关明细账户。假设20×8年年初"未分配利润"账户余额为8 340万元。

（1）华诚纸业当年实现净利润1 200万元，从"本年利润"账户的借方转入"利润分配——未分配利润"账户的贷方，见【例10-21】。

（2）将计提的法定盈余公积金和任意盈余公积，以及分配的现金股利和股票股利转入"利润分配——未分配利润"账户的借方。

借：利润分配——未分配利润　　　　　　　　　　　　　　　　15 400 000
　贷：利润分配——提取法定盈余公积　　　　　　　　　　　　　　1 200 000
　　　　　　——提取任意盈余公积　　　　　　　　　　　　　　　　600 000
　　　　　　——应付现金股利　　　　　　　　　　　　　　　　4 000 000
　　　　　　——转作资本的普通股股利　　　　　　　　　　　　9 600 000

上述结转过程如图10-2所示。

利润分配——未分配利润

实际分配利润额	提取法定盈余公积	1 200 000	期初余额	83 400 000
	提取任意盈余公积	600 000	年末转入的净利润	12 000 000
	应付现金股利	4 000 000		
	转作资本的股利	9 600 000		
	本期发生额	15 400 000	本期发生额	12 000 000
			期末余额	80 000 000

期末资产负债表中
"未分配利润"项目

图10-2　"利润分配——未分配利润"账户

经结转，期末"利润分配——未分配利润"账户的贷方余额为：

期末未分配利润=8 340+1 200-（120+60+400+960）=8 000（万元）

　　20×8年年末资产负债表中"未分配利润"项目的金额填列8 000万元。资产负债表中的未分配利润是一个累计数，既包括本年形成的，也包括以前年度形成的，即为企业从成立到编表日累计已经实现但尚未分配给股东的净利润。

|会计与决策| 股利分配

　　股利支付是指企业向股东以股利的形式支付报酬，即从企业实现的收益中支付股东的分红，通常用股利支付率表示，是每股股利与每股收益之比，反映企业的股利分配政策和股利支付能力。

　　企业股利分配涉及的主要是对其实现的收益进行分配或留存用于再投资的决策问题。如果企业存在良好的投资机会，必然需要大量的资金支持，企业会将大部分盈余用于投资，而少发放股利。因此，许多成长性的企业往往采取较低的股利支付率，而在企业投资决策既定的情况下，公司股利政策的选择实际上归结为企业用留存收益（内部筹资）还是发行新股、举借债务（外部筹资）等来融通投资所需的资本的问题，即涉及企业筹资政策的选择。可见，企业未来的财务活动主要是投资政策、筹资政策和股利政策之间的决策与调整。

【笃行·致新】

10-3 第十章
思考与练习

第十一章　财务报表

【学习目标】

◇ 了解企业年报信息披露的主要内容，以及财务报表分析方法；

◇ 编制资产负债表并计算流动性指标和信用风险指标；

◇ 编制多步式利润表并计算盈利能力与营运能力指标；

◇ 解释现金流量表如何从经营活动、投资活动和筹资活动的角度报告企业一定期间的现金流量变化，并结合现金流量表进行偿付能力与收益质量分析；

◇ 使用间接法计算企业经营活动现金净流量；

◇ 结合所有者权益变动表解释引起企业当期所有者权益变动的主要原因；

◇ 解释财务报表附注的主要内容及作用。

【本章预览】

企业发生的交易和事项通过会计信息系统处理，最终以财务报告的形式对外披露，以满足企业利益相关者进行决策的需要。资产负债表、利润表、现金流量表、股东权益变动表以及财务报表附注是财务报告的主要内容。财务报表信息列报说明报表项目的主要内容，同时借助报表信息及报表之间的钩稽关系，采用比较分析、趋势百分比分析、结构百分比分析以及财务比率分析等方法从财务报表中提取更多关键、有用的信息，便于决策使用。本章将介绍基本财务报表及主要项目的列报方法，以及基本财务报表的分析方法与主要财务指标。

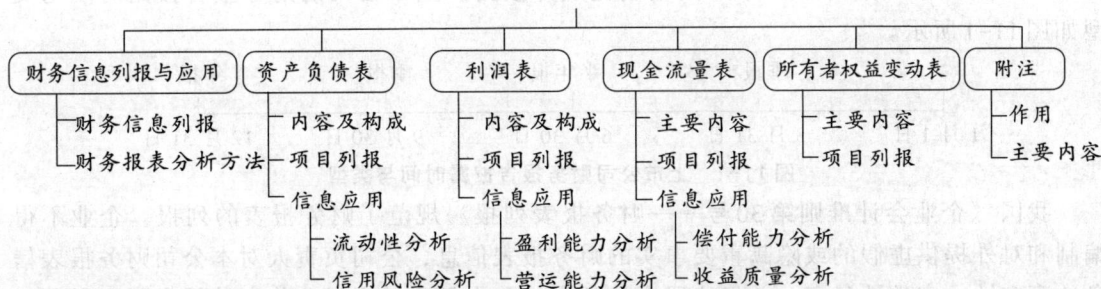

第一节　财务信息列报与应用

一、财务信息列报

会计的目标是为会计信息使用者提供决策有用的信息。企业的经济活动通过会计信息系统处理最终完成财务信息列报，将其提供给信息使用者。所谓财务信息列报就是将企业的交易和事项在财务报表中列示、在附注中披露。财务报表是对企业财务状况、经营成果和现金流量的结构性表述，在财务报表的列报中，"列示"通常反映资产负债表、利润表、现金流量表和所有者权益变动表等报表中的信息，"披露"通常反映附注中的信息。因此，财务报表至少应当包括下列组成部分：

（1）资产负债表。

（2）利润表。

（3）现金流量表。

（4）所有者权益（或股东权益）变动表。

（5）附注。

附注主要是对财务报表的编制基础、编制依据、编制原则和方法以及报表中的主要项目等加以说明。附注的信息披露拓展了企业财务信息的内容，加强了会计信息的可理解性，能够使财务报表使用者更全面、客观地掌握企业的财务信息，以进行决策。

一份完整的年报除了包括财务报表及其附注之外，还会提供一些定性信息和非财务信息。伊利股份2021年财务报告中包括十节内容，如管理层讨论与分析、公司治理、环境与社会责任、重要事项等说明。这些信息的披露形式灵活多样，不受会计准则的约束，能够更充分地满足财务信息使用者的决策需要。

企业通常按月度编制财务报表，对于上市公司，需要定期披露财务报告，包括年度报告、中期报告和季度报告。其中，年度财务报告的会计期间是每年公历的1月1日至12月31日，应在每个会计年度结束之日起4个月内编制完成并披露；半年度财务报告的会计期间是每年公历的1月1日至6月30日，应在每个会计年度的上半年结束之日起2个月内编制完成并披露；季度报告的会计期间与公历季度一致，应当在每个会计年度第3个月、第9个月结束后的1个月内编制完成并披露。上市公司的财务报告披露时间与类型如图11-1所示。

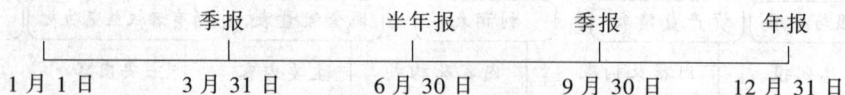

	季报	半年报	季报	年报
1月1日	3月31日	6月30日	9月30日	12月31日

图11-1　上市公司财务报告披露时间与类型

我国《企业会计准则第30号——财务报表列报》规范了财务报表的列报。企业不得编制和对外提供虚假的或隐瞒重要事实的财务报表信息，公司负责人对本公司财务报表信息的真实性、完整性负责，并经注册会计师审计和出具审计意见，将审计报告附于财务报告中。

绝大多数上市公司都拥有子公司。例如，伊利股份拥有香港金港商贸控股有限公司、惠商商业保理有限公司、宁夏伊利乳业有限责任公司等140家子公司。伊利股份作为母公司，除了编制母公司财务报表之外，还要将所有的子公司纳入合并范围编制集团合并财务报表。合并财务报表是将母公司及其子公司视为一个单独的企业组织来披露财务状况和经营成果等信息。本章列示的伊利股份的财务报表就是合并财务报表，描述的是合并的企业主体信息，这些财务报表经过大华会计师事务所（特殊普通合伙）审计，出具标准无保留意见的审计报告。

|知识链接| 华为：世界一流财务共享中心

华为技术有限公司（简称"华为"）创立于1987年，是全球领先的ICT（信息与通信）基础设施和智能终端提供商。截至2022年年末，华为有20.7万名员工，业务遍及170多个国家和地区，服务全球30多亿人口。这样一家全球化公司能够用3天出具月度财务报告初稿，用5天出具月度财务报告终稿，用11天出具年度财务报告初稿，都得益于华为全球结账工作的指挥控制中枢，其指挥调度横跨5个时区的7个共享中心，给华为在全球的数百家子公司"算总账"。通过交易核算自动化、ERP优化、数据调度优化、数据质量监控以及提升数据分析平台的性能，华为实现了全球核算实时可视，过程可跟踪、可管理，让华为的财务数据得以准确、完整地呈现。

华为账务核算实现全球7×24小时循环结账机制，充分利用了财务共享中心的时差优势，在同一数据平台、同一结账规则下，共享中心接力传递结账操作，大大缩短了结账日历天数。24小时系统自动滚动调度结账数据，170多个系统无缝衔接，每小时处理4 000万行数据，共享中心"日不落"地循环结账，以最快的速度支撑着130多个代表处经营数据的及时获取。

资料来源：三豪商学院.华为财务变革历程：从手工账到世界一流财务共享中心![EB/OL].[2021-10-21]. https: //baijiahao.baidu.com/s? id=1714196858660647685&wfr=spider&for=pc.

佚名.华为CFO孟晚舟2017年新年致辞：却顾所来径，苍苍横翠微 [EB/OL].[2016-12-31].https://www.sohu.com/a/123132928_505893? qq-pf-to=pcqq.group&spm=smpc.content.huyou.5.1662910901348wB0V4dB.

二、财务报表分析方法

财务报表为会计信息使用者提供了决策有用的信息，借助分析工具帮助会计信息使用者更好地洞悉企业财务报表信息和数据的关系，深入了解企业的经营状况。

（一）比较分析

财务报表的设计本身就是为分析服务的。《企业会计准则第30号——财务报表列报》规定，企业在列报当期财务报表时，至少应提供所有列报项目上一个可比会计期间的比较数据，以及与理解当期财务报表相关的说明，以向报表使用者提供对比数据，提高信息在会计期间的可比性，反映企业财务状况、经营成果和现金流量的发展趋势，提高报表使用者的判断与决策能力，所以也称为"比较财务报表"。

财务报表中年度间的项目金额变动有助于投资者识别和评价重大变动项目和趋势。同时用百分比表示这种变动可增加对这些项目变动的理解。例如，本年度的销售额增加10万元，针对上年度销售额分别为100万元或1 000万元的不同情况，10万元的销售额增量具有完全不同的意义，前者增加了10%，后者仅增加了1%。表11-1比较了伊利股份2021年与2020年营业收入和净利润的变动情况。

表11-1　　　　　　　　伊利股份利润表项目比较分析　　　　　　金额单位：万元

项目	2021年度	2020年度	变动情况	
			变动额	变动率
营业收入	11 014 398.64	9 652 396.32	1 362 002.32	14.11%
净利润	873 202.56	709 893.87	163 308.69	23.00%

通过计算年度间营业收入、净利润变动百分比能够洞悉企业的经营增长情况。计算时通常用本年度与上一年度的数据相比较，以上年度为基期。

变动额＝本期金额－上期金额

变动率＝（本期金额－上期金额）÷上期金额

从表11-1中可以看出，伊利股份2021年较2020年的营业收入增加136.20亿元，增长了14.11%。结合财务报告的产销量情况分析以及收入、成本分析可知，营业收入的增长主要是本年企业主要产品销量增加以及产品结构调整所致。伊利股份净利润也较上期增加16.33亿元，增长23%。

（二）趋势百分比分析

企业可以选择多期数据进行趋势百分比分析，反映财务报表项目从基期到以后各期的变动情况。进行趋势分析时首先确定基期，并将基期财务报表中项目的权数设定为100%，然后将以后各期财务报表的项目换算为基期项目的百分比，即用基期以后各期项目金额除以基期金额。趋势分析可以用百分比表示，也可以用比率表示，有助于预测企业的未来经营情况。

表11-2列示了伊利股份从2016年到2021年的营业收入和净利润项目趋势百分比分析。假设以2016年为基期，基期营业收入为6 031 200.97万元，用以后年度的营业收入除以6 031 200.97，即可得到营业收入趋势百分比。再如净利润，其趋势百分比等于以后各年度的净利润除以基期净利润566 903.52万元。从表11-2的计算结果可以看出，伊利股份营业收入和净利润近5年都呈现持续平稳增长的趋势，是一个盈利的成长型企业。

表11-2　　　　　　伊利股份利润表项目趋势百分比分析　　　　金额单位：万元

项目	2021年	2020年	2019年	2018年	2017年	2016年
营业收入	11 014 398.64	9 652 396.32	9 000 913.29	7 897 638.87	6 754 744.95	6 031 200.97
净利润	873 202.56	709 893.87	695 072.62	645 199.61	600 281.50	566 903.52
趋势百分比						
营业收入	182.62%	160.04%	149.24%	130.95%	112.00%	100.00%
净利润	154.03%	125.22%	122.61%	113.81%	105.89%	100.00%

（三）结构百分比分析

结构百分比是指总体中各项目的相对规模，如资产负债表中每个项目都可以表示为总资产的百分比，利润表中每个项目可以表示为营业收入的百分比等。结构百分比分析能够快速揭示各项目的相对重要性。

表11-3列示了伊利股份2020—2021年利润表主要项目的结构百分比。以营业总收入作为总体，将利润表相关项目除以营业总收入得到结构百分比。通过连续几年的报表结构百分比分析，可以发现哪些报表项目的重要性增强了，哪些报表项目变得不重要了。

表 11-3　　　　　　　　　　伊利股份利润表项目趋势百分比分析　　　　　　　金额单位：万元

项目	金额		结构百分比	
	2021年	2020年	2021年	2020年
一、营业总收入	11 059 520.32	9 688 564.20	100.00%	100.00%
其中：营业收入	11 014 398.64	9 652 396.33	99.59%	99.63%
二、营业总成本	10 119 402.67	8 944 109.69	91.50%	92.32%
其中：营业成本	7 641 670.55	6 745 294.73	69.10%	69.62%
销售费用	1 931 480.98	1 688 355.86	17.46%	17.43%
管理费用	422 707.31	388 289.86	3.82%	4.01%
财务费用	−2 915.88	18 809.01	−0.03%	0.19%
三、营业利润	1 023 031.08	855 823.16	9.25%	8.83%
四、利润总额	1 011 235.40	814 984.93	9.14%	8.41%
减：所得税费用	138 032.84	105 091.06	1.25%	1.08%
五、净利润	873 202.56	709 893.87	7.90%	7.33%

根据表 11-3 可以看出，伊利股份这两年的利润构成各项目变动不大。其中，营业成本占比约69%，销售费用占比约17%，是营业总成本中的两个重要项目。从连续两年的情况看，销售费用占比几乎没有变化，营业成本占比从69.62%下降到69.10%，营业利润占营业总收入的比例上升了0.42%。考虑利得、损失以及所得税费用的影响后，企业的净利润占营业总收入的比例从7.33%上升到7.90%。

（四）财务比率分析

财务报表之间、财务报表的项目之间是有关联的。资产项目的增减变动不仅产生于负债和所有者权益的增减变动，也产生于收入、费用的增减变动；收入、费用的增减变动也会引起负债和所有者权益的增减变动。例如，计提管理部门固定资产折旧，减少了资产负债表中的固定资产净值，同时增加了利润表中的管理费用，利润表中营业成本的增加表现为资产负债表中存货的减少。因此，分析财务报表仅仅通过单个项目是不够的，需要考虑财务报表项目之间的关系。

比率分析就是财务报表项目与项目之间的简单数学关系的表达，是某一数额表示为另一数额的百分比或比率。例如，流动比率反映企业流动资产与短期内要偿还的流动负债之间的关系。如果企业流动资产为360万元，流动负债为120万元，则流动比率为3∶1或者300%，说明流动资产是流动负债的3倍。

财务比率对于理解财务报表尤为重要，能为信息使用者提供更多的信息。例如，净利润除以营业收入得到净利润占营业收入的比率，表明每一元营业收入可获得的净利润，是衡量企业盈利能力的重要指标。将不同的报表项目进行比较，如将利润表中的净利润与资产负债表中的总资产相比，得到总资产报酬率，能够判断管理层利用企业资源赚取利润的能力。本章后续将结合不同的报表及报表项目之间的逻辑关系，展示更多的财务比率，以更好地揭示企业经营活动的重要信息。

第二节　资产负债表

一、资产负债表内容及构成

资产负债表是反映企业在某一特定日期财务状况的报表。资产负债表按照资产、负债和所有者权益（也称股东权益）分类分项列示，并满足"资产＝负债＋所有者权益"的平衡等式。资产负债表可以采用账户式，即左右结构，左边列示资产各项目，反映全部资产的分布及存在形态，右边列示负债和所有者权益各项目，反映全部负债和所有者权益的内容及构成情况；也可以采用报告式，即上下结构，上方列示资产各项目，下方列示负债和所有者权益项目。但无论采用什么格式，资产各项目的金额合计一定等于负债和所有者权益各项目的金额合计。

资产负债表是企业编制的分类财务报表，有助于报表使用者分析不同特征的项目。在资产负债表中，资产按照流动性分类分项列示，包括流动资产和非流动资产；负债按照流动性分类分项列示，包括流动负债和非流动负债；所有者权益按照实收资本（股本）、资本公积、盈余公积和未分配利润等项目分项列示。

表11-4是伊利股份2021年的资产负债表（合并）。

表11-4　　　　　　　　　　伊利股份资产负债表（合并）
2021 年 12 月 31 日

编制单位：内蒙古伊利实业集团股份有限公司　　　　　　　　　　单位：万元　币种：人民币

项目	2021-12-31	2020-12-31	项目	2021-12-31	2020-12-31
流动资产：			流动负债：		
货币资金	3 174 237.09	1 169 518.40	短期借款	1 259 636.64	695 673.07
交易性金融资产	3 721.32	12 321.98	交易性金融负债	2.87	
衍生金融资产	6 062.05	26 282.86	衍生金融负债	2 941.99	3 222.01
应收票据	14 845.00	14 287.50	应付票据	40 214.73	25 916.97
应收账款	195 897.79	161 634.49	应付账款	1 365 951.67	1 137 646.75
应收款项融资			预收款项		
预付款项	151 975.22	128 973.40	合同负债	789 132.76	605 589.79
其他应收款	12 603.32	11 548.58	应付职工薪酬	316 817.61	271 315.18
其中：应收利息			应交税费	40 273.13	63 235.72
应收股利			其他应付款	351 467.03	313 683.88
存货	891 719.56	754 502.55	其中：应付利息		
合同资产			应付股利	16 402.47	14 293.68
持有待售资产			持有待售负债		
一年内到期的非流动资产	222 992.00	156 220.90	一年内到期的非流动负债	66 811.15	82 323.60
其他流动资产	341 442.64	402 767.25	其他流动负债	96 374.37	278 211.50

项目	2021-12-31	2020-12-31	项目	2021-12-31	2020-12-31
流动资产合计	5 015 495.99	2 838 057.92	流动负债合计	4 329 623.94	3 476 818.48
非流动资产：			非流动负债：		
债权投资			长期借款	538 017.65	137 503.17
其他债权投资			应付债券	318 785.00	376 245.00
长期应收款			其中：优先股		
长期股权投资	420 995.03	290 281.76	永续债		
其他权益工具投资	381 535.43	362 962.28	租赁负债		41 598.69
其他非流动金融资产	63 800.68	26 469.08	长期应付款	20 824.39	7 125.63
投资性房地产	50 760.84	52 045.21	预计负债		
固定资产	2 937 868.28	2 334 341.45	递延收益	30 826.88	17 912.00
在建工程	373 565.23	542 473.78	递延所得税负债	37 455.59	46 557.75
生产性生物资产	177 694.57		其他非流动负债		
油气资产			非流动负债合计	987 508.21	585 343.56
使用权资产	71 808.96		负债合计	5 317 132.15	4 062 162.05
无形资产	160 913.47	153 578.49	所有者权益（或股东权益）：		
开发支出			实收资本（或股本）	640 013.09	608 262.48
商誉	30 628.67	36 155.10	其他权益工具		
长期待摊费用	40 976.41	54 468.18	其中：优先股		
递延所得税资产	118 398.30	129 439.20	永续债		
其他非流动资产	351 792.13	295 153.99	资本公积	1 426 856.51	141 741.11
非流动资产合计	5 180 737.99	4 277 368.52	减：库存股	125 106.73	177 201.71
			其他综合收益	79 295.19	111 496.29
			专项储备		
			盈余公积	320 006.55	304 818.94
			未分配利润	2 429 766.44	2 049 273.92
			归属于母公司所有者权益（或股东权益）合计	4 770 831.04	3 038 391.03
			少数股东权益	108 270.79	14 873.37
			所有者权益（或股东权益）合计	4 879 101.83	3 053 264.39
资产总计	10 196 233.98	7 115 426.44	负债和所有者权益（或股东权益）总计	10 196 233.98	7 115 426.44

二、资产负债表项目列报

资产负债表反映的是企业特定日期的资产、负债和所有者权益构成情况的报表。时点数字反映截止到某一时点累计变化的结果，因此，资产负债表主要根据相关账户的余额填列。资产负债表大部分项目列报涉及的内容在前面各章有相关介绍。总的看来，主要的填列方法有以下几种：

1.根据总账余额填列

有的项目，如"短期借款""实收资本""资本公积"等项目，可以根据相应总账的期末余额直接填列；有的项目需要根据几个总账的期末余额计算填列，如"货币资金"项目，需要根据"库存现金""银行存款""其他货币资金"三个总账的期末余额合计数填列。

2.根据明细账余额计算填列

例如，"应收账款"项目需要根据"应收账款"和"预收账款"账户下各明细账的期末借方余额合计数，减去"坏账准备"账户中有关的坏账准备期末余额后的金额填列；"应收账款"和"预收账款"账户下各明细账的期末贷方余额合计数填列在"预收款项"项目中。同理，"应付账款"项目需要根据"应付账款"和"预付账款"账户下各明细账的期末贷方余额合计数填列；"应付账款"和"预付账款"账户下各明细账的期末借方余额合计数则填列在"预付款项"项目中。

【例11-1】20×8年12月31日，华诚纸业的"应收账款""预收账款""应付账款""预付账款"总账和有关明细账余额见表11-5。

表11-5   **总账和有关明细账余额表（华诚纸业）**

20×8年12月31日   单位：元 币种：人民币

总账	明细账	借方余额	贷方余额	总账	明细账	借方余额	贷方余额
应收账款		800 000		应付账款			1 600 000
	武汉华伟	740 000			山西惠科		1 300 000
	南京创动		50 000		北京云天	400 000	
	上海中途	110 000			广州光动		700 000
预付账款		270 000		预收账款			200 000
	成都西华	300 000			江苏迪帆		800 000
	北京欧拓		30 000		无锡沃和	600 000	

根据各账户下明细账的期末余额填列资产负债表的"应收账款""预收款项""应付账款""预付款项"项目的过程如图11-2所示（假设没有相关的坏账准备）。

此外，"开发支出"项目反映企业开发无形资产过程中能够资本化形成无形资产的支出部分，需要根据"研发支出"项目下的"资本化支出"明细科目期末余额填列；"未分配利润"项目，需要根据"利润分配"项目下的"未分配利润"明细科目期末余额填列。

总账和有关明细账余额表(华诚纸业)
20×8年12月31日　　　　　　　　　　　　　　　单位:元

总账	明细账	借方余额	贷方余额	总账	明细账	借方余额	贷方余额
应收账款		800 000		应付账款			1 600 000
	武汉华伟	740 000			山西惠科		1 300 000
	南京创动		50 000		北京云天	400 000	
	上海中途	110 000			广州光动		700 000
预付账款		270 000					200 000
	成都西华	300 000			江苏迪帆		800 000
	北京欧拓		30 000		无锡沃和	600 000	

应收账款
武汉华伟　740 000
上海中途　110 000
无锡沃和　+ 600 000
1 450 000

预收款项:
江苏迪帆　800 000
南京创动　+ 50 000
850 000

资产负债表

编制单位:华诚纸业有限责任公司　　20×8年12月31日　　　企会01表　单位:元

资产	期末余额	年初余额	负债及所有者权益	期末余额	年初余额
流动资产:			流动负债:		
货币资金	646 000		短期借款	5 200 000	
交易性金融资产	780 000		交易性金融负债		
衍生金融资产			衍生金融负债		
应收票据			应付票据		
应收账款	1 450 000		应付票账款	2 030 000	
应收款项融资			预收款项	850 000	
预付款项	700 000		合同负债		
其他应收款	150 000		应付职工薪酬	7 240 000	

预付账款:
成都西华　300 000
北京云天　+400 000
700 000

应付账款:
山西惠科　1 300 000
广州光动　700 000
北京欧拓　+ 30 000
2 030 000

总账和有关明细账余额表(华诚纸业)
20×8年12月31日　　　　　　　　　　　　　　　单位:元

总账	明细账	借方余额	贷方余额	总账	明细账	借方余额	贷方余额
应收账款		800 000		应付账款			1 600 000
	武汉华伟	740 000			山西惠科		1 300 000
	南京创动		50 000		北京云天	400 000	
	上海中途	110 000			广州光动		700 000
预付账款		270 000					200 000
	成都西华	300 000		预收账款	江苏迪帆		800 000
	北京欧拓		30 000		无锡沃和	600 000	

图11-2　应收及预收、应付及预付款项填列过程

3.根据总账科目和明细科目余额分析计算填列

例如，"长期借款"项目，应根据"长期借款"总账期末余额扣除"长期借款"总账下明细账户中将在一年内到期且企业不能自主地将清偿义务展期的长期借款后的金额计算

填列；"其他非流动资产"项目，应根据有关账户的期末余额减去将于一年内（含一年）收回数的金额计算填列；"其他非流动负债"项目，应根据有关账户期末余额减去将于一年内（含一年）到期偿还数的金额计算填列。

4.根据有关账户期末余额减去其备抵账户余额后的净额填列

涉及的具体项目及备抵项目、计算过程见表11-6。

表11-6 总账账户及其备抵账户

报表项目	备抵项目及计算
应收票据	应收票据——坏账准备
应收账款	应收账款——坏账准备
存货	存货*——存货跌价准备
长期股权投资	长期股权投资——长期股权投资减值准备
在建工程	在建工程——在建工程减值准备
投资性房地产	投资性房地产——投资性房地产累计折旧——投资性房地产减值准备
固定资产	固定资产——累计折旧——固定资产减值准备——固定资产清理
无形资产	无形资产——累计折旧——无形资产减值准备

注："*""存货"账户的期末余额是"原材料""库存商品""委托加工物资""周转材料""材料采购""在途物资""发出商品""材料成本差异"等账户的期末余额汇总数。

三、资产负债表信息应用——流动性与信用风险分析

资产负债表提供反映企业财务状况的信息。企业的财务状况是指企业资产、负债和所有者权益的质量和构成情况。通过资产负债表可以掌握企业资产的总规模以及资产的分布情况，如资产中流动资产占多少、固定资产占多少，以及流动资产中存货占多少；企业的负债总额及其结构，企业未来需要用多少资产或劳务清偿债务以及清偿时间；企业所有者拥有的权益，判断资本保值、增值的情况以及对负债的保障程度。

财务状况信息有助于分析和判断企业的流动性和信用风险。通常企业需要具备如期偿还不断产生的债务的能力，如按期偿还到期债务的本金和利息，赊购存货、商品的企业需要在信用期限内向卖方付款。因此，流动性和信用风险分析非常重要，也是资产负债表分析的主要内容。

（一）流动性分析

资产负债表中，资产和负债均按流动性排列，流动性最强的排列在前，如货币资金排在资产中的第一位，随后依次为应收款项、存货等。流动资产和流动负债对于评价企业短期流动性非常重要。流动资产包括现金以及在未来一年或一个营业周期（二者孰长）内转化为现金或被耗用的资源，流动负债是预计一个正常营业周期内要予以偿还的现存债务。流动性与企业营业周期密切相关，大多数企业在一年内有数个营业周期，也就是一年内企业有多次从现金持有到采购存货、销售商品、收回销货款的过程。这样的企业通常以"一年"作为流动性的划分标准。还有一些企业营业周期相对较长，如大型的飞机与船舶制造企业，其建设期间通常超过一年，其通常采用营业周期来归类流动资产和流动负债。

资产的流动性是指资产转变为现金的时间和速度，时间越短、速度越快，资产的流动

性越强。负债的流动性越强，对于资产的流动性要求越高。因此，从偿付到期债务的角度看，评价企业流动性通常要看流动资产与流动负债的匹配程度。反映流动性的指标主要有营运资本、流动比率和速动比率，伊利股份 2020—2021 年相关指标的计算见表 11-7。

表 11-7　　　　　　　　　　　　伊利股份流动性指标　　　　　　　　　　金额单位：万元

项目	2021年	2020年
流动资产	5 015 495.99	2 838 057.92
流动负债	4 329 623.94	3 476 818.48
存货	891 719.56	754 502.55
营运资本	685 872.05	-638 760.56
流动比率	1.16	0.82
速动比率	0.95	0.60

1.营运资本

营运资本是流动资产和流动负债之间的差额。

营运资本=流动资产-流动负债

如前所述，流动负债要求企业在不久的将来必须履行偿还义务，流动资产预期在相对较短的时间内转化为现金（或被耗用），能够满足偿还短期债务的需要，因此，营运资本实际上是衡量企业短期内现金来源超过现金支付的能力，即短期偿债能力。其金额越大，代表该企业对于支付义务的准备越充足，短期偿债能力越好。

伊利股份 2021 年年末的流动资产为 501.55 亿元，流动负债为 432.96 亿元，营运资本为 68.59 亿元，说明企业的流动资产能够满足企业偿还短期债务的需要。换言之，企业取得流动资产的资金来源除了一部分由流动负债提供，还有一部分用长期资金满足，而长期资金还款期限相对较长，因此，企业的短期偿债压力较小。反之，倘若企业的营运资本小于零，即流动资产小于流动负债，如伊利股份 2020 年营运资本为 -63.88 亿元，说明企业的流动负债不仅要维持流动资产所需要的资金，还要用于企业长期资产的投资运用，而流动负债需要在短期内偿还，长期资产一般要通过较长的年限反复使用，持续生产产品，难以在短期内变现，企业面临的短期偿债压力会很大。营运资本分析如图 11-3 所示。

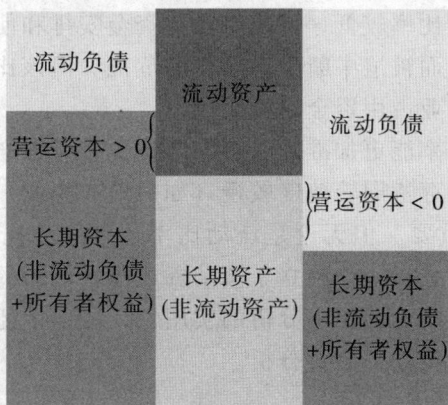

图 11-3　营运资本分析

2.流动比率

流动比率是衡量企业短期偿债能力的常用指标，等于流动资产总额除以流动负债总额。

$$流动比率 = \frac{流动资产}{流动负债}$$

$$伊利股份2021年年末流动比率 = \frac{5\,015\,495.99}{4\,329\,623.94} = 1.16$$

流动比率用来衡量企业流动资产在短期债务到期以前，可以变为现金用于偿还负债的能力。一般说来，该比率越高，企业资产的变现能力越强，短期偿债能力也越强。通常认为流动比率应在2∶1以上，即流动资产是流动负债的2倍，即使流动资产有一半在短期内不能变现，也能保证全部的流动负债得到偿还。短期债权人可能偏好较高的流动比率，但比率太高表明流动资产占用资金较多，会影响经营资金周转效率和获利能力。适当的流动比率须视经营行业及管理政策而确定，同时应考虑流动资产的构成、流动负债的性质以及其他非现金资产转为现金的速度等。

3.速动比率

存货是企业流动性最低的流动资产，尤其对于营业周期较长的企业来说，存货转换为现金的时间相对较长，并且存货还可能发生积压、滞销、残次、冷背等情况，非但不能偿付到期债务，还可能遭受损失而危及财务状况。因此，相对于流动比率，短期债权人更偏好于使用速动比率作为衡量短期流动性的指标。

$$速动比率 = \frac{速动资产}{流动负债}$$

速动资产是指流动资产中容易变现的那部分资产，即货币资金、交易性金融资产和应收款项、应收票据等能够迅速转化为现金的流动资产，或从流动资产中剔除存货等变现能力较弱且不稳定的资产。伊利股份2021年的期末存货为891 719.56万元，由此计算其2021年速动比率为：

$$伊利股份2021年年末速动比率 = \frac{5\,015\,495.99 - 891\,719.56}{4\,329\,623.94} = 0.95$$

伊利股份2021年年末的速动比率为0.95，意味着每1元的流动负债有0.95元易于变现的流动资产用于偿还。对大多数企业来说，速动比率维持在1∶1，表明企业短期偿债能力有可靠的保证。如果速动比率较低，说明企业在资金安排和使用上不合理或有缺口，随时会面临不能偿付到期债务而被迫中断生产经营的危机。但该比率过高时，企业速动资产占用资金过多，也会增加企业占用资金的机会成本。

相比流动比率，速动比率能更加准确、可靠地评价企业资产的流动性及其偿还短期负债的能力，尤其在评价商品存货周转速度较慢（如房地产企业）或存货数量过多的企业的流动性时，速动比率更为重要。但无论是流动比率还是速动比率，评价标准并不是绝对的。流动比率、速动比率的分析不能独立于流动资产周转能力的分析之外，如果存货、应收账款周转效率低，也会影响流动比率分析的实用性，所以上述两个指标的应用还应结合流动资产各项目的构成和运用效率综合分析。

（二）信用风险分析

如果企业不能偿付到期债务，就面临着债务违约风险。企业负债越多，不能履行债务责任的可能性越大，风险就越高。评价企业长期信用风险（偿债能力）的指标主要有资产负债率、股东权益比率、产权比率、利息保障倍数等。伊利股份2020—2021年相关指标及计算见表11-8。

表11-8　　　　　　　　　　　伊利股份长期信用风险指标　　　　　　　　　金额单位：万元

项目	2021年	2020年
负债总额	5 317 132.15	4 062 162.05
所有者权益总额	4 879 101.83	3 053 264.39
资产总额	10 196 233.98	7 115 426.44
资产负债率（%）	52.15	57.09
股权权益比率（%）	47.85	42.91
权益乘数	1.92	1.75
产权比率	1.09	1.33
利息保障倍数	13.49	18.31

1.资产负债率

资产负债率反映企业全部负债在资产总额中所占的比率，是衡量企业长期信用风险的重要指标。该比率越高，企业偿债风险越高，反之亦然。

$$资产负债率 = \frac{负债总额}{资产总额} \times 100\%$$

$$伊利股份2021年年末资产负债率 = \frac{5\,317\,132.15}{10\,196\,233.98} \times 100\% = 52.15\%$$

资产负债率可以反映企业债务融资的空间。如果资产负债率较低，企业通过债务融资方式获得资金的可能性较大，财务弹性较大，能够灵活地调度资金以便把握未来的发展机会或应对可能的危机。

通常，企业的债权人希望资产负债率越低越好，企业偿债有保证。如果资产负债比率达到100%或超过100%说明企业已经没有净资产或资不抵债。但对股东而言，资产负债率也是财务杠杆的一种表达方式，当企业运用全部资金的利润率高于债务的利息率时，该比率越大，财务杠杆效应越大，股东所得到的利润就越多。

与资产负债率相关的指标还有股东权益比率、权益乘数和产权比率。其中，股东权益比率用以衡量股东投入资本在全部资本中所占的比重，其与资产负债率之和等于1。股东权益比率越高，负债比率就越小，企业的财务风险也越小。

$$股东权益比率 = \frac{股东权益总额}{资产总额} \times 100\%$$

股东权益比率的倒数，称作权益乘数，即资产总额相当于股东权益的倍数。该乘数越大，说明股东投入的资本在资产总额中所占的比重越小，企业的财务风险就越大。权益乘数的计算公式为：

$$权益乘数 = \frac{资产总额}{股东权益总额} = \frac{负债总额 + 股东权益总额}{股东权益总额} = 1 + \frac{负债总额}{股东权益总额}$$

负债与股东权益之比即为产权比率，该比率越低，说明债权人贷款的安全程度越有保证，企业的财务风险越小。其计算公式为：

$$产权比率 = \frac{负债总额}{股东权益总额}$$

2.利息保障倍数

利息保障倍数主要用于分析企业在一定盈利水平下支付债务利息的能力，是息税前利润与利息费用之比。如果企业能够一贯按时、足额地支付债务利息，就有可能借新债还旧债，不需要偿还债务本金。如果利息保障倍数较低，说明企业实现的利润难以为利息支付提供充分保障，就会使企业失去对债权人的吸引力。一般地，利息保障倍数至少要大于1，否则，企业就不能举债经营。

$$利息保障倍数 = \frac{息税前利润}{利息费用} = \frac{利润总额 + 利息费用}{利息费用}$$

结合伊利股份2021年利润表的数据，企业利润总额为1 011 235.40万元，利息费用为80 951.37万元，利息保障倍数为：

$$伊利股份2021年利息保障倍数 = \frac{1\ 011\ 235.40 + 80\ 951.37}{80\ 951.37} = 13.49$$

为了正确评价企业偿债能力的稳定性，一般需要计算连续数年的利息保障倍数，并且通常选择一个指标最低的会计年度考核企业长期偿债能力的状况，以保证企业最低的偿债能力。

第三节　利润表

一、利润表内容及构成

利润表是反映企业在一定会计期间内经营成果的报表，主要提供有关企业收入、费用和利润方面的信息。

利润表的结构有单步式和多步式，前者是将当期所有的收入列在一起，所有的费用列在一起，两者相减计算当期净损益；后者则是按收入、费用、支出项目的性质加以分类，按利润形成的主要环节列示一些中间利润指标，如营业利润、利润总额、净利润，分步计算当期净损益，提供不同来源的经营成果信息。我国企业采用多步式利润表，并且提供本期与上期金额的比较，便于财务信息使用者判断企业经营成果的未来发展趋势。

表11-9是伊利股份按多步式编制的2021年度利润表。

表 11-9   利润表（合并）

2021年

编制单位：内蒙古伊利实业集团股份有限公司   单位：万元 币种：人民币

项目	2021年度	2020年度
一、营业总收入	11 059 520.32	9 688 564.20
其中：营业收入	11 014 398.64	9 652 396.32
利息收入	45 121.68	36 167.87
二、营业总成本	10 119 402.67	8 944 109.68
其中：营业成本	7 641 670.55	6 745 294.73
利息支出		
税金及附加	66 358.01	54 650.24
销售费用	1 931 480.97	1 688 355.86
管理费用	422 707.31	388 289.86
研发费用	60 101.71	48 709.98
财务费用	−2 915.88	18 809.01
其中：利息费用	80 951.37	49 431.73
利息收入	75 179.87	55 180.29
加：其他收益	80 932.65	67 632.63
投资收益（损失以"−"号填列）	46 138.54	59 973.00
其中：对联营企业和合营企业的投资收益	33 667.02	34 226.60
以摊余成本计量的金融资产终止确认收益		
汇兑收益（损失以"−"号填列）		
净敞口套期收益（损失以"−"号填列）		
公允价值变动收益（损失以"−"号填列）	12 059.31	17 108.89
信用减值损失（损失以"−"号填列）	−10 850.47	1 186.21
资产减值损失（损失以"−"号填列）	−42 732.70	−33 931.24
资产处置收益（损失以"−"号填列）	−2 633.89	−600.83
三、营业利润（亏损以"−"号填列）	1 023 031.08	855 823.16
加：营业外收入	5 824.91	4 852.19
减：营业外支出	17 620.59	45 690.42
四、利润总额（亏损总额以"−"号填列）	1 011 235.41	814 984.93
减：所得税费用	138 032.84	105 091.06
五、净利润（净亏损以"−"号填列）	873 202.56	709 893.87
（一）按经营持续性分类		
1.持续经营净利润（净亏损以"−"号填列）	873 202.56	709 893.87
2.终止经营净利润（净亏损以"−"号填列）		
（二）按所有权归属分类		
1.归属于母公司股东的净利润（净亏损以"−"号填列）	870 491.51	707 817.68
2.少数股东损益（净亏损以"−"号填列）	2 711.05	2 076.19
六、其他综合收益的税后净额	−8 745.20	13 024.13
（一）归属于母公司所有者的其他综合收益的税后净额	−8 400.58	13 082.02

项目	2021年度	2020年度
1.不能重分类进损益的其他综合收益	32 150.99	26 036.22
（1）重新计量设定受益计划变动额		
（2）权益法下不能转损益的其他综合收益	−291.79	591.79
（3）其他权益工具投资公允价值变动	32 442.79	25 444.43
（4）企业自身信用风险公允价值变动		
2.将重分类进损益的其他综合收益	−40 551.57	−12 954.20
（1）权益法下可转损益的其他综合收益	3 193.78	0.51
（2）其他债权投资公允价值变动		
（3）金融资产重分类计入其他综合收益的金额		
（4）其他债权投资信用减值准备		
（5）现金流量套期储备	−12 842.51	12 887.23
（6）外币财务报表折算差额	−30 902.83	−25 841.94
（7）其他		
（二）归属于少数股东的其他综合收益的税后净额	−344.62	−57.89
七、综合收益总额	864 457.36	722 918.00
（一）归属于母公司所有者的综合收益总额	862 090.93	720 899.70
（二）归属于少数股东的综合收益总额	2 366.43	2 018.30
八、每股收益		
（一）基本每股收益（元/股）	1.43	1.17
（二）稀释每股收益（元/股）	1.43	1.18

二、利润表项目列报

利润表的编制原理是"收入－费用=利润"的会计等式，遵循收入与费用配比原则。企业在一定期间取得的收入超过发生的相关费用，就能取得利润，反之，则发生亏损。将企业经营成果的形成过程和结果编制成表，就形成了利润表。关于收入、成本及经营成果形成的主要内容及核算在第九章和第十章均有介绍，利润表就是以这些损益类账户的发生额为基础编制的。

大部分利润表项目都是根据相应账户的本期发生额直接分析填列，如"税金及附加""销售费用""管理费用""营业外收入""营业外支出"等账户，"营业收入"项目根据"主营业务收入""其他业务收入"账户发生额分析计算填列；"营业成本"项目根据"主营业务成本""其他业务成本"账户的发生额分析计算填列。然后按照利润表列示的顺序依次计算出营业利润、利润总额、净利润（净亏损）。

利润表中除上述"营业收入""营业成本""税金及附加""销售费用""管理费用""财务费用""营业外收支""所得税费用"项目外，其他项目的具体列报如下：

（1）"其他收益"项目，反映计入其他收益的政府补助等，根据"其他收益"账户的发生额分析填列。

记入"其他收益"账户的是与日常活动相关的政府补助。用于补偿企业以后期间的相关成本费用或损失的，确认为递延收益，并在确认相关成本费用或损失的期间，记入"其他收益"科目；用于补偿企业已发生的相关成本费用或损失的，直接记入"其他收益"科目。

伊利股份2021年发生的计入其他收益的政府补助为80 932.65万元，填列于"其他收益"项目。

（2）"投资收益"项目，反映企业以各种方式对外投资所取得的收益，根据"投资收益"账户的发生额分析填列，如为投资损失，以"－"号填列。

伊利股份2021年度实现的投资收益包括用权益法核算的长期股权投资收益33 667.02万元、其他权益工具投资在持有期间取得的股利收入12 471.53万元，共计46 138.54万元，列示于利润表的"投资收益"项目。

（3）"公允价值变动收益"项目，反映企业资产因公允价值变动而发生的损益，应根据"公允价值变动损益"账户的发生额分析填列，如为净损失，以"－"号填列。伊利股份2021年公允价值变动收益来源包括交易性金融资产公允价值变动收益12 062.18万元、交易性金融负债公允价值变动收益－2.87万元，本期发生额12 059.31亿元，列示于利润表的"公允价值变动收益"项目。

（4）"信用减值损失"项目，反映企业计提的各项金融工具减值准备所形成预期信用损失，根据"信用减值损失"账户的发生额分析填列。

伊利股份2021年度信用减值损失增加包括应收账款坏账损失458.55万元，其他应收款坏账损失37.44万元，其他信用损失（小额贷款损失准备、保理风险准备金、担保赔偿准备金、担保应收代位追偿款坏账准备）10 354.48万元，共计10 850.47万元，以负值列示于利润表的"信用减值损失"项目。

（5）"资产减值损失"项目，反映企业因资产减值而发生的损失，根据"资产减值损失"账户的发生额分析填列。

伊利股份2021年度资产减值损失发生如下：存货跌价损失及合同履约成本减值损失21 100.16万元，固定资产减值损失3 092.00万元，在建工程减值损失257.97万元，无形资产减值损失12 750.61万元，商誉减值损失5 526.43万元，使用权资产减值损失5.53万元，合计42 732.70万元，以负值列示于利润表的"资产减值损失"项目。

（6）"资产处置收益"项目，反映企业出售划分为持有待售的非流动资产（金融工具、长期股权投资和投资性房地产除外）或处置组（子公司和业务除外）时确认的处置利得或损失，以及处置未划分为持有待售的固定资产、在建工程、生产性生物资产及无形资产而产生的处置利得或损失。债务重组中因处置非流动资产产生的利得或损失和非货币性资产交换产生的利得或损失也包括在本项目内。本项目应根据"资产处置损益"科目的发生额分析填列，如为处置损失，以"－"号填列。

伊利股份2021年度发生处置固定资产损失1 999.74万元、处置无形资产利得274.34万元、处置使用权资产损失908.49万元，因此，利润表中"资产处置收益"项目列报的本期金额=－1 999.74+274.34－908.49=－2 633.89（万元）。

净利润是企业的最终经营成果，也称为税后利润，是利润表上的底线项目。以净利润为基础，加上其他综合收益（企业按会计准则的规定未在当期损益中确认的利得和损失扣除所得税后的净额）得到综合收益总额，是扣除所有者投资以外的所有者权益变动，反映所有者账面财务增减变动的总额。将净利润除以流通在外的普通股加权平均股数，计算每股收益。每股收益不是利润形成的一个步骤，是利润表中的一个附加信息，包括基本每股收益和稀释每股收益。

$$基本每股收益 = \frac{归属于普通股股东的当期净利润}{发行在外普通股加权平均股数}$$

其中，发行在外普通股加权平均股数=期初发行在外普通股股数+当期新发行普通股股数×（已发行时间÷报告期时间）－当期回购普通股股数×（已回购时间÷报告期时间）[①]

以伊利股份为例，2021年期初发行在外的普通股为 6 082 624 833 股，7月注销限制性股票 447 200 股，11月非公开发行股票 317 953 285 股，报告期内总股本共计增加 317 506 085 股，期末股份总数为 6 400 130 918 股，发行在外普通股加权平均股数为：

6 082 624 833+317 953 285×（1/12）－ 447 200 ×（5/12）=6 108 934 606.75（股）

基本每股收益=8 704 915 103.95÷6 108 934 606.75=1.42（元/股）

稀释每股收益是用来评价"潜在普通股"对每股收益的影响，避免该指标虚增可能带来的信息误导。稀释每股收益是以基本每股收益为基础，假设企业所有发行在外的稀释性潜在普通股均已转换为普通股，从而分别调整归属于普通股股东的当期净利润以及发行在外普通股的加权平均数计算而得的每股收益。其中，潜在普通股主要涉及可转换公司债券、认股权证、股份期权等，这些潜在普通股转换为普通股后，会使流通在外的普通股总数增加，降低每股收益，导致每股收益被稀释。

在利润表中，收入通常可以反映一个企业的规模和市场竞争力，从收入的实现到净利润的形成体现了企业经营过程中为利益相关者创造的价值。收入好比一块蛋糕，通过采购分配给供应商一部分（产品成本）、通过薪酬形式分配给企业的员工一部分，通过支付利息分配给债权人一部分，通过缴纳税金分配给政府一部分，剩下的归属于股东。

三、利润表信息应用——盈利与营运能力分析

资产负债表提供了反映企业财务状况的信息，有助于了解一个企业的经济实力，利润表则提供了反映企业经营成果的信息，有助于评价企业的盈利能力。将两张报表结合起来，还能了解企业的投资回报和资产运用效率。

（一）盈利能力分析

企业的盈利能力可以从利润率和投资回报率两方面来分析。反映企业盈利能力的指标主要有以销售为基础的盈利指标，如毛利率、经营利润率、净利润率；以资产或股权为基础的收益率指标，如总资产报酬率、净资产收益率。

1.毛利率

毛利是销售收入与销售成本之间的差额，衡量企业的初始获利能力，也是企业盈利的源泉。毛利率计算公式如下：

$$毛利率 = \frac{销售毛利}{销售收入} \times 100\% = \frac{销售收入-销售成本}{销售收入} \times 100\%$$

式中的销售收入与销售成本可用利润表中的营业收入与营业成本的数据，但营业收入与营业成本中包含其他业务收支，从财务报告中获取主营业务收入与成本的信息更能反映

[①] 作为权数的已发行时间、报告期时间和已回购时间通常按天数计算，在不影响计算结果合理性的前提下，也可以采用简化的计算方法，如按月数计算。

企业主要经营活动的获利能力。根据伊利股份2021年报中"管理层讨论与分析"中的主营业务情况，企业的主营业务收入为10 846 249.94万元，主营业务成本为7 512 016.15万元，毛利率为：

$$伊利股份2021年毛利率 = \frac{10\,846\,249.94 - 7\,512\,016.15}{10\,846\,249.94} \times 100\% = 30.74\%$$

上述计算的毛利率是一个综合毛利率。通过企业的分部报告，可以获得各种产品的收入与成本，计算出各种产品的毛利率。伊利股份主要有液体乳、奶粉及奶制品、冷饮产品和其他产品，计算各种不同类别产品的毛利率有助于更好地分析和判断企业产品的盈利能力（表11-10）。毛利率越大，说明在销售收入中销售成本所占比重越小，企业通过销售获取利润的能力越强。

表11-10　　伊利股份产品毛利率（2019—2021年）（%）

产品分项	2021年		2020年		2019年	
	占收入比	毛利率	占收入比	毛利率	占收入比	毛利率
液体乳	78.29	28.33	79.84	34.05	82.41	35.20
奶粉及奶制品	14.94	39.22	13.51	42.90	11.23	48.12
冷饮产品	6.60	40.27	6.46	48.66	6.29	46.51
其他产品	0.17	23.87	0.19	33.82	0.07	34.81

2.营业利润率

营业利润率反映企业经营性活动创造的收益。

$$营业利润率 = \frac{营业利润}{营业收入} \times 100\%$$

根据上述公式，伊利股份2021年营业利润率计算为：

$$伊利股份2021年营业利润率 = \frac{1\,023\,031.08}{11\,014\,398.64} \times 100\% = 9.29\%$$

营业利润率越高，说明企业商品销售额提供的营业利润越多，企业的盈利能力越强；反之，则说明企业盈利能力越弱。

3.净利润率

净利润率也称为销售利润率，是企业净利润与营业收入的比率。

$$净利润率 = \frac{净利润}{营业收入} \times 100\%$$

$$伊利股份2021年净利润率 = \frac{873\,202.56}{11\,059\,520.32} \times 100\% = 7.90\%$$

伊利股份2021年利润表中的净利润是根据营业总收入计算得出的，是综合性指标，所以净利润率的计算采用营业总收入。

净利润率能综合反映一个企业的经营效率，净利润率越高，企业的获利能力越强。

4.总资产报酬率

总资产报酬率是企业在一定时期创造的收益与资产总额的比率。

$$总资产报酬率 = \frac{息税前利润}{总资产平均余额} \times 100\%$$

$$= \frac{利润总额 + 利息费用}{(总资产期初余额 + 总资产期末余额) \div 2} \times 100\%$$

公式中，息税前利润是企业运用全部资产所创造的收益，包括为债权人创造的收益，表现为企业的利息费用；为所有者创造的收益，表现为税前利润。总资产平均余额是总资产年初余额与年末余额的算术平均数。

根据上述公式，伊利股份2021年总资产报酬率为：

$$伊利股份2021年总资产报酬率 = \frac{1\,011\,235.40 + 80\,951.37}{(10\,196\,233.98 + 7\,115\,426.44) \div 2} \times 100\% = 12.62\%$$

总资产报酬率主要用于衡量企业资产创造收益的能力。如果某企业的总资产报酬率偏低，说明企业资产利用效率较低，经营管理存在问题，应该调整经营方针。

5.净资产收益率

净资产收益率也称为股权收益率，反映为普通股股东创造的收益，其计算公式如下：

$$净资产收益率 = \frac{净利润}{净资产平均余额} \times 100\%$$

$$伊利股份2021年净资产收益率 = \frac{873\,202.56}{(4\,879\,101.83 + 3\,053\,264.39) \div 2} \times 100\% = 22.02\%$$

净资产收益率越高，表明企业为股东创造的收益越多，对股东越有吸引力。在我国，净资产收益率是证券市场使用频率最高的一个财务比率，是上市公司首发、增发、配股资格衡量的主要指标之一。

（二）营运能力分析

营运能力反映企业的资金运用效率，财务上表现为企业资产所占用资金的周转速度，表明企业管理人员经营管理、运用资金的能力。一般地，企业生产经营资金周转的速度越快，表明企业获得一定规模的营业收入所需的资金量越少，或者企业能够用一定规模的资金量实现越多的营业收入。对于资产周转率较低的企业，其营运过程中占用的资金量较大。

反映企业资产周转快慢的指标一般有周转率和周转期两种形式。周转率也称为周转次数，表示一定时期内资产完成的循环次数，周转期也称为周转天数，代表资产完成一次循环所需要的天数。资产周转快慢直接影响企业的流动性，也影响企业的收益。周转越快的资产，其流动性越强，在同样的时间内能为企业带来更多的收益，为所有者创造更多的价值。

1.应收账款周转率

应收账款周转率是考核应收账款变现能力的重要指标，反映了一定时期内从应收账款发生到收回的平均次数，计算公式为：

$$应收账款周转率(次) = \frac{赊销收入净额}{应收账款平均余额}$$

式中，赊销收入净额数据无法获取时可用营业收入净额代替。一般来说，应收账款周转率越高，企业收账速度快，发生坏账的可能性越小。在实务中，企业的信用政策是以收账期的长短来表示的，即货款周转一次的天数。因此，通常需要计算"应收账款周转天数"，也称为"应收账款平均收现期"，计算公式为：

$$应收账款周转期(天) = \frac{365}{应收账款周转率}$$

通常，应收账款周转天数越短越好。如果企业实际收回账款的天数超过了企业规定的信用期限，说明债务人拖欠货款时间长，发生坏账的风险较大，一旦形成呆账甚至坏账会影响企业资产的流动性，不利于企业经营活动的正常进行。然而，应收账款周转率过高，也会限制企业销售规模的扩大，影响企业长远的盈利能力。

根据上述公式，伊利股份2021年应收账款周转率为61.61次，大约6天周转1次。

$$伊利股份2021年应收账款周转率 = \frac{11\,014\,398.64}{(195\,897.79 + 161\,634.49) \div 2} = 61.61(次)$$

$$伊利股份2021年应收账款周转期 = \frac{365}{61.61} = 5.92(天)$$

2.存货周转率

存货周转率反映一定时期内企业从取得存货到销售收回货币资金的平均次数，其计算公式为：

$$存货周转率(次) = \frac{营业成本}{存货平均余额}$$

存货周转快慢也可以用存货周转天数表示（日历天数/存货周转率）。

存货周转率是反映企业销售能力和存货周转速度的重要指标，也是衡量企业生产经营各环节中存货运营效率的综合指标。一般地，存货周转率越高，说明存货在企业停留的时间越短，存货占用的资金就越少，存货的流动性越强。如果存货周转慢，过多的流动资金停留在存货上，说明存货管理不善，也可能存货中冷背残次商品增多，不适销对路。但过高的存货周转率也可能是存货水平太低的结果，企业可能会因此丧失某些生产或销售机会，或因采购批量太小、采购过于频繁而增加企业的采购成本。因此，使用该指标评价企业存货的运营管理能力时，要谨慎小心地对比率的意义加以解释。

根据上述公式，伊利股份2021年存货周转率为9.28次，大约39天周转1次。

$$伊利股份2021年存货周转率 = \frac{7\,641\,670.55}{(891\,719.56 + 754\,502.55) \div 2} = 9.28(次)$$

$$伊利股份2021年存货周转期 = \frac{365}{9.28} = 39.32(天)$$

3.总资产周转率

总资产周转率用来分析企业全部资产的使用效率，其计算公式为：

$$总资产周转率(次) = \frac{营业总收入}{总资产平均余额}$$

同理，根据应收账款周转次数可以得到总资产周转天数（日历天数/总资产周转率）。从理论上说，总资产周转速度越快，资产管理效率越高。实际上，这一指标的高低与行业性质密切相关，通常资本密集型行业周转率较低，劳动密集型行业周转率较高。因此，应将企业的总资产周转率与行业平均周转率进行比较，以判断企业全部资产的使用效率。

根据上述公式，伊利股份2021年总资产周转率为1.28次，大约286天周转1次。

$$伊利股份2021年总资产周转率 = \frac{11\,059\,520.32}{(10\,196\,233.98 + 7\,115\,426.44) \div 2} = 1.28(次)$$

$$伊利股份2021年总资产周转期 = \frac{365}{1.28} = 285.16(天)$$

第四节 现金流量表

一、现金流量表主要内容

现金流量表是反映企业一定会计期间内现金及现金等价物流入和流出情况的报表，体现企业各项经济活动对其现金及现金等价物产生的影响。这里的现金，不仅包括库存现金、银行存款等可随时用于支付的货币资金，还包括现金等价物，如3个月内到期的债券投资，其期限短、流动性强、易于转换为已知金额，且价值变动风险很小，视同为现金。

表11-11描述了伊利股份2021年现金及现金等价物的构成及变化。

表11-11	伊利股份现金和现金等价物的构成		单位：万元
项目	2021年	2020年	变动额
一、现金	3 108 049.95	1 143 356.73	1 964 693.22
其中：库存现金	8.18	9.02	-0.84
可随时用于支付的银行存款	2 281 934.03	1 064 940.00	1 216 994.03
可随时用于支付的其他货币资金	7 289.04	14 020.41	-6 731.37
可用于支付的存放中央银行款项			
存放同业款项	818 818.70	64 387.30	754 431.40
拆放同业款项			
二、现金等价物			
其中：三个月内到期的债券投资			
三、期末现金及现金等价物余额	3 108 049.95	1 143 356.73	1 964 693.22

2021年年末伊利股份现金及现金等价物为310.80亿元，较2020年增加了196.47亿元。哪些因素使现金发生了如此变化？在实务中，一定时期内引起企业现金发生变化的交易或事项非常庞杂，以现金支出为例，购买原材料、支付职工薪酬会支付现金，偿还债务会支付现金，对外投资会支付现金，一些日常消耗，如支付水电费、办公费、差旅费等也会支付现金。将现金流量按其产生原因和支付用途分为经营活动产生的现金流量、投资活动产生的现金流量和筹资活动产生的现金流量，能更清楚地体现现金收支状况。现金流量表就是按照这三个类别的现金流量编制，每个类别的现金流量分别按其现金流入和现金流出性质分项列示。表11-12是伊利股份2021年现金流量表。

表 11-12　　　　　　　　　　　现金流量表（直接法）

2021 年

编制单位：内蒙古伊利实业集团股份有限公司　　　　　　　　　　单位：万元　币种：人民币

项目	2021年度	2020年度
一、经营活动产生的现金流量：		
销售商品、提供劳务收到的现金	12 196 836.99	10 602 400.27
收取利息、手续费及佣金的现金	8 209.33	5 511.84
收到的税费返还		
收到其他与经营活动有关的现金	220 135.31	201 520.40
经营活动现金流入小计	12 425 181.63	10 809 432.51
购买商品、接受劳务支付的现金	9 118 246.26	8 353 749.54
支付给职工及为职工支付的现金	1 104 434.61	934 032.04
支付的各项税费	507 539.69	403 954.11
支付其他与经营活动有关的现金	142 209.10	132 532.90
经营活动现金流出小计	10 872 429.66	9 824 268.59
经营活动产生的现金流量净额	1 552 751.97	985 163.92
二、投资活动产生的现金流量：		
收回投资收到的现金	13 383.18	61 462.86
取得投资收益收到的现金	18 814.10	82 408.24
处置固定资产、无形资产和其他长期资产收回的现金净额	3 877.69	2 196.48
处置子公司及其他营业单位收到的现金净额		219.14
收到其他与投资活动有关的现金	2 333.35	
投资活动现金流入小计	38 408.32	146 286.72
购建固定资产、无形资产和其他长期资产支付的现金	668 273.41	652 219.71
投资支付的现金	97 930.31	396 102.94
取得子公司及其他营业单位支付的现金净额	51 809.49	
支付其他与投资活动有关的现金	93.46	2 273.23
投资活动现金流出小计	818 106.67	1 050 595.88
投资活动产生的现金流量净额	−779 698.35	−904 309.16
三、筹资活动产生的现金流量：		
吸收投资收到的现金	1 225 515.00	24 750.15
其中：子公司吸收少数股东投资收到的现金	20 790.00	44.34
取得借款收到的现金	12 693 820.14	7 455 730.61
收到其他与筹资活动有关的现金	63 593.87	
筹资活动现金流入小计	13 982 929.01	7 480 480.76
偿还债务支付的现金	12 195 751.84	6 943 563.15
分配股利、利润或偿付利息支付的现金	569 280.51	530 973.73
其中：子公司支付给少数股东的股利、利润	2 108.77	1 373.07
支付其他与筹资活动有关的现金	23 376.00	10 600.08
筹资活动现金流出小计	12 788 408.35	7 485 136.96
筹资活动产生的现金流量净额	1 194 520.66	−4 656.20

续表

项目	2021年度	2020年度
四、汇率变动对现金及现金等价物的影响	−2 881.06	−39 513.26
五、现金及现金等价物净增加额	1 964 693.22	36 685.30
加：期初现金及现金等价物余额	1 143 356.73	1 106 671.43
六、期末现金及现金等价物余额	3 108 049.95	1 143 356.73

（一）经营活动产生的现金流量

经营活动产生的现金流量是指企业日常生产经营活动中的交易和事项产生的现金流入和现金流出量。其中，现金流入主要包括本期或前期销售商品、提供劳务等收回的现金，包含向购买方收取的增值税销项税额；收到的所得税、增值税、教育费附加和城市维护建设税等税收返还款；以及罚款收入、经营租赁资产等收到的租金收入、个人赔款等其他与经营活动有关的现金。现金流出主要包括本期或前期购买存货支付的现金和支付的增值税进项税额；实际支付给职工以及为职工支付的工资、社会保险费等①；实际支付的和预交的所得税、增值税、教育费附加和城市维护建设税等各项税费；实际支付的罚款支出、业务招待费、保险费等其他与经营活动有关的现金。

需要注意的是，因持有现金等价物而收取的利息应包括在经营活动现金流入中。购买和出售不符合现金等价物条件的有价证券（如对其他企业股票和债券投资）形成的现金流量属于投资活动现金流量的内容。

（二）投资活动产生的现金流量

投资活动产生的现金流量是指企业购建长期资产和对外投资活动（不包括现金等价物范围的投资）产生的现金流入和流出量。

其中，现金流入主要包括：①出售股票投资、债券投资和投资性房地产等收回投资收到的现金、股票投资取得的股利和债券投资的利息收入等投资收益；②处置固定资产、无形资产和其他长期资产收到的现金净额等。

现金流出主要包括：①购买、建造固定资产，取得无形资产和其他长期资产支付的现金，包括购买与购建支付的增值税和工程及相关人员的工资与社会保险费等；②投资股票和债券实际支付的现金，包括支付的佣金与手续费等支出；③支付的其他与投资活动有关的现金。

（三）筹资活动产生的现金流量

筹资活动产生的现金流量是指企业筹集资金过程中发生的现金流入与流出量。

其中，现金流入包括：

①发行股票、发行债券收到的款项净额（即发行收入扣除佣金等发行费用）；

②取得各种短期、长期借款而收到的现金；

③其他与筹资活动有关的现金。

现金流出包括：

①偿还各类债务本金支付的现金；

②实际支付利润、现金股利、借款利息的现金支出，包括为购建固定资产、无形资产

---

① 支付给工程人员的工资、社会保险费等属于投资活动产生的现金流出，反映在"购建固定资产、无形资产和其他长期资产支付的现金"项目中。

和其他长期资产而发生的借款利息资本化部分；

③支付的其他与筹资活动有关的现金。

企业在一定时期内的三类现金流量增减变化之和就是企业当期现金流量增减变动的最终结果[①]。如图11-4所示（单位：万元），伊利股份通过经营活动创造的现金净流量为155.28亿元，是当年现金流量的最主要来源，同时当年筹资活动产生现金净流量119.45亿元，投资活动产生现金净流出77.97亿元，考虑外币汇率变动的影响后，当期现金流量增加196.47亿元，导致资产负债表中现金及现金等价物从期初的114.24亿元增加到期末的310.80亿元。

现金流量表		资产负债表	
• 经营活动产生的现金流量净额	1 552 751.97	期初现金及现金等价物余额	1 142 356.73
• 投资活动产生的现金流量净额	−779698.35		
• 筹资活动产生的现金流量净额	1194520.66	变动原因 → 增加1 964 693.22 变动结果	
• 汇率变动对现金及现金等价物的影响	−2 881.06		
现金及现金等价物净增加额	1 964 963.22	期末现金及现金等价物余额	3 108 049.95

图11-4　伊利股份2021年现金流量的构成及结果影响

企业的三类现金流量是相互影响的。经营活动是企业最重要的资金运动，对于一家成长型企业而言，经营活动的现金净流量通常是正数，而且越大越好，这样，企业不仅能满足支付利息、分配现金股利的现金需要，还能为进一步扩张提供资金来源。如果经营活动产生的现金净流量为负，必定需要其他两类现金流量予以弥补，或者通过融资获得，或者通过出售长期资产获得。实际上，企业通过筹资活动获取现金的能力高度依赖于企业正常经营产生现金的能力。债权人与投资者通常不愿意投资于不能产生足够经营活动现金流以确保能够支付到期债务、利息和股利的企业。

二、现金流量表项目列报

现金流量表汇总了会计期间涉及现金的交易，遵循收付实现制会计核算基础。根据会计准则，企业日常业务核算以及资产负债表和利润表的编制是按权责发生制而不是收付实现制。例如，企业当期销售商品、提供劳务实现的收入，无论当期是否收到现金，都确认当期收入，记录在利润表的"营业收入"项目中，而其中一些赊销交易形成的收入当期尚未收回现金，不在现金流量表中反映。因此，现金流量表的编制通常有两种方法：一是重新按收付实现制调整所有的会计分录；二是根据涉及现金收付的经济业务，按现金流量表的每个项目直接计算。

我国现行的现金流量表分主表和补充资料两个部分。主表如表11-12所示，直接列示三类活动的主要项目的现金流入量与流出量，称为"直接法"。对于企业经营活动，直接法实质上是按照收付实现制，以现金为基础重构利润表，当期收到现金的作为收入，付出现金的作为费用，现金收支之间的差额即为当期经营活动提供的现金净流量，一定程度上能说明企业的收益质量。补充资料部分则是将利润表的净利润调节为经营活动现金净流量，称为"间接法"。间接法以净利润为起点，调整不涉及现金的收入、费用以及有关项目的增减变动，计算并列示经营活动的现金流量。与直接法相比，间接法能够显示净利润和经营活动提供的现金流量不一致的原因。

现金流量表的编制可以通过分析利润表和该期间资产负债表中非现金账户的变化来编

---

① 企业持有外币资金的，需要考虑"汇率变动对现金及现金等价物的影响"。

制。表11-13是伊利股份2021年按间接法编制的现金流量表补充资料，反映了从净利润
到经营现金净流量的调整过程。

表11-13　　　　　　　　　　现金流量表补充资料（间接法）

2021年12月

编制单位：内蒙古伊利实业集团股份有限公司　　　　　　　　单位：万元　币种：人民币

补充资料	2021年	2020年
1.将净利润调节为经营活动现金流量：		
净利润	873 202.56	709 893.87
加：资产减值准备	42 732.70	33 931.24
信用减值损失	10 850.47	-1 186.21
固定资产折旧、油气资产折耗、生产性生物资产折旧	303 260.21	222 255.75
使用权资产摊销	13 282.63	
无形资产摊销	11 839.04	8 346.66
长期待摊费用摊销	13 695.27	13 633.97
处置固定资产、无形资产和其他长期资产的损失（收益以"-"号填列）	10 762.39	600.83
固定资产报废损失（收益以"-"号填列）	2 308.23	1 500.62
公允价值变动损失（收益以"-"号填列）	-12 059.31	-17 108.89
财务费用（收益以"-"号填列）	82 605.92	66 763.27
投资损失（收益以"-"号填列）	-46 138.54	-59 973.00
递延所得税资产减少（增加以"-"号填列）	-5 972.45	-2 574.52
递延所得税负债增加（减少以"-"号填列）	-3 084.75	-8 088.02
存货的减少（增加以"-"号填列）	-83 765.32	19 456.31
经营性应收项目的减少（增加以"-"号填列）	-89 146.81	-330 157.02
经营性应付项目的增加（减少以"-"号填列）	390 875.18	265 700.96
其他	37 504.55	62 168.10
经营活动产生的现金流量净额	1 552 751.97	985 163.92
2.不涉及现金收支的重大投资和筹资活动：		
债务转为资本		
一年内到期的可转换公司债券		
融资租入固定资产		
3.现金及现金等价物净变动情况：		
现金的期末余额	3 108 049.95	1 143 356.73
减：现金的期初余额	1 143 356.73	1 106 671.43
加：现金等价物的期末余额		
减：现金等价物的期初余额		
现金及现金等价物净增加额	1 964 693.22	36 685.30

|会计与决策| 利润与现金流量——收益质量

　　对比利润表的"净利润"项目和现金流量表的"经营活动产生的现金流量净额"（以
下简称"经营现金净流量"）项目的金额，能够获得更多有助于信息使用者决策的信息。

两者均与企业经营活动相关，但对交易或事项采用的确认基础不同，前者遵循权责发生制，后者遵循收付实现制。一般地，净利润增加，现金净流量也会增加。但有时企业虽然实现了大量的销售，款项却未能按时收回，会计收益是否能转化为现金收益，还取决于应收款项是否能及时足额地收回等因素。因此，如果经营现金净流量大于净利润，通常认为企业收益（净利润）质量较好，现销能力或收账能力较强、商业信用利用较为充分；反之，当经营现金流量小于净利润，通常意味着企业实现的净利润尚未获得相应的现金流量，企业赊销占比较高，或者商业信用利用不足。

进一步地，对比利润表的"营业收入"项目和现金流量表的"销售商品提供劳务收到的现金"项目的金额，可以更好地看出企业的销售收现能力。如果后者大于前者，表明企业销售业务变现能力较强，市场占有率较高；如果后者小于前者，意味着销售业务变现能力较弱、赊销占比较高、货款回收不理想。还可以进一步结合企业会计期末应收账款及其占流动资产总额比重的变化，分析企业货款回收能力及信用风险。

三、现金流量表信息应用——偿付与盈利能力分析

现金流量表有助于财务报表使用者了解和评价企业获取现金及现金等价物的能力。通过现金流量信息能够对企业的支付能力、偿债能力、外部资金需求等作出更为可靠的判断；通过分析净利润和现金净流量的关系，可以评价企业的收益质量。

（一）偿付能力分析

偿付能力是反映企业当期取得的现金收入在满足生产经营所需的现金支出后，是否有足够的现金用于偿还到期债务、满足支付需要。

1.现金债务总额比率

现金债务总额比率是指经营活动现金净流量与负债总额之比，用公式表示为：

$$现金债务总额比率 = \frac{经营活动现金净流量}{负债总额}$$

根据上述公式，伊利股份2021年的现金债务总额比率为：

$$伊利股份2021年现金债务总额比率 = \frac{1\,552\,751.97}{5\,317\,132.15} = 0.29$$

现金债务总额比率反映企业经营活动获取现金偿还全部债务的能力，比率越高，企业偿还债务的能力越强。伊利股份2021年现金债务总额比率为0.29，说明企业每1元的负债有0.29元经营活动产生的现金净流量作为偿付保障。

2.到期债务偿付比率

到期债务偿付比率是企业本期经营活动现金净流量对本期到期债务本金和利息支出的保障程度，用公式表示为：

$$到期债务偿付比率 = \frac{经营活动现金净流量}{本期到期债务 + 利息支出}$$

根据上述公式，伊利股份2021年的到期债务偿付比率为：

$$伊利股份2021年到期债务偿付比率 = \frac{1\,552\,751.97}{4\,329\,823.94 + 80\,951.37} = 0.35$$

通常，到期债务偿付比率越高，企业偿付到期债务的能力就越强；如果到期债务本息偿付比率小于1，则表明企业经营活动产生的现金不足以偿付到期债务本息，企业必须依

靠投资活动与筹资活动的现金流入才能保证债务的偿还。

3.现金利息保障倍数

现金利息保障倍数反映企业一定时期内经营活动所得的现金偿付债务利息的能力，计算公式为：

$$现金利息保障倍数 = \frac{经营活动现金净流量 + 利息费用 + 所得税}{利息费用}$$

结合伊利股份2021年利润表，企业当期利息费用为80 951.37万元，所得税费用为138 032.84万元，现金利息保障倍数为21.89，表明每1元的利息有21.89元的现金偿还保障。现金利息保障倍数至少应大于1，且比值越高，企业偿付利息的保障能力越强；否则，企业将面临偿债的安全性与稳定性下降的风险。

（二）收益质量分析

1.销售现金比率

销售现金比率是企业一定时期内经营活动现金净流量与营业收入的比率，用公式表示为：

$$销售现金比率 = \frac{经营活动现金净流量}{营业收入}$$

销售现金比率反映企业每实现1元销售收入获得的现金，同时也体现了企业应收款项的回收率。该比率越高，表明企业的收益质量越高，企业应收款项回收的效率越高。

$$伊利股份2021年销售现金比率 = \frac{1\ 552\ 751.97}{11\ 014\ 398.64} = 0.14$$

2.现金购销比率

现金购销比率是企业经营活动中购买商品、接受劳务支付的现金与销售商品、提供劳务收到的现金的比率，用公式表示为：

$$现金购销比率 = \frac{购买商品、接受劳务支付的现金}{销售商品、提供劳务收到的现金}$$

$$伊利股份2021年现金购销比率 = \frac{9\ 118\ 246.26}{12\ 196\ 836.99} = 0.75$$

该比率的分子和分母分别对应于企业经营活动中的投入与产出，对应于利润表分析中的营业成本率。该比率的变化趋势应该引起分析者的注意，企业所处的发展阶段、企业的信用政策，以及市场环境会影响该指标的解释。

3.每股经营现金净流量

每股经营现金净流量是企业经营活动产生的现金净流量与普通股股数的比值，用公式表现为：

$$每股经营现金净流量 = \frac{经营活动现金净流量}{普通股股数}$$

伊利股份2021年年末流通在外的普通股股数为6 400 130 918股，根据上述公式计算企业每股经营现金净流量为2.47元，说明每一份股本拥有2.47元的经营活动现金净流量，这也是企业分配现金股利的基础，该值越高，企业可用于分配现金股利的现金越充足。

|会计与决策| 自由现金流量与企业财务决策

现金之于企业，犹如血液之于人体。企业经营活动产生的现金流量是其维持正常运营的前提，大多数企业的最终破产也都源于现金流的崩溃。

财务决策遵循"现金至上"的理念。在进行投资决策时，首先要估算与投资项目相关的未来各期现金净流量（net cash flow，NCF），并选用适当的折现率（项目资本成本）进行折现，计算得到投资项目净现值（net present value，NPV）。若净现值大于等于零，则项目具备财务可行性，可以进行投资。在评估企业价值时，站在投资者（股东和债权人）的角度，通常采用企业自由现金流量（free cash flow to firm，FCFF）和加权平均资本成本进行企业价值评估，也可以采用股权自由现金流量（free cash flow to equity，FCFE）和股权资本成本进行股权价值评估，再加上债务的市场价值，从而确定企业价值。

自由现金流量是企业财务决策中考虑的重要因素，在很多文献中被广泛应用。所谓"企业自由现金流量"通常是指企业支付必要的营运成本（如购买存货、支付员工工资和偿付应付款项等）和资本性支出（如购建厂房、购买机器设备等）后剩余的、企业可自由支配的现金流，包括向企业权力要求者（普通股股东、优先股股东和债权人）支付现金之前的全部现金流量，而"股权自由现金流量"是指归属于普通股股东的剩余现金流量，即公司在履行了所有的财务责任（如债务还本付息、优先股股息）、满足其本身再投资需要之后的"剩余现金流量"。

第五节　所有者权益变动表

一、所有者权益变动表主要内容

所有者权益变动表是反映企业报告期内所有者权益变动情况的报表。所有者权益变动表不仅能为财务信息使用者提供所有者权益增减变动的信息，还能提供所有者权益增减变动的结构性信息，反映所有者权益增减变动的原因。

我国《企业会计准则第30号——财务报表列报》规定，所有者权益变动表应至少单独列示下列信息项目：

（1）综合收益总额，在合并所有者权益变动表中还应单独列示归属于母公司所有者的综合收益总额和归属于少数股东的综合收益总额；

（2）会计政策变更和差错更正的累计影响金额；

（3）所有者投入资本和向所有者分配的利润等；

（4）按照规定提取的盈余公积；

（5）所有者权益各组成部分的期初和期末余额及调节情况。企业的净利润及其分配情况作为所有者权益变动的组成部分，不需要单独编制利润分配表。

所有者权益变动表以矩阵形式列示，一方面列示导致所有者权益变动的交易或事项，即所有者权益变动的来源；另一方面按照所有者权益各组成部分（实收资本或股本、其他权益工具、资本公积、库存股、其他综合收益、盈余公积、未分配利润）列示交易或事项对所有者权益各部分的影响，全面反映一定时期内所有者权益变动情况。

表11-14是伊利股份2021年度所有者权益变动表。表中列示了期初所有者权益、增加所有者权益的事项以及减少所有者权益的事项，最后一行计算出期末所有者权益余额，这一计算结果反映在资产负债表所有者权益的各项目中。

表11-14

所有者权益变动表（合并）

编制单位：内蒙古伊利实业集团股份有限公司　2021年　　　　　　　　单位：万元　币种：人民币

项目	归属于母公司所有者权益										少数股东权益	所有者权益合计
	实收资本（或股本）	其他权益工具			资本公积	减:库存股	其他综合收益	盈余公积	未分配利润	小计		
		优先股	永续债	其他								
一、上年末余额	608 262.48				141 741.11	177 201.71	111 496.29	304 818.94	2 049 273.92	3 038 391.03	14 873.37	3 053 264.39
加：会计政策变更									90.43	90.43	-0.71	89.72
前期差错更正												
同一控制下企业合并												
其他												
二、本年期初余额	608 262.48				141 741.11	177 201.71	111 496.29	304 818.94	2 049 364.35	3 038 481.46	14 872.66	3 053 354.12
三、本年增减变动金额（减少以"-"号填列）	31 750.61				1 285 115.41	-52 094.98	-32 201.10	15 187.60	380 402.09	1 732 349.58	93 398.13	1 825 747.71
（一）综合收益总额							-8 400.58		870 491.51	862 090.93	2 366.43	864 457.36
（二）所有者投入和减少资本	31 750.61				1 191 844.38	-52 094.98			72.89	1 275 762.86	87 563.02	1 363 325.88
1.所有者投入的普通股	31 795.33				1 172 301.25					1 204 096.58	87 563.02	1 291 659.60
2.其他权益工具持有者投入资本												
3.股份支付计入所有者权益的金额	-44.72				19 543.13	-52 094.98			72.89	71 666.28		71 666.28
4.其他												
（三）利润分配								15 187.60	-513 962.84	-498 775.24	-1 741.43	-500 516.66
1.提取盈余公积								15 187.60	-15 187.60			
2.提取一般风险准备												
3.对所有者（或股东）的分配									-498 775.24	-498 775.24	-1 741.43	-500 516.66
4.其他												
（四）所有者权益内部结转							-23 800.52		23 800.52			
1.资本公积转增资本（或股本）												
2.盈余公积转增资本（或股本）												
3.盈余公积弥补亏损												
4.设定受益计划变动额结转留存收益												
5.其他综合收益结转留存收益							-23 800.52		23 800.52			
6.其他												
（五）专项储备												
1.本期提取												
2.本期使用												
（六）其他						93 271.03				93 271.03	5 210.11	98 481.14
四、本期期末余额	640 013.09				1 426 856.51	125 106.73	79 295.19	320 006.55	2 429 766.44	4 770 831.04	108 270.79	4 879 101.83

注：所有者权益变动表均需列示"本年金额"和"上年金额"栏，其中，"上年金额"栏，即，2020年所有者权益变动表数据略。

二、所有者权益变动表主要项目列报

所有者权益变动表各项目均需填列"本年金额"和"上年金额"两栏。"上年金额"栏内各项数字，应根据上年度所有者权益变动表"本年金额"栏内所列数字填列。"本年金额"栏内各项数字一般应根据实收资本（或股本）、资本公积、盈余公积、利润分配、库存股、以前年度损益调整账户的发生额分析填列。所有者权益变动表的一些主要项目填列说明如下：

1. "上年年末余额"项目，反映企业上年资产负债表中的实收资本（或股本）、其他权益工具、资本公积、库存股、其他综合收益、盈余公积、未分配利润各项目的年末余额。

2. "会计政策变更""前期差错更正"项目，分别反映企业采用追溯调整法处理的会计政策变更的累积影响金额和采用追溯重述法处理的会计差错更正的累积影响金额。

3. "本年增减变动金额"项目分别反映如下内容：

（1）"综合收益总额"项目，反映净利润和其他综合收益扣除所得税影响后的净额相加后的合计金额。

（2）"所有者投入和减少资本"项目，反映企业当年所有者投入的资本和减少的资本。其中：

① "所有者投入的普通股"项目，反映企业接受投资者投入形成的实收资本（或股本）和资本溢价或股本溢价。

② "其他权益工具持有者投入资本"项目，反映企业接受其他权益工具持有者投入资本。

③ "股份支付计入所有者权益的金额"项目，反映企业处于等待期中的权益结算的股份支付当年计入资本公积的金额。

（3）"利润分配"项目，反映企业当年的利润分配金额，包括提取盈余公积、提取一般风险准备、对所有者（或股东）的分配等。

（4）"所有者权益内部结转"项目，反映企业构成所有者权益的组成部分之间当年的增减变动情况。其中：

① "资本公积转增资本（或股本）"项目，反映企业当年以资本公积转增资本或股本的金额。

② "盈余公积转增资本（或股本）"项目，反映企业当年以盈余公积转增资本或股本的金额。

③ "盈余公积弥补亏损"项目，反映企业当年以盈余公积弥补亏损的金额。

④ "设定受益计划变动额结转留存收益"项目，反映企业因重新计量设定受益计划净负债或净资产所产生的变动计入其他综合收益，结转至留存收益的金额。

⑤ "其他综合收益结转留存收益"项目，反映根据企业会计准则相关规定未在当期损益中确认的各项利得和损失转入到留存收益的金额，如企业指定为以公允价值计量且其变动计入其他综合收益的非交易性权益工具投资终止确认时，之前计入其他综合收益的累计利得或损失从其他综合收益中转入留存收益的金额。

第六节　财务报表附注

一、财务报表附注的作用

除了资产负债表、利润表、现金流量表，以及所有者权益表列示的项目以外，还有一些信息对利益相关者的决策有帮助，如企业基本情况、重要会计政策和会计估计、报表重要项目的说明。这些信息以文字描述或者明细资料的形式列示在财务报表附注中。财务报表项目是高度浓缩的会计信息。首先，报表附注信息披露通过对资产负债表、利润表、现金流量表和所有者权益变动表列示的项目内容的补充说明，帮助财务报表使用者更深入、准确地把握其所包含的具体内容，增强会计信息的可理解性，同时也有助于与其他企业的会计信息进行对比分析。例如，通过阅读伊利股份报表附注中"存货"项目的信息，可知企业存货发出时按加权平均法计价，在与其他企业进行比较时，能够更好地进行存货成本与利润的对比。其次，报表附注提供了对资产负债表、利润表、现金流量表和所有者权益变动表中未列示项目的详细解释，如通过阅读伊利股份财务报表附注披露的"应收账款"项目，可以了解企业资产负债表中"应收账款"的具体账龄情况、坏账计提情况等；阅读附注中"营业收入"项目，可以了解利润表中的营业收入构成，尤其是主营业务收入的情况。

二、财务报表附注披露的主要内容

《企业会计准则第30号——财务报表列报》规定，财务报表附注应当按照下列顺序至少披露：

（一）企业基本情况

企业的基本情况包括：

（1）企业注册地、组织形式和总部地址。

（2）企业的业务性质和主要经营活动。

（3）母公司以及集团最终母公司的名称。

（4）财务报告的批准报出者和财务报告批准报出日，或者以签字人及其签字日期为准。

（5）营业期限有限的企业，还应当披露有关营业期限的信息。

（二）财务报告的编制基础

企业应当根据会计准则的规定判断企业是否持续经营，并披露财务报表是否以持续经营为基础编制。企业一般应该在持续经营的基础上编制财务报表，倘若企业处于破产、清算期的，应以非持续经营为基础。

（三）遵循企业会计准则的声明

企业应当声明编制的财务报表符合企业会计准则的要求，真实、完整地反映了企业的财务状况、经营成果和现金流量等有关信息。

（四）重要会计政策和会计估计

企业应当披露采用的重要会计政策和会计估计。在披露重要会计政策和会计估计时，企业应当披露重要会计政策的确定依据和财务报表项目的计量基础，以及会计估计中所采用的关键假设和不确定因素

1.对重要会计政策的说明

由于企业经济业务的复杂性和多样化，某些经济业务可以有多种会计处理方法，存在着不止一种可供选择的会计政策。例如，存货的计价可以采用先进先出法、加权平均法、个别计价法等。企业在发生某项经济业务时，必须从允许的会计处理方法中选择适合本企特点的会计政策，选择不同的会计处理方法可能极大地影响企业的财务状况和经营成果，进而编制出不同的财务报表。为了便于报表使用者理解，有必要对这些会计政策加以披露。

需要注意的是，说明会计政策时还需要披露下列两项内容：

（1）财务报表项目的计量基础。会计计量属性包括历史成本、重置成本、可变现净值、现值和公允价值，这项披露要求便于报表使用者了解企业财务报表中的项目是按何种计量基础予以计量的，如存货是按历史成本还是可变现净值计量等。

（2）会计政策的确定依据，主要是指企业在运用会计政策过程中所做的对报表中确认的项目金额最具影响的判断。这些判断对在报表中确认的项目金额具有重要影响，因此这项披露要求有助于报表使用者理解企业选择和运用会计政策的背景，提高财务报表的可理解性。

2.重要会计估计的说明

财务报表列报准则强调了对会计估计不确定因素的披露要求，企业应当披露会计估计中所采用的关键假设和不确定因素的确认依据，这些关键假设和不确定因素在下一会计间内很可能导致企业对资产、负债账面价值进行重大调整。

在确定报表中的资产和负债账面金额的过程中，企业有时需要估计不确定的未来事项在资产负债表日对资产和负债的影响。这些假设的变动对这些资产和负债项目金额的确定影响很大，有可能会在下一个会计年度内作出重大调整。因此，强调这一披露要求，有助于提高财务报表的可理解性。

（五）会计政策和会计估计变更以及差错更正的说明

企业应当按照《企业会计准则第28号——会计政策、会计估计变更和差错更正》及其应用指南的规定，披露会计政策和会计估计变更以及差错更正的有关情况。

（六）报表重要项目的说明

企业应当按照资产负债表、利润表、现金流量表和所有者权益变动表及其项目列示的顺序，采用文字描述和数字描述相结合的方式进行披露。报表重要项目的明细金额合计，应当与报表项目金额相一致。这些重要项目主要包括：应收账款、存货、长期股权投资、投资性房地产、固定资产、无形资产、应付职工薪酬、应交税费、短期借款、长期借款、应付债券、长期应付款、营业收入、公允价值变动收益、投资收益、信用减值损失、资产减值损失、营业外收入、营业外支出、所得税费用、其他综合收益、政府补助、借款费用等。

（七）其他需要说明的重要事项

其他需要说明的重要事项主要包括或有和承诺事项、资产负债表日后非调整事项、关联方关系及其交易，以及企业资本管理的目标、政策及程序信息等。

【笃行·致新】

11-1第十一章
思考与练习

参考文献

［1］刘淑莲．公司理财［M］．3版．北京：北京大学出版社，2020.

［2］威廉姆斯，贝特纳，卡塞罗．会计学——企业决策的基础（财务会计分册）［M］．赵叶灵，吴宁，赵银德，译．北京：机械工业出版社，2022.

［3］沃伦．会计学［M］．张永冀，齐思琼，译．5版．北京：机械工业出版社，2016.

［4］怀尔德，肖，基亚佩塔．会计学原理（英文版·第23版）［M］．北京：中国人民大学出版社，2019.

［5］财政部会计财务评价中心．初级会计实务［M］．北京：经济科学出版社，2022.

［6］陈国辉，迟旭升．基础会计［M］．7版．大连：东北财经大学出版社，2021.

［7］胡玉明．会计学［M］．3版．北京：中国人民大学出版社，2020.

［8］黄爱玲，韩永斌．会计学基础［M］．2版．大连：东北财经大学出版社，2023.

［9］姜毅，高凤岩．财务管理实训教程［M］．4版．大连：东北财经大学出版社，2020.

［10］李福，杨则文．RPA财务机器人应用与开发［M］．大连：东北财经大学出版社，2021.

［11］企业会计准则编审委员会．企业会计准则案例讲解（2021年版）［M］．上海：立信会计出版社，2021.

［12］施先旺，向俊．初级会计实务［M］．大连：东北财经大学出版社，2019.

［13］石本仁，谭小平．会计学原理［M］．北京：人民邮电出版社，2018.

［14］王化成，支晓强．财务报表分析［M］．3版·立体化数字教材版．北京：中国人民大学出版社，2022.

［15］袁振兴．会计学［M］．北京：高等教育出版社，2019.

［16］中国注册会计师协会．会计．［M］．北京：中国财政经济出版社，2022.

［17］中国注册会计师协会．审计．［M］．北京：中国财政经济出版社，2022.

［18］中华人民共和国财政部．企业财务会计报告条例［M］．北京：中国财政经济出版社，2000.

［19］中华人民共和国财政部．企业会计准则（2021年版）［M］．上海：立信会计出版社，2021.

［20］中华人民共和国财政部．企业会计准则应用指南（2021年版）［M］．上海：立信会计出版社，2021.

附录 终值、现值系数表

附表 1

复利终值系数表

$$(F/P, r, n) = (1+r)^n$$

n\r	1	2	3	4	5	6	7	8	9	10	11	12	13	14	15	16	17	18	19	20
1%	1.01000	1.02010	1.03030	1.04060	1.05101	1.06152	1.07214	1.08286	1.09369	1.10462	1.11567	1.12683	1.13809	1.14947	1.16097	1.17258	1.18430	1.19615	1.20811	1.22019
2%	1.02000	1.04040	1.06121	1.08243	1.10408	1.12616	1.14869	1.17166	1.19509	1.21899	1.24337	1.26824	1.29361	1.31948	1.34587	1.37279	1.40024	1.42825	1.45681	1.48595
3%	1.03000	1.06090	1.09273	1.12551	1.15927	1.19405	1.22987	1.26677	1.30477	1.34392	1.38423	1.42576	1.46853	1.51259	1.55797	1.60471	1.65285	1.70243	1.75351	1.80611
4%	1.04000	1.08160	1.12486	1.16986	1.21665	1.26532	1.31593	1.36857	1.42331	1.48024	1.53945	1.60103	1.66507	1.73168	1.80094	1.87298	1.94790	2.02582	2.10685	2.19112
5%	1.05000	1.10250	1.15763	1.21551	1.27628	1.34010	1.40710	1.47746	1.55133	1.62889	1.71034	1.79586	1.88565	1.97993	2.07893	2.18287	2.29202	2.40662	2.52695	2.65330
6%	1.06000	1.12360	1.19102	1.26248	1.33823	1.41852	1.50363	1.59385	1.68948	1.79085	1.89830	2.01220	2.13293	2.26090	2.39656	2.54035	2.69277	2.85434	3.02560	3.20714
7%	1.07000	1.14490	1.22504	1.31080	1.40255	1.50073	1.60578	1.71819	1.83846	1.96715	2.10485	2.25219	2.40985	2.57853	2.75903	2.95216	3.15882	3.37993	3.61653	3.86968
8%	1.08000	1.16640	1.25971	1.36049	1.46933	1.58687	1.71382	1.85093	1.99900	2.15892	2.33164	2.51817	2.71962	2.93719	3.17217	3.42594	3.70002	3.99602	4.31570	4.66096
9%	1.09000	1.18810	1.29503	1.41158	1.53862	1.67710	1.82804	1.99256	2.17189	2.36736	2.58043	2.81266	3.06580	3.34173	3.64248	3.97031	4.32763	4.71712	5.14166	5.60441
10%	1.10000	1.21000	1.33100	1.46410	1.61051	1.77156	1.94872	2.14359	2.35795	2.59374	2.85312	3.13843	3.45227	3.79750	4.17725	4.59497	5.05447	5.55992	6.11591	6.72750
11%	1.11000	1.23210	1.36763	1.51807	1.68506	1.87041	2.07616	2.30454	2.55804	2.83942	3.15176	3.49845	3.88328	4.31044	4.78459	5.31089	5.89509	6.54355	7.26334	8.06231
12%	1.12000	1.25440	1.40493	1.57352	1.76234	1.97382	2.21068	2.47596	2.77308	3.10585	3.47855	3.89598	4.36349	4.88711	5.47357	6.13039	6.86604	7.68997	8.61276	9.64629
13%	1.13000	1.27690	1.44290	1.63047	1.84244	2.08195	2.35261	2.65844	3.00404	3.39457	3.83586	4.33452	4.89801	5.53475	6.25427	7.06733	7.98608	9.02427	10.19742	11.52309
14%	1.14000	1.29960	1.48154	1.68896	1.92541	2.19497	2.50227	2.85259	3.25195	3.70722	4.22623	4.81790	5.49241	6.26135	7.13794	8.13725	9.27646	10.57517	12.05569	13.74349
15%	1.15000	1.32250	1.52088	1.74901	2.01136	2.31306	2.66002	3.05902	3.51788	4.04556	4.65239	5.35025	6.15279	7.07571	8.13706	9.35762	10.76126	12.37545	14.23177	16.36654
16%	1.16000	1.34560	1.56090	1.81064	2.10034	2.43640	2.82622	3.27841	3.80296	4.41144	5.11726	5.93603	6.88579	7.98752	9.26552	10.74800	12.46768	14.46251	16.77652	19.46076
17%	1.17000	1.36890	1.60161	1.87389	2.19245	2.56516	3.00124	3.51145	4.10840	4.80683	5.62399	6.58007	7.69868	9.00745	10.53872	12.33030	14.42646	16.87895	19.74838	23.10560
18%	1.18000	1.39240	1.64303	1.93878	2.28776	2.69955	3.18547	3.75886	4.43545	5.23384	6.17593	7.28759	8.59936	10.14724	11.97375	14.12902	16.67225	19.67325	23.21444	27.39303
19%	1.19000	1.41610	1.68516	2.00534	2.38635	2.83976	3.37932	4.02139	4.78545	5.69468	6.77667	8.06424	9.59645	11.41977	13.58953	16.17154	19.24413	22.90052	27.25162	32.42942
20%	1.20000	1.44000	1.72800	2.07360	2.48832	2.98598	3.58318	4.29982	5.15978	6.19174	7.43008	8.91610	10.69932	12.83918	15.40702	18.48843	22.18611	26.62333	31.94800	38.33760

附表 2

复利现值系数表

$(P/F, r, n) = (1+r)^{-n}$

r＼n	1	2	3	4	5	6	7	8	9	10	11	12	13	14	15	16	17	18	19	20
1%	0.99010	0.98030	0.97059	0.96098	0.95147	0.94205	0.93272	0.92348	0.91434	0.90529	0.89632	0.88745	0.87866	0.86996	0.86135	0.85282	0.84438	0.83602	0.82774	0.81954
2%	0.98039	0.96117	0.94232	0.92385	0.90573	0.88797	0.87056	0.85349	0.83676	0.82035	0.80426	0.78849	0.77303	0.75788	0.74301	0.72845	0.71416	0.70016	0.68643	0.67297
3%	0.97087	0.94260	0.91514	0.88849	0.86261	0.83748	0.81309	0.78941	0.76642	0.74409	0.72242	0.70138	0.68095	0.66112	0.64186	0.62317	0.60502	0.58739	0.57029	0.55368
4%	0.96154	0.92456	0.88900	0.85480	0.82193	0.79031	0.75992	0.73069	0.70259	0.67556	0.64958	0.62460	0.60057	0.57748	0.55526	0.53391	0.51337	0.49363	0.47464	0.45639
5%	0.95238	0.90703	0.86384	0.82270	0.78353	0.74622	0.71068	0.67684	0.64461	0.61391	0.58468	0.55684	0.53032	0.50507	0.48102	0.45811	0.43630	0.41552	0.39573	0.37689
6%	0.94340	0.89000	0.83962	0.79209	0.74726	0.70496	0.66506	0.62741	0.59190	0.55839	0.52679	0.49697	0.46884	0.44230	0.41727	0.39365	0.37136	0.35034	0.33051	0.31180
7%	0.93458	0.87344	0.81630	0.76290	0.71299	0.66634	0.62275	0.58201	0.54393	0.50835	0.47509	0.44401	0.41496	0.38782	0.36245	0.33873	0.31657	0.29586	0.27651	0.25842
8%	0.92593	0.85734	0.79383	0.73503	0.68058	0.63017	0.58349	0.54027	0.50025	0.46319	0.42888	0.39711	0.36770	0.34046	0.31524	0.29189	0.27027	0.25025	0.23171	0.21455
9%	0.91743	0.84168	0.77218	0.70843	0.64993	0.59627	0.54703	0.50187	0.46043	0.42241	0.38753	0.35553	0.32618	0.29925	0.27454	0.25187	0.23107	0.21199	0.19449	0.17843
10%	0.90909	0.82645	0.75131	0.68301	0.62092	0.56447	0.51316	0.46651	0.42410	0.38554	0.35049	0.31863	0.28966	0.26333	0.23939	0.21763	0.19784	0.17986	0.16351	0.14864
11%	0.90090	0.81162	0.73119	0.65873	0.59345	0.53464	0.48166	0.43393	0.39092	0.35218	0.31728	0.28584	0.25751	0.23199	0.20900	0.18829	0.16963	0.15282	0.13768	0.12403
12%	0.89286	0.79719	0.71178	0.63552	0.56743	0.50663	0.45235	0.40388	0.36061	0.32197	0.28748	0.25668	0.22917	0.20462	0.18270	0.16312	0.14564	0.13004	0.11611	0.10367
13%	0.88496	0.78315	0.69305	0.61332	0.54276	0.48032	0.42506	0.37616	0.33288	0.29459	0.26070	0.23071	0.20416	0.18068	0.15989	0.14150	0.12522	0.11081	0.09806	0.08678
14%	0.87719	0.76947	0.67497	0.59208	0.51937	0.45559	0.39964	0.35056	0.30751	0.26974	0.23662	0.20756	0.18207	0.15971	0.14010	0.12289	0.10780	0.09456	0.08295	0.07276
15%	0.86957	0.75614	0.65752	0.57175	0.49718	0.43233	0.37594	0.32690	0.28426	0.24718	0.21494	0.18691	0.16253	0.14133	0.12289	0.10686	0.09293	0.08081	0.07027	0.06110
16%	0.86207	0.74316	0.64066	0.55229	0.47611	0.41044	0.35383	0.30503	0.26295	0.22668	0.19542	0.16846	0.14523	0.12520	0.10793	0.09304	0.08021	0.06914	0.05961	0.05139
17%	0.85470	0.73051	0.62437	0.53365	0.45611	0.38984	0.33320	0.28478	0.24340	0.20804	0.17781	0.15197	0.12989	0.11102	0.09489	0.08110	0.06932	0.05925	0.05064	0.04328
18%	0.84746	0.71818	0.60863	0.51579	0.43711	0.37043	0.31393	0.26604	0.22546	0.19106	0.16192	0.13722	0.11629	0.09855	0.08352	0.07078	0.05998	0.05083	0.04308	0.03651
19%	0.84034	0.70616	0.59342	0.49867	0.41905	0.35214	0.29592	0.24867	0.20897	0.17560	0.14757	0.12400	0.10421	0.08757	0.07359	0.06184	0.05196	0.04367	0.03670	0.03084
20%	0.83333	0.69444	0.57870	0.48225	0.40188	0.33490	0.27908	0.23257	0.19381	0.16151	0.13459	0.11216	0.09346	0.07789	0.06491	0.05409	0.04507	0.03756	0.03130	0.02608

附表 3

年金终值系数表

$(F/A, r, n) = [(1+r)^n - 1]/r$

r＼n	1	2	3	4	5	6	7	8	9	10	11	12	13	14	15	16	17	18	19	20
1%	1.00000	2.01000	3.03010	4.06040	5.10101	6.15202	7.21354	8.28567	9.36853	10.46221	11.56683	12.68250	13.80933	14.94742	16.09690	17.25786	18.43044	19.61475	20.81090	22.01900
2%	1.00000	2.02000	3.06040	4.12161	5.20404	6.30812	7.43428	8.58297	9.75463	10.94972	12.16872	13.41209	14.68033	15.97394	17.29342	18.63929	20.01207	21.41231	22.84056	24.29737
3%	1.00000	2.03000	3.09090	4.18363	5.30914	6.46841	7.66246	8.89234	10.15911	11.46388	12.80780	14.19203	15.61779	17.08632	18.59891	20.15688	21.76159	23.41444	25.11687	26.87037
4%	1.00000	2.04000	3.12160	4.24646	5.41632	6.63298	7.89829	9.21423	10.58280	12.00611	13.48635	15.02581	16.62684	18.29191	20.02359	21.82453	23.69751	25.64541	27.67123	29.77808
5%	1.00000	2.05000	3.15250	4.31013	5.52563	6.80191	8.14201	9.54911	11.02656	12.57789	14.20679	15.91713	17.71298	19.59863	21.57856	23.65749	25.84037	28.13238	30.53900	33.06595
6%	1.00000	2.06000	3.18360	4.37462	5.63709	6.97532	8.39384	9.89747	11.49132	13.18079	14.97164	16.86994	18.88214	21.01507	23.27597	25.67253	28.21288	30.90565	33.75999	36.78559
7%	1.00000	2.07000	3.21490	4.43994	5.75074	7.15329	8.65402	10.25980	11.97799	13.81645	15.78360	17.88845	20.14064	22.55049	25.12902	27.88805	30.84022	33.99903	37.37896	40.99549
8%	1.00000	2.08000	3.24640	4.50611	5.86660	7.33593	8.92280	10.63663	12.48756	14.48656	16.64549	18.97713	21.49530	24.21492	27.15211	30.32428	33.75023	37.45024	41.44626	45.76196
9%	1.00000	2.09000	3.27810	4.57313	5.98471	7.52333	9.20043	11.02847	13.02104	15.19293	17.56029	20.14072	22.95338	26.01919	29.36092	33.00340	36.97370	41.30134	46.01846	51.16012
10%	1.00000	2.10000	3.31000	4.64100	6.10510	7.71561	9.48717	11.43589	13.57948	15.93742	18.53117	21.38428	24.52271	27.97498	31.77248	35.94973	40.54470	45.59917	51.15909	57.27500
11%	1.00000	2.11000	3.34210	4.70973	6.22780	7.91286	9.78327	11.85943	14.16397	16.72200	19.56143	22.71319	26.21164	30.09492	34.40536	39.18995	44.50084	50.39594	56.93949	64.20283
12%	1.00000	2.12000	3.37440	4.77933	6.35285	8.11519	10.08901	12.29969	14.77566	17.54874	20.65458	24.13313	28.02911	32.39260	37.27971	42.75328	48.88367	55.74971	63.43968	72.05244
13%	1.00000	2.13000	3.40690	4.84980	6.48027	8.32271	10.40466	12.75726	15.41571	18.41975	21.81432	25.65018	29.98470	34.88271	40.41746	46.67173	53.73906	61.72514	70.74941	80.94683
14%	1.00000	2.14000	3.43960	4.92114	6.61010	8.53552	10.73049	13.23276	16.08535	19.33730	23.04452	27.27075	32.08865	37.58107	43.84241	50.98035	59.11760	68.39407	78.96923	91.02493
15%	1.00000	2.15000	3.47250	4.99338	6.74238	8.75374	11.06680	13.72682	16.78584	20.30372	24.34928	29.00167	34.35192	40.50471	47.58041	55.71747	65.07509	75.83636	88.21181	102.44358
16%	1.00000	2.16000	3.50560	5.06650	6.87714	8.97748	11.41387	14.24009	17.51851	21.32147	25.73290	30.85017	36.78620	43.67199	51.65951	60.92503	71.67303	84.14072	98.60323	115.37975
17%	1.00000	2.17000	3.53890	5.14051	7.01440	9.20685	11.77201	14.77325	18.28471	22.39311	27.19994	32.82393	39.40399	47.10267	56.11013	66.64885	78.97915	93.40561	110.28456	130.03294
18%	1.00000	2.18000	3.57240	5.21543	7.15421	9.44197	12.14152	15.32700	19.08585	23.52131	28.75514	34.93107	42.21866	50.81802	60.96527	72.93901	87.06804	103.74028	123.41353	146.62797
19%	1.00000	2.19000	3.60610	5.29126	7.29660	9.68295	12.52271	15.90203	19.92341	24.70886	30.40355	37.18022	45.24446	54.84091	66.26068	79.85021	96.02175	115.26588	138.16640	165.41802
20%	1.00000	2.20000	3.64000	5.36800	7.44160	9.92992	12.91590	16.49908	20.79890	25.95868	32.15042	39.58050	48.49660	59.19592	72.03511	87.44213	105.93056	128.11667	154.74000	186.68800

年金现值系数表

附表 4　　　　　　　　　　　　　　　　　　　　$(P/A, r, n) = [1 - (1+r)^{-n}] / r$

r \ n	1	2	3	4	5	6	7	8	9	10	11	12	13	14	15	16	17	18	19	20
1%	0.99010	1.97040	2.94099	3.90197	4.85343	5.79548	6.72819	7.65168	8.56602	9.47130	10.36763	11.25508	12.13374	13.00370	13.86505	14.71787	15.56225	16.39827	17.22601	18.04555
2%	0.98039	1.94156	2.88388	3.80773	4.71346	5.60143	6.47199	7.32548	8.16224	8.98259	9.78685	10.57534	11.34837	12.10625	12.84926	13.57771	14.29187	14.99203	15.67846	16.35143
3%	0.97087	1.91347	2.82861	3.71710	4.57971	5.41719	6.23028	7.01969	7.78611	8.53020	9.25262	9.95400	10.63496	11.29607	11.93794	12.56110	13.16612	13.75351	14.32380	14.87747
4%	0.96154	1.88609	2.77509	3.62990	4.45182	5.24214	6.00205	6.73274	7.43533	8.11090	8.76048	9.38507	9.98565	10.56312	11.11839	11.65230	12.16567	12.65930	13.13394	13.59033
5%	0.95238	1.85941	2.72325	3.54595	4.32948	5.07569	5.78637	6.46321	7.10782	7.72173	8.30641	8.86325	9.39357	9.89864	10.37966	10.83777	11.27407	11.68959	12.08532	12.46221
6%	0.94340	1.83339	2.67301	3.46511	4.21236	4.91732	5.58238	6.20979	6.80169	7.36009	7.88687	8.38384	8.85268	9.29498	9.71225	10.10590	10.47726	10.82760	11.15812	11.46992
7%	0.93458	1.80802	2.62432	3.38721	4.10020	4.76654	5.38929	5.97130	6.51523	7.02358	7.49867	7.94269	8.35765	8.74547	9.10791	9.44665	9.76322	10.05909	10.33560	10.59401
8%	0.92593	1.78326	2.57710	3.31213	3.99271	4.62288	5.20637	5.74664	6.24689	6.71008	7.13896	7.53608	7.90378	8.24424	8.55948	8.85137	9.12164	9.37189	9.60360	9.81815
9%	0.91743	1.75911	2.53129	3.23972	3.88965	4.48592	5.03295	5.53482	5.99525	6.41766	6.80519	7.16073	7.48690	7.78615	8.06069	8.31256	8.54363	8.75563	8.95011	9.12855
10%	0.90909	1.73554	2.48685	3.16987	3.79079	4.35526	4.86842	5.33493	5.75902	6.14457	6.49506	6.81369	7.10336	7.36669	7.60608	7.82371	8.02155	8.20141	8.36492	8.51356
11%	0.90090	1.71252	2.44371	3.10245	3.69590	4.23054	4.71220	5.14612	5.53705	5.88923	6.20652	6.49236	6.74987	6.98187	7.19087	7.37916	7.54879	7.70162	7.83929	7.96333
12%	0.89286	1.69005	2.40183	3.03735	3.60478	4.11141	4.56376	4.96764	5.32825	5.65022	5.93770	6.19437	6.42355	6.62817	6.81086	6.97399	7.11963	7.24967	7.36578	7.46944
13%	0.88496	1.66810	2.36115	2.97447	3.51723	3.99755	4.42261	4.79877	5.13166	5.42624	5.68694	5.91765	6.12181	6.30249	6.46238	6.60388	6.72909	6.83991	6.93797	7.02475
14%	0.87719	1.64666	2.32163	2.91371	3.43308	3.88867	4.28830	4.63886	4.94637	5.21612	5.45273	5.66029	5.84236	6.00207	6.14217	6.26506	6.37286	6.46742	6.55037	6.62313
15%	0.86957	1.62571	2.28323	2.85498	3.35216	3.78448	4.16042	4.48732	4.77158	5.01877	5.23371	5.42062	5.58315	5.72448	5.84737	5.95423	6.04716	6.12797	6.19823	6.25933
16%	0.86207	1.60523	2.24589	2.79818	3.27429	3.68474	4.03857	4.34359	4.60654	4.83323	5.02864	5.19711	5.34233	5.46753	5.57546	5.66850	5.74870	5.81785	5.87746	5.92884
17%	0.85470	1.58521	2.20958	2.74324	3.19935	3.58918	3.92238	4.20716	4.45057	4.65860	4.83641	4.98839	5.11828	5.22930	5.32419	5.40529	5.47461	5.53385	5.58449	5.62777
18%	0.84746	1.56564	2.17427	2.69006	3.12717	3.49760	3.81153	4.07757	4.30302	4.49409	4.65601	4.79322	4.90951	5.00806	5.09158	5.16235	5.22233	5.27316	5.31624	5.35275
19%	0.84034	1.54650	2.13992	2.63859	3.05763	3.40978	3.70570	3.95437	4.16333	4.33893	4.48650	4.61050	4.71471	4.80228	4.87586	4.93770	4.98966	5.03333	5.07003	5.10086
20%	0.83333	1.52778	2.10648	2.58873	2.99061	3.32551	3.60459	3.83716	4.03097	4.19247	4.32706	4.43922	4.53268	4.61057	4.67547	4.72956	4.77463	4.81219	4.84350	4.86958